U0910066

The Light of Xinhua

本书编委会　编著
出版商务周报　整理

新华之光

上海交通大学出版社
SHANGHAI JIAO TONG UNIVERSITY PRESS
人民出版社

图书在版编目（CIP）数据

新华之光 /《新华之光》编委会编著. —上海：
上海交通大学出版社，2018
ISBN 978-7-313-19217-2

Ⅰ.①新… Ⅱ.①新… Ⅲ.①新华书店－概况 Ⅳ.
①G239.23

中国版本图书馆CIP数据核字（2018）第059486号

新华之光

编　　著：《新华之光》编委会
出版发行：上海交通大学出版社　　地　　址：上海市番禺路951号
邮政编码：200030　　电　　话：021-64071208
出 版 人：谈　毅
印　　制：上海万卷印刷有限公司　　经　　销：全国新华书店
开　　本：710mm×1000mm　1/16　　印　　张：20
字　　数：297千字
版　　次：2018年4月第1版　　印　　次：2018年4月第1次印刷
书　　号：ISBN 978-7-313-19217-2/G
定　　价：98.00元

80年新华印象，装满一代代人的记忆，是属于读书人、出版人的故事。80年后的新华面貌，折射出一个全新的书店时代。无论是过去、现在还是未来，新华书店的存在与繁荣都具有无比宝贵的文化价值。

在新华书店成立80周年之际，国家新闻出版广电总局表彰了全国新华书店系统先进集体和先进个人，本书收录部分省市新华发行机构的战略发展思路、31家全国新华书店系统先进集体先进事迹、多家实体书店在转型发展中极具代表性的典型案例，理论与实践相结合，展示各大新华书店转型升级的顶层设计理念，反映新华书店所承载的历史责任和使命，向大众展示新实体书店时代，新华书店转型升级、融合发展的经验和成就，弘扬“新华精神”，充分展现新华人的“新华情”，也为新华书店当下和未来的改革转型提供有价值的借鉴与方案。本书是一部了解新华书店系统的工具书，也是从业人员的工作指南。

序言——一种思想的闪光　一盏坚守的明灯

习近平总书记在十九大报告中提出，中国特色社会主义文化，源自中华民族五千多年文明历史所孕育的中华优秀传统文化，熔铸于党领导人民在革命、建设、改革中创造的革命文化和社会主义先进文化，植根于中国特色社会主义伟大实践。

新华书店作为我们党直接创建和领导的出版发行机构，80 年来不忘初心，风雨兼程，一直在我国社会主义文化事业发展中扮演着重要角色，为传承中华优秀传统文化、弘扬革命文化、发展社会主义先进文化发挥了重要作用。在新华书店成立 80 周年以及改革开放 40 周年之际，国家新闻出版广电总局组织开展了全国新华书店系统先进集体和先进个人评选表彰活动，目的在于弘扬“爱党、爱国、爱店、敬业”的新华精神，进一步提升新华书店系统广大干部职工的荣誉感和使命感。

《新华之光》一书与本次评选紧密结合，旨在继承发扬新华书店的红色基因和光荣传统，展现新华书店服务大众、服务社会的宗旨和深化改革、创新发展的时代特色，引导新华书店牢固树立正确的政治方向，实现社会效益和经济效益共同发展。

本书的定位不是简单的案例汇集，而是浸透着新华书店走过 80 年的思考，体现了新华人在服务读者过程中所付出的智慧和努力，是一种思想的闪光，是一盏坚守的明灯。具体地讲，本书突出了新华书店的四个特色：

一是围绕中心、服务大局。1937 年新华书店落户延安清凉山，自诞生之日起，新华书店就带有鲜明的“红色基因”，在烽火硝烟的十余年里，把数以万计的革命出版物发行至全国各地。在改革开放的浪潮里，新华书店也曾多次面临艰苦的困境，但一代代新华人始终以百倍的努力和坚韧的斗志，迎风而上，始终保持着新华书店在我国图书发行市场的主体地位。新华书店始终坚持正确方向、坚定立场，坚持围绕中心、服务大局，有力推动了我国文化事业发展。

党中央历来高度重视新华书店发展，毛泽东同志 3 次为新华书店亲笔题写店名，邓小平、江泽民、胡锦涛同志对新华书店发展给予亲切关怀和指导。2017 年，新华书店成立 80 周年，恰逢党的十九大胜利召开，习近平总书记在十九大报告中，进一步明确了文化建设在中国特色社会主义新时代的基本定位，提出了新时代文化建设的基本方略，为出版发行工作提供了根本遵循。

二是承担文化使命、创造公益价值。通过不断健全网点布局，完善服务功能，新华书店如今已遍布中国大江南北，从大城市到乡镇，从校园到社区，从革命老区到贫困山区，新华书店把党的路线方针政策及时传播到千家万户，为广大读者受众普及科学文化知识，更确保了部分偏远贫困山区的孩子有书可读。新华书店服务社会、服务大众的宗旨，正体现了十九大报告中“人民有信仰，国家有力量，民族有希望”的理念。

作为社会主义文化事业的重要组成部分，新华书店在全民阅读工作中持续发挥着重要的作用，借助“新华书店”这块金字招牌，以及在阅读传播方面的强大影响力，引导阅读，弘扬阅读正能量，积极支持农家书屋建设，推进农村阅读活动开展，充分融入到全民阅读的促进工作中去。

三是全面深化改革、大力推进创新。创新是推动新时代文化繁荣兴盛的主线。习近平总书记在党的十九大报告中，讲到宣传思想文化工作时 8 次提到“创新”、7 次提到“创造”。这就要求新华书店聚焦党和国家工作重点，勇于创新创造，积极推动内容创新、传播创新、科技创新、管理创新。

近年来，实体书店作为重要的文化设施和文化载体，迎来了新的机遇期。这一方面是由于国家的政策支持，另一方面是书店自身的转型和升级。在新时代的背景下，新华书店致力于“为读者找好书，为好书找读者”，不断寻找并解决自身的问题，结合消费模式的升级，改造店面，为读者提供更加舒适的阅读氛围和阅读场景，提升读者的消费体验，努力向知识服务商转型；同时积极推进发展模式创新、产业链条创新、体制机制创新和组织结构创新，努力将新华书店打造成具有活力的、可持续发展的文化企业。

四是转变思维模式、打造现代发行业态。技术的进步让实体书店焕发出前所未有的活力。“互联网+”时代，店面改造、复合经营等传统做法之外，实体书店领域的新概念、新技术层出不穷，线上线下相融合的趋势对新华书店来说，是机遇也是挑战，而机遇大于挑战。

在建设书香社会、推广全民阅读等政策的引领下，新华书店结合新技术和新平台，开启了创新比拼的新阶段。打造更新、更快、更高效的阅读平台和购书体验，以便更好地为读者服务，成为新华书店的新使命和新理念。

新华书店要积极探索信息化条件下的发展新模式，建设现代流通体系，打造现代发行业态，提高企业信息化、标准化、智能化、集约化水平。在服务读者的宗旨和理念的基础上，新华书店要积极探索线上线下的平衡点，更要将党的优秀传统与信息化时代背景相结合，敢创新、会创新。

新华书店 80 年的奋斗历史积累了宝贵的精神财富，站在新的历史起点上，我们要更加紧密团结在以习近平同志为核心的党中央周围，全面贯彻党的十九大精神，坚持正确政治方向，与时俱进，改革创新，全心全意为人民服务、为读者服务，将新华书店的光荣历史和文化精髓融入到每一个新华人的血液，为广大人民群众提供日益丰富的精神食粮。这也是《新华之光》一书的核心要义。

本书编委会

2018 年 3 月

目录

第一部分｜磨难与辉煌

第二部分｜光荣与梦想

第三部分 | 创新与实践

第四部分 | 责任与担当

第一部分｜磨难与辉煌

八十年艰苦创业，八十年风雨兼程，新华书店曾以各种不同的面貌出现在数代读者的生命中。我们时常展望新华书店美好的未来，但那些硝烟弥漫、筚路蓝缕的日子，以及数代新华人爱国、创业、创新、奋斗、服务的新华精神同样应该被铭记。

新华书店｜
风雨兼程 80 载，不忘初心百年梦

新华书店于 1937 年 4 月 24 日诞生于革命圣地延安，作为党和国家重要的思想宣传文化阵地。在 80 年的历史进程中，一代又一代新华人肩负着党和人民赋予的文化使命，筚路蓝缕，艰苦创业，砥砺奋进，推动新华事业不断发展壮大，从延安清凉山的一间窑洞，一步步走向全国乃至海外。拥有 13 万名员工、13000 多家门店、年销售总额超千亿元的新华书店，已成为中国文化事业和文化产业发展的一支中坚力量。

作为中国共产党直接领导的出版发行队伍，新华书店从诞生之日起，就具有鲜明的“红色基因”。80 年来，无论是炮火硝烟的战争年代，还是百废待兴的建设时期；无论面对改革开放的市场大潮，还是面对风起云涌的互联网挑战；新华书店始终坚守阵地，牢记使命，恪守“全心全意为人民服务”的宗旨，源源不断地把优秀出版物输送到人民群众手中，为宣传党的方针政策、传播先进文化、提升全民文化素质、促进科技进步和经济发展做出了不可磨灭的贡献。

新华书店 80 年的历史，是一部沧桑厚重、气势磅礴的新华史诗，不仅值得所有新华人铭记，更值得向全社会广泛传播。

由小变大，从崇山峻岭到五湖四海

新华书店——这支党领导的出版发行队伍，1937 年从陕西省走出；1938 年至 1942 年先后建立了陕甘宁边区新华书店、西北抗敌书店和延安华北书店。直到 1948 年 4 月收复延安，陕甘宁边区新华书店改名为西北新华书店，并着手组建第一野战军随军书店。1949 年 5 月 20 日西安解放，西北新华书店很快就在西安开业；1951 年，西北新华书店改名为新华书店陕西分店。

同样在西北，1949 年 8 月 26 日兰州解放，9 月 1 日新华书店甘肃分店成立。1949 年 9 月 23 日塞上古城银川解放，银川分店于 10 月 18 日开业。1950 年全国新华书店统一时，银川分店改名为宁夏分店。1949 年 9 月 25 日，新疆宣布和平解放，1950 年 1 月 10 日，迪化分店成立，1950 年 8 月迪化分店改组为新疆总分店，1952 年总分店撤销，改为新疆分店。

在华北地区，1940 年 3 月建立了晋西北新华书店，1941 年 5 月成立了晋察冀分店，1942 年 2 月成立太岳书店（1944 年 3 月改为太岳新华书店）；随后，晋西北新华书店扩大为晋绥新华书店。1945 年先后建立吕梁新华书店和太行群众书店（1948 年改为太行新华书店），1949 年 1 月，建立冀中新华书店，同年 12 月晋西北新华书店统一为华北新华书店太原总分店，后改为新华书店太原分店。1951 年 3 月太原分店将两个直属门市部划出，组建太原支店，原太原分店改为新华书店山西分店。1948 年 3 月建立了察哈尔新华书店，1951 年 1 月由唐山、石家庄、保定三个书店组建成新华书店河北分店。

1947 年 5 月 1 日，内蒙古自治区在乌兰浩特成立，9 月 1 日内蒙古书店诞生。1948 年 11 月在西部的绥东建立了绥蒙新华书店。1954 年绥远省建制撤销，在呼和浩特原绥远省分店的基础上改组成内蒙古新华书店。1949 年 1 月 17 日天津解放，翌日天津市新华书店第一门市部开业。1949 年 1 月 31 日北平和平解放，书店小分队随军参加了入城式，进入北平，2 月 10 日北平市新华书店第一门市部开业。

在华东地区，1944 年 7 月，中共中央山东分局宣传部建立了山东新华书店。1945 年冬苏皖边区成立了华中新华书店总管理处，在边区所辖的七个分区都设立了新华书店的分店。后来，华中新华书店北撤山东与山东新华书店合并，到 1952 年 5 月 1 日，才改制为新华书店山东分店。1949 年 4 月国民党反动统治的中心南京解放，4 月 30 日南京新华书店开业。5 月 27 日我国最大的城市上海解放，6 月 5 日上海市新华书店成立。

1948 年 5 月，江淮新华书店总店成立。1949 年 3 月，江淮新华书店随江淮区党委迁入合肥，4 月 20 日成立了皖北新华书店。1945 年 5 月，皖南新华书店成立，1952

年6月1日合并为新华书店安徽分店。1949年5月3日杭州解放，新华书店小分队于5月6日进入杭州，5月16日在著名的风景区西湖六公园开设了新华书店门市部。8月17日福州解放，23日新闻出版大队进入福州，9月9日新华书店福建分店成立。

在东北地区，1945年11月在沈阳成立了东北书店，1947年，东北全境的书店统一为东北书店。1948年11月2日沈阳解放，东北书店总店从哈尔滨迁回沈阳，1949年7月，改名为东北新华书店。1946年5月，东北书店迁到哈尔滨后，先后在哈尔滨、佳木斯建立了门市部，接着又在原合江、松江两省各县建立了支店。1946年底到1947年3月，又先后在北安、牡丹江、齐齐哈尔建立了东北书店的分店，后随着行政区划的变更，统一为黑龙江分店。1946年1月14日，东北书店转移到吉林省海龙县，先后在辉南、东丰、伊通、吉林等地建立了分支店。1948年4月东北书店又在吉林市建立了分店，遂将延吉的吉林分店与之合并。同年10月23日，长春解放的第三天，长春分店成立，直到1953年8月长春分店改名为新华书店吉林省分店。

在中南地区，1947年中原新华书店在河南宝丰创建。1948年10月，中原总店进驻郑州，次年5月南下武汉。1949年4月1日新华书店河南分店成立。同年7月4日湖北省委宣传部又成立了湖北省新华书店。长沙和平解放后，1949年8月27日湖南分店成立。1949年5月22日南昌解放，9月1日江西分店正式成立。11月7日广州新华书店开业。1950年3月，广州新华书店升格为华南总分店，同年7月华南总分店在海南建立了海口分店。11月22日桂林解放，12月9日广西分店开业。

在西南地区，1950年1月3日西南总分店在重庆成立，接着在成都、泸州、南充、重庆四地建立了川西、川南、川北、川东四个省级分店。1950年2月22日昆明解放，新华书店昆明分店于3月18日开业。1949年11月15日贵阳解放，1950年1月15日，新华书店贵州分店成立。1950年7月，海南新华书店（广东省新华书店海南分店）在海口挂牌成立。此后数年时间里，甘孜、昌都、拉萨也先后建立新华书店。

改制上市，积极参与市场竞争

改革开放以来，新华书店发行网点、产业规模、员工队伍和主营业务进入蓬勃发展的黄金时期。

20 世纪 80 年代初，新华书店先后经历了“一主三多一少”（以新华书店为主体，组成多种经济成分，多条流通渠道，多种购销形式，少流转环节）和“三放一联”（放权承包经营、放开批发渠道、放开购销形式和发行折扣）的出版流通体制改革。

1994 年，为进一步创造积极流通、公平竞争的市场环境，努力形成统一开放、有序竞争的图书大市场，全国新华书店集中进行了产权制度改革和发行代理制改革。同年 11 月，全国新华书店经营协调委员会组建；1998 年“新华书店”商标经国家商标局批准注册成功。2003 年中国新华书店协会成立。

2003 年 6 月，中央召开文化体制改革试点工作会议，出台了《关于文化体制改革试点工作的意见》，确定了在四川、江苏、浙江、福建、辽宁五省组建发行集团，以及在上海、北京、沈阳三个地区进行综合改革试点。拉开了新华书店集团化建设的大幕，开始建立现代企业制度。到 2008 年底，新华书店系统内除西藏等个别地区外，全国省级新华书店均基本实现了“转企改制”。

随着中央文化体制改革的深入推进，全国新华书店又踏上了“股改上市”的征程。2006 年 11 月 17 日上海新华发行集团的“新华传媒”在上海证券交易所挂牌交易，成为我国出版发行企业中第一家 A 股上市公司，标志中国新华书店吹响了向资本市场进军的号角。2007 年 5 月，四川新华文轩连锁股份有限公司，在香港联合交易所主板成功上市；随后一批新华书店加快了向资本市场进军的步伐。辽宁新华书店集团所在的“出版传媒”、安徽新华发行集团的“皖新传媒”成功在 A 股首发上市，2010 年开始新华书店上市进入了高潮，先后有湖北、江西、江苏、湖南、广东、河南、山东等省新华书店整体进入了上市公司，开始了新一轮的企业发展……

连锁经营，品牌优势和规模效益突显

省级新华书店的连锁经营是建立在全省范围内跨地域、跨距离、相互分割、相互独立的组织形式基础上的经营活动，与转企改制并行，都是新华书店建立现代企业制度的过程。

2001 年 6 月，时任新闻出版总署署长的石宗源在新华书店连锁经营研讨会上，曾就“如何加快连锁经营工作”提出了五点意见：

一是进一步提高对连锁经营必要性、重要性的认识，加强对连锁经营规律的研究，以经营规模化、管理规范化、动作科学化为重点，加快连锁经营的健康发展；

二是发展连锁经营必须实施大公司、大集团战略，尽快推出我国的大型出版物发行连锁集团；

三是统筹规划、突出重点、因地制宜，采取多种形式，积极稳妥地开展连锁经营，同时要力戒形式主义；

四是注重科技投入和人才培训，研制既科学又实用、既能满足眼前的业务需要，又具有良好升级性的管理软件，提高连锁经营的现代化水平；

五是加强配送中心建设，充分利用新华书店现有的资源和整体优势，通盘考虑、合理配置，避免布局不合理和重复建设。

2002 年，省级新华书店开始推进连锁经营，同时进行信息系统和物流中心改造升级，陆续建立大型现代物流配送中心。辽宁、北京、广东、四川、江西等地新华书店率先兴建起集商流、物流、信息流等多功能于一体的大型物流配送中心，区域性的连锁网络初步形成。

上世纪 90 年代中期，江苏新华发行集团就在全国率先建立全省发行中盘，率先全省连锁，率先全面转企。2016 年底，江苏新华发行集团整合多方资源实现重组，围绕“打造全国性大中盘”的目标，继续以凤凰新华北京发行中心为链接点，与各省市新华发行集团加强战略合作，增强市场话语权和号召力，寻求新的增长点。

浙江省新华书店集团公司为开拓城乡及广大农村图书市场、扩大图书网点、方便读者购书，提出并建立了“小连锁”模式。至 2016 年年底，浙江全省“小连锁”书店已达 427 家，总营业面积达 4.96 万平方米，从业人员 900 多人，总销售 1.25 亿元，形成了乡镇店、社区店、校园店、商超店等各具特色的“小连锁”形态。

此外，在新一轮的实体书店转型升级热潮中，黑龙江省新华书店集团也积极自主研发连锁经营管理平台，并打造出果戈里书店、牡丹江市店等多家颜值与内涵兼具的特色书店。同时，上海新华的“光的空间”特色书店、云南新华的“乡愁书院”、广西新华的“国门书店”、江西新华的“校园书店”，遍布城乡，各具特色。可见，连锁经营是新华书店利用现有资产和品牌走规模经营之路、充分发挥规模效益优势的有效途径。

新华书店的连锁经营关键在集权、改制、发展、增效四个环节上。统一管理、统一采购、统一配送、统一营销是实现连锁经营的前提条件；要解决新华书店在实施现代化信息管理、物流管理和统一连锁经营管理方式上存在的人才障碍和技术障碍，必须对现有的企业体制和内部的用人、分配机制进行深层次的改革；连锁经营的基本思路是通过建立现代企业制度，形成以大型的跨地区的出版物物流配送股份有限公司为供货龙头，各销售网点做服务终端，网上银行为结算保障，计算机信息系统做科技平台，形成覆盖全省新华书店的商业营销网络和配送体系；增效建立在实现效益的基础上，需要使决策、流转、销售等管理的诸多环节更科学、更先进，加强核算、减少浪费、堵塞漏洞。

转型升级，探索线上线下融合发展

随着时代的发展，经济环境不断变化，新华书店的转型探索日益深入。截至目前，不少新华书店已经引入人工智能等“黑科技”，结合共享等新玩法，推出各类“全球首家”的新概念。经过梳理发现，实体书店主要有以下四种转型路径：第一，探索网上售书业务；第二，增加店内经营业态、升级店面环境，增加体验感受；第三，延长经营时间、实现 24 小时经营；第四，联合院线、地产、酒店等，进行跨界合作。

第一种路径，即探索线上线下相结合方面，新华书店从一开始的“小心试水”变成了如今的“轻车熟路”。2000 年前后，电商渠道崛起，在图书业务板块逐步发力，电商的低折扣给实体书店造成了致命性的冲击。再加上租金不断增长的压力，新华书店纷纷开始参照电商的玩法试水网上售书业务。河南省新华书店发行集团旗下云书网，以文化创意为核心，新华书店实体渠道和线上线下体验营销为支撑，“互联网+”时代用户个性化、多样性需求为导向，整合海量资源、为用户提供全方位的购物服务和文化服务。而新华文轩旗下文轩在线电子商务有限公司成立十余年，文轩网销售规模近 22 亿元，超越亚马逊跻身图书电商“前三强”，已发展成为全国出版物电子商务领域的领先品牌，不断推动国内出版发行业的升级转型。时至今日，各实体书店的网上售书业务已经非常成熟，新华书店都有了自己的线上书城，并通过与图书馆等机构的合作，打造了一系列“你买书我付款”的活动。

第二种路径，即增加店内经营业态、升级环境体验感，已然成为新华书店吸引顾客的重要手段。颜值背后映射了书店的设计能力，即书店能否打造出用户认同的空间。新华书店与专业设计公司的合作已成为常态，不少新华书店都成为读者心中的“最美书店”。比如，风合睦晨空间设计打造的保定市新华书店新鲜空气书吧，获得德国红点设计至尊奖。

第三种路径，即延长经营时间、打造 24 小时书店方面，新华书店开始向文化地标以及读者服务方向转型。当下，不少城市都开设了 24 小时书店。24 小时书店也逐渐成为各地城市文化象征，逐渐成为渴求知识的无眠者的夜间挚爱，成为照亮城市夜晚的一盏文化之灯。2017 年的山东省高考作文题还引用了 24 小时书店作为参考材料。值得注意的是，2017 年在各省陆续发布的《关于扶持实体书店发展的实施意见》政策文件中，都提到了对于 24 小时书店的重视和建设规划。

第四种路径，即联合酒店、院线、地产等进行跨界合作方面，实体书店仍在不断探索。2009 年，新华文轩联合四川太平洋院线，打造集图书、文化相关延伸产品、电影院于一体的成都购书中心书店。目前实体书店与商业地产的“联姻”屡见不鲜，但二者的合作历程可谓是一波三折。过去，地产商一度对实体书店的“热情”并不是很高，随着书店吸引人流的作用不断凸显，加上国家出台相关租金减免扶持政策，地产与书店才“重归于好”。

目前，新华书店的跨界仍在继续，比如青岛出版集团打造的国内首家旅游背包客主题书店栈桥书店、井冈山首家“红色文化”主题书店，等等。经历以上这些转型后，进入新零售时代的新华书店涌现出更多新的玩法，跨省异地开店，精细化选品转向专业书店，转型成为共享书店、无人书店、智能书店等趋势逐渐显现。

新零售时代，借力技术手段推进全民阅读

当下，新零售成为各行业的热议话题。随着越来越多“无人零售”的兴起，新华书店也在不断探索着新玩法。目前，使用新概念和新科技的各类新型书店、新华书店跨省异地开店、精细化选品转向专业书店等，是当下新零售前期书店的三大主要发展方向。

连锁便利店、无人零售、办公室货架、自动售货机、SPA（自有直营品牌）、盒马模式等，因更新、更快、更高效等特点，成为了当下各行业服务生活的新形态。共享书店、无人书店、智能书柜、自助购书机、智能店员机器人等都是新零售时代实体书店的典型特征。

第一，共享书店。2017 年 7 月 16 日，安徽新华发行集团旗下合肥三孝口书店以全球首家共享书店的身份出现。读者可下载“智慧书房”App，注册并缴纳 99 元押金（押金可随时退还）；扫描书后的条形码，App 将产生一个借阅二维码，门店店员扫描该二维码确认后即可完成借阅。读者可在 10 天内免费借阅 2 本总定价不高于 150 元的图书，不限借阅次数，不限图书品类；超过 10 天期限后，每天每本书需支付 1 元。共享书店的业务并非单纯借阅图书，如果读者觉得借阅的图书有收藏价值，可以通过“智慧书房”便捷地实现“借转购”。这一模式既具备线上电商的属性，又具有线下的体验

式消费场景，成为实体书店在新零售时代的一次创新。

第二，智能书店。新华文轩“文轩云图智能书店”、青岛出版集团“青云图”等智能书店的基本功能是借书、荐书、查书、还书、IP推送和信息发布。新零售会重构当下的消费关系，在第一代线下渠道中，出版业的关注点完全在图书产品和门店建设，迟迟未能落到消费者身上，消费者要自己按照消费需求去选择；而第三代零售形态中，整个消费关系被重构和颠覆为“人一书一店”的模式。有业内人士预测，未来实体书店可能会成为出版业整体内容生产的平台核心。不管是对作者，还是对出版机构或终端，实体书店都有可能成为一个新的内容创造平台。当书店把读书人和写书人连接在一起后，用户可以直接生成内容，现有的内容生产组织方式就会被颠覆。

第三，无人书店及智能机器人店员。从2017年6月起，浙江省新华书店集团逐步推行自助售书，改造书店共计近200家。而这种自助售书，从本质上来看已经成为当下时代变革的先兆——实体书店的新零售时代即将来临。在智能化改造后的浙江省新华书店集团旗下门店里，已看不到传统实体书店柜台前排长龙的状况，读者可以通过手机完成购书、查书等大多数操作。2017年9月底，大唐网络有限公司与北京发行集团有限责任公司签约战略合作协议，双方将共同打造双创体验中心，建设基于人工智能的无人书店，依托“中国云”完善智慧书城平台架构和服务，实现文化与科技的全面融合。大唐网络有限公司人工智能事业部通过人工智能技术打造了一批智能机器人，作为无人书店中的“店员”，通过人工智能和大数据分析，做到去人工化和人工智能化，实现书店7×24小时无人值守营业模式。

新零售时代要求更高效的流通方式，因此，除了打造新型书店外，跨省异地开店也是实体书店转型的一大方向。以“城市文化生活中心”作为经营理念的广州购书中心，就是这方面的代表之一。近年来，广州购书中心在不断加强自身品牌建设的同时，不断推进品牌输出，积极探索异地开店的跨地区经营模式。广州购书中心除本部外，还有广东肇庆市端州区时代广场店、天津市和平区天河城购物中心店等两家已正式运营的跨地区分店，以及正在筹建中的佛山分店。广州购书中心多种业态融合、休闲娱乐功能齐全，且每月举办丰富的文化活动。

因为地域不同、周边商圈不同，所以实体书店一定会走上精细化选品、改综合为专业、细化服务人群的道路，各式专业儿童书店、主题书店的诞生成为最有力的代表，如2017 年 8 月年开业的新华文轩旗下Kids winshare等。

在转型过程中，新华书店能否利用这些新玩法实现可持续发展非常重要。这些技术手段很大程度上提高了实体书店对客户的吸引力，并提供了多种盈利的可能性。然而，书店仍然应该思考运营的本质，即产品、内容和用户。书店终归是贴上阅读标签的空间，这是客户选择书店而不是商场的理由。如何构建高效的供应链，以及为客户精选产品、引领购买的消费链，决定了书店的根基；文化活动内容的优劣程度，决定了书店的持续引流能力；能否通过线上线下结合的方式吸引和黏住用户，并实现有效转化，决定了书店的持续经营能力。

发展模式在逐渐探索和改进完善，对书店而言，最重要的还是初心不改，始终坚守社会责任与担当。80 年来，全国新华书店以“为人民服务，为社会主义服务”为业务方向，以“全心全意为读者服务”为宗旨，以“把社会效益作为最高准则”为出发点，秉承“与祖国同呼吸共命运”的精神，通过改革创新，不断发展壮大，到 2015 年末，全国新华书店及其发行网点有 1 万余处，从业人员 13 万多人，较 1949 年分别增长近 14 倍、11 倍多，为社会主义建设事业和文化发展做出了不可磨灭的贡献，成为我国出版业不可或缺的重要力量。未来，新华书店必将谱写出新的华章。

（作者：周贺、路遥，第一章节选自曾任湖南新华书店在总经理唐俊荣的系列纪念文章）

相关链接1|
中国新华书店社会责任报告书（2013—2015 年）

新华书店是有着近 80 年历史的我国国有图书发行主渠道。作为 1937 年 4 月 24 日由中国共产党在延安创建的文化企业，新华书店在其 80 年的征程中为中国革命战争的胜利和新中国的建设做出了不可磨灭的贡献。

作为当代中国出版业的发行“龙头”，新华书店以遍布全国城乡的发行网络和占全国图书销售的最大比重确立了自己的发行主体地位。它为促进中国出版业的改革发展，繁荣图书市场，传播社会主义先进文化，为服务两个文明建设，满足广大民众的精神文化需求不懈努力，功勋卓著。

进入新世纪后，特别是近年来，面对来自多方面的挑战新华书店秉承宗旨，坚守文化担当，在保持经济效益持续增长的同时，自觉履行社会责任，彰显了新华书店这一“老字号”文化企业的社会效益。

一个企业特别是文化企业，履行社会责任是企业持续发展的推进器。新华书店要在激烈的竞争中扬长避短，发挥优势，持续拓进，社会责任就一刻也不能丢。

本报告试图从拓展发行网点、助推全民阅读、发行重点读物、热心公益作为等几个方面考查总结新华书店近 3 年（2013 – 2015 年）来履行社会责任的状况。本报告所涉的有关数据均取自各店的调查反馈。据不完全统计 2015 年全国新华书店营业收入 1141.65 亿元，资产总额 1433.74 亿元，从业人员 123149 人。

加强网点建设，延展社会责任

作为发行企业，新华书店的社会责任有相当一部分要通过发行网点来实现。近 3 年来新华书店从全国层面来说发行网点建设状况不容乐观，由于网络销售冲击、经营成本增加、地产房租上涨等综合原因所致，2013、2014两年全国新华书店整体呈发行网点减少状。据国家新闻出版广电总局权威部门的统计，2013年全国新华书店网点共9255处，比上年减少148处；2014年全国新华书店网点共8922处，比上年减少333处，两年间全国新华书店网点共减少481处。国家新闻出版广电总局2015年的统计数据尚未发布，但据中国新华书店协会的不完全统计：2013－2015三年间，有20多个省、计划单列市新华书店发行网点增长，由于统计口径上的差异尚难列出精确的数据，但增减相抵，全国新华书店网点增长是肯定的，增长的数量应该超过500处。

虽然国家新闻出版广电总局尚未发布2015年全国新华书店网点的统计数据，但一个不争的事实是：2015年是全国实体书店特别是新华书店的“回暖年”。“回暖”的标志一是销售大面积上升，二是网点建设方兴未艾，或新店开业面世，或老店重装新张。因此纵观2013－2015三年全程，可以预判：全国新华书店网点总量趋增。

新华书店的发行网点大为新华阵地，小为新华触角，从不同程度上发挥着新华书店联系读者、服务民众的社会责任。发行网点是新华书店履行社会责任的依托，发展网点本质上就是新华书店对履行社会责任的延展。近年来，新华书店的网点建设呈现几大特点：

一是部分省全面开花，增势凸显。江西新华以发展校园书店为突破口，在省内全面推进“新华壹品”校园超市建设，全省新增发行网点409处。浙江新华持续推进农村小连锁、文化消费综合体建设，全省新增发行网点123处。河北新华大力发展校园书店和新华绘本馆，全省新增发行网点200处。湖北新华全省新增发行网点132个，其中校园书店117个。

二是因地制宜，大小并举，多业态网点共建共生。深圳新华既新开大书城，又增设小书吧。去年其新一代“文化创意书城”——深圳宝安书城建成开业，该书城总建筑面积3.8万平方米，经营面积2.6万平方米，建设工期仅500天。同时其还推进一街道一书吧建设，开设书吧十余家。安徽新华校园书店、前言后记书店、监狱书店、便民书店，多态书店并举，全省新增网点60余处。河南新华新建20家面积逾1万平方米的大型文化综合体，总经营面积大幅增长。

三是重装改造，升级换代。为了更好地服务民众，履行社会责任，一些书店分别翻新改造，扩建升级。南京新街口书店，从业态规划、店堂布局、室内装潢、外立面、导视系统等多方面进行创新设计，重装改造，升级为万米精致文化消费综合体。深圳南山书城、罗湖书城分别重装改造后，功能大大拓展，成为都市人阅读、学习、交流和休闲的复合式文化生活空间。中国第一座现代大书城——广州购书中心经全面装修升级改造，面目一新，聚客能力、服务功能大为改观。

四是特色书店建设此起彼伏，以“特”制胜，功效显著。24 小时书店是最具代表性的一类特色书店，据不完全统计，3 年间全国新华系统共开设 24 小时书店 20 余家：仅浙江新华就在杭州、宁波、义乌、上海开设了悦览树等 4 家 24 小时书店；江苏新华仅在苏州一地就开设了自在复合书店等 3 家非盈利性的 24 小时书店，成为当地文化名片。北到辽宁盘锦新华的“深柳读书堂”，南到海南新华的太阳城大酒店 24 小时书店，新华 24 小时书店遍布多地；深圳新华的 24 小时书吧、湖北新华的“九丘书馆”24 小时书店、四川新华的“轩客会 · 镋钯街店”、河北新华的“创意咖啡 +24h 书屋”、贵州新华的贵州书城 24 小时书店、青岛新华的“明阅岛”24 小时书店、安徽新华的三孝口 24 小时书店等，都在当地颇获反响。这些 24 小时书店不仅通宵营业，成为夜幕降临后当地不可多得的公共阅读空间，还时常举办相关文化活动，成为晚间当地市民热衷的场所。在全国普及的还有校园书店，这类书店在全国各省、自治区、直辖市虽然名称或有差异，数量多少不一，但均已成为新华书店服务于校园师生、践行社会责任的前沿“堡垒”。河北新华的张家口一中校园书店和遵化一中校园书店的深入服务，已分别带来年销售逾百万元的业绩。一些新华书店利用当地特色，将旅游与红色文化结合，开设弘扬优良传统、传播正能量的特色书店。如江西新华在当年红色根据地井冈山，开办了“井冈山红色书店”；四川新华在邓小平家乡广安，开办了邓小平故居“红色旅游书店”；延安新华书店在习近平当年插队的地方，开办了“梁家河书店”；湖北新华在著名的“将军县”红安，开办了红安县“七里坪红色书店”；河北新华依托太行山区的革命传统教育基地在涉县开办了红色文化主题书店，这些书店均获得良好口碑。值得提及的还有江苏新华与省建设银行合作，在建行网点开设的“书香建行”，将书店引入金融领域，这一特色网点已开辟了 40 家；安徽新华将新华书店与当地公共图书馆、高校图书馆进行资源整合，开办了新华书店铜陵图书馆店；黑龙江新华开办的“果戈里书店”和“普希金书店”、广西新华开办的“国门书店”、内蒙古新华开办的“木屋书店”、西藏新华开办的“藏文书店”、山东新华开办的“三希堂藏书示范店”、宁夏新华开办的中卫“读客书苑”、上海新华开办的“建筑书店”和“艺术书店”等特色各异。

网点建设的全面推进，是新华书店践行社会责任的突出体现。它扩展了新华书店履行社会责任的依托，拓延了新华书店履行社会责任的影响面。

出手活动举措，助推全民阅读

举办各种公益活动，推动全民阅读，是新华书店履行社会责任的重要抓手。不可否认，一个时期以来由于互联网、移动互联网的冲击，国人读书受到不同程度的影响，一些地区呈下降趋势。针对这些变化，以图书发行为主业的新华书店深感责任重大，纷纷开展各项活动、出手有力举措，助推读书。这些活动、举措主要为：

一是开展周期性的助推读书活动。据不完全统计，全国各省、市、县的读书活动，当地新华书店均是主办、承办方之一。深圳读书月是全国开展最早的大型读书活动，从 2000 年其第一届开始，深圳新华书店就是主要承办方 读书月组委会办公室就设在新华书店。十几年过去了，从深圳新华书店到深圳发行集团，再到深圳出版发行集团，深圳新华的体制虽几经变化，但其作为读书月活动的主承办方，作为读书月组委会办公室的角色始终未变。近年来其承办的读书月活动影响不断扩展，已名扬海外。由此，深圳 2013 年被联合国教科文组织授予“全球全民阅读典范城市”称号。深圳获得这一全球全民阅读最高荣誉，深圳新华书店功不可没。

近 3 年来，各地新华书店组织的阅读活动已常态化：安徽新华举办了新安读书月、省直机关读书月活动；广西新华举办了“春天读书秀”活动；黑龙江新华开展了“书香龙江”读书活动；河北新华举办了“新华书香节”活动，每年举办两次，每次持续3个月；四川新华连续两年承办“书香天府”活动；重庆新华连年举办“重庆读书月”惠民书展活动；海南新华连续两年承办“海南书香节”活动；浙江新华承办了浙江全民阅读节暨浙江书展活动；沈阳新华连续举办了八届“沈阳全民读书月”活动；武汉新华举办了“书香江城——大美武汉”读书节和“楚天少儿悦读系”活动。每年世界读书日期间，各地新华书店更是举办为期不等、规模各异的助推读书活动。在各地新华书店的主推下，如今每年各地的读书活动大多形成两轮高潮：一是世界读书日期间全国统一的春季读书高潮；二是各地特设的“读书月”“读书季”“读书周”“读书节”期间，具有地方特色的读书高潮。新华书店作为每年助推这两大读书高潮的主角，从相关活动策划、组织，文化名人的联系、邀请，活动场地的布置、安排等等，投入了大量的人力、物力、财力和时间，可谓每年打两场公益性凸显的“大仗”。每年全国新华书店在这两大“战役”中举办的各类活动场次数以万计，参加活动的人次数以亿计。

二是依托书店卖场，开展多种活动，营造读书氛围。北京图书大厦持续开展的“星光自护”系列活动、北京王府井书店每周一期的“首都科学讲堂”，吸引了首都不同群体；江苏新华利用全省书城平台，不定期开展读书分享会活动；深圳中心书城每年举办各种文化活动数百场，平均每天多场，成为市民热衷的文化场所；江西新华在旗下新华文化广场举办首届中国新移民文学成果展，世界五大洲近百名新移民作家、国内作家、评论家等学术界代表及众多文学爱好者蜂拥而至。各地新华书店卖场的讲座、签售等活动更是不胜枚举，卖场环境和文化活动的完美组合，把更多民众引进书店，阅读氛围的营造，培育了更多读书人。

三是加大展会投入，打造读书“嘉年华”。近3年来，各地新华书店或踊跃参加当地大型展会，或自行组织书展、书市，利用展会效应，把读书活动再推高潮。深圳文博会是目前我国唯一一个国家级、国际化、综合性文化产业博览交易会，至今已举办12届。深圳新华从文博会创办之初就积极介入，直至成为主承办方之一，持续组织开设新闻出版馆，近3年来又把其卖场深圳中心书城等发展为文博会分会场，使读书成为文博会中一抹亮色。南国书香节是目前国内历史最长的省域图书展会，广东新华积极参与已成为书香节的主承办单位，近3年来广东新华不断创新展会内容：开设主宾馆，引入国际展商，开设珠海、惠州等多家分会场，展会成果持续扩大。上海书展从地方书展发展为国家级书展，其间上海新华积极参与，承办许多活动。北京新华在北京文博会开办国际图书分会场，为文博会增添国际元素，他们还特设民俗文化展示互动区，展示相关图书，邀请多名民俗技艺大师现场演示各种绝活，为文博会增加了特色内容。广西新华连续几年参与“中国东盟——东盟出版博览会”，并在展区内设置青少年读书角，邀请各国留学生开展丰富多彩的读书活动。浙江新华承办浙江书展、江苏新华承办江苏书展，均有力推动了本省读书活动。河北新华连续3年承办惠民书市，除在石家庄设主会场外，还在唐山、邢台开设分会场，在全省10余个设区市开辟活动专区，在144家县（区）新华门店设立专柜专架，最大范围地回馈读者，助推阅读。

四是走进基层，针对不同群体，开展有针对性的特色活动，把读书活动引向深入。送书进校园，在学校开展阅读活动是各地新华书店普遍的做法，而且很多书店将其形成制度，定期进校园。重庆新华已连续6年开展“名家进校园”活动，先后邀请曹文轩、杨红樱、汤素兰等数十位名家、学者走进全市30个区县中、小学，举办公益讲座150余场，受众达28万余人，累计赠、售图书26.9万册，受众几近人均一册，成为重庆市青少年课外阅读的文化品牌。广州新华力推名家进校园讲座活动，仅2015年一年就举办了25场，2017年上半年又举办了30场。江苏新华年均组织“校园人文行”活动320多场。湖北新华实施进校园、进机关、进军营、进乡村、进特殊群体等的“十进工程”，开展各种“助读”活动500余场。四川新华主办了“走进川藏线送书到兵站”大型公益活动，送书团队翻越高原雪山，穿越泥泞险阻，历经4000多公里的艰难跋涉，将4万余册、100余万元的图书和书架送到川藏线各兵站，建设了近40个“文轩军营读书吧”，实现了川藏线兵站的全覆盖。安徽新华为扶助农民读书学习，开办了“农民文化家园”，为扶助乡村留守儿童，开办了“布克乐园”，并举办了农民电脑上网“扫盲班”，开设了“留守儿童免费视频专座。”乌鲁木齐新华联合自治区监狱管理局举办“文化进监合作共建”活动，送图书进监狱，“助读”特殊群体。

新华书店以多种形式、丰富内容开展的各项公益活动，既兑现了其宗旨，最大程度地助推阅读，更深入地为民众服务，也把履行社会责任更加具体化。而随着民众读书热情的一再被激发，社会效益凸显的同时，其带来的经济效益也是不言而喻的。在纸质阅读遭受严重冲击的当下，全国新华书店的整体销售能保持只升不降，在相当程度得益于各地新华开展的这些活动。

保障重点发行，服务全国大局

新华书店既是文化企业，又担负着党的宣传阵地职责，这是历史赋予新华书店的社会责任。因此在以经济建设为中心的当下，竭尽全力发行好党和国家重要文献、重点图书，就成为新华书店履行党的宣传阵地这一社会责任的重要标志。党和国家明确这些图书由新华书店发行，是对新华书店的高度信任，也是新华书店义不容辞的社会责任。

过去的 3 年，正值党的十八大召开后，以习近平为总书记的党中央带领全国人民全面奔小康，努力实现中华民族伟大的复兴梦。与这个大的背景相契合，三年间全国新华书店把发行好“十八大文件”和“习近平总书记系列重要讲话”作为发行主业中的重中之重。据不完全统计，全国新华书店共发行党的十八大文件系列读物（包括《十八大报告》《十八大文件汇编》、辅导读本等）、《中国共产党章程》、《习近平总书记系列重要讲话读本》（2014、2016 两个版本）、《习近平谈治国理政》等重要读物 5800 多万册。

重点书发行，重点推荐。各地新华书店对这些读物普遍设专台、专架重点展示，并通过海报、易拉宝、广播、视频等多种手段，扩大宣传。安徽新华针对这些读物的发行专门设立了“政治读物发行专员”团队，在组织和人力安排上给予重点保障，在第一时间为全省干部群众学习中央文件、重要读物提供周到服务。上海新华对这些读物的发行超前启动、方案落实、工作细致、服务贴心、特急特办、保障货源，采配业务员每天跟踪书城及各门店POS销售、团购发货及库存情况，及时对销售趋势作出预判，并与出版社沟通，保证货源不断档。广东新华成立了重点图书营销专项小组，健全和完善这类读物发行的工作机制，集团上下通力合作，成效显著。对这类读物，浙江新华建立了完善的发行体系，通过产品采购前置、物流绿色通道、门店重点陈列等方式有效拉动了其销售。为了做好这类读物的发行，江西新华集团加强与宣传部门、组织部门的合作，共同开展营销活动，各分公司做好与当地相关机构的协调沟通，扩大了读物的发行。甘肃新华对这些读物的发行，从集团到基层店层层重视，集团企管部每周统计各店的销售情况，及时调剂添配。福建新华在台湾策划举办了《习近平谈治国理政》和习近平总书记第一部专著《摆脱贫困》的首发式，实现了习近平总书记著作在台湾南北主要书店的上架销售，产生了积极的影响。

各地新华书店圆满完成重点读物发行任务，及时满足了当地干部群众学习中央精神和习近平总书记系列重要讲话精神的需求，有力配合了全国人民贯彻落实“四个全面”战略布局。提交了一份忠诚履行社会责任的合格答卷。

热心扶弱济困，倾力公益作为

新华书店作为国有企业并未只满足于自身的发展，而是始终热心公益事业，视扶危济困为应履行的社会责任，经常地、无私地伸出援手，新华书店这种对社会的奉献大体分为三类：

一是捐赠图书，助读促学。这类捐赠在新华书店系统最为普遍，各省、市、县新华书店几乎没有哪家未有过这种义举。捐赠图书对象广泛，学校、部队、机关、厂矿、乡村、图书馆，诸多行业无不受益。上海新华捐赠常态化，每年开展职工“一日捐”活动，每年慰问南京路上好八连，为官兵送上精心挑选的图书。2013年11月，吉林松原地区发生地震，吉林新华向全省免费派发《防震减灾知识手册》945万册，普及自救防灾知识，安定民心。广州新华2013年向五华县横陂镇政府捐赠价值162万元的图书。

3 年来山东新华捐书码洋达 2208 万元。广东新华捐赠图书码洋计 849 万元。黑龙江新华 2013 年向省内 6 家小学捐赠 200 万元的图书。深圳新华捐赠图书合计达 2000 多万元。

二是捐款捐物，扶贫济困。新华书店对社会的捐助不仅仅是自己的看家货——图书，还不惜真金白银，倾力扶持。上海新华连续十多年持续为云南腾冲新华希望小学捐款捐物五十余万元，还年年组团看望师生；江西新华连续两年向江西财经大学困难学生、人才培养基金捐献款额各 45 万元；2015 年除向省内农家书屋网点捐赠图书外，还捐款 10 万元；3 年来山西新华向五寨县梁高坪乡扶贫点捐款 24 万多元；重庆新华向巫山县对口援建捐资 250 万元；广州新华向五华县横陂镇联长村提供扶贫资金 150 万元；四川新华 2015 年资助省关心下一代基金会“爱心助孤行动”项目 30 万元；黑龙江新华 2014 年向省内各地市教育局捐赠 196 万元的电子商品。

三是除了捐书、捐款、捐物外，新华书店还主动承担许多援建项目。其中以援建图书室最为普遍。北京新华援助建立“中华魂”书屋 80 余所、“中华魂”多媒体教室 10 余所、“中华魂”音乐教室 1 个。深圳新华扶持建立“青工书屋”，现有“青工书屋”已达 169 家。河南新华援建学校、机关、乡村图书馆 173 个。

援藏、援疆受到各地新华的高度重视。3 年间江苏新华向西藏捐助图书码洋达 350 万元，向新疆捐助图书码洋达 180 万元。安徽新华向西藏山南地区教体局捐赠投影仪、电脑等教学仪器，向贫困地区、少数民族学校等捐赠学习用品、体育设施 100 多万元。

一些实力较强的省新华书店在捐赠方面更显慷慨，堪为典范。据不完全统计，湖南新华 3 年用于复读机、县级文体活动、教育基金、教辅材料、教学器材、教育基础设施、美丽乡村建设、对口扶贫等方面的捐赠总额达 8562 万元。江苏新华每年资助贫困生、助推读书、捐建农家书屋等总费用逾千万元。云南新华 3 年各项捐赠合计达 4331 万元。浙江新华 3 年累计各项捐赠 358 万元。湖北新华 3 年开展对口捐赠活动，累计捐赠图书、物品等逾 1500 万元。河南新华 3 年各项捐赠合计达 1218 万元。福建新华每年资助贫困学生、捐赠图书等费用逾 300 万元。

一些边远、欠发达地区的新华书店也勇于担当社会责任，解囊相助。海南新华3年间向社会、学校、部队、农家书屋、图书馆捐赠图书、教学设备等共近762万元；内蒙古新华3年共捐款351万余元；甘肃新华向学校、部队、图书馆等单位捐赠资金、实物共200余万元。宁夏、西藏、青海新华等虽然自身并不富足，但捐赠扶困爱心不减：宁夏新华3年间为银川星语家园儿童孤独症康复训练中心等单位捐赠图书、物资等共58万元；西藏新华进社区帮扶贫，捐赠图书，扶持特困户，为村点饮水改造提供资金支持；青海新华开展"博爱一日捐"活动，并向云南鲁甸地震灾区捐款。

斩获诸多荣誉，尽收两个效益

新华书店两个效益一齐抓，切实履行社会责任，得到了社会的广泛赞誉。近3年来，各地新华书店斩获各种荣誉，这些荣誉既有行业的，也有社会的，既有国家级的，也有省级的，虽然性质有不同，层级有差异，但这些荣誉均深含两种蕴意：既是对新华书店经营、发展的充分肯定，又是对新华书店履行社会责任的高度认可。

据不完全统计，过去3年全国新华系统已有两家新华发行集团入围《世界媒体500强》，即2014年、2015年江西新华发行集团两度入围《世界媒体500强》，2014年名列第182位，2015年名列第192位；安徽新华发行集团2013年入围《世界媒体500强》，名列第239位。而正是这两家世界媒体500强单位，在履行社会责任方面同样堪称典范：安徽新华集团获"中国上市公司最具社会责任感企业"称号；江西新华集团是全国唯一一家连续三届获中国出版最高奖——中国出版政府奖的发行集团，且获省级文明单位称号。如果说获誉世界500强，主要得益于经济实力，那么获誉"文明单位"和"最具社会责任感企业"则主要得益于履行社会责任。这两家强势集团的范例说明，经济实力和社会责任是相辅相成的，忠诚履行社会责任必将促进经济实力的增长；反之社会责任感丧失的企业必将丧失客户、用户和受众，它可能强势一时，但却不能强势持久。新华书店之所以在经历多种冲击后仍强势不减，持续发展，其忠实履行社会责任是重要致因。

过去3年，因履行社会责任突出被授予“全国文明单位”称号的有广东新华集团、深圳新华（出版发行集团）、江西宜春新华书店。获省级文明单位称号的有河北新华集团、福州市新华书店、乌鲁木齐市新华书店、北京王府井新华书店、北京中关村图书大厦、上海书城、云南新华集团、海南东方新华书店、湖北新华集团、甘肃新华集团、新疆维吾尔自治区新华书店及河南6家新华书店，黑龙江新华集团还被授予“省级文明单位标兵”称号。3年间全国还有许多新华书店获得众多不同荣誉，其中湖南新华集团和河北新华集团高居“中国服务业500强”。河北新华集团的全国500强和省文明单位的双料荣誉，再次表明经济强势和社会责任二者的共生共存。

中国新华书店协会

2016年7月

相关链接 2|
中国新华书店社会责任报告书（2016 年）

新华书店，1937 年 4 月 24 日诞生于革命圣地延安，是具有悠久革命历史的红色文化企业，是党的重要的思想宣传阵地、国家重要的文化机构、国家出版发行事业的主渠道、广大读者的精神家园。

本报告介绍了全国新华书店 2016 年承担企业社会责任的工作及成果，是社会各界更好地了解新华书店的重要平台。报告数据统计时间为 2016 年 1 月 1 日至 12 月 31 日，范围涵盖各省（区、市）新华书店集团及集团下属各级子公司。报告中所使用数据均来自各地新华书店集团的正式文件和统计报告。为便于表述，文中简称各地新华书店集团为“× × 新华”。

2016 年是国家“十三五”发展规划和全面建成小康社会决胜阶段的开局之年，也是推进结构性改革的攻坚之年。新华书店围绕党和政府的中心工作，抓主业、促转型、求突破，推动企业生产经营工作提质增效，业务发展稳中有进。

据不完全统计，2016 年全国新华书店营业收入 1437.70 亿元，资产总额 1701.40 亿元，利润 92.14 亿元。新华书店实体门店营业面积 1 万平方米以上的网点 47 个；营业面积 1000 至 1 万平方米的 845 个。24 小时书店 27 个，较 2015 年增加 11 个。从业人员近十三万，其中博士 22 人、硕士 1153 人，专科及以上学历人员超过 50%。拥有高级职称的 12190 人，中级职称 13091 人；党员人数 39590 人。

在企业稳步发展的同时，新华书店坚持履行社会责任，在网点布局建设、门店转型升级、重点图书发行、全民阅读活动、公益扶贫捐赠等方面，交出了一份优秀的企业社会责任成绩单。

坚持读者至上，打造城市文化地标

书店是传播文化的重要载体，是不可或缺的城市文化基础设施。新华书店全面推进网点建设，是践行社会责任的突出体现，它拓展了新华书店履行社会责任的阵地，扩大了新华书店品牌影响面。2016 年，各地新华书店通过对原有卖场进行升级改造、选择新址拓建新店、开设特色书店……用工匠精神建设最美书店，打造城市文化地标，为读者提供了最优的消费体验。

一、转型升级，再造文化卖场空间功能

2016 年，各地新华书店继续加大门店升级改造力度，更加注重读者体验与垂直细分服务，使得新华书店以全新面貌出现在公众面前，向城市文化综合服务平台转变。通过优化销售渠道、实施卖场再造，有效推动了实体书店转型发展。读者在这些“新书城”中，获得的是综合性文化消费终端体验。

江西新华打造了全国第一家红色书店——井冈山红色书店，自开业以来人流量增长 50%，销售收入增长 200%。安徽新华打造出以“新华书店”“阅生活”“前言后记”“读书会”为代表的文化商业品牌集群，迅速建成一批文化地标性品牌示范门店。河南新华启动各类卖场新建、改扩建项目 69 个，其中郑州购书中心、中原图书大厦已经形成集出版物销售、文化休闲体验、教育培训、影视娱乐、社会服务为一体的文化消费和服务集成平台。福建新华完成了总部鳌峰坊书城、福州金山图书城、厦门江头少儿主题书店等 15 家卖场的新建或升级改造，总投资 2483 万元。内蒙古新华完成传统书店升级改造 12 家，升级改造后的乌海市新华书店、二连浩特中蒙书店成为当地文化地标。黑龙江新华在牡丹江市建成首家“城市阅读文化体验空间和生活美学空间”及首家午夜书房——“珂尼伽午夜书房”，营业时间至午夜零点，成为该市全新的文化地标。广西新华旗下桂林书城则依托桂林国际旅游胜地建设，主打旅游、本土文化两张牌。2016 年 9 月 8 日，贵州新华都匀市新华书店城市文化中心开业，提升了都匀书城店容店貌，也为其他地州市门店升级转型奠定了坚实基础。

面对网络时代的到来，各地新华书店积极选择主动拥抱移动互联网，打造“智慧书城”。智慧书城将原有商业模式“移植”到微信平台，扩宽了传统新华书店卖场空间。广西来宾书城就被打造成为集休闲、学习培训及餐饮娱乐于一体的文化娱乐商城，它也是线上线下深度融合的广西首家地市级“智慧书城”，成为“小公司”建设“大书城”的典范、广西市级书城转型的标杆。

二、特色书店，满足各种文化需求

全国各地新华书店2016年建设了不少特色书店，它们以中小型书店居多，其用户细分明确，可以为读者提供更加精准的垂直服务。这其中，以河北、深圳、湖南、辽宁等地诞生的大量特色书吧为代表。

河北新华成功建设了保定新鲜空气书吧、承德创客咖啡＋24h书屋、涿州红色主题书店等十余家特色书店，经营面积达6000平方米。深圳新华按照“一街道一书吧”的战略布局，已拥有23家特色书店。海南新华建成海南太阳城24小时书店、解放路书店中版精品书店、百汇城书店3家特色书店。陕西新华建设及开业的特色书店有延安红色书店、校园书店等8个。辽宁新华打造了歌德书店和北方新生活、北方文化新谷体验店，并建设了“辽版图书专营店”。上海新华的“玛德琳绘本馆”则以绘本为切入点，配合在馆阅读、绘本图书销售及租赁服务、亲子活动等，力争打造全新的亲子活动基地。

新华书店还积极适应实体书店发展的新形势，创新连锁形态，将书店进驻到商业中心。多元化经营的新华书店，正悄然成为各大新兴购物中心的“宠儿”。例如，浙江新华新开业了黄岩书城，全新改造升级丽水书城、柯桥书城、余杭文化广场店等设计感强、时尚潮流的阅读文化空间，并把5家连锁特色书店开到了深圳、北京、威海、厦门、苏州。

校园书店是新华书店在网点布局中的重要一环，2016年新华书店的校园书店遍地开花。即便是在西部省份，校园书店建设也可圈可点。例如，宁夏新华分别开通了银川大学校园店及和合书院社区店等特色书店。云南新华在红河、曲靖、玉溪、香格里拉、普洱等州市开设了 29 家各具特色的校园书屋，并在老挝万象寮都公学开设 1 家校园书屋。

三、积极探索，打造纵深服务格局

目前，各地新华书店已逐渐形成中心书城、连锁门店、社区网点合理配置的良好格局，服务范围延伸至社区、学校和乡村，创新运营各种卖场网点，努力打通全民阅读“最后一公里”。

四川新华在拓展书店网点及服务读者方面作出了积极的探索：一是致力于打造“都市文化会客厅”的“轩客会·格调书店”，不仅销售书籍和音像制品，还以书店为文化品牌提供文化创意产品、绘画等艺术产品，并举办各种文化活动。二是开设“读读书吧”，把书店开到城市社区、学校和乡村，让广大市民提着菜篮子也能逛书店、读书、借书、买书，同时创新开辟“新书免费借、图书馆回购和增值阅读文化服务相结合”运行模式。三是正式运营“文轩云图 24 小时自助图书馆”，并据此进行用户借阅数据分析、了解用户个性化需求。

湖北新华累计建成各类型书店 105 家，其中校园书店 97 家，特色书店 8 家，新建成红安七里坪红色书店、利川白鹊山景区书店、恩施女儿城旅游书店、九丘军营书馆等特色书店，逐步形成了以大型书城、复合型连锁店、县乡发行网点为基础，以校园店、社区店等多种形式为补充的网点布局。

新华书店还重视延伸基层的网点建设，建有各类型的小微型网点，包括校园书屋、政府企业书屋、社区书店、服务型区域书店等。2016 年，江苏新华共新建小微书店 97 家。首创“书香建行”，并开辟了 40 家；在常州跨界布局，把书店开进汽车美容店和连锁药店；在镇江创新发展 6 家“红领巾书店”。同时在全省开设常州青果书房、南京“不纸书店”、苏州自在复合书店、徐州铜山八斗书店、无锡“不纸书店”、苏州“不纸书店”6 家非盈利性质的 24 小时书店，并与朗诗绿色地产开展“不纸书店”全国范围的战略合作。

文化企业　使命担当，主题图书　服务大局

新华书店始终牢牢把握社会效益第一的行为准则，充分发挥宣传文化阵地和精神文明建设窗口的重要作用，全力以赴配合各级政府部门，认真做好党和政府的重要文件、政治理论类读物和其他重点出版物的发行工作。树立正确的政治意识、导向意识和阵地意识，坚定文化有立场、舞台有政治的观念，潜移默化地传播国家意识形态和社会主义核心价值观。

一、政治理论读物发行创新高

由人民出版社出版的《习近平总书记系列重要讲话读本(2016年)》，在广东、山东、浙江、湖南等6省共发行1800万册。上海新华销售《习近平总书记系列重要讲话读本（2016年）》小字版、大字版合计110余万册，发行进度和完成率在全国名列前茅。

其他政治理论类读物的发行成绩一样可喜。山东新华发行《“两学一做”学习读物（法律出版社四合一读本）》14.3万册，十八届六中全会读物征订码洋1268万元。湖北新华发行《十八大以来重要文献选编（中）》3.94万册、《习近平用典》8.53万册。江苏新华发行《习近平总书记系列重要讲话读本（2016年）》及其他学习材料合计370万册，发行《尺度》17.45万册，超额完成预定目标。浙江新华发行《全面小康热点面对面》18万册、“两学一做”“廉洁自律”系列173万册、吉林新华发行发行“两学一做”系列图书20余万册，实现销售码洋近420万元。河北新华认真安排《知之深，爱之切》《胡锦涛文选》《全面小康热点面对面》等重点图书的发行，其中《知之深，爱之切》一书发行63.8万册。福建新华重要政治理论读物的发行，全年同比增长156%。

二、多种措施，精心组织，确保发行到位

在做好系统订购与门店销售的同时，新华书店积极与各省委宣传部沟通联系，主动深入基层开拓市场，扩大销量，采取多种措施，不断将党的声音及时传递到广大党员干

部群众当中。

新华书店充分发挥遍布全国的垂直纵深网络优势，对口做好与各地党委宣传部门、组织部门的联络协调和服务保障工作。四川新华打造“文轩荐书”品牌，定期向各地党政机关负责人进行重点书目推荐。在四川省书城级门店先后开展《习近平谈治国理政》、“纪念中国共产党成立95周年”、“纪念长征胜利80周年”等近十项重点主题出版物的宣传推广工作，形成了强有力的社会扩展效应。以《习近平总书记系列重要讲话读本（2016年）》为例，四川新华各部门在征订、物流、送货等各个方面全力配合，读本共发行220万册。

新华书店高度重视中宣部、总局公布的重点主题出版物和其他重点出版物的发行工作，在书店突出位置设立专柜专架，并认真做好全省各地市的配送服务工作，按要求开展展示展销活动。江西新华采取多种措施大力开拓市场，发行《习近平关于严明党的纪律和规矩论述摘编》《中国共产党章程》等成效显著，《胡锦涛文选》自2016年9月20日上市以来，累计发行码洋达500万元。上海新华在《中国共产党章程》全国脱销的情况下，及时引进法制社版本，保证供货不断档，并发行《中国共产党廉洁自律准则》《中国共产党纪律处分条例》两个条例的单行本30万册。

针对党和国家重要文献的发行，各省新华书店还主动深入基层开拓市场，不断扩大店外销售。河南新华在系统订购和门店销售的同时，主动深入到机关、学校、企业、厂矿、部队开展流动售书，2016年共发行《习近平总书记系列重要讲话读本（2016年）》195万册，《中原大地奋进曲》15.5万套。

精心打造活动载体，着力推动全民阅读

凭借遍布城乡的网点，通过举办各种阅读推广活动，推动书香社会建设，推动全民阅读，是各地新华书店履行社会责任的重要抓手。新华书店通过推荐好书，倡导阅读，吸引读者，不仅成为全民阅读的重要阵地，更形成了具有广泛影响力的特色活动品牌。

一、利用门店网点，打造主题活动

新华书店利用门店网点，积极开展群众性读书、打折促销、买赠、推荐等活动，通过不同主题的活动，将有不同需求的读者吸引到书店中来。

在北京，中关村图书大厦开展名人签售和主题展销百余场，连续举办四届文化惠民阅读季活动；亚运村图书大厦推出“习近平总书记系列重要讲话”“优秀党建政治类读物”等各类主题展销活动，分阶段开展了“红军长征胜利80周年”主题展示展销活动；北京台湖出版物会展贸易中心中国图书文化展览馆打造了以“了解中国图书历史，增强爱国主义情感”为主题的特色大课堂品牌，接待大中小学生数万人参观。在黑龙江，新华书店依托书店卖场营造读书氛围，举办各种丰富多彩的文化惠民活动上千场次。深圳书城罗湖城、南山城、中心城、宝安城四大书城及简阅书吧全年举办公益性活动超过2000场。辽宁北方图书城策划了“书香辽宁，惠民书市”“百社万种图书大联展”“捐书助读献爱寄情”“阅读推广人”“朗读者计划”等七大主题文化活动，共吸引了10万余次读者的参与。

二、积极行动，形成阅读活动品牌

在积极开展主题活动的同时，新华书店也没有忽视自有品牌阅读活动的打造，以品牌活动带动阅读推广的落地。

新华书店总店多年来坚持开展全民阅读推广活动，2016年总店联合中国新华书店协会主办的“出版界图书馆界全民阅读年会”，以“全民阅读与社会进步”为主题，邀请到了出版界、发行界、图书馆界、学术界嘉宾到会，为推进全民阅读建言。年会通过好书推选、优秀阅读案例征集等方式，切实推动全民阅读活动的开展，至2016年已经举办了五届。同时，总店通过举办“全国馆社高层论坛”，开展全国优秀馆配商评选，搭建馆配行业信息交流与研讨的重要平台。

河北新华通过名家卖场签售、名家进校园、卖场打折促销、重点书推荐征订等形式共举办营销活动232次，其中全省统一参加的大型活动共161次。2016年1月河北新华正式运营“新华·品荐”阅读平台，截至2016年底共有139家门店设置“新华·品荐”销售专区。上海书城举办“新书发布厅活动”，第一时间让新书与当地读者见面。上海新华松江平高店每周举办亲子阅读活动，全年共计开展50余场。重庆新华广泛开展“名家进校园”品牌阅读活动，全年累计110场次，活动覆盖38个区县。此外，重庆书城定期举办的“新华大讲堂”、沙坪坝书城举办的“尚学堂读书会”、南岸连锁店举办的“童心故事绘”等全年活动达50余场次。甘肃新华先后开展“兰州读书节”“陇右讲堂·书香天水”“书城不夜·书香武威”等活动，使“书香陇原”更具生命力和影响力。

读书节、读书月等的举办是各地推动全民阅读的重要内容，新华书店作为关键角色积极参与其中。福建新华承办了第二届“世界读书日·海峡读者节”，主会场日均吸引读者上万人次，实现销售码洋3530万元，成为福州有数据以来参展规模最大、入场人次最多、销售收入最高、宣传效果最好的一次群众性阅读活动。江苏新华承办第六届江苏书展，5天观展人数超过28万人次，共举办220多场阅读推广活动。通过品牌活动的打造，读者既能享受到书店提供的良好阅读环境，又能以优惠价购买正版图书。截至2016年10月12日，第三届安徽文化惠民消费季活动中，读者在新华书店的92家门店刷卡14.7万笔，图书交易1437.18万元。

新华书店将组织全民阅读巡讲活动作为重点，为各地提供了高品质讲座。浙江新华组织了500场名家进校园巡讲活动，同时制定全省读书活动分级推荐书目，并参与第二届浙江省全民阅读节，在衢州、杭州、嘉兴等地区举办或承办近20场书展。江西新华在中国最美乡村——婺源举办了目前江西规模最大、品种最多的“书香赣鄱·醉美婺源”全民阅读图书会展，10万余种新书好书参展，同时还开展了“第十季万枝玫瑰映红读书周”“南昌市教师全员优质阅读行动”等活动。陕西新华全年举办了“世界读书日”“三秦书月”“三下乡”及各类校园文化活动300多场。

三、坚持“七进”“走下去”服务基层读者

不仅在门店上做文章，让读者“走进来”，新华书店同时也主动“走下去”，让图书“七进”（进企业、进学校、进机关、进社区、进农村、进家庭、进公共场所），推动全

民阅读的深入开展。

北京新华旗下王府井书店举办了“博识课”“课外研究”等校园课外阅读及多场社会实践活动，顺义新华书店在2016年北京阅读季期间共组织阅读宣传活动200多场次，大兴新华书店做好流动宣传展销“七进”活动50次，房山新华书店则在监狱建立了图书超市。天津新华深入基层举办“书香天津·2016春季书展”，海光寺图书城与南开区图书馆合作开展“你看书，我买单”活动；和平区店与天津电力公司联合举办了“电力读书节”，东北角书店走进了武警指挥学院、富士康公司进行售书。河南新华启动全员流动供应工作，全年组织开展聚畅销、聚划算、全民阅读文化长廊、文化流动服务站、消夏阅读总动员等流动供应活动3200余次。

通过多形式、多渠道，新华书店想方设法解决农村读者买书难、看书难的问题。甘肃新华积极服务农家书屋建设工程，向6000家农家书屋补充配送图书44.85万册，向266家“寺庙书屋”配送图书2.24万册。宁夏新华为推动农村阅读活动的开展，补充出版物采购项目共涉及1172个农家书屋网点。广东新华全年为28个市县店的农家书屋配送相关出版物约1000万元。湖北新华针对农村网点覆盖率不足的问题，专门组织图书在77家分（子）公司开展进农村“流动书展”服务600余场。青海新华出动“东风工程”流动售书车170余次，前往170个乡镇，配送达8.5万册。浙江新华则举办了近百场讲座，其中20%场次的讲座深入到乡镇文化礼堂、农家书屋、乡村小学。

在边疆地区，新华书店担负着更为关键的文化普及工作。西藏新华举办了第一届“书香西藏·新华杯”知识竞赛，并进入校园、驻村点推广全民阅读。新疆新华举办了第二届新疆版图书展示交易暨馆藏图书展销会，配合中国出版集团在新华国际图书城、阿克苏、哈密等地完成“百店千柜”落地工作，还在清真寺设立寺院书屋，流动售书2300多次。

四、开拓创新，建设网上渠道

如今线上线下融合的趋势，对新华书店来说是机遇，也是实现双效的突破点。新华书店已经积极行动起来，投入到网上渠道的建设当中。

四川新华致力推动中小学师生阅读服务云平台构建工作，在四川省委办公楼、省新闻出版广电局等处布设文轩云图24小时自助图书馆，并推动全省乡镇出版物数字化发行网点建设。“双11”购物节，文轩网单日销售突破1.5亿码洋，连续六年蝉联全国电商平台图书销售冠军。河南新华128家市县级书店、200多个门市卖场和线上云书网平台联动，通过精选图书品类、扩大宣传推广、丰富服务内容等形式，全年不间断地开展各类全省性阅读分享、文化体验、手工体验等活动2800场次，以文化的魅力和营销活动的感召力，有力地支撑了“书香中原”建设。

新华书店总店以互联网、移动互联网、云计算和大数据技术为基础，全力打造了“全国大中专教材网络采选系统”，在教材作者、教材编者、师生读者之间，架起教材使用和教材发行的数字化、网络化桥梁，形成基于教材的“在线教育闭环系统”和“教材服务开放生态系统”，同时通过全国大中专教材高峰论坛、优秀教材经销商评选活动的举办，为推动中国教育信息化建设作出贡献。总店在2016年北京国际图书博览会上举办了“2016国际出版企业高层论坛”，上线了“国际出版网”，助力中华优秀文化“走出去”。

社会责任　爱心践行，热心公益　弘扬精神

新华书店始终以服务读者为己任，积极投身于公益爱心事业。通过建设农家书屋、捐建新华希望中小学、为贫困学生免费提供教材等一系列举措，赢得了各界好评。据不完全统计，2016年，新华书店向学校、图书馆等单位捐助资金4900余万元，捐赠图书30余万册，向贫困村捐赠物品价值274.2万元，开展公益捐赠活动2700余次。

一、图书捐赠　助力教育，服务三农　书香扶贫

图书发行是新华书店的主业，为了使更多读者享受到精神食粮，新华书店多年来不仅持续向农村、社区、家庭、学校、机关、企业和军营捐赠图书，而且积极参与中国红十字会、慈善总会等公益组织发起的各项文化活动。

北京台湖出版物会展贸易中心联合中华魂读书活动办公室向偏远地区学校捐赠图书约80余万元，惠及全国半数以上省区。广西新华与广西壹方慈善基金会联合举办“爱心共接力，校园溢书香”活动并捐赠图书，先后与罗城仫佬族自治县四把镇棉花村、德能村、长春村等社区和棉花村小学、德能村小学开展结对帮扶、捐资助学活动，集团全年总计捐赠170.87万元。内蒙古新华向乡村学校、贫困地区学校、少年宫等捐赠各类图书共计230.5万元，还联合贫困地区学校开展“小包裹，大爱心，新华助学圆梦”爱心募捐等活动。拉萨市新华书店组织号召全国新华书店捐献给当雄县教育局、当雄中学价值20万的图书资料，捐赠山南某贫困地区小学价值2万元图书资料、学习用品等。河北新华常年坚持向省内农村特别是农村中小学捐赠钱物，全年累计243万元。黑龙江新华2016年向学校、图书馆等累计捐款100余万元，其中包括为学校、社区、部队等捐赠图书，为中小学校捐款、捐赠学习卡，向阳光教育基金捐款等。湖北新华共有56家市县分公司通过赠送物资、直接捐赠现金等方式开展扶贫、救灾、捐资助学、走访慰问等活动，累计捐赠金额605.4万元。山西新华在“送温暖、献爱心”捐款活动中共筹得爱心捐款12.73万元，并在全系统广泛开展帮助困难职工家庭“滴水”助学基金爱心募捐活动，此外还协助北京蔚蓝基金完成1000万元的捐书活动。

二、设立帮扶资金，援建基础项目，惠及文化民生

除了图书捐赠外，新华书店还倾力扶贫济困。2016年累计开展捐赠助教、扶贫济困各项活动千余场，累计捐助金额1000多万元，惠及进城务工人员子女及贫困地区中小学。

福建新华在第二届海峡读者节期间举办了“读一本，买一本，捐一本”爱心公益活动，与读者及爱心企业为福州进城务工人员子女及所在学校捐出数万册书籍及现金10万元。甘肃省定西市新华书店筹措220万元资金用于实施“精准扶贫支持教育百千万工程”计划，计划每年向全市考入重点大学的100名贫困大学生每人资助1000元学费，每年向100户贫困学生家庭各提供2000元的助学资金，每年向全市考入高中的1000名高一新生免费提供60万元的同步教辅学习资料，每年向全市1万名贫困小学生的母亲提供 10 万元爱心物资。“百千万”计划实施一年，取得了良好效果。江西新华九江市分公司支持当地教育事业，向九江学院捐赠 3.1 万元，用于九江学院“新华奖学金”及助学金设立。山东新华平邑分公司援建平邑县温水镇花园村西漫水桥修复工程资金 4.75 万元，曲阜分公司援建曲阜市明德学校尼山书屋，宁阳分公司则援建了县农业局、县残联机关书屋。

三、门店即是阵地，阅读公益两不误

新华书店组织的各类阅读推广活动如“名家进校园”“全民阅读季”等，大多包含了公益捐赠的内容，着力打造有影响力的公益活动品牌，体现了文化企业的社会责任。

重庆新华在“名家进校园”活动中联合全国十余家优秀出版社向参与活动的学校捐赠优秀少儿出版物共计 30 余万元，并积极参与“2016 年广场经典诵读公益活动”。山东新华先后举办了“2016 年齐鲁阅读季”“书香山东 · 全民阅读月”主题阅读等活动，并协办“齐鲁书香节暨 2016 山东书展”，向济南市民发放了总计 200 万元的惠民书券。内蒙古新华依托网点配合全民阅读、书香社会系列活动，开展名家文化讲座、樊登读书会、朗读者计划等公益活动 2347 场。

坚持为人民服务、为社会主义服务，认真履行时代赋予的社会责任和文化使命，是各地新华书店集团的根本立足点。新华书店将在市场经济和改革发展的大潮中自强不息，不断寻求超越，依托现有资源、网络和品牌优势，深挖文化内涵，探索新的发展模式，进一步发挥公共文化服务职能，为推动全民阅读、建设书香社会做出新的更大的贡献。

中国新华书店协会
2017 年 5 月

第二部分 | 光荣与梦想

深化改革、市场调研、连锁经营、品牌建设……从卖书到服务，从传统到智能，每一家新华书店今天所做出的探索与创新，都离不开战略层面的蓝图规划。全国数十家各具特色的新华发行集团，在改革创新路上走出的每一步，都是经典。

新华书店总店｜
擦亮品牌，探索转型发展新格局

走进新华书店总店所在的西城区北礼士路 135 号院，大门右侧的延安清凉山新华书店复制景观跃然眼前。那座诞生于延安窑洞中的新华书店承载了 80 年来多少年轻人对知识的渴望，也映射了 80 年来实体书店经历过的辉煌与挣扎。

在这个院子里，现代科技的应用随处可见，新华城市书房中的自助购书机、电子水墨展示画架、人脸识别技术……在这个院子里，历史的厚重感也让人放慢脚步、认真体会，新中国的第一本《宪法》从这里发放到全国各地，出版发行行业的第一台大型计算机在这里使用，第一个全国图书订货会、第一个书目信息平台……新华书店总店店史陈列馆中各种文件资料再现了新华书店 80 年的艰辛与辉煌。时空的交汇使得新华书店总店呈现出一种独特的魅力，透过她，仿佛能看到清凉山上的星星之火，如何成就燎原之势。

回头看去，老一辈新华书店人在艰苦岁月中的担当和使命、改制后新华书店总店难以避免的沉寂与低谷、新时代新华书店总店在融合发展方面充满自身特色的探索及创新，那些已经发生和正在发生的，如同一幅幅画卷铺陈开来。

在经历了一段艰难的低谷期之后，新华书店总店在新领导班子的带领下，立足于互联网时代背景，立足于服务行业和自身转型发展需求，坚持“盘活存量资产，推进产业转型”的发展战略，坚持经济效益和社会效益相统一，改革创新，开拓进取，团结务实，攻坚克难，经过全体员工四年的艰苦奋斗，重点项目初见成效，各项经营指标高速增长，2017 年与 2014 年相比，营业收入增长 65%，利润增长 1053%，纳税增长 2092%。总店或所属公司先后获得“全国巾帼建功先进集体”“全国新华书店先进集体”“2015–2017 年度首都精神文明建设先进单位”等荣誉称号，品牌再度擦亮。形成了以“新华文创科技园”“新华书店网上商城”“全国大中专教材采选系统”“e 书 e 码出

▲**新华书店总店大门**

版物大数据管理平台”等为主的发展新格局，基本上实现了产业转型的战略目标，进入了快速发展的新时代。

新华文创科技园，奠定转型发展基础

2016 年 9 月，新华书店总店正式启动对 135 号院的整体改造改建工程，打造“新华文创科技园”，预计到 2018 年年底工程全部完成。改造完成后的 135 号院将是一个紧扣文化、科技、红色主题，集文化创意、金融、科技服务平台于一体，并借助平台衍生孵化新项目的产业园区。园区建筑面积将达到 5.6 万平方米，经营收益较改造前将数

▲新华书店城市书房

倍增加。

“新华文创科技园”通过“孵化+投资”的运营方式，不仅盘活了总店存量资产，而且引入了资本、产业、技术和人才，奠定了新华书店总店转型发展基础。

园区中有全国第一家中共党史美术馆，有北京市文化投资集团所属相关企业，还有新华书店总店在实体书店转型升级大背景下重点打造的新华城市书房。新华城市书房是一个融合阅读、咖啡、文创的时尚精品跨界书店，是一个以书为主的综合文化商城，文化用品、咖啡、文创产品等商品的搭配销售不仅为书店增加了一种文化气息，还丰富了书店的经营业态，创造新的盈利点。

新华书店网上商城，线上线下融合发展

融合创新是当下实体书店转型的最基本思路，新华书店总店力求通过“品牌＋文化＋资本＋技术”的运作方式，努力推进互联网与传统业务从相“加”迈向相“融”。

“中国新华发行网－新华书店网上商城”由新华书店总店发起，拟联合全国各省市新华书店、著名出版机构、大中型图书馆，以资本为纽带，以互联网技术为支撑，链接全国新华书店12000家实体门店、仓储配送网络与传统出版物“进销存退”优势资源，链接上游出版机构，链接下游大中型图书馆，努力打造出版物全产业链的线上线下融合发展的电子商务平台。2017年12月26日，“中国新华发行网－新华书店网上商城”正式上线。

全国各省市新华书店积极响应平台建设，浙江、北京、广东、山东、江西等30家省、市新华书店签署共建新华书店网上商城投资及渠道资源使用协议。出版社对平台上线非常期待，目前平台已与40余家出版社签约。团队对平台商业模式不断优化，规划了出版物线上销售、图书馆馆配、整合营销、大数据应用、地标性商品定制、线上线下广告、新华物流、会员增值以及互联网金融服务等多个业务板块。上述业务板块和全国各省市新华书店打通后，将初步实现打造国家出版物互联网发行主渠道、主平台的建设目标。

服务教材发行，促进互联网＋文化＋教育融合

“全国大中专教材网络采选系统”以互联网、移动互联网、云计算和大数据技术为基础，在教材作者、编者、师生读者之间，架起教材出版、采购、发行的数字化、网络化桥梁，打造基于教材的B2B2C的“知识服务闭环系统”和“教材服务开放生态”。

通过采选系统，新华书店总店开拓了与院校、出版社、经销商及其他文化企业之间

的合作，共同推进中高等教育教材资源数字化及教材采选信息化建设，推动优秀研究成果的出版与发行建设，并通过采选系统进校园，与院校合作策划、组织面向师生的校园阅读活动，实现“互联网+文化+教育”的融合发展。

系统于2017年5月正式上线运营。截至12月底，已与郑州大学、首都师范大学、江西财经大学、西南政法大学等54所高校，与江苏凤凰、江西新华发行集团、广东新华发行集团等34家教材经销商签署了使用平台采购或销售教材合作协议。预计全部上线运营5年左右，通过系统采购的教材将达20亿元。

e书e码出版物大数据管理平台，物联网+产业链融合

“e书e码出版物管理平台”是以云计算、物联网技术为核心，以二维码防伪识别技术和RFID技术为实现手段，为每一本图书提供唯一的“身份标签”，为图书出版发行行业提供图书防伪追溯、自动化智能无人仓、行业大数据管理和实时分析等解决方案的技术管理平台。

“e书e码”将直接印刷在出版物上，书店将通过“e书e码”链接出版社实现进销存退管理，图书馆将通过“e书e码”实现馆配、馆藏、借阅精准管理。

“e书e码”以创建精细化生产、营销管理，打造电商、传统行业及社交销售相互结合的新模式为目标，凭借搭建的实时动态智能化大数据服务平台，信息贯穿出版生产、销售、仓储、图书馆管理等各环节，打通产业信息孤岛，完成传统销售线下到线上数据桥接，助力出版发行企业的经营发展。

目前，新华书店总店的“e书e码”产品研发已初步完成，在2017年国际出版企业高层论坛上正式推出并将陆续在出版社试用。

发展新格局为新华书店总店拉开了新时代的发展帷幕。未来，新华书店总店将继续立足实际，全面深化改革，努力开拓创新，围绕融合发展型、国际传播型的建设目标，开创转型发展的新格局，实现高质量的发展。

北京发行集团｜
打造首都文化产业的“金名片”

2004 年 3 月 10 日，经中宣部、国家新闻出版总署批准，由北京市人民政府投资组建，北京发行集团有限责任公司正式挂牌成立。成立 14 年来，特别是党的十八大以来，北京发行集团以做强主业为核心，认真贯彻落实以习总书记为核心的党中央指示精神，牢牢坚守住社会主义图书发行主渠道和主阵地，根据中央供给侧结构性改革战略，研究确定了“保销售、调结构、多业态、去闲置、降成本、补短板”总体经营思路。

集团成立初期，通过对分散独立经营的北京市新华书店、北京图书大厦、北京市外文书店和中国书店进行整合，建立了以新华连锁公司为主的中文图书业务经营主线、以北京市图书进出口公司为主的外文原版图书业务特色线和以中国书店为主的古旧图书业

▲北京图书大厦

务特色线。

2007 年，占地 460 亩、一期建筑面积 25 万平方米的台湖出版物会展贸易中心如期落成，成功打造了六大行业展会品牌。会贸中心通过汇集全国 580 余家出版社实现了“集”的功能，面向全国和海外大力拓展图书批发和团购业务，业务范围覆盖全国 34 个省区市和海外 17 个国家和地区，实现了“散”的功能，成为名副其实的全国出版物集散中心。

此后，借由北发网的组织架构和技术优势，依托集团实体店面、物流体系、品牌美誉等方面的优势，打造了“北新云网”平台，打破了原有盈利模式单一化局面，进一步拓展了互联网与文化产业融合的广度和深度，带动了集团整个产业链发展和价值提升，构筑集团业务发展的新优势和新引擎。

近期，北京发行集团加快实体书店转型升级步伐，确立了集团独有的“科技引领、建筑为辅、主业突出、多元支撑”的实体书店北京模式——“智慧书城”模式，实现了从“为买书服务”到“为买书人服务”有效转变。

强化渠道主导优势，构建五大核心竞争力

阶段性发展使北京发行集团具备了脚踏实地的工作作风和勇于开拓的工作精神，斐然的成绩成为其有力证明。

首先，大力弘扬主旋律，坚守国有图书发行企业主渠道主阵地。北京发行集团始终将社会效益放在首位，坚持讲大局、讲奉献、讲政治，将服务中央、服务政治作为国有书店的使命。历年来，北京发行集团一直承担历届党代会和全国两会服务保障任务，以专业、热情、周到的服务受到了历届参会代表和委员的一致好评；同时，北京发行集团还承担着党和国家文件、国家领导人著作、主旋律图书发行工作，大部分文件著作的首发都由集团承担，极大地满足了中央驻京和北京市党政机关、企事业单位、学校、军队等读者对主旋律图书的学习要求。

其次，建立完善的业务体系，巩固和强化了国有图书发行主渠道在图书市场的主导地位。北京发行集团成立以来，积极整合业务资源，完成了整体业务流程的再造，构建了北京市新华书店为主的中文图书、北京市图书进出口公司为主的外文原版图书、中国书店为主的古旧图书和北发图书网为主的云平台图书销售四大业务板块，搭建了覆盖出版、发行、仓储、配送、电子商务、进出口、拍卖等出版发行各个环节的现代化、产业化、集约化全产业链运营体系，形成了跨行业、跨媒体、跨地区发展的产业格局，实现了由“做企业”向“做产业”的转变。

再次，勾勒企业未来发展蓝图和愿景，明确新时期企业发展方向和思路。北京发行集团成立以来，先后制定了“一条主线和两条特色线”和“二一四二”的发展战略，指引集团实现了健康持续发展。面对近年来日趋复杂、变幻莫测的市场环境，深入研究和分析产业发展态势，结合企业自身实际情况，研究确立了“保销售、调结构、多业态，

▲新华书店城乡华懋店开门迎客

去闲置、降成本、补短板”总体思路，提出了集团未来经营发展的六大业务盈利板块，明确了大书城“三位一体”、中小门店“三点一线”“线上品种齐全，线下精品突出”的图书品种营销模式，为新时期企业发展勇于探索新的发展路径。

最后，积极优化经营网点布局体系，初步实现“书香京城、香满京城”。自成立以来，北京发行集团积极发展和优化经营网点布局，通过自购、特许加盟、合作经营等多种方式，先后开设了中关村图书大厦、亚运村图书大厦、中国书店海王村旗舰店、中国书店中关村店、中国书店燕翅楼 24 小时店、中国书店前门东大街店、中国书店西黄城根店、新华书店香山 24 小时书店、新华书店城乡华懋店等多个经营网点，填补了北京重点区域的市场空白。

目前，北京发行集团已经构建了以大型书城为龙头，专业书店、特色书店为支撑，以校园书店、社区书店、商超书店、交通枢纽店、自助无人值守书店为基础，布局合理、分布均衡、层次分明、遍布京城的图书发行网点布局体系，初步实现了“书香京城、香满京城”。在历届班子的带领下，在全体干部职工的共同努力下，北京发行集团通过整合优势资源、科技引领创新、重构经营体系、再造业务流程，构建了五大核心竞争力和优势。

其一，实现实体书店的集群化效应。具体而言优势有四。一是品牌优势。通过打造北京图书大厦、王府井书店、中关村图书大厦、亚运村图书大厦、北京国际图书城等 5 个具有全国影响力的文化地标性书城，北京发行集团在全国乃至世界范围内具有强大的品牌影响力和号召力。二是布局优势。北京发行集团形成了遍布京城、层次分明、布局合理、特色鲜明的经营网点布局体系，基本实现了对北京市城区的全覆盖。三是特色优势，即针对北京各地区读者需求的特色，打造不同类型的新华书店全新子品牌，满足各种层次、多种类型读者的个性化需求。四是科技优势。北京发行集团与中航 12 院、大唐网络等全国顶尖的科技企业建立了长期的战略合作关系，率先将云计算、大数据等前沿科技引入实体书店，实现了实体书店智能化升级。

其二，实现线上线下一体化融合发展。北京发行集团聚合“互联网+”“移动应用

+”、云计算、大数据等前沿科技，整合线上线下资源，以北京台湖出版物会展贸易中心为物流依托，成功搭起了一个融合出版、发行、旅游、教育、票务、金融、购物、新媒体传播为一体的全渠道O2O商业运营网络体系，为首都市民打造全方位、立体式综合文化服务生态圈。

其三，打造全国领先的两大特色经营业务体系。一方面，建成了以中国书店为主体，集收藏、拍卖、修复和出版兼发行于一体的围绕古旧图书业务完整的产业链条。目前，中国书店在品牌、藏书资源、非遗技能、收售渠道等方面均处于全国领先，牢固确立了全国古旧书业龙头地位，在国际同业中也享有极高的品牌知名度、美誉度和影响力。另一方面，打造了以北京市图书进出口有限公司为主体的覆盖全国的外文原版特色经营体系，打造了北京乃至全国最大的外文图书专营书店，搭建了外文原版图书在线订购平台，可实现国外优秀出版物在国内同步上市发行。

其四，构建立足北京、覆盖全国、辐射全球的出版物发行渠道体系。北京发行集团成功打造了专业化、市场化的对外批销、团购馆配营销队伍，建立了立足北京、覆盖全国、辐射全球的出版物发行渠道体系。目前，北京发行集团的业务渠道已经覆盖全国34个省区市，及美国、加拿大、德国、瑞士、韩国、新加坡等17个国家和地区。

其五，建立不断追求创新的内在机能和运转方式。成立以来，北京发行集团始终坚持创新引领发展，逐步培育了企业创新的动力机制、运行机制和发展机制，营造了思想解放、大胆突破、灵活高效的创新环境，使企业始终紧跟时代脚步，及时把握市场机遇，不断实现自我更新和自我升级。

实体书店特色鲜明，主业突出，多元业态辅助支撑

习近平总书记在党的十九大报告中提出，“我国社会主要矛盾已经转化为人民日益增长的美好生活需要和不平衡不充分的发展之间的矛盾”。现阶段，人们精神文化生活需求日益增长，需求的内容更加丰富，需求的形式更加多样。作为文化需求的重要供给

渠道，实体书店原有的功能和定位已经远远不能满足人们的精神文化需求，需要从供给侧进行结构性改革，不再仅仅是图书等文化产品的销售渠道，更应是创新引领人们文化生活方式的重要平台，是满足人们立体的、多层次、内涵式文化需求的重要载体。从这个意义上讲，大型文化综合体、新型文化空间将是未来实体书店发展的重要方向之一。与此同时，“小而精”的专业书店、特色书店、社区书店，在满足部分群众的专业化和特色需求、满足人民群众文化需求均等化上也具有不可替代的作用，也将是未来实体书店的一个重要分支。在此背景之下，北京发行集团及时做出切实转变。

首先，积极投入实体书店转型升级的热潮，打造了一系列特色鲜明的实体书店。一是开设了中国书店燕翅楼店、新华书店花市店和新华书店香山店三家 24 小时书店，从环境、功能、业态设计上根据夜间读者的需求量身定制，使 24 小时书店成为守望京城爱书人的一座座文化灯塔。二是以中国书店为先锋，积极拓展特色图书经营网点，先后开设了中国书店西黄城根南街店和中国书店前门东大街店，将中国书店传统文化底蕴与现代文化休闲方式有机结合，打造成为全新模式阅读空间。三是首创“校园书苑”经营模式，先后在北京市第二十中学、北京航空航天大学附属中学等学校开设了“校园书苑”，努力打造书香校园。四是积极构建社区文化服务体系，在海淀区西北旺镇社区图书馆和海淀图书馆田村街道分馆内建成了“社区阅读文化体验中心”，通过设置自动售书机的形式，将智慧书城功能以最简便、便携的方式带入社区。五是建立了集团首家商超店——城乡贸易中心店，突破传统新华书店经营模式，从经营定位、经营布局和经营品类上都做出了大胆、全新的尝试，较好地诠释了传承与创新的有机结合，重塑了国有发行主渠道形象。六是打造了北京首家无人值守书店，整合了自助结算系统、全智能商品识别、远程客服协助、动作识别防盗系统、人脸识别等创新技术，实现 24 小时运营。

其次，积极尝试“新型文化空间”的实体书店发展模式。在实体书店建设中，不断强化阅读、导读、推介功能，按照全方位、立体化、智能化的服务体验平台，实现环境时尚、高雅、舒适，图书主导下的大众文化和多元服务业态，内容丰富的文化活动社交平台“三位一体”的定位，打造以出版物为核心，集聚相关文化创意产业，集文化传播、文化体验、文化休闲、文化娱乐、文化消费、文化交流于一体的大型综合文化体验中心，使之成为文化、资讯交流和汇集的场所，引领文化创新生活的方向。北京发行集团在多年摸索中总结出多元化产业发展的“集约化、规模化、资源化、数据化、智能化、专业化”发展指导思想。

“集约化”是指统合员工、卖场、仓储物流、物业、品牌、经营渠道和平台等资源，实现资源共享，充分利用企业一切优势资源，提升多元化经营的效益和效率，实现优质高效运营；

“规模化”是指以规模化运营为目标，形成集零售、批发、连锁经营、配送、物流等于一体的产业链，从而逐步形成特色品牌优势，形成市场核心竞争优势；

“资源化”是指多元化产品实现产地货源专营化，通过掌握一手优质的拳头产品，打造知名度和品牌化，并获得更大盈利空间；

“数据化”是指运用云平台智慧技术，跟踪用户访问或消费行为，做好数据的科学和应用分析，并将分析结果运用到生产、销售等各个环节中，推进持续优化转换率工程，提升读者对书店及产品的黏度；

“智能化”是指将线上经营与集团实体店的线下经营有机结合，突出智能引领、自助体验、网络链接等科技元素，形成优势互补、资源联动；

“专业化”是指集团集中专门的人员和队伍，成立专门的机构，调动专门的资源、物力和财力，实现多元化业务区别主业的专业化运营。

多元业态发展过程中的关键要素是要正确处理多元业态与主业的关系。要明确主业是国有图书发行企业发展的核心，多元业态发展不能喧宾夺主，多元业态需要主业提升档次和影响力，需要主业引领。与此同时，主业经营也需要多元业态提供支撑，需要多元业态拓展主业经营的内涵和外延。

山西新华书店集团｜践行新发展理念　推动高质量发展

2017 年，是党的十九大胜利召开之年，也是新华书店成立八十周年、山西新华书店集团（简称“山西新华”）组建十五周年。2017 年，山西新华实现营业总收入 41.45 亿元，完成出版传媒集团下达的年度目标的 101.11%；实现利润总额 2.31 亿元。

服务大局塑品牌，社会效益成果显著

第一，政治读物发行成绩优异。山西新华《十九大报告》等重要文件总发行量超过

▲太原书城

280 万册、码洋 2400 万元，比党的十八大文件发行量增长 58.3%，其中有 21 家子公司超额完成了既定任务指标。《习近平谈治国理政》《习近平的七年知青岁月》等相关政治图书完成发货 34 万册，《将改革进行到底》等七部大型政论专题片相关图书及音像制品数百万套，全年政治类图书实现销售突破 5000 万元。创造了新的业绩。荣获《习近平的七年知青岁月》发行贡献奖、《2017 理论热点面对面》宣传推广先进单位。

第二，“统编三科教材”发行获奖。山西新华连年高效完成“课前到书，人手一册”的政治任务，特别是保质保量地完成了 2017 秋“统编三科教材”送书到校工作，荣获“国家统编道德与法治、语文、历史教材出版印制发行工作先进集体”。

第三，全民阅读活动有力推动。山西新华各级公司大力开展图书展销、作家签售、“朗读者”等阅读推广活动，受众读者数十万人（次）。推进“红色的魅力”阅读活动，参与学生达百万人（次），荣获“山西省中小学生‘红色的魅力’阅读活动”先进单位。承办“手拉手、传爱心——关爱农村留守儿童图书捐赠公益”活动，引导社会各界累计向农村留守儿童捐赠图书 7 万余册、码洋 170 余万元，获评“全国书业 2017 年度营销金案”奖。重点围绕全民阅读开展“七进”活动 1000 次以上，努力为三晋人民提供丰富的精神食粮。

第四，晋版图书销售再创新高。晋版教辅实现销售 8.47 亿元，占华育公司总销售的 74%；晋版教材重点产品实现销售 2694.5 万元，同比增长 11.32%；晋版一般图书实现销售 959 万元，同比增长 13.76%，《为英雄正名》《少年的荣耀》等为代表的优秀晋版图书取得了良好销售成绩，助力提升了晋版图书发行覆盖面、品牌知名度和文化影响力。

第五，“美丽书店”建设扎实推进。结合新华书店建店八十周年和山西新华成立十五周年，协调推进系列庆典活动，收获颇丰。盂县分公司荣获“全国新华书店系统先进集体”；晋城公司、吕梁公司等获评“全国最美新华书店”；太原书城、太谷分公司入选“新华书店 80 周年百佳文化地标”；保德等 10 家公司荣获集团“美丽书店”称号；“全国新华书店实体店服务标准贯标”顺利验收，各公司被授权使用“新华书店”

注册商标。

第六，特色书店建设初具规模。“校园书店”建设项目入选广电总局新闻出版改革发展项目库，得到省教育厅支持，新增 55 家，目前已开设 249 家，总营业面积超过 3 万平方米，累计自投资金 1282 万元，太原公司开设的山西省实验中学“校园书店”荣获全国“最美校园书店”称号。长治市非遗中心上党非遗文化创意产品研发基地在长治新华书店揭牌成立。大同公司、高平公司“机关书屋”、阳泉公司“职工书屋”、祁县公司“监所阅读站”、武乡分公司“求是书店”、山西图书大厦“社区书店”、外文书店“外文音像馆”等特色书店建设初见成效。

强化管理聚合力，治理水平持续提升

回首来时路，我们做到了让各级党委放心、让社会各界认可、让山西新华整体发展。成绩的取得，是习近平新时代中国特色社会主义思想指引的结果，是山西出版传媒集团党委正确领导的结果，是山西新华各级领导班子担当尽责、开拓进取的结果，更是四千新华人共同奋斗、创新实干的结果。

推进专业化建设。调整机构设置，进一步强化山西新华直属子公司的专业化水平，保留山西新华现代出版物连锁有限责任公司，分设山西新华现代物流有限公司为集团直属子公司，调整信息研发中心为集团信息网络管理部，统筹推进《信息化建设规划（2018—2020 年）》《物流发展规划》、“两教”信息化平台建设及“增值税发票管理平台”系统建设。

加强干部队伍建设。全年共调整干部 91 名，其中提拔 45 周岁以下的为 40 人，占提拔总数的 65%；组织开展业务培训、参加学习研讨等 9 个批次。

加大外欠清收力度。将外欠清收纳入年度目标考核，并与基层公司班子成员年度薪酬兑现挂钩、与年度工资总额挂钩，促进了外欠清收工作稳步推进，风险管控进一步加强。

完善内控制度。落实联系点制度，制定实施了《月度工作例会制度》《经营协调会议制度》《委托授权管理规定》《劳动管理规定》《费用预算管理办法》等十余项管理制度，努力构建用制度管权、按制度办事、靠制度管人的长效机制。

山西新华工作中的成功做法和有益经验，在今后的实践中会继续坚持、努力完善和不断创新。同时，我们也清醒地看到，工作中还存在许多不足，也面临不少困难和短板：一是基层党建还存在薄弱环节，党的建设质量有待进一步提高；二是人才建设和干部梯队建设亟待加强，人才短缺和人才断档并存；三是思想观念转变不够，理论研究水平不足，危机意识淡薄，面对信息技术给传统发行带来的挑战，应对迟缓、措施不力，转型发展、融合发展的步子缓慢；四是发展不平衡不充分，信息技术的应用、经营水平的高低、资产盘活的程度参差不齐；五是城乡网点建设、物流基地建设的资金严重短缺，影响整体发展质量等等。

承担新使命，谋求新作为

2018年，是全面贯彻党的十九大精神的开局之年，是改革开放40周年，也是集团新一届领导班子奋力向上、勇开新篇的启动之年。在这个时间节点上，经过认真思考和系统总结，我们把集团所处的历史定位明确为“五期”，即文化大发展的推进期、转型升级的关键期、经营结构的调整期、干部更替的频繁期、技术引领的快速发展期。未来，山西新华将按照“尊重历史、循序渐进，夯实基础、开创未来”的总要求，以推进供给侧结构性改革为主线，以实现高质量发展为目标，以“培育增长型文化、探求细节性改变、谋求跨越式变革”为路径，坚持“一个引领”，把握“三个突出”，构建“四大支撑”，抓好“六项重点”，以扎实的工作成效全力推动集团实现良性发展、高质量发展。

我们要着力将山西新华打造成全民阅读的市场引领者和助推者、全域教育的综合服务者和提供者、文化消费的主要运营者和创造者、图书市场主渠道、主阵地的坚守者和传承者，使集团整体发展水平不断提升，社会影响力不断增强，核心竞争力不断提高，努力建成在全国有影响有实力的发行集团。

首先，讲政治，明方向，牢牢把握“三个突出”：突出党的领导不动摇，全面落实政治责任和政治任务；突出建立现代企业制度，推进用工制度改革，探索人事代理制度，精简内设机构，做好管理部门编制管理，改革收入分配制度，体现以效益为中心；突出以员工为中心的发展理念，加快建设学习型企业，维护员工的切身利益，共享改革发展成果。

其次，强基础，变动力，着力构建“四大支撑”。第一，是文化支撑。打造自信文化，培育人格文化，铸就责任文化。第二，是技术支撑。贯彻高质量发展的要求，需要建立适应新时代要求、以技术为引领的融合体系，加快信息标准化建设和应用实践，设计建设管理、经营全领域的信息网络体系和适应云计算、大数据发展要求的融合平台，着力在构建“一网一桥四个面”上下功夫，提升智能化运营水平，逐步实现从传统管理模式向现代管理模式转变。第三，是人才支撑。功以才成，业由才广。顺应新时代新要

▲山西新华书店教育书店

求，山西新华建立完善的人才引、培、用、管体系，目的是造就一支结构合理、业务精湛、勇于担当、善于创新的高素质干部人才队伍，我们应重点在内部挖掘上下功夫，做好人才的选任、培养和激励。第四，是安全支撑。未来，山西新华会进一步严抓导向安全，常抓生产安全，狠抓经营安全，善抓民生安全。

再次，抓落实，保质量，扎实推进“六项重点”。其一，深化供给侧结构性改革。破——大力减少无效供给；立——大力培育新动能；降——大力降成本去库存；控——大力加强风险管控；补——大力补齐发展短板。其二，谋求良性发展。致力以方案经济促发展；致力以业态融合促发展；致力以资产盘活促发展。其三，做好服务大教育工作。巩固拓展教材教辅市场，打造幼教市场“新华号”，打造山西现代教装基地，推进研学游学和教育实践基地建设，加快布局数字教育。其四，提升整体管理水平，重视连锁门店管理，重视内外协同管理，重视财务资产管理，重视人力资源管理，重视基本建设管理。其五，抓好项目建设工作，高度重视项目建设，做好特色书店项目、文创项目、转型新项目。其六，建立项目运行新机制。根据传统主业及新兴业态在产品线、产业链上的差异性，快速把握市场变化需求，探索建构资源重组、结构调整的新路径，通过项目制运营来打破部门壁垒，密切横向联系、纵向联合，强化岗位责任制和动态化管理，最大限度地发挥现有人、财、物等各方面资源优势，重点围绕现有经营中的“难”点和拓展经营中的“新”点做文章，在规定的时间、预算和质量目标范围内协同完成项目。同时，建立健全与项目制运营相匹配的考核评价和奖励机制，寻求制度变革带来的红利，激发广大员工的干事创业激情。

推进全民阅读

借助政策推动，我们要牢记使命、勇于担当、践行责任，充分发挥主渠道、主阵地作用，统筹启动、引导和助推全民阅读活动的广泛开展。

首先，举办主题阅读活动。以改革开放 40 周年、开展“不忘初心　牢记使命”主题教育等为契机，各连锁门店要加大对精品出版物的推广力度，通过设立专柜专架等方式，全力做好《习近平谈治国理政》（第二卷）、《新时代面对面——理论热点面对面2018》等相关主题图书的征订发行工作。认真落实《2018年“书香三晋·文化山西”全民阅读活动实施方案》的各项要求，全力配合当地文化局做好各项阅读活动。继续承办好山西省第二届“红色的魅力”阅读活动。加强与本省出版社的联系合作，共同策划举办形式多样的阅读活动，不断扩大晋版图书的市场占有率。创新开展“朗读者”、论坛讲座、名家签售、评书荐书等形式多样的主题读书活动，并运用微信、报刊、电视等媒介进行宣传造势，不断提升群众参与度、平台辐射面和品牌号召力。

其次，完善阅读设施体系。进一步整合城乡网点资源，在发挥现有连锁门店服务优势的基础上，做好农家书屋图书后续补充更新工作，扎实推进特色书店建设和连锁子品牌建设，注重提升管理水平和经营效益。通过内扩外联、借势借力优化网点布局，以销售终端下沉引领文化消费，为多元文化需求者提供更为精准高效的服务，逐步搭建起产品丰富、优质便捷、城乡一体的文化服务平台，持续为当地群众提供更好的阅读条件和丰富的精神食粮。

最后，扩大阅读覆盖群体。继续开展好阅读进农村、进社区、进家庭、进学校、进机关、进企业、进军营等“七进”活动。同时，着力推动重点群体、困难群体、特殊群体阅读，主动配合党政干部阅读用书需求，重点以深化推进“手拉手、传爱心——关爱农村留守儿童图书捐赠公益”活动为抓手，创新开展多种形式的捐书助读活动，更好汇聚社会各界力量，有力保障农村留守儿童、城市流动儿童、贫困家庭儿童的基本阅读需求。

上海新华传媒连锁有限公司 |
秉承新华精神，竭诚为读者服务

新华书店伴随着革命战争时代的烽火硝烟，从延安窑洞走向全国，经历了 80 年的风风雨雨。上海新华书店是在解放上海的隆隆炮声中，随军南下，走进大上海后组建的。上海新华书店在自身发展的道路上，从最初仅有两家网点发展到目前遍布全市每个区县的近百家网点，并拥有上海书城、东方书城、少年儿童书店、建筑书店等一大批品牌书店，最后通过改制上市，组建了全国第一家出版发行业上市公司。一路走来，凝聚了几代上海新华人的心血，上海新华传媒连锁有限公司（简称“上海新华”）经受住了

▲上海书城

市场的磨炼和考验，不断地茁壮发展。

在条件十分艰苦的20世纪50年代，上海新华人依靠“背篓”精神，手提肩扛，送书下乡，把社会主义的精神文化产品播撒到了田间地头；“竭诚为读者服务”“为书找读者，为读者找书”的服务理念，曾经影响了几代新华人，造就了南京东路新华书店谢翠凤和沈文凤热心为读者服务的“双凤”精神以及尹鹏为代表的“辛苦我一人，方便给读者”的服务宗旨；近年来，又创建了以赖永炯、赵峰等劳模为代表的工作室；“人无我有，人有我专，人专我特”的开拓进取精神，造就了全国最早、范围最广的上海专业书店群，为细分图书市场、满足不同读者的购书需求奠定了基础。从整顿改革、承包经营到“一体两翼”、连锁经营、组建集团、改制上市，上海新华经历了改革、发展的洗礼和锻炼。“新华精神”一直激励着一代代新华人，为了新华书店的发展贡献着自己的一份力量。

全力推进转型升级

面对新媒体快速崛起和文化消费多元化的发展趋势，上海新华立足现有优势资源，聚焦主业，全力推进线下实体店的换标升级。2012年6月16日，全新的上海新华书店静安店华丽亮相静安寺商圈。作为旗下实体书店的转型之作，上海新华传媒演绎了对于实体书店的全新理解。该店注入了多元化元素，实现传统书店从单一书店形态到复合文化空间的转型。新华书店静安店以读者需求为核心，集图书销售、数字体验、亲子阅读、影视视听、创意生活、教育培训、咖啡餐饮等多种业态于一体，在空间布局上更加强调人与书、人与人之间的互动，致力于为读者营造一个浓郁书香与生活情趣交融的文化空间。

2014年，为更好地整合各项资源，提升馆配业务的市场竞争力，提升馆配市场招投标业务的中标率，上海新华组建成立了上海书城销售有限公司，专业从事馆配销售业务。馆配公司在“以上海为中心、辐射周边，拓展全国”的战略思想指导下，积极开拓馆配、教材市场，提升馆配、教材业务发行质量。销售年年增长，已连续四届被评为全国优秀馆配商称号。

2015 年 7 月，满足多层次文化需求的“新华一城书集”首家主力门店金虹桥店和“新华一城书集”微书店同时亮相，这是上海新华针对大型购物中心、百货商场推出的全新品牌，“微书店”每天为读者推荐最新鲜、最热门的好书。在线上线下的深度融合的探索中，为上海新华注入了更时尚、更年轻的新气息。

2016 年“六・一”前夕，上海最大的以图书为主体的儿童天地“玛德琳绘本馆”在上海书城福州路店正式亮相，同名微店也同时上线，引起了业内广泛关注。通过“新华一城书集”和“玛德琳绘本馆”两个全新品牌书店的创建，上海新华在实体书店的转型升级的道路上积极探索，积累了经验。

2016 年 9 月，“新华一城书集”官网 Bookmall.com.cn 平台上线，并内嵌中小学音频下载平台，为广大师生提供教材音频下载服务。上海新华网上销售迈出了新篇章。目前上海新华网上书店的发展格局是外部流量平台和自渠道平台同步发展：分别在天猫、亚马逊开设网上专营书店，又有以“新华一城书集”为品牌的微信书店和官网，也成为上海新华电商生态中的不可或缺的一环。

积极探索多元发展

2017 年，上海新华在转型发展的道路上继续前行。先后对五角场店、港汇店进行了升级改造，并新开了日月光店。2017 年 9 月 30 日，书城五角场店在万达 B1 层重新开业。而后，新华书店日月光店和港汇新店相继于 12 月 16 日和 12 月 26 日全新亮相。三家新店装修风格简约时尚，在着眼于 80 后消费群体的基础上，满足了各消费群体全方位的阅读需求，是连锁公司实体书店转型之力作。其中，考虑到日月光店受面积的限制，图书出样品种较有限，在建店伊始就进一步提出了线上线下互动的思路，通过与新华一城书集合作，全场提供免费 WIFI，只要读者使用微信扫码，即可登录日月光网上书店，有近 5 万余册图书可供读者在网店挑选。日月光店在开业首个周末也表现抢眼，

▲上海新华书店港汇店

实现近 10 万元销售码洋，位列日月光商场单日销售排行榜第二位。另外，在港汇店设计之初，即提出了“阅无界悦无限”的定位，以“年轻和品质”为主打亮点的设计思路，要求与港汇广场本身在上海形成的吸引力和影响力相结合。根据这一思路，如今的港汇店俨然成为一家既受白领精英、时尚潮人、中产阶层等喜爱的时尚书店，亦能照顾到中小学生、外地游客、老年读者、文人雅士的实用书店。

与此同时，上海新华积极探索多元发展，2017 年打造了自营咖啡品牌——“聿曰咖啡”。“书籍＋咖啡”的经营模式是上海新华尝试业态混合经营的又一重要举措，旨在通过复合的经营和多样的体验来吸引更多的读者走进书店。截至目前，已在 5 家书店里开设咖啡吧，让读者体验“一杯咖啡一本书”的闲暇生活。

作为图书发行行业传统主渠道的上海新华，始终坚持“立足上海，服务全国”的发展理念，致力于引导优质出版文化资源和作者资源向上海集聚，推动更加多元的发展模式和文化品牌向全国辐射。全新独创的“全国新书发布厅”于 2016 年 3 月在上海书城福州路店登场。该项目本着文化价值引领的目的，深入挖掘精品阅读、体验阅读的理念，通过整合全国出版机构的文化资源，为广大市民提供了全新的文化阅读体验及交流的平台。截至目前，已举办了近百期活动。

上海新华还承办了一年一度上海书展中“各地出版馆”“社科精品馆”“主宾省馆”和“上海国际童书嘉年华（少儿馆）”等展馆会展任务。努力整合出版社和优势资源，为广大市民奉上了一场又一场文化与精神的饕餮盛宴。

在做好传统图书发行的基础上，上海新华紧紧依托“新华一城书集官网”，强化“互联网+”的新思维。在文化消费不断变化的今天，上海新华将进一步拓展产业空间，促进多元融合，推动图书主业繁荣发展。

江苏新华发行集团 | 书比天大，探索一切实体书店新可能

2018 年 1 月 10 日上午，在“江苏新华发行集团 2018 年会暨第八届江苏书展发布会”上，凤凰集团暨凤凰传媒董事长张建康介绍了江苏凤凰新华书店集团有限公司（简称“江苏新华”）最新的组建情况——取消了江苏省各市县新华书店法人，恢复设立具有法人地位的母公司，形成“总—分”架构。而此前，江苏新华已领取了江苏省工商行政管理局发出的新营业执照，2018 年起，江苏新华将以江苏凤凰新华书店集团有限公司的全新身份参与市场竞争。

从集团化、企业化、股份化、上市，到如今的结构重组，江苏新华走出了中国书业具有代表性的改革之路。

整合资源，铸造“江苏新华”品牌

江苏新华作为全国第一家发行集团，组建于 1999 年，成立之初，浙江新华建立了以母子公司为主体的管理模式，以此打下了健康快速发展的重要基础。2003 年，江苏新华被列入中央文化体制改革试点单位；2004 年，旗下所属 43 家单位全部完成“事转企”，告别了半个多世纪的“事业”体制，江苏新华成为真正意义上的经济主体和市场主体。

2008 年，江苏新华与海南新华战略重组，成立了全国首家跨行政区划的大型出版发行企业，这是中国文化体制改革的成功案例。此后重组海南教育出版公司，成立海南凤凰新华出版发行有限公司，实现了海南教材出版发行产业链一体化经营。2011 年，由江苏新华发行集团与教育社等出版单位整合成立的凤凰传媒成功上市，创下业界和江苏省非金融类企业 IPO 的五项记录，入选沪深 300 和上证 180 指数样本股。

2017年，江苏新华发行集团重组，调整治理结构，恢复设立具有法人地位的母公司——江苏凤凰新华书店集团有限公司，吸收合并省内各市县新华书店，形成了“总—分”的集团组织架构，努力提高市场竞争能力，铸造“江苏新华”品牌。2017年，江苏新华发行集团实现营业收入123.88亿元，利润8.25亿元，总资产101.27亿元，净资产42.17亿元，主要经济指标在全国同行中位居前列。在全省77家分公司中，有21家分公司营业收入超亿元，有14家分公司利润超千万，发行生产力空前提高。

在实体书店转型升级和基层网点建设方面，江苏新华构建起了“大中小特”互为补充的发行体系；并且连续承办七届江苏书展，助推全民阅读，影响力日益增强；图书发行工作也屡创佳绩。江苏新华2017年发行十九大重要文件出版物1350万册，码洋超1.1亿元，发行总量为十八大文件的3倍，位列全国第一；在服务教育方面，连续39年实现“课前到书，人手一册”的目标；团供馆配业务年销售规模超5亿元。

▲南京凤凰“云书坊”

做强主业，及时适应市场环境变化

成立近20年来，江苏新华的核心竞争力在于始终坚持改革不停步、创新无止境。

改革方面，江苏新华以行业领跑者的姿态，率先建立全省发行中盘，率先实行全省连锁，率先全面转企，率先实现跨地区战略重组。去年又启动治理结构调整，设立具有法人资质的母公司——江苏凤凰新华书店集团有限公司，吸收合并省内各市县新华书店，形成了“总—分”的集团组织架构。江苏新华通过不断深化体制机制改革，及时适应市场环境的变化，在创新中不断谋求发展，努力推动传统国有书店向现代文化企业转型。

创新方面，江苏新华持续不断地鼓励创新，特别是在以ERP建设为核心的技术创新、以实体书店转型升级为重点的业态创新、以组织机构标准化为代表的管理创新、以网点布局为支撑的渠道创新、以线上线下互动为抓手的营销创新、以用人和分配制度改革为突破口的机制创新等方面，不断加大力度，保持发展活力，形成竞争优势。

近年来，文化建设受重视程度越来越高，全民阅读上升为国家战略，文化产业迎来大发展大繁荣，为江苏新华持续快速健康发展提供了良好的政策环境。历任江苏新华的领导班子紧紧抓住了以下关键六条：一是有好的发展规划，统领发展方向。二是有好的战略定位，引导目标追求。三是有好的体制机制，催生发展动力。四是有好的管控模式，释放资源潜力。五是有好的高效团队，激发创新活力。六是有好的企业文化，营造和谐环境。这些都是体现江苏新华竞争力和优势的核心所在。

更重要的是，江苏新华始终把社会效益放在首位，把承担社会责任，传播先进文化作为历史担当，坚持“书比天大”的原则，做强主业，转型升级。首先，在完善渠道建设、巩固渠道优势方面不断发力。江苏新华不仅在每个县市建有中心书城，而且积极在农村乡镇、社区、校园、医院、银行、机关等设立图书销售网点，逐步形成大书城、中心门店、专业书店、特色书店、小微书店相互补充的一系列书香阅读服务基地，营造出一个个高雅精致的文化“殿堂”和充分满足消费者需求的多功能、一站式的文化服务场所。从2013年至今，江苏新华每年新建100家左右小微型网点，投资数十亿元新建、改造大中型书城20余个。2017年，南通凤凰书城、南京凤凰“云书坊”、南通“崇川书房”、淮安“清江浦书房”等书店开业；升级改造吴江书城、观前书城、淮安书城。全省新建小微网点89家。南京、无锡、常州、苏州、吴江、阜宁、姜堰等7家门店获评“中国最美新华书店”，居全国第一。

其次，在新华书店门店精心打造品牌阅读活动。江苏新华针对学前及低龄儿童量身举办“凤凰姐姐讲绘本”活动，邀请幼教名家到新华书店，通过他们精彩的表演、有趣的游戏、亲密的互动，培养孩子们的阅读习惯。抓住朗读热点，在全省中心门店辟出专区开展“亲子朗读”活动，如无锡公司开展“亲子同台·朗读会”，宿迁公司开展“书声琅琅”朗读者活动等，让朗读与阅读更好的结合，得到读者热捧，成为一道独特的全民阅读风景。通过这些品牌阅读活动，把实体书店打造成为读者阅读的共享平台，提高了新华书店服务能力、社会影响力和品牌价值。

第三，积极推动线上线下融合发展。积极响应新技术、大数据和互联网运营等为特征的“新零售”模式发展趋势，江苏新华谋定而后动，初步建成电商团队，提升相关技术、服务、产品、物流能力，稳步推动电商跨越式发展。同时，围绕提升用户体验，植入新科技和新理念，在全省加快推进“智慧书城”建设。目前，苏州地区各书城门店、南京新街口店、凤凰国际书城、南通凤凰书城、淮安书城等已上线“智慧书城”，实现了自助查询、自助支付、图书推荐等功能，为读者提供了更加优质的服务。

放眼长远，打造新型文化空间

在江苏新华“大中小特”庞大的网点体系中，特色鲜明、定位准确的实体书店不在少数。

如以南京凤凰广场、姜堰凤凰广场、吴中凤凰广场、苏州凤凰广场、南通凤凰广场等为代表的一站式文化消费综合体；以南京新街口新华书店、无锡图书中心、常武购书中心、淮安书城、张家港书城、吴江书城、阜宁书城、如皋书城等为代表的城市中心门店；以南京外文书店、苏州古旧书店为代表的专业书店；有以“红领巾书屋”“书香建行”“麦穗书房”等为代表的小微型书店；有以南京凤凰云书坊、徐州八斗书店、常州青果书房、苏州自在复合书店、南通崇川书房、淮安清江浦书房等为代表的 24 小时书店，为广大爱书的读者提供了一个精神归宿，点亮城市夜读的明灯。

在坚持“书比天大”的原则基础上，江苏新华将“大型文化综合体““新型文化空间”看作未来书店发展的一大方向。首先，从大环境来说，实体书店在国家政策的扶持下正处在一个升级回暖的过程。而未来这些实体书店不再是简单的图书卖场，而是承载推动阅读、传播文化的生活空间。有的把图书和活动做专做细，有的引入丰富的文化业态；有的拓展线上线下，有的重装升级；有的主推会员制，有的延伸阅读服务，这就是所谓的“新型文化空间”。如此新一代的实体书店吸引更多读者走进书店，放下电子产品，捧起纸质图书，感受阅读魅力。带着恋人、带着孩子在书店度过一个温馨文艺的周末，越来越成为都市人的一种生活方式。

其次，实体书店正在多业态大融合，“书店+”方兴未艾。无论何种形式的书店，都在通过经营业态的融合，走互动、多元、兼容、创新之路，逐渐从“经营产品”向“经营客户”转变，读者的体验感成为实体书店最为关注的基本点。以书为媒，融合雅致的装修布局、舒适轻松的阅读区域、恰到好处的多元业态、各具特色的文化活动、“慢节奏”的购物体验，将商品和全新生活方式融合，集阅读学习、展示交流、聚会休闲、创意生活等功能于一体，实体书店正在向读者提供了网购无法感知的舒适体验感。

最后，随着消费升级和技术进步，实体书店必须不断创新各种服务模式。实体书店将从建门店、进货销售的传统模式，向资本运作、品牌管理、全媒体运营、多渠道协同的新模式转变。未来会更加积极通过技术改造，结合实体书店线下体验、话题聚客、精准营销等服务和物流特点，提供线上下单，线下提货，线下查询，线上购买，线下自助付款等新服务。

打造多元业态或文化综合体，不是业态简单的叠加，也不是片面的追求扩大面积或是奢华装修。而是要研究市场定位，研究消费者需求，研究盈利模式，提升主业经营能力。切切实实在图书品种、阅读环境、多元拓展、大数据应用、内部管理和队伍建设上下功夫。

正因如此，江苏新华在新型文化空间方面，做出了积极的探索。新型文化空间必须是以图书为主业，以文化为核心，将阅读、教育、娱乐、购物相结合，拓展消费群体，增加消费粘性，提高消费层次，从而实现社会效益和经济效益共同发展。南京凤凰书城是江苏新华探索多元业态，打造新型城市文化空间的第一代文化MALL，从2008年开业至今，凤凰书城始终“以图书为主业，以文化为核心，走精品、时尚、专业路线”，创立文化活动品牌，承担社会公益，不断升级换代，推动开展全民阅读。在多年的业态融合发展中，我们认为要坚守“书”为主业，不能背离书的本质。实体书店的核心是书，发展多元业态，要明确图书主业是干、多元是叶的关系。在做好图书、为读者提供优选图书的前提下，注重业态融合与协调，避免脱离主业，盲目追求多元化。

勇于尝试，探索实体书店“泛概念”

打造高颜值的书店不难，难的是如何通过精致的空间打造、烘托文化氛围，培养阅读和人的关系，让读者留得住、留得久。以江苏新华旗下南京凤凰云书坊24小时书店（简称“云书坊24小时书店”）为例，2017年11月18日，经过一年的设计、建造筹备期，云书坊24小时书店正式开门营业。

云书坊24小时书店定义为“阅读生活实验空间’，其实是在做一种书店“泛概念”的探讨和实验。首先是设计层面，云书坊24小时书店特别邀请中国顶尖设计师陈卫新、赵清、马进老师，来分别打造云书坊的室内设计、VI设计以及外立面设计，增强云书坊的整体设计属性。另外在云书坊的内功能分区方面，除五大图书分区外，还设置有活动沙龙区、咖啡区、手作区、主题匠人手作展台区、零展厅以及城市文学客厅区域。在外招商配套24小时理念实践方面，引入了24小时健身、24小时餐饮、24小时便利，打造一个24小时夜生态文化圈概念。所以读者来云书坊24小时书店不仅仅可以看书，还可以看展览、品咖啡、做特色匠人手工课程、健身、吃饭等等。云书坊24小时书店在功能及招商配比上其实是在做一种互相圈层人流之间的引导命题，解决了“如何吸引人流重新回归线下实体书店”的难题。

在书店业态方面，除图书外还有匠人手作产品、艺术品，比重占书店业态的45.2%。云书坊24小时书店推出了以“猫知道一切”“书写·年月”“小王子·铁色童年”“植物实验室”“小物·居”“潮物·汇”“皮·韶华”“一布知秋”等八个“阅读+文创”主题展台，每一个展台都是一方天地，别有洞天。书店将匠人手作产品和图书依据展台主题配比融合起来，以情景式的展现方式促进图书及多元产品销售。

云书坊24小时书店打造的空间更多的是突出“人”的概念，这个“人”可以是书的作者，可以是手作匠人，可以是展览的艺术家，甚至可以是一位公交车司机，但他的第二职业是一个非遗的传承人等等。云书坊24小时书店提供给读者的一定是书店经过二次、三次加工编辑过的内容和理念，在践行的其实是一种新型的服务转型探索，这样的服务一定是跟用户或者说读者有紧密粘性、有认同感的服务理念。在每一个匠人手作产品的旁边，书店都会展示它的设计信息，让读者知道它背后的故事，并定期邀约一些艺术家、城市名人来云书坊聊一聊他们的故事。

目前，云书坊24小时书店从全国各大出版社精挑各类优质图书6000余种、藏书量达15000余册。现周末节假日单日客流量在1500+，周末单日图书销售收入在1000+，周末单日匠人手作多元产品销售收入在2000+。

在江苏新华旗下，还有很多如云书坊24小时书店这样，理念超前，模式领先的新型实体书店。如，常州新华书店实体书店转型打造的核心副品牌“青果书房”，是在总结青果书房1.0成功经验基础上，结合常州本地文化特点，开设的第二家“青果书房”副品牌多业态新型阅读消费体验空间；淮安清江浦书房2017年9月29日开业，是淮

▲特色书店常州青果书房

安新华书店精心打造的淮安首家24小时书店，是一个搭建多元场景，融合多种内容，为消费者推荐更多样化生活方式的文化体验场所……这些体验式阅读空间的建设，都是江苏新华在实体书店转型升级中做出的有益尝试。

未来书店必须要融合出版资源、名家资源、文化资源，形成多元联合、优势互补的“销售+体验”服务能力和文化交流功能；以活动为灵魂，打造各类品牌阅读活动，增强顾客的“黏连度”，提高书店文化附加值；以创建多主体、全覆盖的生态阅读服务体系，创新便捷、高效的服务模式，向“智慧书城”“线上线下融合”“精准导购”等方向发展。

安徽新华发行集团 | 拓展全民阅读新空间　开启文化服务新形式

近年来，出版发行行业发生了极其深刻的变化，科技驱动改变行业的趋势不可逆转，移动互联网大行其道；消费者阅读习惯和消费方式发生了很大的变化，从深度阅读到碎片化阅读，数字阅读兴起并兴盛，实体书店的市场份额迅速被挤占。

▶皖新传媒

为应对行业变化、更好地满足消费者不断发展变化的需求，安徽新华发行集团以推广全民阅读，让全民共享文化服务为宗旨，经过半年的调研和筹备，对共享书店产品进行设计、开发、内测，于 2017 年 7 月 16 日推出了全球首家共享书店，帮助读者消除阅读成本、提高阅读频次，同时也将书店的所有图书充分利用和高效运转起来，实现人与人之间、书店与读者之间、出版与发行之间的信息共享，用最小的成本最大限度地推进全民阅读。

实现阅读服务颠覆式变革

为扩大全民阅读，安徽发行集团近年来加大投入，在线上、线下持续布局。线下，建设商圈书店 216 家、校园书店 125 家，乡镇便民店 234 家，并通过对公共文化资源等渠道资源的整合，设立政企读书会 3695 个，与文化厅合作运营乡镇文化站 1446 个；线上，2016 年 4 月，集团数字化转型平台——“阅+”正式上线，短短几个月，平台用户突破 300 万。

基于线上线下的实践探索，以及对在“互联网+”时代下实体书店转型方向的深入思考，集团确定了“以线下为消费场景，以线上为用户聚集渠道，充分整合和放大自有的线上线下资源优势，为传统实体书店重新赋能”的战略转型方向。2017 年 7 月 16 日，集团全力搭建的“阅+”平台上一款重量级的应用——共享书店应运而生，依托线下书店图书资源和线上“阅+”平台资源，共享书店实现了阅读服务的转型升级、运营模式的颠覆式变革。2017 年 7 月 16 日全球首家共享书店发布会在合肥三孝口新华书店举行之后，集团旗下的合肥高铁南站前言后记店、安庆劝业场前言后记店、合肥一中校园店等 9 家门店相继完成了共享书店的转型，合肥经开、瑶海、高新、包河等区域 18 家政府阅读点共享书店也将陆续推出。2017 年 9 月，与合肥市图书馆、社区合作的庐阳区双岗街道一里井社区阅读空间开放，实现了与市图书馆、“共享书店”借阅系统的无缝对接；12 月 23 日，共享书店首家智慧门店在上海七宝万科广场启动；12 月 26

▲合肥三孝口共享书店员正帮助读者借阅书籍

日，在合肥地铁 2 号线开通式上启动全国首家地铁共享书店。

目前，“阅 +”共享书店已在合肥、北京、上海等地共开设 28 家，智慧书房 APP 用户数已超过 23.4 万，书籍借还册数超过 96 万。

推动传统实体书店功能创新性转变

共享书店是基于信息化时代阅读环境发生巨大变化的背景下，融入移动互联网“免费”“共享”“定制化”等元素，以线下实体书店为依托，以移动互联网 APP 运营为手段，突破读者在传统实体书店获取产品和服务的时间、空间局限，在业态上实现了四个创新性的转变：一是实现了读者从“买书”到“借书”的转变。共享书店内所有图书向读者开放免费借阅服务，读者在缴纳99元押金后，不再需要购买即可把图书带回家免费阅读10天，借书不限次数，押金随时退还，拆掉了阅读的门槛。二是实现实体书店服务功能的转变。过去书店把书卖出去即意味着服务的结束，而在共享书店，把书借出去则意味着服务的开始，书店服务人员从过去的销售身份转变为“给读者提供个性化、专业化、精准化服务”的专属阅读顾问，书店成为读者获取知识的体验中心。三是实现了从个体化阅读到社交化阅读的转变。读者依托共享借阅的“智慧书房”APP，可以轻松展示自己的个人书房，同时，读者还可将自己借阅或拥有的书籍在APP虚拟空间内进行管理，通过写书评、晒书拍书等方式与其他读者进行评论和交流，从而通过阅读认识更多拥有相同阅读趣味的人，真正实现“以书会友”，在阅读的同时，分享价值、创造价值。四是实现了从阅读投入到阅读投资的转变。共享书店推出“阅读奖学金”制度，用户每次借阅后，只要按期归还，就会有一笔“阅读奖学金”直接奖励到用户的“智慧书房”APP账户上，读者在获取知识的同时，还能带来实实在在的经济收益。

共享书店推动了传统实体书店的运营模式创新

一是从经营结构来看，共享书店在提供免费借阅服务的同时，继续面向有明确购书需求的读者提供零售服务。在借阅过程中，有购买意向的借阅者，也可以通过“智慧书房”APP实现“借转买”。二是从盈利模式上看，通过共享免费，彻底拆除读者购书阅读的门槛，促进进店客流及重复到店客流的增加，增强读者和书店的粘性，从而进一步提升实体书店的商业价值、品牌价值和异业合作价值。三是从互联网化运营角度看，通过共享模式和“智慧书房”APP的运营，零售顾客转化为线上的用户，书店由过去仅掌握销售数据，到现在掌控每一位借阅者的阅读行为和知识偏好，从而在云端形成一个全面的用户大数据。在此大数据的支撑下，书店选品将更加精准，出版物的流转频次更高，传统书店滞销图书的占比大幅下降，进而节约货架成本、物流成本、资金成本。此外，实体书店依托“智慧书房”APP线上平台，可聚合更多合作伙伴的优质文化资源，为用户提供更多更好的产品和服务。

从全国首家新华书店和公共图书馆结合体的铜陵图书馆店，到全国首家PPP运营管理的六安市公共图书馆，再到全球首家共享书店，安徽发行集团持续创新参与公共文化服务的形式，特别是共享书店“共享、简单、直击人心”的模式，不仅得到广大读者的充分认可和热情参与，同时，也得到了政府部门的关注和肯定。

安徽发行集团的模式、发展理念与革新思路为新时代下实体书店的发展提供了宝贵的经验，尤其是积极适应社会发展的潮流，结合科学技术与文化所走出的独特的发展之路。一是共享书店是在“互联网+”时代书店经营的创新模式，其“智慧书房”APP的开发使用，提高了文化服务的精准化、专业化水平，为传统实体书店的转型提供了方向和无限可能。二是共享书店使读者从“买书”到“借书”，从个体化阅读到社交化阅读，从阅读投入到阅读投资，一系列角色转变激发了读者的阅读热情，有力地促进了全民阅读的深入推广。三是共享书店搭建起优质的文化教育共享平台，与公共文化服务体系无缝嫁接，为用户提供更多精准优质低价甚至是免费的文化产品服务，让更多的人成为共享文化的受惠者、参与者和推动者，使全民阅读不仅在量的层面，更在质的层面得到全面改善和提升。

浙江省新华书店集团｜一场新华书店的科技化革命

春节前夕，一则中国书店落户阿根廷的消息引发了业内外的广泛关注——浙江省新华书店集团有限公司（简称“浙江新华”）与拉丁出版社签署合作建设阿根廷新大陆博库书店，中阿双方共同为新书店揭牌，书店将于 2018 年下半年正式开业；此前不久，浙江新华旗下杭州市新华书店庆春路购书中心正式重装开业，多元业态更加丰富、科技元素更加突出……

近年来，浙江新华一方面不断加速业态升级，在浙江省各地新建或改造一大批以图书为媒介、引进多种文化业态的阅读文化空间，成为当地的“文化新地标”；另一方面，更是频繁因“互联网+”“信息化”“智能化”等方面的探索和成绩，出现在各大媒

▲浙江新华书店集团

体报道中。据了解，2017 年浙江新华实现营业收入 61.2 亿元，同比增幅 11.27%，继续保持高位增长。

发现、激发和满足用户需求是实体书店发展的根本。而江新华近年来遵循产业发展规律，强化“互联网+”思维，利用信息技术提升管理效率，运用智能设备包装产品等，就是为了给用户提供更优质的服务。

内部裂变，由内而外注入科技化基因

政府扶持实体书店发展、营造全民阅读氛围的工作持续已久，各家书店都在创新中寻找生存发展的新模式。若想在实体书店回暖大潮中更胜一筹，就必须能够从时事中窥见未来，勇于成为改革的先行先觉者。回顾浙江新华十余年来在新业务和新技术领域的融合探索，自身强大的实力是基础。今日在新华书店系统备受瞩目的‘浙江模式’并不是一朝一夕形成的，在信息技术大潮初起时，鲜明的改革、创新等基因，就已融入了浙江新华的文化和骨血中。

60 多年前，浙江省第一家新华书店门市部落户杭州，浙江新华基本沿着新华书店体系的整体发展脉络走到今天，无论是门店建设还是内部管理，从没有停下过创新求变的脚步。无论是早期单店信息化、计算机普及和信息化管理，还是实现集团化后的信息标准化、应用网络化，又或是近年来走向云端，实现开放共享互赢的经营模式，浙江新华始终以云数据为基础，整合各方需求，致力于打造生态平台。在此过程中，三核体系驱动是浙江新华在信息化时代的核心竞争力。

作为实体书店运营的有效支撑，先进的ERP信息系统、信息标准化建设和现代化物流，构成了驱动浙江新华发展的三大核心竞争力。首先，浙江新华较早自主研发了具有独立知识产权的ERP信息管理系统，成为出版行业中较早实现信息化管理的机构之一，并在此后始终位于全国出版发行行业的领先地位。其次，浙江新华还在全行业中率先建立标准书目库，目前已拥有 340 多万条可供书目信息并逐年增加 25 万条，书目数据客户已涵盖22个省市发行集团，并进一步向出版、图书馆全产业链用户。在此基础上，浙江新华积极参与行业信息标准化的建设和应用实践，并成为全国新华书店系统内唯一一家CNONIX应用技术服务商。最后，浙江新华开发建设的全国书业首条流水线，实现了仓储作业的电子化和无纸化操作，在下沙物流基地建设中自主开发了国内领先的WMS仓储信息管理系统，14万平方米的现代化物流中心不仅集聚了对全国市场的仓储配送，而且以超150亿的年通量高居全国书业物流首位。

技术给行业带来的变化太大，是实实在在彻底的颠覆、革命，这已经不是我们想不想参与的问题。我们必须不断转变经营，调整思路，赢得更广阔的市场空间。

创新主业，构建实体书店新场景

浙江新华将实体书店改造升级的标准确立为："美、实、新"。在实体书店回暖的几年里，全国各地新华书店几乎都经历了一轮重装升级，书店颜值大大提升，读者心中新华书店刻板的形象基本已被颠覆；因此，现在以及未来，各大实体书店比拼的将会是"实"和"新"。实，必须要突出图书主业，做实文化。新，则是通过门店升级、技术升级、业态升级和服务升级，把新华书店打造成主业突出、设计感强、消费体验度高的新技术新商业时代阅读与文化消费新空间。

在这样的目标指引下，浙江新华自2016年起，在全国率先实施实体书店整体提升改造计划，投入数亿元，三年内对集团下属65家市县新华书店的近百个大书城和中心门市进行升级改造，以"书联万物"为转型理念，在全省各地打造"一店一景、一店一品、一店一韵"的文化新地标，助力文化浙江建设，旗下百余家新华书店华丽变身文化地标。仅2017年底到2018年初的一段时间内，已有60多年历史的萧山新华书店中心门市部重装改造，以零点书房的形象重新出现在读者面前；温州市苍南县1000平方米的苍南银泰城新华书店开门迎客，成为苍南人周末阖家出游的目的地之一；成立于1997年的杭州第一家购书中心——庆春路新华书店华丽变身，主营图书品种增加3万

▲杭州萧山首家“零点书房”

种，引进了餐饮、鲜花、旅游、培训等多种业态形式……

与此同时，只有接受并充分利用新理念新技术，才能使文化服务实现新跨越，当前，出版发行行业的不平衡主要表现在出版发行行业供给与读者需要的错位导致的不平衡，在新华书店表现为消费者对高品质、高层次的阅读环境、产品服务、多元体验的需求与新华书店有效供给间的发展不平衡。而浙江新华尝试构建实体书店新场景的目的，正是要满足广大读者对新生活、新文化消费的需求。

2016 年初，浙江新华已实现全省门店开通移动支付、入驻口碑商户，成为全国新华书店中唯一的支付宝、微信支付行业服务商，2017 年全省卖场移动支付突破 4 亿元。

2017年，浙江新华还作为无现金联盟发起创立单位，成为全球首批成员及唯一出版发行企业代表，希望通过改变支付方式和生活方式，给消费者带去更加方便、更优质的金融服务和公共服务。

站在优化实体书店购书体验的角度，2017年6月起，浙江新华又开启“自助购书”新模式。在智能化改造后的浙江新华旗下门店里，已看不到传统实体书店柜台前排长龙的状况，读者无需到柜台排队等候，即可通过手机完成购书、查书等操作，目前浙江省已有超过200个新华书店卖场完成智能化售书系统改造，浙江新华成为全国首个全省统一实现“自助购书”功能的省级发行集团。

书店的改造不能一蹴而就，要考虑升级之后相应的配套内容，如服务是否跟上、内容是否增长、购买转化率是否有提升等。为此，立足读者阅读和购书体验，浙江新华又在10余个书店推出了卖场智能机器人服务，不仅可以为读者提供查询找书服务，还能够表演唱歌、舞蹈等才艺，与读者亲切互动。在浙江新华改造升级后的书店里，自助查询机、自助购书机、云打印机、电子发票打印机、智能机器人将成为标配，科技体验感大幅提升。

立足市场，强化馆配品牌影响力

伴随着国家对教育越来越重视，教育投入不断加大，馆配市场也迎来了新的发展机遇。除了大批民营馆配商崛起之外，以浙江新华为代表的新华发行集团也在馆配市场上取得了长足的发展。而成绩的背后，无论是组建专业馆配公司，提升馆配服务质量，还是开发线上馆配服务平台……也同样离不开浙江新华前瞻的战略眼光、先进的体制机制以及杰出的实战能力。

2014年，为了快速适应并赢得馆配市场的竞争，浙江新华成立了浙江省新华书店集团馆藏图书有限公司，从零学起，依靠浙江新华强大的品种运营支撑，一步一个脚印，逐渐在庞大的馆配市场站稳了脚跟。馆藏公司与全国28个省、自治区、直辖市的各类图书馆建立了良好的供货业务关系，涵盖了国家图书馆、浙江图书馆等各省市近50家公共图书馆和清华大学、北京大学、浙江大学等知名高校图书馆近300家，其中服务5年以上的核心公共图书馆19家、高校图书馆157家。至2017年，浙江新华馆配业务总量超过6亿元，在全国馆配商中名列前茅，位列全国新华书店系统榜首，连续10年获评全国优秀馆配商。

在馆配业务不断壮大的过程中，浙江新华依旧没有忘记通过信息技术加码馆配业务。浙江新华在成立馆藏公司、布局馆配业务发展的同时，着手制作MARC数据（图书馆机读目录），多名员工曾参加高等教育文献保障系统管理中心、国家图书馆联合编目中心分别举办的中文图书编目和数据上传资格认证培训，成为了全国图书馆系统之外最早获得这一资格的编目人员。截至目前，浙江新华建立的标准书目库已达到350多万条，现有初编基础书目数据350万条、精编电子商务书目数据169万条、MARC标准馆藏数据128万条，各类数据继续以每年20多万品种增长；建立的书目数据为全国17个省市发行集团、几大电子商务网站和众多图书馆所用。

在既有成绩的基础上，浙江新华希望立足优势，带动集团所有实体连锁店共同拓展馆配业务，更好地服务当地图书馆。至2017年，浙江新华已连续举办了12届馆藏图书展示会，展出品种从10万增至20多万种，参会图书馆从519家增加到2017年1700余家；订货码洋从1189万元，增加到2017年的1.52亿元，并实现了订货成果现场直播、微信平台远程实时查询等新技术应用。

而近两年来，浙江新华在馆配领域最为引人瞩目的成绩，则是“芸台购”馆配中盘服务云平台的研发。这个“你选书我埋单”借阅平台的开通，意味着读者不出家门就能享受新书借阅服务，将图书的选择采购权利交给读者，更好地满足了读者个性化阅读的需求，极大地提高了馆藏图书的借阅率和使用效率。目前，平台展示纸质书品种近185万种，已成功吸引清华大学、浙江大学、天津市图书馆等50多家高校、公共图书馆上线运行，服务了数万名读者。企业要靠技术、实力与诚信来整合各种资源，资源整合能力将成为未来企业的生产力，能力越强，整合资源越多就能更好生存，反之将会被市场整合或淘汰。

按照项目规划，浙江新华将进一步运用互联网+、大数据技术，依托书业中盘优势，打通上游出版社、中游馆配商和下游图书馆和读者用户的信息屏障，实现产业链异构系统的互联互通，以资源集约化、信息标准化和服务专业化为目标，构建成馆配产业链多方共享、纸质书电子书融合的一站式馆配综合服务云平台。

回望浙江新华的这场“科技革命”，一方面，浙江新华坚持正确认识并处理好改革、稳定和发展的关系，应用先进的技术平台改造新华书店传统落后的生产方式，不断提升企业的抗风险能力和市场竞争力，在时代变革期，基本保持了持续、稳定、健康、快速发展。另一方面，前瞻性的技术布局发挥了重要作用，浙江新华不断加快科技和实体书店的深度融合，完善身份识别、信用认证，智能荐书等应用探索，有效增强书店科技体验，致力于为用户提供更精准化、个性化的服务，打造新时代下的新型实体书店。

“科技创新永无止境”，未来，浙江新华还将继续突出主业，拥抱先进技术，创新文化消费，让新华书店体系的“浙江模式”持续领先。2018 年浙江新华将着重做好三方面工作：一是保持定力，挺拔主业不动摇；二是项目驱动，创新突破增功能；三是技术引领，融合发展促转型，努力打造主业突出、设计感强、消费体验度高的新商业时代阅读与文化消费新空间。

福建新华发行集团｜做“有文化、有情感、有温度”的书城

福建新华发行集团的历史可以追溯到1949年9月9日，福建省第一家新华书店在福州市八一七路宫巷口开业，从此这颗孕育在延安窑洞里的知识火种开始在八闽大地燎原。近70年来，福建新华发行集团从无到有、从小到大，脚踏实地、科学发展，团结奋进、构建和谐，固本强基、服务社会，不断发展壮大。

在市场化变革中，福建新华发行集团的管理体制几经变更。从高度集中的计划管理模式，到管理权限的“三上三下”“三放三收”，再到改革开放以来的分级管理、独立核算、目标管理、承包经营，其在由计划经济模式向社会主义市场经济转换过程中，自强不息，生生不已，在探索中发展，在曲折中前进，留下了可圈可点的坚实脚印。

近三年来，面对宏观经济下行的压力、行业政策的调整、市场竞争的加剧和数字技术的挑战，福建新华发行集团积极适应经济发展新常态，确定了“五轮驱动、资源整合、管理升级”的新型发展战略，全面推进改革发展，努力向行业的战略投资者和优秀的经营管理者转型。面对传统实体书店经营的困境，坚持把社会效益放在首位，全力推进新华书店卖场全渠道转型升级，着力打造以图书为主，融合人文、创意、艺术和生活的复合型体验式综合文化产品交易平台，向供给侧结构性改革聚焦发力，以有效供给重新定义发行渠道，以实际行动推进全民阅读，建设书香八闽。

全面变革　为发展提供内生动力

近三年来福建新华发行集团的发展，是很不平凡的。自从2014年7月，福建新华发行集团组建新的领导班子以来，集团积极应对国内经济下行压力持续加大的严峻形势和“教辅新政”的深度影响，全面实施“五轮驱动、资源整合、管理升级”的发展战

福建新华发行集团
FUJIAN XINHUA DISTRIBUTION GROUP
新华书店
新华书店
新华书店
福建新华发行集团
FUJIAN XINHUA DISTRIBUTION GROUP

▲福建新华发行集团大楼

略，坚定信心、迎难而上、开拓进取，推进了一系列重大工作，办成了一系列难事大事，解决了一系列长期拖而未决的遗留问题。三年来，福建新华发行集团公共文化服务功能不断完善，社会效益显著提高；经济效益逐年增长，经济结构不断优化，文化软实力不断增强，实现了企业可持续发展。

第一，着力培育企业文化，更新员工观念。坚持思想先行，大力推进企业文化建设，在内部推行和弘扬“开启更广阔的视野”的管理理念、“一切让数据说话”的经营理念、“人才视若明珠”的人才理念，以及“简单、没有私心、勤勉、锲而不舍”的企业精神，推动干部职工从传统观念向现代观念转变，从计划观念向市场观念转变，从求稳观念向危机意识转变，构建起与市场经济、现代企业发展和时代精神相适应的理念体系，提升了自身软实力和核心竞争力。

第二，着力挺拔发行主业，稳固市场地位。三年间，福建新华发行集团完成了一般图书中盘整合，实行“六统一”，打破了 10 多年来分头进货、分散经营、连而不锁的经营格局，增强了中盘的竞争力。

第三，着力推进卖场改造，擦亮新华品牌。2015 年起，福建新华发行集团启动了新华书店卖场全渠道转型升级项目，致力于实现“一个好书店温暖一座城市”，该项目被列入《福建省“十三五”文化改革发展专项规划》；设立“实体书店发展专项资金”，完成 35 家卖场的新建或升级改造，新建校园书屋 50 家，新增面积 2 万多平方米。

第四，着力助推全民阅读，彰显社会责任。福建新华发行集团策划打造了“海峡读者节”“百家千校”图书巡回展、“暑假读一本好书”“少儿亲子阅读季”等系列阅读推广活动品牌，有力推进了“书香八闽”建设。特别是在第三届“世界读书日 · 海峡读者节”，首次与全国馆配商联盟联合举办全国夏季图书馆配会，现场订货码洋突破 1.55 亿元，在同类型馆配中跃居全国第一。

第五，着力推动技术创新，加快转型发展。福建新华发行集团引进全国行业内成熟的ERP系统，推进新旧系统切换，优化畅通了业务流程，实现了全省卖场、几十万种图书在全系统范围内的动态信息管控。2017 年初，与京东共同开发的“有福图书云平台”将正式上线；自主研发打造的“海峡出版发行公共数据服务平台”“基于大数据应用的公共阅读服务平台”“乡村智慧流动书屋”入选国家新闻出版改革发展项目库。

第六，着力推进资源整合，发挥整体优势。福建新华发行集团整合馆配板块资源，馆配业务管理体制基本理顺，中标单数和数量连年攀升。整合多元产业资源，清理和改进已有的多元经营项目，止住“出血点”，严格围绕主业产业链和“大教育”产业拓展相关多元业务，多元框架已经建立，服务全省的意识和能力正逐步形成。

第七，着力化解遗留问题，破解发展瓶颈。福建新华发行集团一直以来十分注重保障和改善民生，员工收入不断改善，薪酬体系结构日趋合理，初步解决了“两极分化”问题。深化物流配送体系改革，推动物流货物运输社会化，物流配送效率显著改善、配送成本得到有效控制，智能化物流园项目基本完工。

第八，着力推进管理升级，创新体制机制。福建新华发行集团推进“简政放权”，最大限度下放管理权限，减少审批事项和审批环节，有效调动基层积极性。全面推行流程化、表单化、精细化管理，优化制度、简化流程、细化表格，初步形成了用制度管人、流程管事、表单管财的工作机制，现代企业管理体系初步建立。

第九，着力加强团队建设，筑牢发展基础。福建新华发行集团制定完善了员工招录制度，统筹全省招聘工作，严把“进人关”，实施人才储备，培养了一批经营管理和业务骨干。三年来，引进了 200 多名专业和急需紧缺人才。创办了网上“新华大学”，结合线下培训，员工全员培训率 90% 以上。

交互空间　门店转型升级要有温度

福建新华发行集团坚持以市场为导向，以服务读者为中心，以提升经营管理质量和经营绩效为目标，推动全渠道转型升级。在这股升级热潮中，利用资源优势，结合区域人文特色，深度发掘书店内涵，创新合作模式，在 2 年内共建成 12 家特色书店，其中福州地区 4 家：鳌峰坊书城、南后街半亩阳光店、金鸡山至圣书院、三坊七巷严复翰墨馆书店；厦门地区 6 家：江头少儿主题书店、新华书店中山·阅埕、六度书吧、五缘湾恒禾七尚店、集美大学校园书吧、鼓浪屿旅游书店；龙岩地区 2 家：永定土楼读客书屋、龙岩新华城市书吧。

鳌峰坊书城地处福州市中心，自 2016 年重新装修升级改造后，于 2016 年 12 月 23 日正式营业。营业面积约 4000 平方米，共四层，拥有图书近 6 万种、17 万册，品牌商户入驻 16 家，是一家集图书销售，亲子阅读，文创产品，咖啡休闲，文艺活动等多元文化融合互动的休闲体验式文化综合体。

▲2016 年 12 月 23 日，福州鳌峰坊书城正式营业，是全省首家阅读文化交互空间

鳌峰坊书城开业一年多以来，得到了媒体的广泛报道，客流量 100 万人次，销售收入 1277 万元，与升级改造前相比增长 915%。

鳌峰坊书城的最大亮点在于，坚持“阅读文化交互空间”的概念和做“有文化、有情感、有温度”书城的理念，以读者体验感为第一标准。自开业以来，鳌峰坊书城以优雅舒适的阅读环境、丰富新颖的互动活动、满足读者个性化和多样化需求的多业态经营模式以及高附加值的人性化服务赢得了读者的重新回归。

开业一年多，鳌峰坊书城已经成功举办近 300 场阅读推广活动，如朗读者计划、书城奇妙夜—与书共眠、书城大冒险等，着力推动全民阅读，可谓周周活动精彩不断，月月活动都有宣传爆点，极大激活了卖场人气。

鳌峰坊书城转型成功，最主要的是书城全体员工在经营思维上的转变，即鳌峰坊书城要从传统书店的售书向销售文化的转变，由经营传统的书店向经营文化平台的转变发展。“具体到书城的工作，我们从服务意识、平台意识、艺术陈列、大数据、四个方面全面提升书城工作。”首先，书城也是一个平台、一种媒体，要从自身内部发掘、包装、推出具备文化爆点的内容，策划一批符合书城气质读者喜欢的品牌活动，创造契机和话题让读者了解书店，走进书店。其次，打造大数据书城，充分利用互联网的优势分析图书市场的动态，快速而高效的服务读者，目前鳌峰坊书城有会员定位跟踪系统，掌握读者选书及入店的行为轨迹，指导书城图书采购和区域调整，还开通了自助售书机等便捷服务系统，提升读者的体验感。再次，重视图书摆放陈列，着重加强员工美学意识方面的要求和培训，要求区域人员由传统书城的图书“码书”向图书的艺术化陈列提升。最后，提升服务意识，以读者体验为第一服务标准，让优质服务贯穿整个书城的每个角落，做读者的知心人和贴心人。

站在新时代的新起点上，福建新华发行集团将以创建百年新华为追求和梦想，坚定文化自信，不忘初心、牢记使命，勇于担当、砥砺前行，努力把自身建设成为全方位的教育服务提供商、行业的战略投资者和优秀的经营管理者。

江西新华发行集团 | 稳中求进，砥砺奋进的5年

过去很长一段时间里，各种浪潮席卷而来，出版发行行业跌宕起伏、步履维艰。但近5年，随着国家对全民阅读推广的重视，对实体书店的各项扶持以及各大发行集团近年来对实体书店的大力发展、全力支持，实体书店得以飞速发展。

江西新华发行集团有限公司（以下简称江西新华）地处经济欠发达地区，人口只有4000多万，可以说是在一块贫瘠的土地上耕耘。但江西新华通过不断的改革创新，持续提升企业核心竞争力，产业不断发展壮大，综合实力和经济效益在全国同行业中稳步上升。5年来，江西新华创新驱动、融合发展，实现了社会效益和经济效益“双丰收”。2016年，实现销售净收入71.17亿元，较上年增加7.97亿元，增长12.61%，实现利润5.82亿元，集团净资产51.75亿元，较2009年改制上市时的7.6亿元增加44.15亿元，增长近7倍，年末资金余额39.23亿元。自改制上市以来，利润年均增速51.72%，被领导和行业专家称赞为“创造了中国书业效益增长的奇迹”。销售利润率、净资产收益率、国有资产保值增值率3项衡量企业运行质量的指标，稳居全国同行业前茅。

根据国家新闻出版广电总局发布的《新闻出版产业分析报告》显示，江西新华经济效益居全国同行业第三位，综合实力居全国同行业第五位，并成为全国唯一一家蝉联四届“中国出版政府奖”的发行集团，入选第二届、第三届“世界媒体500强”，入选“2015年、2016年中国服务业企业500强”，荣获“首届全国新闻出版行业文明单位”“全国新闻出版系统先进单位”等称号。

文化空间转型　满足读者多元需求

江西新华作为传播文化的重要载体、履行社会责任的阵地，始终把服务读者作为安

▲江西新华发行集团物联网技术应用实验室

身立命之本、繁荣发展之基，不断适应读者的不同需求和新的更高要求。如江西新华总经理涂华所言，“转型升级，重塑新华书店品牌”至关重要。

5 年来，江西新华投资 1 亿多元从卖场的空间设计、硬件设施、业态布局等几个方面，结合“腾笼换鸟”和前店后库改造工程，对全省原有卖场进行升级改造、选择新址拓建新店、开设特色书店、用工匠精神建设最美书店，完善公共文化服务基础设施建设，打造城市文化地标，优化文化空间，为读者提供了最优的消费体验。

首先，是转型升级，再造文化卖场空间功能。5 年来，完善城市书店布局，大力实施门店新建、改扩建及升级改造工程，截至到 2016 年 12 月，完成了江西新华文化广场、九江文化综合体、新余文化综合体等中心门店的升级改造，网点营业面积增长 40% 多。

同时，面对网络时代的到来，涂华表示：希望通过“智慧新华”的建设，使传统主业与新兴业态高度融合，推动江西新华成为中国书业融合发展的领跑者。江西新华精心打造的“智慧书城”旗舰店——江西新华文化广场被评为“2015 年度全国最智慧大书城”。在全省 11 个地区逐步实现“智慧书城”全覆盖，实现了从产品经营到流量经营。

在特色书店建设方面，江西新华致力于满足各种文化需求。江西新华积极推进特色书店建设，全国第一家红色书店——井冈山红色书店自 2015 年 11 月 7 日开业以来，吸引了大量国内外游客参与，人流量增长 50%，销售收入增长 200%，现已成为当地居民和游客的文化活动中心，荣获“2015 年度十大实体书店”。2016 年，乐平、瑞金、芦溪、余干、资溪、永丰、黎川等一批“小而美”特色书店相继建成，提升了卖场的硬件设施和购书环境；标志着江西新华门店的升级改造进入“3.0 版本”时代，实现了由服务读者向服务消费者，由提供图书销售向提供文化服务的蝶变。2016 年，乐平中心门市被评为“全国十大基层最美书店”。下一步，江西新华将加快推进景德镇陶瓷书店、婺源乡村书店、庐山旅游书店、吉水杨万里书店、高安大观楼书店等特色主题书店及南昌广场购书中心“24 小时书店”、红角洲文化广场童书馆的建设，打造“专业化、个性化、品牌化”新型阅读文化空间。

其次，积极探索，打造纵深服务格局。江西新华同时加快推进“前店后库”改造项目，深挖网点社会效益价值潜力，2016 年已完成重建的有玉山书城、横峰书城，新增营业面积 5000 平方米以上，正在启动的有万年、铅山、广丰、东乡，2017 年的任务是再完成 10 家店库改造项目，并相继开设上饶水南街壹品书吧、华东交大校园书店等，将服务范围延伸至社区、学校和乡村，2016 年乡镇网点数 58 个，较 2015 年增加 35 个。通过图书借阅和图书销售，开展农村流动售书，利用赶集、庙会等形式，“走下去”“走进去”，更好地服务农村、社区、校园，5 年来，下乡镇摆摊设点年平均不少于 12 次，2016 年，开展各类流动售书 1200 余次，为广大农村读者送去各类急需的出版读物，特别在农村出版物发行网点建设方面发挥了骨干作用，满足了农村广大读者文化需求，打通了服务基层读者的“最后一公里”。

江西新华在精耕细作主业的基础上，以存量调结构腾空间，用增量优结构扩空间，围绕大文化、大物流、大教育布局扩张，调整产业经营结构，依托自身优势延长产业链，拓宽产业发展空间，创造新供给，着力打造多元协同的业务集群，不断增强企业持续发展能力。截至 2015 年底，江西新华的业务范围涵盖了教材教辅发行、市场图书发行、大中专教材与馆藏图书发行、物流、物联网、校园超市、在线教育、数码与文创产品销售、教育装备、幼儿教育、文化资产开发、影院、数字印刷、电子商务、文化主题餐饮等，形成了出版物发行为主、多元业务支撑并相辅相成的产业结构。集团的产业结构持续优化，与传统主业的发展降速相比，技术性产业的发展速度较快，其占比大幅提升，为历史最好水平。教材发行收入已下降至总收入的 16% 以下，形成了教材、教辅、一般图书、多元业务并驾齐驱的良性产业格局。

文化活动丰富　增加全民阅读氛围

5 年来，江西新华凭借遍布全省城乡网点，通过推荐好书，举办各种阅读推广活动，推动书香社会建设，推动全民阅读深入开展，一是利用门店网点，打造主题活动。江西新华重点推出“习近平总书记系列重要讲话”“红军长征胜利 80 周年”等各类主题展示展销活动，通过与王蒙、阎崇年、曹文轩、白岩松、杨红樱等众多国内知名学者、作家联手，2016 年，为读者奉献了 400 场签售会、见面会、文艺沙龙等互动性文化活动，极大激发了读者的热情。

二是积极行动，形成阅读活动品牌。在积极开展主题活动的同时，江西新华也没有忽视自有品牌阅读活动的打造，以品牌活动带动阅读推广的落地。2016 年，开展“朗读者”计划、“假期读一本好书”等活动，同时还开展了“美丽中国·精彩江西”经典名篇诵读活动、“第十季万枝玫瑰映红读书周”“南昌市教师全员优质阅读行动”等活动。

三是坚持深入基层，服务读者。江西新华不仅在门店上做文章，让读者“走进来”，

▲江西新华发行集团丰富市民文化生活，组织举办图书夜市

同时也主动“走下去”，让图书进企业、进学校、进机关、进社区、进农村、进家庭、进公共场所，推动全民阅读的深入开展。在全省中小学开展了500余场“护苗绿书签”专家进校园公益讲座，活动已覆盖全省每一个地区。2016年首次将“护苗活动”向未成年人弱势群体延伸，使“护苗2016·绿书签”活动与“关爱孤残儿童，让爱洒满人间”这一助残主题密切结合。

四是开拓创新，建设网上渠道。江西新华积极投入到新华微书城、新阅网等网上全民阅读推广渠道当中。计划在全省范围内建设500家新华微书吧，截至2016年12月，全省已完成安装55台，让爱书之人在学校、社区、医院、地铁、车站等地自助购书，打通线下购书的“最后一公里”，营造良好的书香氛围，推进全民阅读。

与此同时，江西新华积极响应党和政府的号召，参与社会公益活动，认真履行国有文化企业的社会责任，加大公益服务投入，参与爱心捐赠、助学助困、文化扶贫、文化科技卫生“三下乡”等活动，开展文明帮建活动，服务农民服务基层文化建设，2016年，捐款、捐物等共计价值3000余万元，其中捐赠图书价值328万元。

文化导向坚定　积极推进文化科技融合

江西新华始终牢牢把握社会效益第一的行为准则，充分发挥宣传文化阵地和精神文明建设窗口的重要作用，积极扩大各类优秀出版物的有效供给，特别是十八大以来的重点图书效果明显，其中由人民出版社出版的《习近平总书记系列重要讲话读本》等重点图书发行量400多万册。5年来，江西新华还充分发挥遍布全省的垂直纵深网络优势，主动深入到机关、学校、企业，从微信朋友圈到门店地推，从传统媒体到自媒体宣传相融合，充分利用新阅网、新华微书城、新华微书吧以及网站、微信公众号、微博、新华书友会、网络媒体、门店布展等形式积极做好全省各地市《习近平用典》《习近平关于严明党的纪律和规矩论述摘编》《十八大以来重要文献选编》等重点读物的发行配送服务等工作，不断将党的声音及时传递到广大党员干部及人民群众当中。

在融合发展方面，江西新华围绕整个产业结构来展开，由出版物发行为主的传统文化企业，向综合性的、与科技融合的现代文化企业集团转型，以“互联网+”为路径，实施融合发展战略。布局了一系列重点项目，这些项目都是立足长远、夯实基础、保持江西新华持续稳定发展的优质项目。为适应技术创新和产业发展模式的变化，江西新华高度重视科技创新，大力实施创新驱动战略，打造新华矩阵，以“互联网+”为主力路径，确立了打造六大平台引领转型升级的格局。其六大平台分别是城市文化综合服务平台、出版物发行行业物联网平台、“新华壹品”校园文化综合服务平台、新华云智慧教育平台、O2O新商业模式交易平台、智慧物流配送平台。这些平台项目近几年大都处在投入、建设、培育期，短时间难以产生收入和利润，将影响当期利润和财务报表，乃至影响当期的考核，但为了今后的发展，江西新华义无反顾地努力推动这些项目，六大平台的打造将推进文化与科技、文化与教育、文化与市场的融合，是江西新华未来转型升级、融合发展的重要引擎。六大平台中，出版物发行行业物联网平台是最具科技含量的平台。

这个平台的建设，将有效解决行业缺乏大数据支撑、防伪追溯技术手段薄弱、盗版、地区之间无序串货等一系列痛点。而平台最终的建设目标，是要通过物联网、大数据、云计算等技术的应用，搭建面向全国出版发行业的智慧出版发行行业云平台，开放共享，产业链上所有的参与者都可以从平台上实时调取数据，实现行业管理的智能化、数字化、定制化，其价值巨大，可以说将带来出版发行业的一场技术革命。按照“站在新起点，树立新观念，提升新标准，展示新形象”的要求，江西新华将始终坚持社会效益和经济效益相统一的原则，努力把江西新华打造成中国书业融合发展的领跑者，以优异的成绩迎接党的十九大胜利召开。

山东新华书店集团｜理思路，调结构，补短板

近年来，由于互联网信息技术迅猛发展，传播介质多元和阅读习惯迅速改变等竞争压力，实体书店的健康可持续发展受到了严峻考验。山东新华书店集团有限公司（简称“山东新华”）制定了“三新”“三四五”“四个一”“五个年”的宏观思路。

“三新”是山东新华书店集团有限公司（简称“山东新华”）的发展总战略，即按照“明确新定位（全力推动新华书店由一个做产品、做图书的传统图书经销商，尽快向做数字、做平台的综合文化服务商转变）、进行新布局（牢牢抓住转型升级、教材教辅、多元化发展三个板块，不断提升新华书店的社会影响力、美誉度和经济效益）、探索新路径（不断提高互联网化、融合化、体验化和个性化水平，在全省规划建设布局合理、特色鲜明的各类文化综合体，打造地方文化新地标）”统筹新华书店的改革发展和创新转型工作。

“三四五”是实体书店转型升级总思路，即建设“三个中心（社会交往中心、时尚体验中心、文化消费中心）”、提升“四个水平（互联网化、融合化、体验化、个性化水平）”、狠抓“五个关键点（规划、设计、数据、服务、人才）”。在转型升级取得阶段成果的基础上，山东新华于2017年又提出打好转型升级“第二战役”，大力实施“四个一”工程的战略目标，即建设一个新华阅客数字营销平台、打造全省第一教育装备营销商、第一教育培训服务商和第一教育旅游提供商品牌。

为持续深入推进书店转型发展，山东新华在2018年初开始部署“五个年（文化活动创新年、校园书店建设提升年、门店结构调整年、教育服务突破年、数字平台建设年）”。“门店结构调整年”解决的是提升体验化水平和市场竞争能力的问题，“校园书店提升年”解决的是提升战略布局能力和抢占市场的能力问题，“教育服务突破年”解决的是提升多元发展和市场开拓的能力问题，“数字平台建设年”解决的是提升融合发展

▲山东新华书店集团枣庄分公司投资近 3000 万元，升级扩建改造的鲁南书城于 2018 年 2 月开业

能力和精准营销能力问题，“文化活动创新年”解决的是提升引流和转化的能力问题。

近几年，山东新华在抓好教材教辅和一般书主营业务的基础上，加快补齐发展短板，调整优化经营结构，重点推进门店转型升级及新型网点建设、多元化拓展、互联网化和信息化建设、品牌建设等工作，经营业绩实现了持续稳步增长，有效推动了山东新华书店集团改革发展和全面转型升级。

全面推进门店转型升级，优化完善网点布局

为更好地推动全民阅读，配合完善公共文化服务体系，优化门店布局，山东新华积

极探索新的发行网络和经营模式，根据十一部委《关于支持实体书店发展的指导意见》，制定并不断完善全省书店营业网点建设规划，对城市中心书城、连锁门店、校园书店、社区书店及特色书店的建设进行分类规划，明确了建设目标及标准要求，形成了原有门店转型升级和新型网点建设齐头并进的良好局面。

山东新华从2015年4月份提出进行“门店转型升级”的思路以来，通过不断提高实体门店的互联网化、融合化、体验化和个性化水平，打造了一大批具有地方特色的文化新地标。并在2016至2017两年间组织了三次全省性的门店转型升级实地观摩检查，对中心大书城、中小型门店、校园（商圈、社区）书店等网点建设进行了分期分批验收评比，评出了山东新华系统内“最美书店”“十大营销活动品牌”等荣誉称号，在系统内部树立了标杆和典型。

通过三年的努力，以“社会交往中心、时尚体验中心、文化消费中心”为建设目标的门店转型升级取得了显著成效，新华书店的社会影响力、美誉度和经济效益都有了较大提升。在整体规模上，2017年底，全省121家市县分公司的门店升级改造基本完成，取得了转型升级工作阶段性进展。高校书店、中小学校园书店、社区（商圈）书店加快规划建设，2016—2017年，全省新建高校书店、中小学校园书店149家，社区、商圈、特色书店18家。在经济效益上，经过转型升级改造的门店，经营业绩整体上都有较大幅度的提升。在社会效益上，通过转型升级，新华书店初步实现在“形象、业态、营销、服务”四大方面的提档升级，以最美“空间、氛围、品种、服务”激发大众阅读的热情，以多元化经营为基础构筑阅读文化产业新生态，以全媒体创新营销为思路做全民阅读推手，得到各地党委政府和广大读者的广泛好评，各级新华书店已成为当地宣传文化系统的一面旗帜。

根据当前的发展战略和“五个年”的具体要求，山东新华将进一步强化“综合文化服务商和一站式教育服务商”的战略定位，在对转型升级和网店建设进行顶层设计和整体规划的基础上，一方面优化业态布局，调整门店经营结构，提升消费转换率，使“图书”和“多元”有机融合，在精准服务精准营销上下功夫，打造各具特色的品牌文化活动，建立文化活动创新长效机制，持续推进门店转型升级。另一方面着重强化新型网点建设，积极探索各类网点建设运营的新模式，尤其要提升校园书店的建设和运营，在全省建设更多集图书销售、教育用书发行服务、阅读推广、学术交流、创意生活于一体的复合式校园文化空间，为建设书香校园、提升文化品位、推进全民阅读做出积极贡献。

积极拓展多元业态，加快经营结构调整

近几年，为调整经营结构，提升抗风险能力，山东新华围绕大文化、大教育不断加大多元拓展力度。目前的多元业务主要分为两大板块。一个是伴随着这几年的门店转型升级改造，在店内经营的多元项目、多元产品；另一个是以服务教育为宗旨，积极开拓的教育装备、教育培训、幼儿园、研学旅游等项目。

目前，店内多元拓展结合门店转型升级，有效整合图书和非图产品，通过文化体验进书店、休闲娱乐进书店等方式，积极向相关相近产业拓展，不断满足读者的多样化需求。一方面，总部加强重点项目引导和统一管理，建立多元项目库。目前已精选百新文具、欧卡咖啡、亚马逊电子阅读器等近 20 个项目，向全省推广并供门店自主选择。2017 年底，百新文具项目在全省开设 22 家销售专区；亚马逊kindle阅读器在 50 家门店上架销售，其中 30 家门店设立专柜；系列文创产品已陆续进入门店以及客户群体鲜明的校园书店，发展态势良好。

另一方面，鼓励各分公司结合自身实际和当地特色自主引进、开发各类有发展潜力的多元项目。如山东书城悦客书吧的“咖啡 + 图书 + 小饰品”经营模式，滨州分公司海瓷项目走进临沂等大书城举办现场体验活动，聊城分公司的民俗（葫芦、剪纸、面雕）工艺品，德州书城的陶瓷刻章和黑陶艺术品等，增添了店堂气氛的同时，也取得了较好的经济效益。

实体门店的多元项目将在稳固当前经营项目的基础上，不断丰富项目库，科学引进、推广适合当前书店定位和布局的多元项目，支持推进区域特色多元项目发展，积极

▶山东新华书店集团有限公司济南分公司（简称『济南分公司』）设计制作『2018新华悦历』

探索多样化的“图书+”发展模式，积极打造各具特色的多元品牌活动，巩固好各地新华书店打造的社会交往中心、时尚体验中心和文化消费中心。

为切实推进店外多元拓展力度，山东新华专门成立了教育科技发展公司，以“服务教育”为宗旨，重点在教育装备、幼儿园、教育培训、研学旅行几个重点项目上发力。其中，教育装备招投标项目已经在全省铺开，连续两年实现较快增长，尤其是2017年中标金额是2016年的7倍，实现了跨越发展。目前，山东全省中标产品日益多样化，中标项目涵盖电脑、多媒体一体机、云桌面平台、监控安防工程、篮球场工程、课桌椅、校服、智慧校园体系等众多品类。

结合“四个一”工程的战略部署及“教育服务突破年”的相关要求，山东新华将加大教育装备、研学旅行、教育培训、幼儿园等重点项目的推进力度，加强市场调研，引进专业人才，规范业务流程，整合资源，统筹安排，建立长效机制，打造好“新华”多元品牌。

注重技术革新，着力提升信息化水平

信息化建设是书店转型升级的技术支撑和保障，信息化程度的高低直接关系到书店转型升级的质量和效率。近几年，山东新华不断加快信息化建设步伐，加快实施“四个系统（ERP系统、BI系统、智慧书城系统、会员管理系统）”建设，目前四个系统之间已经实现互联互通，信息化建设取得实质性进展。

ERP系统包括一般书连锁系统和教材管理系统，基本涵盖了公司所经营的所有业务环节。该系统的应用，推动了物流、资金流、信息流的高效运转，使企业的核心业务流程得到合理的配置和优化，促进了财务与业务数据的融合，降低了企业的运营成本，提高了工作效率，夯实了管理基础，为企业的战略发展方向提供了有力的数据支持。

BI（数据分析）系统采用当前国际主流数据分析工具Oracle商业智能软件，以现有的各业务系统数据库为基础，建立企业数据仓库，对经营数据进行深度分析，挖掘企业信息价值，监控异常数据，准确及时提供数据分析报告，为精准营销和精准决策提供依据，最终打造山东新华的决策支持中心、业务考核中心、报表中心。

智慧书城系统包括依托于微信公众号的微书城平台、触摸屏平台、APP三部分。该项目利用在线网络的无边界特点，充分有效地扩大新华书店的市场覆盖范围和半径，延伸文化产品服务链条，增加文化产品供应规模，满足读者对产品体验和个性化的价格、时间、服务以及移动支付的需求。该系统于2016年7月正式上线，目前全省126家中心门店都已正常运营。

爱书客会员管理运营系统依托山东新华书店集团强大的品牌、网点、资金优势，利用互联网、移动互联网技术以及集团ERP管理系统，将全省300余家经营网点与“新华阅购”电商平台、“智慧书城”系统、微会员系统等应用整合串联成线上线下统一供应链管理的销售经营环路，在省内各地市县建立300余个信息互通、产品展示立体、会员体验优秀、书店与读者互动的文化体验中心。该系统已于2017年8月正式上线。

除以上四个系统以外，山东新华还打造了“新华阅购”电商平台，平台是由山东新华总部建设并提供管理支撑服务，各市县分公司独立运营的综合性线上交易平台。2016年1月在全省正式上线运行，目前共开设120家线上店铺。另外，山东新华目前正在积极推动技术创新和商业模式创新工作，开始在书店智能化、图书物联网化、售书自助化、共享图书等方面进行探索和尝试。

强化社会责任，擦亮新华书店品牌

作为国有大型文化企业，山东新华始终把社会效益放在首位，以服务“三农”、服务教育为己任，积极参与文化扶贫、文化科技卫生“三下乡”、服务农民服务基层文化建设等活动，通过建设农家书屋、捐助“希望工程”、捐建新华希望中小学、为贫困山区学校建设微机室、为贫困学生免费提供教材等一系列举措，赢得了各级主管部门和广大群众的一致好评。牢固树立“阵地意识”，始终把政治读物的发行作为一项政治任务来完成，党的十八大和十九大学习文件、《习近平总书记系列重要讲话读本》《“两学一做”学习教育读本》等政治读物的征订发行工作均排在全国前列。

山东新华积极响应党中央、国务院关于开展全民阅读的重要部署，配合省委宣传部、省新闻出版广电局积极举办各类主题阅读活动，承办了两届（2016年和2017年）山东书展，两届书展期间新华书店门店图书八折起售，累计向市民发放400万元惠民书券，邀请文化名人、知名作家举办各类阅读推广、文化交流活动近千场，同时还向学校、社区等进行了图书捐赠活动，营造了浓郁的阅读氛围，山东书展已逐渐成为广大市民心目中的阅读盛宴，成为宣传新华书店的重要渠道和载体。

2017年，以新华书店成立八十周年为契机，山东新华于4月23日在全省新华书店各市、县分公司同步启动了“新华书店日”活动，以“新华相伴　共享阅读”为主题开展系列公益、营销与主题阅读活动400余场。活动突出公益性，期间由出版集团及山东新华共同出资近400万元用于捐赠图书、捐建“希望小学”及“留守儿童关爱室”，充分展现新华书店忠于使命、不忘初心、服务社会、回馈社会的书店新形象，擦亮了新华书店金字招牌，增强了全省书店的凝聚力和向心力，取得了社会效益和经济效益的双丰收。

山东新华作为党的宣传阵地，将始终以“服务读者、服务社会、服务三农”为使命和责任，配合省委省政府、宣传部、省新闻出版广电局等各主管部门做好各项阅读推广、公益活动，积极参与各项文化扶贫、文化科技卫生“三下乡”等活动。在成功举办“山东书展”、“新华书店日”等大型活动的基础上，将结合“文化活动创新年”要求，进一步强化新华书店品牌建设，通过举办“山东书展”、“新华书店日”及“改革开放四十周年图书发行高峰论坛”等大型活动及门店内品牌营销活动，不断提高新华书店品牌影响力，擦亮新华书店金字招牌，实现社会效益和经济效益的双提升。

广东新华发行集团｜干在实处，走在前列

1949 年 11 月 7 日，即广州解放的第 24 天，广东新华发行集团（简称“广东新华”）的前身广东省新华书店成立。近 70 年来，广东新华经历了风风雨雨，规模不断壮大。1999 年，广东新华挂牌成立，成为全国首批发行体制改革的 3 家试点发行集团之一。

地处改革开放的前沿，广东新华在市场化浪潮中不断自我革新。牢牢树立了市场意识、竞争意识，在改革发展中勇立潮头，连续多年保持高速增长。2016 年 2 月，广东新华跟随南方出版传媒股份有限公司整体上市，实现了外延扩张与内涵增长双轮驱动，为突破现有业务格局，转变经济发展方式，谋求科学发展，提供了广阔的平台。目前，广东新华拥有 97 家子公司，实体网点 260 个，营业面积 23 万平方米。其中，中心门店 100 家、文化 MALL2 家，四阅书店 8 家、校园书店 102 家、新华文化驿站及社区书店 48 家。连锁经营网络覆盖全省 94 个市县城乡。

聚焦改革，激发内生动力

过去几年，广东新华坚持“一效优先双效统一”，秉承“一个坚守三个支撑”（坚守主业发展，以成为教育资源的提供者，全民阅读的促进者，品质生活的倡导者为支撑）发展理念，各方面成绩显著。

首先，广东新华是广东省出版物发行的核心渠道和主力部队。一直以来，广东新华充分利用覆盖全省的渠道优势，发挥各类实体终端和线上平台的阵地和窗口作用，积极开展重点政治读物的宣传推广和发行服务工作。十八大以来，《习近平谈治国理政》《第四批全国干部学习培训教材》双双获得发行工作一等奖；《习近平总书记系列重要讲话

读本（2016 年版）》发行 391 万册，全国排名第六；《胡锦涛文选（全三卷）》发行 9.4 万册，全国排名第六。截至 2018 年 3 月 10 日，广东新华发行十九大文件及学习辅导读物 785 万册，全国排名第三；《习近平谈治国理政》第二卷 103 万册，位居全国前列。

此外，广东新华长期聚焦改革重组，夯实发展基础。自 2010 年起，广东新华全面推进全省基层新华书店的改革重组工作。由于改革重组覆盖范围广、各地情况错综复杂、重难点问题突出、任务异常艰巨，广东新华制定了“一店一策，重点突破”策略，由领导班子分组带队实地调研指导、沟通协调、督促落实。在省委、省政府的大力支持下，经过努力，历时 5 年，基本完成改革重组工作，企业的集团化、连锁化已基本形成，经营规模更大、实力更强、资源更优，为主业发展和多元经营奠定了坚实的基础。

做强主业，服务全民阅读

近年来，广东新华坚守主业不动摇，一方面，深耕一般图书市场，经营结构持续优化，市场业务占比逐年增加（2014—2017 年分别为 26%、33%、39%、44%）。

2011 年广东新华及时把握“教辅新政”出台的机遇，打了一场抢占教辅市场的攻坚战，成功收复教辅市场大半江山。经过努力，教辅销售从 2011 年不足 1 亿码洋激增至 2017 年底 7 亿多码洋，增长 6 倍，目前仍在不断扩大市场占有率。

为更灵活更专业地拓展大中专教材业务，抽调精兵专门成立大中专教材事业部，协同全省子公司，集中精力拓展终端市场，营业收入从 2012 年的 3928 万元增长至 2017 年底 1.8 亿元，销售总量和市场占有率均跃居广东省首位。馆配业务也由 2011 年的销售 3300 万码洋发展到 2017 年实现营收 1.55 亿元，成为省内规模最大、信誉度最高的馆配供应商。

与此同时，为了积极参与到书香社会的建设中，广东新华一直致力推动营造南粤大地“爱书、读书、尚书”的良好氛围，积极参与实施“书香岭南”全民阅读活动，打造出全民阅读活动的系列文化名片。如，打造全民阅读重点品牌“南国书香节”。广东新华作为“南国书香节”主要承办单位，积极筹备，精心策划，创新发展，使“南国书香节”连上台阶，成为立足广东、辐射全国、走向世界的海峡两岸暨香港、澳门最具影响力的华文书展。“南国书香节”每年邀请200多位名人名家，组织文化活动300多场，吸引读者逾百万人次，成为写书人、编书人、售书人、读书人、评书人、藏书人的盛大文化节日，为推动全民阅读发挥了重要作用。此外，广东新华还打造了基层阅读文化活动“新华书香节”。“新华书香节”是广东新华近年来围绕“书香岭南”，全新推出面向全省基层群众的又一重要文化惠民工程，通过在基层举办图书展销、名家讲座和文化展示等系列阅读文化活动，培养群众阅读兴趣，改善和提升了基层阅读水平。2015年至今，在全省成功举办30多场，深受基层群众欢迎。广东新华还常年邀请名人名家在全省巡回开展读者见面会、阅读分享会等文化活动。近几年，邀请了曹文轩、周国平等一大批名人名家名师进门店、进校园、进社区、进机关、进企业，举办数百场文化活动，直接受惠读者数十万人次，在全省各地营造了浓厚的读书氛围，有效推动“书香社会”建设。

升级门店，拓展多元经营

广东新华旗下梅州公司成立于2006年，是在梅州市新华书店的基础上改制成立的广东新华全资子公司，下辖江南和梅县两大购书中心，分别成立于1990年和1997年。近年来，梅州公司积极转型升级，大力拓展多元经营。目前经营产品已涵盖文创产品、手机等数码产品，同时注重互联网等新技术的投入运用，较好地满足了当地市民日益升级的文化消费需求。

在实现社会效益的同时，梅州公司2017年，门店销售近3000万元，其中，一般图书业务占49%。截至2017年末，总资产6482.72万元，净资产2192.9万元，营业收入4150.8万元，净利润281.4万元。

梅州公司非常重视门店商品与管理流程的优化，不断提升经营质量和顾客体验。

2015 年底，对江南购书中心进行了大幅的商品优选和库存优化，图书周转次数从原来的 1 次提升到近 2 次。同时，优化管理模式，将收发货、退货等操作由分散变为集中，实现了流程的统筹调配，既便利了顾客，又降低了成本、提高了效率。

江南购书中心是广东新华首家“智慧书店”试点改造门店，将互联网与传统书店相结合、新媒体营销与传统营销相结合、新科技设备与新卖场服务相结合，进行了新零售的探索与尝试。一方面通过新技术应用提升书店体验，如免费 WIFI 上网、微信书城、阅 go 微信小程序及各种二维码应用等；另一方面充分利用微信公众号、客户微信群等进行多渠道经营。通过这些举措，线上线下齐头并进，吸引了更多的顾客到店体验和消费，提升了顾客粘性。

▲四阅品牌书店

智能升级，探索信息化建设

在实体书店普遍向信息化和智能化转型的当下，广东新华认为，智能化是满足客户需求、技术发展应用和门店自身需要的结果，将有效提升读者体验、服务效率，提高业务管理水平和降低成本费用支出，是门店发展的必然趋势。

首先，智能化符合未来书店发展的趋势。书店未来的客户群体，是来自互联网的“原住民”。其次，智能化是实现精细化管理的必然要求。在新技术的影响下，产品的进销存退未来都可能更多的交给AI来管理，AI将通过大数据分析来进行商品摆放，精准筛选客户需求，主动向客户推荐合适的产品和营销策略等，缺乏智能化经营必然会在竞争中处于劣势。只有通过智能化，实现传统与科技的融合发展，才能实现实体书店的有效转型和效益提升。

为此，广东新华一方面积极推动与互联网融合发展，如专门成立电子商务事业部，以科技创新促进服务创新，实现线上线下一体化；依托品牌、渠道、产品及客户资源，全面建设“企业+互联网”的产业链上下游全业务应用，推动传统渠道与新媒体融合，开启了书业经营的新模式。

2013年以来，广东新华在夯实企业核心内部业务链基础上，启动外网信息平台的建设，搭建了B2B、B2C、会员、外网教材教辅等应用，实现了基于互联网、移动互联网和云计算的服务模式，极大拓展了线上业务应用和服务。经过近几年的建设与推广，并在实际应用中不断迭代升级，广东新华“书+互联网”模式已经基本建立并得以巩固，支撑、引导着业务发展，有力地推动了经营转型和销售增长。

与此同时，广东新华顺应和把握消费升级的趋势，把互联网、物联网、大数据等新技术引入书店，通过会员制、悦读网、微信O2O平台，借助互联网、微信+“智慧”来拓展线上业务，留住读者，打造以提升消费者体验为核心的新型零售模式。

2014年，广东新华启动“O2O智慧书店”项目建设，并获得中央和广东省文化产业发展专项资金支持。智慧书店的重点建设方向包括以下三个方面：一是O2O融合，即门店和互联网的融合，通过微信书城、1+N微信营销矩阵建设，实现业务、营销、会员和服务的线上线下融合；二是新技术体验，对门店进行智慧化改造，利用互联网、物联网技术，提升读者科技体验感，包括移动支付、读者自助购书、门店客服机器人等；三是业务智能，通过大数据项目和会员管理系统升级，实现门店商品管理决策数据支持和会员精准营销。

2017年，广东新华开始门店客服机器人研发，通过机器人与读者交流，完成门店的会员识别、导购、开单、结算、打包及客流分析等工作。

在信息化转型实践的探索与尝试中，广东新华也曾遇到过不少困难和问题。首先是一些单位的思想观念偏于保守，实践动力不足，影响了新技术的应用和推广。例如，在推广移动收款过程中，部分门店由于营业员年龄偏大等原因，不太愿意接受改变，需要不断沟通，宣传使用移动支付的好处，分享使用经验，并深入门店手把手指导操作使用。其次是技术与业务的契合点有待进一步挖掘。新技术是为解决业务难点痛点，也要引领业务的发展，推动传统业务升级改造。技术和业务之间需要找到一个结合点，形成共识，才能助推新技术的落地见效。例如，在启动接入支付宝时，由于支付宝账户允许提现到任意银行账号，与现有财务管控要求相悖，对接工作一度停滞。在论证多种解决方案之后，最终选择对接银行渠道，在保障了财务的风险管理要求下，开通支付宝收款。

▲书店机器人

广西新华书店集团 |
深化改革，促进内涵式高质量发展

立足和深耕广西本土资源，面向东盟“走出去”，深入实施精品出版战略，探索数字出版转型升级，促进出版融合发展，积极引领全民阅读……广西新华书店集团（简称“广西新华”）自 2004 年挂牌成立至今，成为广西唯一具有图书报刊国内总发行资格的自治区直属大型文化企业。至 2012 年，广西新华按照现代企业制度和法人治理结构的要求，完成了企业化、公司化改造，构建了“同心多元，一体两翼”的战略框架，努力推动全区新华书店系统的集约化、规模化、专业化经营，建立了中小学教材和各门类出版物连锁经营的新业态，建立了自动化、智能化的广西出版发行物流中心，建立了包括门户网站、电子商务、办公自动化和财务“四位一体”的广西出版物信息网络平台。

此后，以广西新华书店集团有限公司为主体，以股份制的形式，整合全区新华书店人、财、物资源，通过市场化手段运作的广西新华书店集团股份有限公司，由国家新闻出版总署和自治区人民政府批准，于 2012 年 10 月 30 日挂牌，成为广西规模最大、专业化程度最高的出版物发行单位，是自治区人民政府直属的国有控股大型文化企业。

2017 年 4 月，广西新华书店集团（简称“广西新华”）与广西出版传媒集团重组整合，新华书店集团自治区本级国有股权注入出版传媒集团，新华书店集团作为出版传媒集团的全资子公司，新华书店集团自治区本级国有股权出资人变更为出版传媒集团；重组后两家集团企业名称保持不变，债权债务承担主体不变。这一阶段，广西人民社、科技社的仓储物流已经入驻集团，开启了集团物流资源整合工作落实的第一步。广西教育社、美术社、接力社计划在 2018 年 3 月进驻。物流资源整合，促进了出版发行上下游产业链条有效对接，为产业融合发展打下了基础。

战略引领，做强图书发行主业

出版物发行是新华书店的传统主业，是企业赖以生存发展的基础。广西新华书店集团自成立以来，努力把出版物发行主业做强做优，有效增强了企业核心竞争力。

一是发挥窗口阵地作用。坚持社会效益放在首位，发挥宣传思想文化窗口和意识形态阵地作用，弘扬社会主义核心价值观，主动履行社会责任，展现文化担当，积极宣传征订政治读物，其中2016年《习近平总书记系列讲话读本》《国家总体安全观》等政治读物发行量居全国前列；2017年发行十九大文献及《习近平谈治国理政》等重点图书112.90万册，码洋2793.82万元；2016—2017年，分别完成1.5万个农家书屋图书更新配送金额2876.5万元和3030.86万元。

二是打造主题阅读活动品牌。连续24年参与全国青少年爱国主义读书教育活动，每年吸引全区400多万名中小学生参加，参与率均连年位居全国第三。2016年的第23届和2017年的24届读书活动发行活动用书码洋同比增长20.89%和26.06%。读书教育活动已成为广西青少年思想道德教育的品牌项目。

三是推动全民阅读活动深入开展。2016年组织开展的“广西人读广西书”系列文化惠民活动，以及2017年承办的广西书展、“中国优秀传统文化”图书展销、中国好书大联展等系列主题展销和展示活动，有效推动全民阅读，引航阅读消费，营造浓郁的书香、阅读和文化氛围，为建设“书香广西”提供文化条件。

四是做强做优主营业务。建立完善教材云平台功能，进一步提升服务内容和质量，克服教材编印、交货晚、学校点多面广、部分市县遭受水灾等诸多困难，确保每年春秋两季中小学教材“课前到书，人手一册”。2017年中小学及大中专教材发行码洋同比增长12.35%。同时积极拓展大中专教材、非免费教材，努力扩大市场份额。教辅方面，坚持严格从业，规范教辅发行秩序，进一步提高服务质量和水平，最大限度满足各学校的教材需求，2017年集团各级子公司教辅发行同比增长28.60%。一般图书方面，

▲广西新华书店集团承办的青少年爱国主义读书教育活动，成为在广大青少年中培育爱国主义精神，提高思想道德素质的品牌工程

加强连锁经营管理，利用图书云平台，优化图书品种，加强货源组织，提升经营服务水平，满足读者需求；其中2017年重点拓展馆配业务取得新突破，中小学馆配同比增长232.68%。

五是积极推动门店改造升级。深入贯彻中央和自治区关于支持实体书店发展的《指导意见》和《实施意见》，以实体书店贯标工作为契机，积极探寻适合自身发展的新思路，实施卖场再造，改善卖场环境、引入新兴业态、创新经营模式，优化支付手段，突出文化创意和品牌效应，增强读者阅读和消费“体验”功能，各城区中心书城及门店成为当地城市文化新名片和新地标。

更新卖场，提升消费体验

面对出版发行领域普遍面临的种种危机，广西新华各级子公司主动求新求变，通过改善卖场环境、引入新兴业态、创新经营模式，优化支付手段，增强读者阅读和消费“体验”功能，使实体书店重新焕发出强大的活力。建设一批特色鲜明的实体书店，比如，百色市隆林县公司着力打造具有“少数民族博物馆”特色的新型实体书店，在经营图书、文体用品的同时，融合数码产品、玩具、儿童体验区等业态，增加隆林五个少数民族的民族服饰、民俗活动等元素，凸显了地域文化和民族特色；防城港市国门书店改造升级后，经营模式由原来的单一图书卖场转型为“图书＋咖啡＋文化活动”的文化交流平台。

为贯彻服务阅读，传播文化知识的重要使命，广西新华确立了“十三五”期间“3+2+1”的发展战略。即在加强教材、教辅、一般图书三类传统书发行业务的基础上，拓展教育、物流两大业务板块（其中，教育业务又包括幼教和教育装备两个方面），同时借助“互联网＋”，提升文化服务的技术含量，依托互联网提升图书销售和服务读者的能力及水平。“3+2+1”是传统、拓新和技术并举一个有机的整体，其中：3是传统的主营业务，必须坚挺稳固；2是新领域新拓展，必须稳扎稳打；1是技术支撑，必须加强开发和利用。为实现“3+2+1”发展格局，广西新华重点抓好三个方面的战略实施：

一是以点带面推动门店转型升级。以桂林、防城港、隆林、来宾、北海等市县公司书城门店为样板，积极推动书城改造升级，改变传统经营模式，探索与书业融合的文化业态，强化服务意识，创新服务方式，实现门店“阅读学习、展示交流、聚会休闲、创意生活”的文化休闲和文化消费功能，并充分发挥其文化辐射力和影响力，带动实体书店转型升级。

▲新华书店南宁职院阅读体验中心于 2017 年 10 月 15 日启用，以师生需求为服务中心，打造“高校阅读文化”品牌

二是统筹城乡发行服务体系。围绕“用文化把世界变得更加美好”这一企业使命，积极拓展社区书店和校园书店，恢复和重建乡镇网点，为县级新华书店配备流动售书车，着力提升乡镇图书发行服务；深入实施文化惠民工程，全力抓好农家书屋配送工作，进一步丰富群众性文化活动，支持贫困地区发展文化事业，实现覆盖城乡的图书发行和文化服务。

三是积极实施文化走出去战略。加强文化国际传播建设，积极做好国门书店建设，并参与中国—东盟博览会文化展，展出桂版精品图书和东盟精品图书，展示企业与东盟各国文化交流的成果；集团承办的越南河内“阅读体验中心”于 2017 年 11 月在亚太经济合作组织APEC峰会期间开业，成为广西首家在国外开办的中国实体书店，为传播中华文化、提升中国文化软实力提供支持。

坚守使命，传播阅读风尚

地处人文和自然的地理环境都相对庞杂的省市，广西新华从未放下过作为一家图书发行企业的使命和责任，坚持发挥新华精神，将文化知识送到广大读者手中。

首先，加强实体书店建设。加强项目申报，利用中央和自治区文化专项扶持资金与集团自有资金配套，加强和改善实体书店基础设施，2017 年新增校园书店 6 家、社区书店 3 家、乡镇网点 54 家，集团旗下实体店总数量达到 170 家，比上年的 107 家增长 58.88%。

其次，积极开展文化下乡活动。针对老少边远地区交通不便的情况，为全区 75 家县级书店配备“东风工程”流动售书车，制定相应的流动售书管理办法，定期开展流供，更好地服务边远地区、县以下乡镇群众，有效解决“看书难、买书难”的问题，形成覆盖全区的出版物发行服务体系。

再次，推动全民阅读深入开展。充分发挥新华书店金字招牌、公共文化品牌作用，以每年世界读书日为契机，组织开展主题图书展销和系列文化惠民活动，热情服务读者，积极反哺社会，比如 2017 年承办首届广西书展，共展出近 10 万种图书，吸引全区读者 7 万人次，形成了显著的社会效应，集团引领阅读航向，推动全民阅读的社会公众形象日益显现。

为保障山区或偏远地区课前到书，广西新华一方面加大宣传征订力度。积极应对教材征订政策变化，努力敦促各市县子公司加大向学校进行政策宣传的力度，保证了免费科目订足订齐，并及时召开全区验收培训会，指导各市县子公司开展验收工作。

另一方面，完善教材征订云平台。加强“互联网+”技术开发和利用，通过教材云平台实现全区各中小学校教材网上直报，并对发货和结算流程实时管控，提高教材征订验收工作效率，为教材发行工作提供良好的技术服务保障，不断提高市场竞争能力。

同时，还十分重视优化教材配送流程。通过教材单据和工作流程的优化改造，将生产场地重新规划，把教材包装前置到流程的最前端印刷厂，对大进大出的教材教辅实现分类分区管理，使得货物收发流程更合理，配发线路更短更高效；同时引入基于手持设备的多品种新配发方式，极大提高了教材教辅的发货效率，与往期同比发货速度加快两天时间。

在此基础上，广西新华不断加强客户回访工作。积极开展实地调研活动，了解各级子公司仓库、门市、车辆进出道路及交通管制情况，及时解决收（送）货等工作中存在的问题，不断改进服务工作，提升教材配送工作的质量和效率。

重庆新华书店集团 | 向科学管理要效益

党的十九大提出，要坚持中国特色社会主义文化发展道路，激发全民族文化创新创造活力，建设社会主义文化强国。近年来，重庆新华书店集团公司牢记新时代国有文化企业新的文化使命，不断深化体制改革和机制创新，向科学管理要效益，实现了社会效益和经济效益双丰收，连续 6 年进入全国省级新华发行集团十强，连续 13 年进入重庆企业 100 强，荣获全国文化体制改革先进企业、全国文明单位等项殊荣，让这个有着 68 年历史的“老字号”国有文化企业焕发出勃勃生机。

牢记文化使命，坚持正确导向

新华书店从诞生之日起，就担负着崇高的文化使命，把先进的思想文化送到人民中间。进入新时代，全体重庆新华人不忘初心，牢记使命，坚守文化阵地，勇于担当国有文化企业新的文化使命：一是建好党的思想宣传文化阵地，做强做优做大国有文化产业，助推建设社会主义文化强市、文化强国。二是做好党和国家重要文献、政治读物发行工作，将党的声音传播到千家万户，让党的主张成为时代最强音。当前的首要政治任务是宣传发行好党的十九大文件及学习辅导读物、《习近平谈治国理政》第二卷。三是搞好中小学教材教辅征订发行，服务教育事业，助力学生成长，已连续 36 年实现“课前到书，人手一册”。四是培育读书风尚，推进全民阅读，建设书香社会，做健康有益知识的提供者、先进文化的传播者、人民群众精神文化家园的守护者。

正确的导向是出版发行工作必须遵守的政治底线。多年来，不管市场风云如何变换，重庆新华书店集团始终坚守企业的核心使命和价值担当不动摇，树立高度的文化自信、文化自觉，坚持正确的政治方向、价值导向，把社会效益放在首位，把内容正确、

▲重庆新华书店集团公司好书进校园活动现场

质量上乘视为生命线，讲品位、讲格调、讲境界，重市场而不唯市场，重商业而不悖伦理。一般图书发行哪怕没有利润甚至亏损经营，也要坚守好这块文化阵地，做到守土有责、守土有方、守土有效。

健全内控制度，防范经营风险

以推动集团所辖重庆新华传媒有限公司股改上市为契机，建立健全现代企业制度，实行党委委员在董事会、经理层“双向进入、交叉任职”，加强了党对国有文化企业经营管理重大问题的领导，规范了决策程序。出台并实施《固定资产管理办法》《投资管理办法》《房屋装饰装修工程管理办法》《公务用车管理办法》《教材、教辅发行工作运行规范》《图书、音像重点品种管理办法》《区县店领导班子考核办法》《干部管理办法》

《员工晋级管理办法》等180余个制度办法，规范了经营秩序、采购供销、工程建设、资金管理、商品管理、绩效考核、干部选拔、员工招聘等方方面面，形成了一个完整制度环，使经营管理各环节有章可循、规范运作。

大宗物资采购、大型装修工程等，成立招标领导小组，公开招标，同台竞价，降低了成本，防范了风险。办公用品采购，网上询价，严控成本。卖场联营、租赁，区县店班子成员和员工代表共同参与市场询价，严格监督，公开竞价，确保集团利益最大化。对可控费用进行预算管理，每年年初给各部门、分（子）公司下达费用控制指标，不得突破。改革公务用车，取消集团公司、传媒公司领导班子成员和所有干部配车，交通费限额报销。与车改前相比，每年减少公务车费用600多万元。加强企业内审工作，审计监督关口前移，事前介入、事中参与、事后审查，经营抗风险能力显著增强。2005年、2014年，集团审计部两次荣获全国内部审计先进集体称号，连续15年荣获重庆市内审先进单位称号。

干部能上能下，收入能多能少

干部选拔坚持“民主、公平、择优”三原则，竞争上岗，能上能下，通过严格规范的专业技能测试、民主测评、竞聘答辩、综合评定后择优录用。唯贤是举，重用那些有品德、有闯劲、能干事、干成事的好干部，选准配强，推动企业发展的中坚力量。2017年，对集团公司、传媒公司总部24个部级干部岗位、75个科级干部岗位进行了新一轮公开竞聘，新提拔2名部级干部、17名科级干部；1名部级干部、12名科级干部落聘，被免职。建立公正透明的员工选聘机制，空缺岗位一律面向社会公开招聘、择优录用，临时确定评委，谁打招呼都不管用，形成了良好的用人风气。深化薪酬体系改革，聘请专业机构对224个典型岗位开展了岗位价值评估，优化企业组织架构，优化人才结构，优化薪酬结构，建立起多劳多得、优劳多得的薪酬体系，激发了企业内生动力。

加强资金运作，提高经营效益

发挥集团化管理的优势，降低融资成本，保障经营所需。各大银行统一给集团公司授信，能够发挥集团资产规模、品牌信誉、盈利能力等方面的优势，最大限度地提高信用等级。2016 年至今，向银行的贷款均在基准利率的基础上下浮 10%，而且全部为信用贷款。利用集团融资平台的优势，建立“资金池”，将资金集中统一使用。重庆新华传媒的 160 余个图书发行网点遍布重庆城乡，每日均有货款回笼，资金较为分散。集团经过测算核定各区县店维持正常经营费用开支所需的存量资金限额，超出限额的资金每天下午五点前通过银企互联系统自动归集到“资金池”专户，由集团总部集中使用，统一调配，大大节约了成本，提高了资金使用效益。2017 年，“资金池”累计归集资金 7.89 亿元，节约资金成本 800 余万元。

推行立体考核，激发创造活力

以企业价值最大化为目标确定考核导向，建立没有销售、利润指标的业绩考核体系。不给区县店下经营增长指标，而是科学设置教材、教辅、卖场经营等考核指标，重点考核教材课前到书、重点品种市场占有率、一般图书人均供应量、门市劳动生产率、卖场经营坪效等。这些考核与各店的总收入挂钩，与干部个人的收入挂钩，与干部任用挂钩。

对干部进行 360 度测评考核，奖惩逗硬，末位淘汰。每年年底，对科级以上干部和区县店班子成员进行述职测评和年度考核。公司总部以民主测评方式进行考核，区县店和经营部门则采取业绩考核与民主测评相结合的方式进行，经济分占 60%，民主测评占 40%。参与民主测评的人员，既有集团公司、传媒公司干部考核领导小组成员，也有受评干部分管领导、部门员工及服务对象，让干部的上级、同级、下级和服务对象都来评价，360 度全方位测评考核，确保了干部考核的公正透明。各级干部登台述职，亮成绩、找差距、谈感想、定目标，相互交流，取长补短。广大员工积极参与民主测评，认真评分，不走过场。凡年度考核不称职者，免去职务，降级使用；考核基本称职者，上级对其进行诫勉谈话，督促改进工作作风，提高工作绩效；连续两年考核为基本称职者，免去职务，降级使用；考核优秀者，列入集团后备干部人才库，作为干部提拔的优先考虑对象，同时给予经济奖励。每年评比表彰一批优秀部级干部，优秀科级干部，优秀区县店经理、副经理、办公室主任、财务科长、教材科长、店长。同时，近 5 年有 13 名管理部门、分公司负责人和区县店一把手被免职，考出了压力，评出了活力。

向科学管理要效益，是重庆新华书店集团壮大产业、变革图强的有力抓手。通过科学管理，经营秩序日益规范，成本控制卓有成效，创造活力竞相迸发，社会效益愈加突出，经济效益稳步提升。传统业务精耕细作，新兴业态大力培育，店内店外全面发力，线上线下一体营销，致力于建设实力一流、品牌响亮的现代文化传媒企业，为加快推进文化强市建设发挥积极作用。

四川新华发行集团｜智慧+阅读，掀起实体书店“无人化”浪潮

1952 年，成都市第一家新华书店——成都市人民南路新华书店开门营业；1998 年西南地区第一家大型自选卖场——西南书城开业；1999 年西南地区面积最大的书城——成都购书中心开业；2000 年四川省新华书店集团有限责任公司成立；2003 年四川省新华书店系统整体改制，集团更名为“新华发行集团有限公司”；2005 年新华发行集团作为主要发起人，成立了我国出版发行业第一家按照上市公司标准组建的股份有限公司——四川新华文轩连锁股份有限公司；2007 年新华文轩在香港联合交易所主

▲成都购书中心

板（H股）上市，成为中国内地首家境外上市的出版发行企业；2010 年新华文轩整合四川出版集团旗下 15 家出版单位 100% 股权，正式打通出版发行产业链。公司更名为：新华文轩出版传媒股份有限公司；2016 年新华文轩成功回归 A 股市场，成为国内首家“A+H”出版传媒企业……

60 多年来，四川新华发行集团（简称“四川新华”）聚焦主业、精耕主业，不忘初心，砥砺奋进，创造出了一系列的骄人成绩——2016 年 8 月，新华文轩正式登陆上交所，成为我国首家 A+H 股出版发行企业；新华文轩以市场化的方式，整合四川出版集团旗下的 15 家出版单位，包括图书出版、教材供应等出版业务以及报刊出版、物资印刷等业务，使新华文轩成为一个贯通出版上下游的全产业链集团，同时公司名称也由四川新华文轩连锁股份有限公司更改为新华文轩出版传媒股份有限公司（简称“新华文轩”）；开拓教育信息化业务，开拓出版物电子商务业务；实体书店提档升级，例如旗下全新书店品牌“文轩 BOOKS”九方店正式营业，成为成都文化新地标；开拓影视产业取得新成效；投融资平台建设取得新的进展。

立足市场变化，打造品牌优势

目前，在内地主板和创业板上市的出版传媒企业有 30 多家，众多出版传媒企业上市融资意在资源和市场，从而加剧了国内优质资源的争夺、出版传媒市场的竞争；同时，国外大型传媒集团如贝塔斯曼、培生、迪士尼等，已通过多种方式涉足国内出版传媒市场，这些传媒企业的业务涵盖书报刊出版发行、印刷、新媒体等诸多领域，导致同业竞争更为激烈。

其次，国内业外资本大举进入，抢夺资源、分流客户、瓜分市场，使产业竞争进一步加剧。互联网巨头、房地产巨头如阿里巴巴、腾讯、万达等，凭借互联网基因或地产优势，以巨资强势介入影视、文学、动漫、音乐、游戏等诸多文化产业领域；部分上市公司以信息技术优势介入电子书包等教育信息化领域，从而使这些领域的产业竞争更加激烈。四川新华密切关注市场环境变化，充分认识到战略竞争能力是未来战略发展的重要支撑，是构建未来产业竞争优势的核心能力，构建起自己在新时代的品牌优势。

第一，“学习研究实干创新”的企业精神。作为全国文化体制改革试点单位，多年来，四川新华居安思危、开拓进取，在推进产业稳步发展的同时，大力开展企业文化建设，形成了弥足珍贵的以“学习研究实干创新”为核心的四川新华精神；按照“战略一体、目标同向、协同发展”原则，长期关注行业发展态势，吸取国内外先进文化企业的经验教训，取长补短；不断接纳行业发展的新技术新理念新方法，认真研究把握产业发展规律，为产业瓶颈问题寻找有效路径、制定解决方案；坚持创新研发，在坚守巩固传统产业的基础上，成功培育了云图 24 小时智能书店、文轩网电商平台、出版物供应链协同交易云平台、教育信息化、新华影轩等一大批新兴产业项目，在产业融合发展方面取得了优异成绩，并因此获得了国家新闻出版广电总局出版融合发展重点实验室、新闻出版业科技与标准跨领域综合重点实验室授牌。

第二，“A+H”上市平台优势。新华文轩在两大资本市场先后上市，通过资本多元化完成了混改，搭建了科学合理的决策治理架构；通过两度上市，积累了资本运作的经验，为从资本市场大规模地再融资铺平了道路；上市后，加强了社会监督，为建立现代企业制度、加速转型发展传导了压力、创造了条件。

第三，全产业链经营优势。通过整合四川出版集团旗下 15 家出版单位，实现了出版发行全产业链经营，并实现了教育出版发行一体化运营，形成了完整的出版传媒产业体系；通过整合公司资源，发挥渠道优势，优化出版发行产业链管理平台，利用该平台通过采销一体化、减少物流配送环节、终端渠道全覆盖，为行业参与者提供全方位服务；同时利用平台优势和信息化管理技术，通过行业上下游数据的收集、终端渠道的覆盖，可全面提升公司获取内容资源的能力，为打造一流的内容资源开发体系、构建以内容创意为核心的文化生态圈奠定了坚实的产业基础。

第四，技术带动转型升级优势。顺应数字化高速发展趋势，充分发挥在教育出版发行领域的传统优势，积极探索数字化业务转型之路，建立了以教育信息化产品和运营服务为核心的教育数字出版平台运营模式；公司通过渠道升级、市场推广、应用产品研发和云平台、利用云平台的资源整合和销售拓展等方面的建设，并面向全国所有数字化教室覆盖市场提供基于云平台的教育信息化服务，教育信息化服务的先发优势为教育服务生态圈的构建奠定了基础。此外，四川新华通过拓展和巩固互联网销售渠道，加强商品经营和渠道网店经营能力建设，使互联网销售业务保持高速增长态势；利用公司出版发行业务资源，吸引并大力拓展行业资源，构建了面向行业全供应链环节、符合行业标准、开放的专业互联网协同服务平台，这将继续放大渠道销售规模，进而为文化消费服务生态的构建奠定基础。

第五，多元化渠道网络优势。四川新华在四川省内教材教辅征订渠道控制能力强，而且具有覆盖全国的多样化渠道网络。渠道类型全面，零售覆盖四川省内，商超渗透省外，“文轩网”在国内全覆盖后又走向海外，随着线上和线下渠道的进一步融合，文轩将拥有国内其他省份所没有的渠道融合优势。通过多样化渠道，四川新华可以构建以“文化+科技”为核心，覆盖线上线下，影响力广、标准化管理程度高、专业化服务能力强的文化服务网络。

第六，仓储物流资源优势。新华文轩拥有遍布全省的仓储资源，适合做仓储服务、运输服务、贸易、物流金融等业务，由此，文轩将有可能形成西南区域全覆盖的仓储物流网络，从而为文化周边产品物流发展、向综合性物流服务开拓提供基础设施支撑；为满足“文轩网”的物流服务需求，公司在华东、华北等地也布局了图书采配仓储中心，搭建了仓储骨干网络，对全国物流经营和渠道拓展具有支撑作用，为与社会资本合作，构建跨区域、跨行业的全国性商品仓储物流网络奠定了坚实基础；互联网销售平台更是以供应链协同服务平台为核心布局未来的行业供应链服务。

第七，自有品牌集群优势。文轩拥有“文轩”“新华文轩”“文轩网”“轩客会”等自有品牌，在出版领域经营多年，拥有四川人民出版社、四川教育出版社、四川少年儿童出版社、四川美术出版社、四川辞书出版社、四川文艺出版社、巴蜀书社、天地出版社、四川科技出版社等9家品牌出版社，并拥有《出版商务周报》《四川画报》《读者报》等12家报刊品牌，其中部分出版物多次获得“中国出版政府奖”“中华优秀出版物奖”等国家级奖项。自有品牌提升了企业声誉和影响力，提高了核心竞争力，并为未来的社会资本引入、多样化渠道拓展、人才引入等奠定了基础。

做大做强主业，探索实体书店新模式

近几年，出版发行行业普遍承受着较重的改革转型压力，各种新型业态大量涌入。在做强主业方面，四川新华十分重视内容的融合，致力于创造更多的内容来源，以及多元化形式的内容呈现，打造高质量的内容服务；不断加强渠道的融合，创新传统渠道，构建线上线下一体化发展的内容传播体系；不断探索营销的融合，线上线下营销同步化，构建立体化的营销模式；不断增进技术的融合，利用大数据、云计算、移动互联网、VR等技术，构建新兴文化产品和阅读产品；不断拓展资本的融合，以资本为纽带，充分发挥市场机制作用，推进媒体间的兼并重组。

利用资本拓展增长空间，实现跨界并购与融合，在数字媒体、在线教育等与文化传媒有关联的新型业态上布局，发展态势良好。

在实体书店建设方面，2002年，第一家以“文轩”命名的连锁书店成立，标志着传承自新华书店的新华文轩正在坚守中不断创新。2005年，新华文轩逐步从单一经营向综合经营、从产品经营向卖场经营转变，在确保出版物商品经营主导地位的前提下，积极、有效地探索非出版物经营新业务。

2007年，新华文轩积极探索以图书文化为核心的多功能复合型文化商城这一新型业态的商业模式，投资2000多万元启动成都购书中心文化商城改造项目。2009年，新装的成都购书中心开业，改造后的成都购书中心将图书业态与其他文化相关商业业态有机结合，从传统、单一的书店转变为具有多功能、一站式文化消费商城。

2011年，新华文轩继续加大业态创新力度，在大型书城继续推广“文化商城”模式的同时，针对中小门店实施业态升级，打造“轩客会·格调书店”品牌，将传统图书

▲文轩BOOKS

零售门店升级为集出版物销售、文化休闲体验和特色人文活动于一体的多功能市民文化消费场所。

近年来，面对行业的变革，新华文轩旗下的实体书店一直在市场竞争中不断探索新的定位与发展模式，通过从经营产品向经营用户转型，打造新业态、新品牌，积极开展终端经营与服务，满足用户文化体验消费需求，创造阅读服务新价值。2015 年，四川省内零售门店加快转型升级的步伐，积极研究公共文化服务体系建设需求，不断完善门店网络渠道布局，向社区、乡镇、学校延伸，采用新书免费借、图书馆回购和增值文化服务相结合的运行方式，建设社区“文轩读读书吧”、大学校园店创客空间等新型门店，开拓阅读增值服务空间。在推动店内销售与服务的同时，在公司全民阅读活动工作领导小组的带领下，开展“书香七进”活动，通过进社区、进学校、进军营等推广阅读，实现离店销售。

2016年和2017年，是四川新华发行集团实体书店加速探索发展模式，加快转型升级步伐的两年。在公司“振兴实体书店”的整体要求下，零售连锁事业部制订了《文轩实体书店建设方案（2016—2020年）》，提出“建设垂直纵深阅读服务网络，从经营产品向经营用户转型，依托实体门店开展终端经营与服务，打造专业阅读服务品牌”的发展思路。同时，以新模式建设新型门店的拓展步伐加快，文轩BOOKS九方店落地，探索“书店+地产”经营模式；建设文轩国学书店“格致书馆”，打造传承中华优秀传统文化、宣传四川特色文化的前沿窗口；推动kids winshare儿童书店建设；宜宾购书中心、眉山新书城相继开业，拓展二级城市实体书店新空间；制定大中专教材业务转型升级规划……新华文轩正用市场化的经营思维走出一条独具特色的实体书店创新之路。

关注消费升级，为读者点亮一盏灯

实体书店经过一轮升级改造，如今，又开启了新零售转型之路。2016年互联网精英提出新零售这个概念以来，整个出版发行行业都已经处于一个发展的风口。在智慧书城、智能书店或者线上零售系统等新型零售模式的打造上，下大力气。四川新华旗下比较成功的产业项目主要包括：目前居于国内图书电商平台——文轩网；电子书内容生产与交易平台——九月网；出版物供应链协同交易云平台；文轩云图24小时智能书店。

从经营者出发转化为以消费者为中心，是四川新华旗下所有实体书店探索新零售领域的基本出发点。新零售的定义很多，而“线上线下融合的，以消费者体验为核心，数据驱动的泛零售形态”是比较准确的定义。首先是关注消费者，然后关注消费者的体验和对于数据的运用。

从书店的1.0形态、2.0形态，走到今天，以消费体验和服务为核心的书店的3.0形态，书店已不是一个简单的卖书场所，而是一个产品，是一个文化产品；既然是一个文化产品，就要把书店做实，要具备工匠精神；同时还要做新，就是要关注卖场环境的打造；还要把书店做美，要让文化作为一种美的享受。而书店同时还是一个平台，是一个线上线下融合的创新平台，也是为消费者提供服务和体验互动的一个社群平台。它是一个内容推送和服务的平台，书店的UGC会改变我们出版的关系。书店是一个媒体，它传输内容，传播文化和传递价值。在对书店全新认识的基础上，四川新华确定了要建设以阅读服务为中心的新零售出版发行供应链。

四川新华将书店看做是城市文化的地标，认为书店应该个性化发展，应该是一个城市文化的客厅，是城市文化的面孔，是一个城市文化的点阵。书店不像博物馆或图书馆，它应该是城市社区，是一种城市文化的精神，书店还预示城市文化的未来。书店作为阅读文化的载体，文化是书店的魂。因此，四川新华针对不同的消费需求，致力于做书店的多品牌运营。

今天，正是由于有技术的支撑，科技的发展，共享阅读才有基础。智能书店是一个技术创新+模式创新+流程再造的智能售书终端。智能书店不该只从经营者的角度去定义，而应该从消费者的角度、用户的角度去定义——读者在上面买书，它就是个书店；读者在上面借书，它就应该是一个图书馆；读者在上面获取一些内容推送的信息，它就是一个平台，是一个全民阅读的平台，是一个媒体平台。

智能书店就是服务的平台和流量的入口，这是四川新华对整个智能书店产品构架的设计。智能书店的本质不是简单的新技术应用，也不是对实体书店某一个环节的改造，它是一种服务理念、服务方式和商业模式的创新。智能书店也不是简单对经营者无人管理概念的替代，它是对于消费需求的满足和消费行为自主化的解放。智能书店是实体书店的一种创新形态，它与线上书店，各类实体门店共同构成一个垂直纵深的阅读服务网络体系。四川新华始终认为智能书店最大的使用场景是在社区，这个社区可以是城市社区，也可以是机关，还可以是学校。而社区是未来阅读文化消费的高地，谁占领社区这个高地，谁会获得未来一个长尾的市场。

当下十分流行的共享经济，首先要有新技术的支持，其次要有第三方的平台支撑，另外，还要有一定的流动性，要有资源的供给性和资源的分享性。共享经济的出现催生了共享阅读的出现。四川新华选择以智能书店形态为载体的共享阅读模式，作为共享阅读服务模式实现的一种路径。为做好智能书店和共享阅读，近几年，四川新华通过实践总结出：要有一个专业的团队，做好产品研发、服务创新，搭建基于互联网、物联网、大数据和人工智能技术的，面向阅读市场的一种共享阅读的服务体系。这个体系有两个目的，一个是解决阅读服务的痛点和打通阅读服务的最后一公里，提供一种新模式下阅读服务的解决方案。这也就是智能终端+管理平台+商业模式，形成一个共享阅读服务的体系。

四川文轩云图文创科技有限公司 4 年以前就组建了专业团队，专门做智能书店的硬件、软件以及共享阅读模式的开发研究，以及市场推广，目标是要创造阅读的新体验，传播阅读的新价值，我们的行动就是，要用互联网来助推我们的阅读，用科技来改变我们的阅读，用创建共享阅读新模式的方式来重构阅读的价值链。通过一个又一个的智能书店，24 小时不打烊，全天候的运营，夜晚的灯光，成为城市夜空的风景线。

陕西新华书店集团｜红色书店背后的操盘手

2017 年 4 月 23 日，延安中国红色书店开业。这是目前国内规模最大、历史场景感最强的革命文化主题书店。

延安红色书店包括上下两层，共计 2000 平方米，分成红色文化图书区、休闲阅读区、旧址参观区、文创产品区、少儿体验区、VIP 区、朗读活动区等。陈列图书品种约 4 万种，新增加了红色文化系列文创产品、红色文化旅游系列产品、咖啡、简餐等。每天客流量约 2000 人次，2017 年取得销售收入 822 万元，同比增长 632%；实现利润 123 万元，同比增长 631%。其中图书销售 608 万元，占销售收入的 74%，同比增长 468%。

▲延安“中国红色书店”书城门面

走进这家红色书店，你会看到你能想象到的所有关于“红色文化”的图书和音像制品，以及六处颇具代表意义的红色历史场景，有延安杨家岭七大礼堂式的图书文化展演舞台、有延安保育院旧址场景的“儿童阅读主题公园”，以毛泽东住过的枣园窑洞和习近平在梁家河插队时住过的窑洞为典型符号，体现“梦想从学习开始”“靠学习走向未来”“好好学习、天天向上”核心思想。

除此之外，你还能看到完整复制新华书店发祥地延安清凉山新华书店旧址而建成的“新华书店历史陈列馆”、陕北农民打腰鼓场景的大型雕塑、别具一格的延安安塞腰鼓改装的一排排阅读灯、延安大型剪纸、五角星吊灯、小红军骑马吹号雕塑、门头党旗雕塑等，红色文化与陕北文化完美融合，最有红色文化特色和区域文化特色的阅读空间呈现眼前。

延安中国红色书店以崭新姿态亮相的背后，是陕西新华出版传媒集团在新消费时代为满足读者多样化、多层次需求而做出的有益尝试。

门店升级与品牌活动相得益彰

随着社会经济的不断发展和物质生活水平的提高，人民群众精神文化需求呈现出多样化、多层次、多方面的特点。在这种大背景下，一段时期内，新华书店的发展，尤其是县级、镇级网点升级改造步伐不快，导致新华书店在读者中的影响力提升不够。面临新的市场压力，新华书店转型升级势在必行。未来的市场对于实体书店的体验要求将会更加复合化，如何能够为消费者提供独特、专业的文化体验和消费体验，是实体书店需要思考的问题。不少新华发行集团已经先行先试，利用自有物业优势，或与其他企业联合，建立大型文化综合体和大型购书中心，满足读者多样化、多层次需求。除此之外，还衍生出了许多以特色为主的专业书店，如红色书店、客栈书店、共享书店、24 小时书店、教育书店等。这类书店的优势在于主题风格突出、地方（设计）元素明显，除了可向一般读者售书外，还能吸引来自全国各地的特定读者群。

在这种思路的指导下，近年来，陕西新华出版传媒集团始终坚持把社会效益放在首位，积极利用国家支持实体书店发展的有利政策，不断加强阵地建设，实施门店升级改造，提高网点信息化水平，广泛组织开展形式多样的全民阅读活动，努力提升服务读者的能力和水平，取得了较为明显的成效，实现了社会效益和经济效益的有机统一。

在门店升级方面，据介绍，陕西省新华书店被国家新闻出版广电总局评为2017年三科教材出版印制发行工作先进集体、延安市新华书店延安中国红色书店、宝鸡市新华书店宝鸡书城、渭南市新华书店、眉县新华书店入选“新华书店80周年百佳文化地标”，榆林市新华书店、咸阳市新华书店图书音像营销中心被评为2016年度“陕西最美阅读空间”，延川县梁家河村新华书店销售点自成立以来，便受到了社会各界的广泛关注。

而在品牌活动方面，陕西新华出版传媒集团承办了陕西阅读文化节暨丝路图书交易博览会、“百年追梦　全面小康”爱国主义读书教育活动等。前者是陕西省文化发展战略的重要组成部分，依托陕西地方资源，集聚省内外地区广泛参与，对倡导全民阅读、构建阅读社会的地域性读书文化节庆活动都有重要意义。目前，该活动已成功举办五届，成为创建“文化陕西”的重要品牌活动之一。后者每年围绕一个主题，通过举办征文比赛、演讲、讲故事竞赛等活动，让青少年重温中国共产党领导全国各族人民艰苦奋斗，取得革命、建设、改革发展伟大胜利和辉煌成就的历史进程，激发广大青少年的责任感、使命感。

门店升级和品牌活动相得益彰，使得陕西新华出版传媒集团在服务全民阅读大局中贡献了一份不可或缺的力量。

地域特色和专业服务相辅相成

延安红色书店是陕西新华出版传媒集团打造的首家集红色文化、大众阅读、红色旅游文化于一体的复合式、体验式大型书城，也是其在转型升级过程中迄今为止最广受关

▲书城内复原的新华书店旧址

注的案例。

国内著名文化产业策划专家、书店空间设计专家三石是延安红色书店的总策划设计师，三石的书店策划有一个最显著的特点，就是充分融合当地的文化资源，彰显当地文化特色。延安红色书店的策划和设计也不例外，陕西新华出版传媒集团在与三石进行多次沟通商议后，最终确定了“以红色为主色调，从宣扬红色文化角度出发，充分考虑客流分布、平面布局、书架分布、灯光强弱、绿化景观、特定区域、背景音乐等因素”的环境设计中心思路。

延安红色书店陈列多而不乱，书架分布合理，每个书架上都有书籍品种指示牌，让读者可以轻易分辨图书类别，找到需要的图书；畅销书摆放在醒目位置，为一些有购书欲望而无具体购买目标的读者起到导购作用；充足的照明，使读者在阅读中不易产生视觉疲劳，收银服务台的暖色灯光，让读者感受到温馨亲切；绿色花卉、盆景的放置，使琳琅满目的图书和优雅和谐的环境相得益彰，让读者可以得到视觉休息；优质的沙发、轻柔的背景音乐让读者可以舒适的阅读图书和品尝饮品、简餐。优美的阅读环境使读者和外地游客们赞不绝口。

宝塔山下、延河之滨，品着书香咖啡，捧着精美图书，静静地坐在沙发上阅读，已成为延安读者的一种时尚。延安中国红色书店现已成为延安市新的文化地标和旅游名片。

找准需求、做出特色、提供舒适的阅读环境，实体书店的转型升级中除了要重视这些硬件改造外，还要重视人才队伍的培养，以便为读者提供专业化的服务。“欲求效益，制度先行。”早在延安中国红色书店还没有开业前，陕西新华出版传媒集团就出台了《关于“延安中国红色书店”书城建设的指导意见》，对书城建设的重要性、必要性和书城队伍建设等方面做出了严格的要求。同时根据多年的探索实践，广泛征求职工意见，大量借鉴其他同行的先进管理经验，并反复进行论证，形成了一整套行之有效的制度体系。

一是人事管理制度。在薪酬分配、优秀评比等方面执行严格科学的考评制度，通过客观评价员工的工作绩效，建立奖惩机制和合理价值评价体系，实现合理分配价值，帮助员工提升自身工作水平和能力，切实有效的提高延安中国红色书店的整体绩效。

二是日常管理制度。制定了书城《考勤制度》《员工服务规范》《经理岗位职责》《图书管理员岗位职责》等一系列规章制度，对各个岗位的工作职责，管理责任，主要权力进行了细化、量化。同时管理细化，提升核心竞争力。

三是专业培训。邀请三石对全店员工进行“实体书店转型升级”培训，同时特意聘请专业培训机构对员工进行了服务培训，大大提高了员工的综合服务能力。延安中国红色书店的员工从尊重每一位读者、接待好每一位读者做起。实行首问负责制，全程微笑服务、文明用语、举止大方、彬彬有礼、主动热情、服务周到。设有“缺书登记记录簿”“读者意见簿”，书城经理一一浏览并限期整改。

青海省新华发行（集团）有限公司
书店人的情怀与生命

成立以来的十余年里，青海省新华发行（集团）有限公司在系统内整合发行资源，优化资产配置，进一步建立和完善了企业各项规章制度，运转体制和监督机制也不断规范，正逐步走向正轨，各发行单位的社会效益与经济效益都有了显著提升，整个集团在不断改革与发展中平稳运行。在初期创业的基础上，通过多年的努力，青海省新华发行（集团）有限公司有了长足的发展，同时也形成了极具青海省特色的发展节奏、模式和情怀。

以项目促发展，完善基础设施建设

一直以来，“项目”都是青海省发行集团的关键词。如2010年至今已经实施完成的“十二五”青海省少数民族新闻出版东风工程一期工程和正在实施的二期工程的31个子项目，极大地改变了青海省新华书店基础设施陈旧落后的面貌，有效地缓解了广大农牧区群众买书难、看书难的问题，提升了新华书店作为国有文化企业的公共文化服务水平，巩固了党的宣传思想阵地，为实现“双效统一”打下了坚实基础。

“以项目促发展”更是近年来集团公司工作的一个重要抓手。“全国藏文图书批销中心及青海省新华发行集团仓储配送中心建设项目”是集团重点推进的建设项目。自2016年8月27日开工建设后，工程进度稳步推进，将于2018年上半年完成20735平方米的建设任务，仓储配送中心竣工验收并投入使用，建设规模16530平方米的三期工程业务综合楼及职工倒班宿舍楼建设将随后启动。同时，集团积极实施中央文化产业发展专项资金“青海省新华发行集团有限公司物流信息中心建设项目”，已经完成项目招投标、硬件采购、网络布线及信息点规划设计等工作。集团出版物发行业务流程（连锁经营）数字化改造系统项目也完成系统调试，并进行了硬件采购和软件开发试运行验收。这两个项目将随着仓储建设项目一、二期工程的投入使用而全面落地实施，在全省新华书店内实现运营管理。

2017 年 12 月，集团公司新一届领导班子成立。新任党委书记、董事长刘文秀同志提出集团将在继续大力推进项目建设的同时，要高起点谋划好未来 3 到 5 年内的工作，并将 2018 年定位为集团公司“改革创新年”，成立改革创新工作领导小组，建立“六大机制”（科学决策机制、纪律约束机制、财务统管机制、员工激励机制、内控管理机制、发展统筹机制），实现四大转型（战略转型、机制转型、管理转型、发展转型），推动六

▲党的十九大文件及学习辅导读物青海首发式

大改革（组织架构重置和经营管理模式改革、内控制度体系改革、薪酬分配制度改革、人事制度改革、经营模式创新试点、与收入分配相配套的经营业绩考核体系改革），尽快启动西宁市大十字新华书店、小桥新华书店、湟光新华书店三大实体书店改造升级项目，并待条件成熟后立即启动海湖新华书店新建项目，同时启动分、子公司经营内容及模式创新升级改造工程，筛选具备升级改造条件且积极性高、有思路、有想法的门店进行经营内容和经营模式创新试点。

转型升级实体书店，打造文化地标

青海省实体书店的经营面貌和管理模式总体上较为滞后，省会西宁缺乏醒目的文化地标。而大十字、小桥、湟光三家新华书店是青海省精神文明建设的重要窗口，分别地处西宁市三个核心商业圈黄金地段，是集团公司直属门店，承担着公共文化服务的重要职能，发挥着图书发行行业主渠道、主阵地的重要作用，是本地区图书零售市场中具有引领示范作用的旗舰店，也是青海省图书发行行业的骨干，发挥着不可替代的作用，堪当建设精神高地和文化地标的重任。尤其是青海地处反渗透、反分裂的前沿，对于巩固党的宣传思想阵地，传播优秀民族文化，抵御“达赖集团”和西方敌对势力的分裂活动和文化渗透，有着重要的意义。

但目前这三家城市书店存在基础设施陈旧、服务功能单一、结构布局不合理等问题，急需进行改造升级。2018 年即将启动西宁市大十字、小桥、湟光新华书店三大实体书店改造升级项目，拟将大十字新华书店改造成西宁市首家多业态文化综合体，将小桥新华书店升级改造成“城市书房”，将湟光新华书店打造成为西宁市具有新业态经营特色的培训及考试类专业书店。通过现有门店升级改造和新建海湖新华书店，将使西宁市实体书店服务功能更加完善，网点布局更加合理，进一步提升新华书店在广大读者中的形象，扩大出版物发行辐射力度，提高市场占有份额，带动全省新华书店加快更新改造升级步伐，为各界读者提供丰富、健康、优秀的精神食粮。

保证“课前到书”，持续“服务三农”

目前，青海省新华发行（集团）有限公司是青海省唯一一家具有中、小学教科书发行资质的发行企业，担负着全省中小学教材的发行任务。然而，青海地广人稀，地形复杂，交通不便，雨雪封路更是常态，因此教材配送极其不便。最远的县级新华书店海西蒙古族藏族自治州茫崖行政委员会新华书店离省会西宁市有 1300 多公里，新华书店送书到校时，最远的学校海西藏族自治州都兰县宗加镇学校、诺木洪农场学校离县城有 300 公里。省情决定了图书发行总量小、战线长、费用高、条件艰苦的特点，因此，“课前到书，人手一册”，说起来容易做起来难。

长期以来，全省各级新华书店始终坚持社会效益第一的原则，把教材发行业务当作一项至高无上的政治任务，高度重视，尽心竭力，认真完成。自 1979 年以来，新华书店利用自身遍布全省各地、州、市、县销售网点的优势，通过加强与全省各级教育部门及学校的联系，全面提高教材发行服务质量，制定出台了相应的发行应急预案和服务质量标准，克服地广人稀、高原缺氧、天气多变、交通不便、发展相对滞后等客观条件制约，秉承缺氧不缺精神、坚守高原守土有责的工作态度，发扬新华书店优良传统，连续 39 年做到了“课前到书，人手一册”，并在此基础上，进一步做到了“送书到校”，不仅保质保量地完成了本省每年春秋两季中小学汉、藏、蒙文教材的发行任务，还将藏文教材教辅及一般图书发行辐射到了藏、川、甘、滇等藏区，打造了一支热心为教育事业服务、素质过硬、业务过硬、技术过硬的专业教材发行队伍。

多年来，全省新华书店坚持“为农服务，以农至上”的理念，持续开展“服务三农”“送书下乡”活动。2016 年以来，各级新华书店共出动 1170 人次，“东风工程”流动售书车 234 余台次，里程达 132000 公里，配送品种达 7.02 万册，码洋 18.7 万元，先后前往 200 个乡镇，发行区域覆盖面积达 60 多万平方公里，走遍了青海高原的山山水水。通过开展各项优惠销售赠书活动，给农牧民直接让利 10 余万元，并赠送图书近千册，码洋 3 万多元，2 万多农牧民群众得到了“送书下乡”带来的更多“实惠”。2017 年，民和分公司在开展“服务三农”活动中表现突出，被中宣部“双服务”评选工作办公室评为“第七届全国服务农民、服务基层文化建设先进集体”。

另外，农（牧）家书屋建设，是党和国家公共文化服务体系建设的重大举措，是丰富农牧村群众精神文化生活的重要组成部分。自 2008 年以来，我公司圆满完成了全省所有行政村农（牧）家书屋建设和更新用书配送二作，为全省 4169 家农（牧）家书屋、745 家寺庙书屋累计配送图书码洋 1.3 亿元，在图书配送过程中，集团坚持延伸服务，做到送书上门、服务上架，根据各村的实际情况，由当地新华书店选派职工对“农（牧）家书屋”的图书和音像制品进行分类上架，并对书屋管理员进行耐心细致的讲解，确保管理员对“农（牧）家书屋”出版物分类及陈列形成较为全面的认识，更周全地做好服务工作，受到了广大农牧民群众的广泛好评。

推广全民阅读，坚守文化阵地

在契合青海省经济、文化实际着重建设基础设施之外，青海省新华发行（集团）有限公司顺应社会文化发展趋势，积极推广全名阅读，并开展多种促销活动。

2016 年底，集团启动了“朗读者计划”，至今已经组织了 14 期“朗读者”活动，直接参与朗读的人数达 266 人次，受众人数达到 5000 多人，成为大十字新华书店具有广泛影响力的阅读品牌，得到了广大读者特别是青少年读者的喜爱和肯定。该活动已推广到大通、乐都等分公司，下一步将在全省各分、子公司逐步推广开展，将其打造为全省阅读品牌。

除此之外，集团公司深入开展“人人写好字”书法讲座公益活动、“新华杯”学生诵读比赛、专题绘本讲座、名家签售等系列促销和主题活动，逐步推行微信购书、e 支付购书、网络购书等新型支付方式和购书方式，不仅吸引和方便了读者，也为今后实现 O2O 经营模式进行了有益探索，创新了经营方式，提高了销售业绩。

书店并非是单纯的商业机构，所以无论现代科学技术发展变化多么迅速，书店的情怀是永远无法割舍掉的，尤其是青海省这样条件相对艰苦的地方。

青海省新华发行（集团）有限公司旗下最大的中心门店便是西宁市大十字新华书店，成立于 1975 年 7 月。经过四十多年的风雨洗礼和一代代青海“新华人”的艰苦奋斗，如今，大十字新华书店已成为青海省最大的综合性图书卖场、最有影响力的实体书店和精神文明建设的重要窗口，是全省读者读书、购书的首选场所。大十字新华书店经营的不仅仅是图书，它同时铭刻着时代变迁的印记，地域的文化元素，标志着城市的品质，是青海本土文化符号的象征，影响了一代又一代西宁读者乃至全省读者，凝聚着几代青海新华人的挚爱情结和广大市民深厚的文化记忆，成为广大读者心中的“文化圣地”，是本省精神文明建设的重要窗口和最有影响力的实体书店。

就像柴达木新华书店图书流动员李振清，1954 年，他去沙漠深处，为地质队员送书，不幸被沙漠吞没，牺牲时年仅 20 岁。又像青海省新华发行集团玉树藏族自治州有限公司杂多县新华书店职工更却巴生、闹吾卓玛夫妇，二十年来，立足高原，扎根牧区，共同坚守着县新华书店精神文明建设窗口，巩固传播社会主义先进文化主阵地、主渠道作用，肩负着全县 1.1 万名中小学生的教材发行任务，承担着将党和国家的方针政策及时传递给各族群众，传播科学文化知识，丰富全县人民群众精神生活的责任，很好地实践了社会责任，取得了良好的社会效益。

深圳出版发行集团｜
“互联网+”时代实体书店的融合发展

随着互联网时代的到来，传统出版发行企业长期面临着电子商务、数字出版及新阅读方式所带来的机遇和挑战，传统书业的盈利模式和盈利能力面临巨大压力，书业经营者一直在积极探索行业变革之路，重新探寻新的商业模式，不断拓展书业的价值链条。从深圳出版发行集团的探索和实践来看，我们认为融合发展是书业近几年内的发展主题和变革方向。融合发展将成为书业新的发力点，书业将重新定义自己的行业定位和产业边界，通过融合发展来实现产品服务升级和产业边界扩张，书业与互联网、书业与教育产业，书业与创意产业等其他多元产业的融合将进一步提速，成效将进一步显现。

2017年，深圳出版发行集团遵循“尚书不唯书，求利不唯利”的理念，在变化中坚守，在坚守中变化，坚持做好书业，通过书业汇聚人气，通过以文化为核心的跨界融合发展成功实现产业链、价值链的延伸，打开了产业边界、丰富了行业内涵，进而在书业以及书业以外获得收益。目前集团已成功转型为城市公共文化服务的提供者，建立了以书业为核心、以书城为平台、融合创意、教育、科技产业的新型文化商业业态，打造了一个集阅读学习、展示交流、聚会休闲、创意生活于一体，关于文化消费和精神体验相结合的复合式城市文化生活中心和文化综合体。成为推进全民阅读、涵养城市文明、引领城市风尚的主阵地和重要平台，形成了业态跨界交流与融合发展的良好态势。

“互联网+”时代，网络成为经济社会运行的基础设施，融合发展成为产业发展的新常态和新引擎，零售业积极打通线上线下和上游下游及产业边界，促进多业态、跨行业、聚合式、协同化深度融合。在技术推动下不断催生新媒体、新业态。无人货架、超市+餐饮等新的模式和业态不断涌现。时尚与科技、艺术和文化都在跨界融合中在商业市场不断形成新的消费方式，如日本的茑屋书店，看似环境舒适选品精良的书店，实质上是由大数据驱动的新型跨业商业形态。纵观深圳出版发行集团的融合发展道路，可归

▲深圳书城罗湖城外景

纳为以下六个维度的跨界融合：一是主营产品维度的融合，即书与非书的融合；二是营销渠道维度的融合，即线上线下的融合；三是技术服务维度的融合，即书业与科技时尚的融合；四是目标客户维度，即书业与教育培训的融合；五是场所价值维度的融合，即书业与文化创意的融合；六是商业模式维度的融合，即书与休闲生活的融合。

书与非书的融合，打造以“积极休闲”和“能动生活”为特征的一站式综合性文化生活空间

当前中国的经济发展已经由产品匮乏的短缺经济时代转向产品极大丰富，人民需求内涵大大扩展，需求层次不断提升的时代，人们对多样化、个性化、多层次商品和服务

的需求不断增长。随着物质生活水平的不断提高，人们越来越渴求平和闲适的内心体验和精神状态。面对社会经济和消费环境的变化，书业如果还停留在只提供单一图书销售服务的层面，已经远远不能满足读者需要。深圳书城品牌自创立起，一直以提供复合式文化生活空间为目标，“尚书不唯书”是深圳书城模式的与众不同之处。深圳书城突破了以买书卖书为主要功能的传统书城运行模式，以人为本安排空间，为满足精神体验营造氛围，遵循“围绕生活提升，贴着生活飞翔”理念组合项目，在深圳书城，书与非书都以文化生活为核心有机融合在一起，阅读、听讲座、上课、看展、观影、品茶，聚会，深圳书城为读者构建了一种积极、怡情、雅兴的休闲生活方式，打造以“积极休闲”和“能动生活”为特征的一站式综合性文化生活空间，持续给读者传递更有品质的阅读生活之美。

线上与线下的融合，实施新零售全渠道发展战略，为消费者提供更多便捷、安全的购物体验

在互联网+时代，随着互联网流量红利的终结，线上巨头纷纷线下开店，线下实体商业纷纷大力触网，线上和线下深度融合成为业界发展共识。信息技术与传统行业愈加密不可分，助力着行业发展不断升级。来自消费者的消费习惯、消费偏好、消费需求也都在悄然发生着变化。麦肯锡全球研究院的研究报告指出，在消费与零售行业，多达85%的中国消费者已经成为全渠道购物者，对购物体验的期望水涨船高。深圳出版发行集团多年来一直坚持线上线下融合发展策略，2014年推出的云书城、微商城等电商服务平台，即实现线上线下商品、会员、营销等多方面的一体化运营。2016年，适应移动互联网发展趋势，深圳出版发行集团推出深圳书城APP—掌上书城，掌上书城以线下深圳书城四大书城为依托，融图书查询、智能导购、书单定制、文化活动、会员服务、线上销售、兴趣社交等多功能于一体，可以通过移动互联网为大书城提供线上会员、宣传、销售等服务。通过卖场的智能查询终端和云书城、掌上书城、微信公众号等

平台，读者可以查询四大书城实体库存架位号，可以自助办理会员，可以下单购买任一书城商品。同时利用线下实体书城的品牌和会员资源，也使深圳书城的影响力不断向线上延伸。2017 年掌上书城拓展了文创数码、儿童益智、票务演出等新的领域，努力打造一个基于互联网的全场景阅读文化生活服务平台，满足读者线上线下各个渠道的文化生活需求，为消费者提供更多便捷、安全的购物体验。深圳出版发行集团还努力推动新阅读，搭建了全民阅读分众平台，在线提供 40 多万种电子书的阅读服务，同时推出全民阅读计划、华文听书、华文讲书等项目，让全民阅读更具活力，更能拥抱新的载体。

书业与科技时尚的融合，创新升级书业智能化水平，提升读者现场消费体验

21 世纪初期是人类高科技发展最迅猛的时期，这个时代创意无限迸发，使这代人和前几代人的鸿沟一步步加大，特别是智能化。书业的视野要跟这个时代联系起来，书业与科技时尚的融合也是未来书业发展的趋势之一。书城的发展必须不断创新，融入科技元素，跟智能化密切结合，以消费者为中心，围绕消费者进行人、货、场重构，升级改良购物场景，注重用户体验和便利，比如智能 WIFI、自助购书、刷脸支付、无人书店等等，才能更好地服务读者，大大增强实体书店的消费体验感。2017 年，深圳书城中心城推出了自助购书机，读者通过设置在书城内的自助机，可以轻松实现图书查询、会员服务、自助收银、领取免费停车票等服务，大大减少了高峰期收银排队等候的时间。深圳书城罗湖城的新新书吧还实现了自助点餐功能，读者通过扫码可以直接购买书吧的饮品、简餐，工作人员根据点餐桌号将饮品、简餐送达读者手中。深圳书城宝安城推出的自助扫码购服务，通过书城的微信号，可以实现图书自助查询、自助购书等，实现了读者购书“边逛边买，无需排队，拿书就走”的便捷服务。2018 年 7 月即将开业的第五代书城深圳书城龙岗城将以打造智能化书城为特色，全方位多维度打造全国第一个智能书城。届时将会开设 24 小时无人书店项目，读者可 24 小时全天候随时逛书店，

▲深圳书城中心城卖场

读者扫码入店，并通过物联网智能识别技术，实现精准图书定位，在结账时感应所选图书，微信扫码支付即可一键买单。书业与科技的融合，将会大大节约读者的购书时间、增强读者的购书体验，有效降低书店的运营成本。

书业与教育培训的融合，建立阅读学习的综合服务平台，在更广、更深的层次上服务教育

放眼全球，终身学习已成为不可逆转的教育趋势之一，教育培训是未来 10 年公认的朝阳产业，预计 2020 年产业规模将突破 3 万亿。拥有内容资源和品牌公信力资源的书业早有不少先行者纷纷试水。书业与教育培训业的融合正成为书业延伸产业链，探索多元发展的重要路径。1996 年深圳书城罗湖城刚开业时，首先吸引的就是蓬勃发展的

教育培训行业入驻。深圳出版发行集团旗下也成立了专门的书城培训公司，负责教育培训市场的开拓。近年来随着童书市场的繁荣发展，家庭亲子成为书城卖场最主要的消费群体。儿童学习机、学生文具、视力保护、手工制作、儿童培训等教育周边产品纷纷入驻。这一群体的很多消费是跟教育挂钩的，从目标群体来看，教育培训天生就是和书业融合在一块的。2016 年深圳书城中心城专门开辟了趣阅岛儿童主题区，开通了亲子阅读服务号，提供儿童图书、益智产品、亲子活动、亲子课堂等与儿童教育培训有关的产品和服务，深受读者欢迎，年销售额超过 300 万。深圳书城培训中心也重新定位为“儿童青少年成长中心”，主攻儿童培训，开设有少儿美术、音乐、书法、舞蹈、英语等儿童培训项目，深受读者欢迎，年销售近 5000 万元。此外书业具有多年服务教育的品牌优势，可以积极尝试教育装备、智慧校园、知识服务等教育培训市场，围绕教育发展战略，在更广、更深的层次上服务教育，走向未来。

书业与文化创意产业的融合，实现产业价值链之间的辐射、延伸和相互渗透，丰富书业的内涵和外延，为书业增添新的活力

随着社会经济的发展，全球文化创意产业风生水起，特别最近两年，消费升级时代人们对于文创产品和服务的需求十分旺盛，文化产业在 2020 年将成为国民经济的支柱性产业。书业与创意产业同属于文化行业，书业与文化创意产业的融合如同水乳交融般自然和谐。1998 年，深圳出版发行集团成立了弘文艺术公司，专门负责经营文化体育用品，而今已经随着时代发展成为文化创意产品聚集地，年销售突破一个亿，弘文深港创意廊项目更是成为深圳香港两地的设计师创意作品展示中心。

深圳书城中心城将南北区跨界连廊区域打造为创意品牌集散地。并且在人流最旺的南、北台阶定期举行创意市集，对原创品牌、作品实行免费入场，享受专业化的服务与宣传资源，受到了市民的热捧，其所呈现的热烈场面与景象，激发越来越多的市民参与到创意中来，推动了原创品牌和创意项目的发展，使这里成为新生原创产品产业化的沃

土。一批如HOLY MOLY、无感陶艺、SIMPLE THINGS等从创意市集中成长起来的品牌已开始跨地区经营、产业化发展。

2015年开业的深圳书城宝安城，定位为深圳书城第四代创意书城，宝安书城以“书香引领生活，创意改变未来”为理念，以知识和创意为中心，跨界组合书店、影院、培训、创意文化用品、画廊、多功能展览空间、银行、咖啡甜品、主题餐饮等多种业态。书城精心打造创客培育中心，不定期举办多种创客课程和创业辅导，涵盖智能软件、艺术、教育等众多领域，涉及动漫设计、智能微型投影、智能机器人、可穿戴设备、新材料等多方面，捕捉创客们的思想火花，使其变成实实在在可圈可点的经济效益，使宝安书城成为创客云集笑傲江湖的根据地，使深圳书城成为思想的撞击和创意迸发的空间，成为文化创意产业发展的重要园区和基地。

书业与休闲生活的融合，重建时代公共生活，让读者共享轻松休闲的文化生活空间

深圳书城一直以来倡导：书业不只是卖书，让阅读成为一种生活，让书店也有人间烟火，让书赏心悦目，让书店成为我们喜爱的生活。书城以“延伸阅读品位生活”为精神内核，成功创建出体验式书城业态和书业跨界融合运行的商业模式，翻新了传统书店概念，转型成为公共文化服务的提供者，这种变化为书店带来了更高的人气。书城不仅仅是卖场，书城是城市公共文化生活客厅，深圳出版发行集团通过书业与休闲生活的融合，通过书城的建造和运营重建这个时代的公共生活，通过书城抵达这个时代，通过书城又克服这个时代。书城提供能动的生活，提供积极的休闲，克服这个时代的慵懒、克服这个时代的娱乐致死，把我们欲望化的时代在书城当中得到克服。

在深圳书城，你可以伴着面包的香味、咖啡的香气品读书香。你可以在创意小店选购创意设计产品，还可以去喝一杯咖啡，品一杯清茶，吃一碗拉面……深圳书城，尚书但不唯书，倡导轻松休闲的书生活，让市民在繁忙都市里共享一个自由呼吸的生活空

间。人们能够以亲切、便捷、动人的方式体验生活魅力、感受文化滋养。书城也因此成为人们日常生活和假日出游的重要安排。《光明日报》就此发表文章指出：逛书城成为越来越多深圳市民乃至港澳居民的休闲方式。

在互联网+时代，书业的载体和介质在不断发生变化，书店的环境和业态也在不断发生变化，一个行业的颠覆发展往往是在跨界融合中，在不同行业的碰撞交互中诞生。在这样的背景下，书业的融合跨界有着特殊的意义。它既是一种防御，又是一种进攻，在跨界融合中增强了自己的竞争力，催生出一个完全没有见过的新世界。现代管理学之父德鲁克曾经有一句名言：预测未来最好的方法，就是去创造未来。书业历经多年的发展，正在通过融合发展创造一个新时代。

但是在融合发展的道路上，“书是灵魂、书是主旋律”这一条永远不会改变。书业如何坚守人文精神，如何保持文化自信，这是关键。深圳书城模式自 1996 年始从罗湖起步，继而在福田中心区、南山、宝安陆续落地，这四座书城已成为深圳城市公共文化生活的中心。按照“一区一书城、一街道一书吧”的战略布局，深圳出版发行集团正在着力推进建设深圳书城龙岗城、龙华城、湾区城、光明城、大鹏城、数字总部基地等市级公共文化设施，全力构建大书城和小书吧互为呼应的公共文化服务平台和全民阅读设施体系，使书城书吧成为深圳市民读书购书以及文化休闲的主阵地，使书城书吧成为深圳市公共文化服务体系中最具活力和最为便利的所在。

让书无处不在，让城市真正成为书香弥漫的美好家园。

青岛新华书店|为老字号注入新活力

坐落于气候宜人的海滨城市，成立于1949年的青岛新华书店有限责任公司（简称“青岛新华”），秉承着“爱党、爱国、爱店、敬业”的新华精神，经过几代青岛新华人的艰苦奋斗、开拓进取，取得了长足发展；紧紧围绕“转型升级、流程再造”这个中心，以转型抢占先机，以创新增强活力，以管理强化基础，奋发拼搏、砥砺前行，取得了社会效益和经济效益的双丰收。2016年，全地区完成销售码洋18.13亿元，同比增长14.2%；实现利润总额1.10亿元，同比增长16.7%。2017年继续保持良好的发展态

▲青岛栈桥书店

势，各项指标增长强劲。

不忘初心，稳健前行

青岛新华坚持发挥党组织的政治核心作用，牢固树立“四个意识”，努力加强党的建设，把加强党的领导与完善公司治理结合起来，积极推动党建工作与生产经营的深度融合。企业的和谐氛围越来越浓，可持续发展的动力越来越足。

2017 年初，青岛新华进行架构调整，成立教育事业部、零售连锁事业部、资产运营部、电子商务部及企业策划和事业拓展部等部门；同时对近 90% 的中层干部进行轮岗使用，进一步激发新的生机和活力；启动薪酬体系改革，优化完善绩效考核方案，首开项目制运作，出台青年英才选拔管理办法、特需人才引进办法，真正做到培养人才、吸引人才、留住人才，为企业转型升级提供有力支持。

互联网和移动互联网的迅速崛起，给传统行业带来极大冲击。“新华书店”是具有近八十年辉煌历史的老字号，在互联网时代，如何赢得读者、赢得竞争？青岛新华围绕转型升级，进行品牌再造：参加中国新华书店协会发起的全国新华书店实体店服务贯标活动，全面顺利通过；对 24 小时书店明阅岛进行诗意重构，点亮城市阅读的长明灯；旗下第一家全新子品牌书店“涵泳・复合阅读空间”在崂山开业；胶南市店打造“萌乐园托管中心”，胶州市店“咖啡读客”再升级，城阳区店、黄岛区店也对原有卖场升级调整。在门店转型上采取形象重塑、理念创新、业态再造、品牌提升等高度融合、一体发展的有效形式，致力打造广大读者喜闻乐见、有温度感和体验感的新型复合阅读空间。

2017 年，青岛新华在中市南旅游书店的改造，邀请国内著名书店转型策划专家、在全国新华书店转型中打造了 11 个爆品特色店的三石先生操刀。平度书城借鉴青岛书城转型模式，在不关门、不停业、不缩短营业时间的前提下逐层调整。胶州市店与当地政府合作的文化中心项目面积 5700 平方米，打造一个全新业态的复合阅读空间，与原来的老书城遥相呼应。莱西书城进行二次转型升级。二楼围绕儿童乐园、摄影、图书、亲子烘焙四大板块进行经营模式创新和业态创新，引入“喜乐儿”儿童乐园品牌，并进行自营。截至 2017 年内县级中心书城转型率将达 75% 以上。

巩固阵地，线上线下融合共进

面对跌宕起伏的教育市场形势和诸多不利因素，青岛新华坚持克难攻坚、奋发前行，较好地巩固了传统阵地，确保“饭碗工程”红利不断，规模总量稳步提升。2016 年青岛新华共完成教材教辅、读书活动、读书工程等系统发行总码洋达 58129 万元，同比增长 3378 万元。2017 年，继续抓好传统教材教辅发行工作，通过扩大市场占有率，提升配套率和生均购书额等有效手段，2017 春季书店教育板块发行码洋共计 27368.39 万元，同比增长 2531.49 万元，增幅 10.19%。

针对实体店销售持续下滑的局面，青岛新华坚持以活动为载体，积极营造气场氛围，全力促进门市一般书销售。据不完全统计，2016 年全年青岛新华举办了 300 多场营销活动，同时还不断加强新媒体营销创新，力求实现以客户为中心的精准营销和主动服务性营销，取得了良好成效，2016 年实现一般书销售码洋达 3.87 亿元，重点图书《胡锦涛文选》发行 30801 套。

与此同时，青岛新华不断加快线上线下结合，积极推进 O2O 闭环发展，重点强化网络运营板块，2016 年将网络书店从信息技术部剥离，成立电子商务部，实施独立运作，按模拟法人运营管理，2016 年网络书店实现营销收入 842 万元，同比增长 287%。通过不断强化重在提供便捷购书服务的线上消费和重在塑造文化灵魂的线下体验，实现实体店、网络书店、微书城 O2O 闭环互动，融合共进。

2017 年上半年青岛新华电子商务部实现销售码洋 1065 万元，同比增长 92%。与海鲸书业合作，利用其在教辅类市场经营的经验，切入线上教育类分众市场，启动探索 O2O 线上线下融合发展模式。各县店子公司也积极探讨“网店”营销模式，莱西市店网上书店利用五四制教材教辅优势，上半年网店销售352万元。青岛书城打造“书店+图书馆”2.0合作模式，“青云图”项目在2016年试运行的基础上于2017年4月正式上线运营，在全国产生积极影响。

业态创新，探索文化服务新路径

青岛新华积极进行跨界跨区域跨行业合作，通过不同业态的统一整合与异业间良好互动，努力提高综合营销关联度，逐步走上复合式城市文化综合发展的新路子。2016年来先后推进了“宣豪”书法软件、防蓝光产品、“创课”电子课桌、“美的传奇”美学生活等多个项目，即墨市店、平度市店自主出版图书，莱西市店结合游泳教材发行延伸到游泳培训，以书为媒融合发展，积极探索新的商业模式。

▲青岛平度书城主题陈列展

同时，青岛新华全系统积极参与政府行政性采购公开招投标项目竞争，全年累计中标图书馆自助借还系统、电教装备、数媒产品、体育器材等非图类总值达15574多万元，实现了全业态平衡发展。

教育板块从单纯的教材、教辅发行商向全方位文化服务商转型，取得了突破性发展。青岛书城与人民教育出版合作建立“人教书苑”，依托人教社强大的教育资源，在教育培训市场率先突破；宣豪书法数字化教学软件项目2017年上半年完成采购79套，总码洋203万元；创课智能课桌在胶州市辛疃小学完成样板教室建设；崂山区店与区教体局联合开展的“教育是一场诗意的旅行——教育教研大讲堂”，已成为具有区域影响力的品牌……同时青岛新华不断拓展门店多元项目，胶南市店萌乐园扩大合作范围销售收入实现翻番，莱西市店二楼喜乐儿儿童乐园完成装修开始试运行，还有崂山涵泳的文创产品，都将带来新的利润增长点。

直面改革，依靠机制创新增活力

为加快推进全系统薪酬体系改革步伐，市店引入第三方公司介入，现已完成薪酬情况调研、岗位梳理、岗位价值评估，正在进行方案套算阶段，争取下半年试点落地。通过薪酬改革，提高薪酬和绩效的杠杆作用，力争在最短的时间内，切实解决好企业付出成本高而员工却普遍感觉收入偏低问题。在实施薪酬制度改革的同时，市店还同步推进绩效考核改革办法，在对经营团队和管理岗位继续推行KPI考核制度外，还关注各单位、各部门内部绩效的考核与分配。

在强化团队建设方面，青岛新华一方面着力加强岗位培训，针对不同层级、不同岗位制定系统性培训计划，上半年举行了门店营销、计算机管理、多元产品推介、出版社重点图书营销等多场培训；在中层以上领导干部中推广“每月一本书”读书计划，已经坚持了一年时间，各级领导带头阅读学习，并逐步推广到广大员工，逐步培养了员工的读书习惯和企业的读书氛围；广泛开展岗位练兵和技能培训，不断完善人才评价激励机制，鼓励员工通过业余自修等形式参加继续教育，努力提高学历水平、专业技能和综合工作能力。二是加强人才引进。一方面，按照集团要求提高新招聘员工“门槛”，新进员工必须具备本科以上学历，以不断优化员工队伍的文化结构。另一方面，根据新业态、新岗位、新时代的要求，引进两位特需专业人才，参与黄岛城市传媒广场书店的开业筹备工作，弥补企业人才短板，拉动和提升了整个团队的创新能力。

第三部分｜创新与实践

每一座城市，都有这样一家或数家新华书店——或在喧闹的街市上开辟出一片宁静的“桃花源”，或在漆黑的夜晚为爱书人点亮一盏温馨的灯，或引入先进的科技手段让人们从此爱上买书的感觉。

从慈禧行宫到北京地标|西四新华书店的辉煌与变迁

“新华书店”这块金字招牌，是历史的传承，更是文化的象征。位于北京西四的这家新华书店，虽然营业面积不大，却是历史与文化的代表。从清末慈禧太后60大寿行宫到网络时代实体书店转型升级，西四新华书店浓缩了百年文化史，本身就是一本值得品味的书。

西四新华书店古香古色，历史非常悠久，见证了晚清没落、公私合营、社会主义改造等历史时刻，在改革浪潮中一度走在前列。如今，面临民营书店、网络书店等带来的竞争，实体书店的优势渐渐消退。如何延续文化的火种，在夹缝中生存发展，也成为西四新华书店面临的难题。

辉煌历史，改革先锋

西四新华书店的历史，要上溯到清光绪二十年（1894年），慈禧太后庆祝60大寿，经常乘轿子往来于颐和园和故宫之间，西四是必经之路。军机大臣世铎在东北角和西北角，各建了一座二层转角楼作为屯兵和中途休息之地，相当于行宫，用以保证慈禧安全。现在这两座转角楼只剩下西四新华书店这一座，还保留着以前的韵味和风貌。1949年前，这里曾经是一家私人书局。公私合营之后，1950年5月该书店成为建国后第一批新华书店。2007年7月，西城区政府公布确定该楼为区级文物保护单位。

西四新华书店并不大，营业面积只有300多平方米，但它已是当地的地标性建筑，六十多年来成为当地居民生活中不可或缺的一部分。

西四地铁站广告栏“我的站点故事”写道:“我打小儿在西四长大，见到西四路口儿的新华书店和广济寺，我就知道快到家了。”北京电视台阿龙主持的“四海漫游”节目曾专门有一期介绍西四新华书店。原经济管理出版社发行部副主任黄铄，五十年前就在这家书店购书，2017 年特意为书店写了一首诗：

《贺西四书店店庆》

皇城旧貌换新颜，
书店辉煌八十年。
闻墨纸香今依在，
浩瀚知识书中来。

丁酉年　孟春

值新华书店八十华诞，特献诗一首，以表祝贺。

▲今日的西四新华书店

在计划体制下，新华书店只能闭架售书，直到 1991 年左右才实现开架售书。

改革的春风吹向新华书店，1993 年西城区新华书店在西四新华书店进行联销计酬试点，也使西四新华书店成为第一家实行“联销计酬”的新华书店，成为了改革的开创者。此前新华书店的员工都是按照级别发放固定工资，西四新华书店实行“联销计酬”后，员工获得“效益工资”，按劳分配，多劳多得，在西城区乃至全国都走在前列，为辉煌业绩奠定了基础。后来北京市新华书店逐步推广了这种模式。

20 世纪 90 年代中后期，图书市场尚未完全开放，而这时却正值西四新华书店的巅峰时期。

1994—2000 年，王府井书店因为拆迁改造，暂时借地花市新华书店。所以在 90 年代中后期，西四新华书店和花市新华书店是当时北京最大、最有影响力的两家新华书店。

1998 年，西四新华书店全年销售达 1850 万码洋，单位面积（每平方米）产值突破 6 万元。考虑当年图书价格较低的因素，这样的业绩已是十分惊人，当时的经理卢庆祥还获得了“韬奋奖”。这一时期的西四新华书店俨然是北京的一所文化中心，销售的图书可以引领时尚。

1997 年著名主持人杨澜完成留学归国，并成功入职凤凰卫视，推出了新书《凭海临风》，在西四新华书店首发，牛守义至今还记得当年的盛况，整个书店满满都是排队等签售的顾客，甚至后院的小平台上也拥满了人。场面之壮观，让人记忆深刻。

1995 年，著名作家铁凝等人为《红罂粟》系列小说签售，也选择在这里首发。此外，销售体育图书时，还有人民体育出版社的编辑现场指导。可见这家营业面积不大的书店所具有的影响力有多大。

另外，西四新华书店在信息化管理方面也走在前面。1996 年，电脑在我国普及率并不算高，西城区新华书店又迈出了改革的第二步——引进信息化管理，由太极公司承接了图书进销存管理系统的软件程序编制工作。由于没有可借鉴的先例，西四新华书店又一次担起了改革创新的领头羊的责任，一次上机成功，系统功能稳定，圆满完成了计算机科学管理图书的跨越，从此，图书的进、销、存、退等流程迈向科学管理的新时代。

书店工作人员还为读者纠正了一些网上的流言。例如，有人说，著名相声演员马季是西四新华书店的员工，其实他曾是海淀新华书店的员工。牛守义的岳父曾和马季共事，因此较为熟悉。而这一插曲也一定程度反映出当年新华书店人才济济。

1998 年 5 月，位于西单的北京图书大厦建立，成为当时亚洲最大的书城，营业面积超过 1 万平方米。北京图书大厦距离西四很近，引走了大量的客流。再到 2000 年王府井书店扩建完成，又引起了一部分客流。从此，西四新华书店只能在夹缝中生存。

挖掘特色品种，夹缝中求生存

近十年来，受网络书店影响，实体书店遭遇寒冬，科技的发展，导致读者消费方式发生了变化。客流明显下降，到 2015 年，北京图书大厦的销售业绩也受到了影响。同时，新华书店还面临着民营书店的挑战。民营书店折扣更低，经营方式更灵活，可以用体量优势弥补利润率的缺陷，但新华书店只能从降低成本、减少流通环节、提高效益等方面努力。2014 年，实体书店免税政策出台，对新华书店，乃至整个图书行业而言，这是一大利好消息。有人说实体书店有复苏趋势，但牛守义看到的却还是“浓浓的秋意”。

2010 年，西四新华书店重新翻修，这座旧楼焕然一新，而西四新华书店占据市中心的位置，具有一定的品牌影响力。但现在西四新华书店全年销售额仅 340 多万元，人员从最多时的 54 人减少到如今的 8 个人，而且失去了地缘优势，品种有限，面积狭小，不便于开展大型图书活动，投入与产出比很低，创新空间有限。

多年来西四新华书店“在夹缝中求生存”，发展方向主要是发掘特色品种。21 世纪初期，连环画热回潮。连环画在老一代读者的记忆中意义非凡，这些读者普遍有“连环画情结”，这恰恰与西四新华书店古色古香的氛围相得益彰。于是，西四新华书店选择

▲今日西四新华书店内景

连环画作为主推品种，一度让这家书店成为京城连环画品类最集中的书店。但现在连环画很少有新品推出，大多是老版的翻印再版，因此作为保值增值的收藏品，价值降低了；从观赏价值来说，连环画虽然具有一定的艺术价值，但对青少年的吸引力远比不上动漫，他期盼着连环画能有影响力大的新作诞生。

从地段上说，西四新华书店毗邻广济寺，这是一座古老的寺院，是中国佛教协会的办公地。周边还有一座天主教堂、一座基督教堂。其中北京基督教会缸瓦市堂早在1863年就已经建立，美国前总统克林顿和夫人希拉里来华的时候曾经到此做礼拜。

而宗教类图书恰恰是西四新华书店的又一特色，书店与宗教文化出版社合作，严格筛选了一批佛教、道教、伊斯兰教、天主教、基督教等方面的图书。这类特色品种的图书虽然销售量不大，但有一定粘合度，能够吸引读者来店。而到店读者并不一定只为固定的目标消费，因此，书店还可以通过特色图书带动其他类别的图书销售。从销售主体来说，西四新华书店多年的品牌商品是文化教育类图书，教辅和课本品类齐全，销售占比最高，而政治文件类图书虽然品种不多，但销售额占比较大，单位团购较多。

除了图书之外，西四新华书店还尝试多种经营，记者在店内看到，笔墨纸砚、办公用品、学生用品等一应俱全，电子学习产品、平板电脑也有多种型号，尽量满足读者的多样需求。

图书与一般商品不同，需要承担一定的社会责任，要注重社会效益的发挥。图书内容能够直接影响国家和社会安定，因此在管理方面应该借鉴国外的管理经验，并在政策层面重点扶植图书文化产业。

（作者：原业伟　刊登于《出版商务周报》第449期）

沈阳马路湾书店｜
70 年老店“越活越青春”

不管实体书店有没有迎来新的发展黄金期，西西弗书店、猫的天空之城等一大批独立书店的入驻，不断丰富着沈阳人民的文化生活。而位于沈阳市和平区中华路 220 号的沈阳市新华书店马路湾书店（简称“马路湾书店”）更是不甘示弱，转身蜕变为全国首家零点书店和首家书店博物馆，捍卫着新华书店的文化地标地位。

这家在隆隆炮火中诞生的新华书店始建于 1948 年，70 年来共启动 7 次店面改造升级，营业面积从 120 平方米扩大到 2300 平方米，上架图书从 1000 多种增加至 7 万余种。说规模扩张还“小瞧”了它，马路湾书店绝非老店焕发新活力的代表，而是一直走在创新之路上，“越活越青春”。

应运而生，艰难岁月的精神家园

今天，这个伴随着共和国成长的脚步，从延安延水河畔一路走来的文化品牌，早已享誉全国。1948 年 11 月 8 日，马路湾书店诞生于沈阳解放的第 6 天，当时 120 多平方米的书店只有 1000 余种、10 万余册图书，但却是人们解放思想、追求进步的精神家园。

在正式开业之前，马路湾书店的前身是东北书店第一门市部。时间追溯到 1945 年，几张方桌加一张白布便拼凑成了“书架”，读者络绎不绝，这里成为人民了解中国共产党政策的窗口，120 平方米的门市部，将东北人民关切自身以及全国命运的心连接起来。但好景不长，门市部燃起的文化火种引起了国民党特务的关注，书刊被抢走、书店负责人被迫害……内战中的东北书店总店也开始随军撤离。

直到 1948 年秋天，东北迎来了全境解放，正中书局、中国文化服务社、拨提书

▲重装升级后的马路湾新华书店

局、独立出版社等国民党官僚资本企业的资产和存书被悉数清点，马路湾门市部再次正式开业。毛泽东的《新民主主义论》《论联合政府》《论持久战》，刘少奇的《论党》《论共产党员的修养》，朱德的《论解放区战场》等领袖著作，几乎每种书一天能卖出三四百册。

彼时成立的马路湾门市部，给刚刚从国民党反动派枷锁中解放出来的沈城人民带来了新的文化曙光。而今的马路湾书店伴随着几代人的成长，见证了沈阳这座城市文化和历史的变迁，承载着沈阳人浓浓的阅读情怀。始终坚持为人民服务、为社会主义服务的“二为”方针，已成为马路湾书店70年不变的使命。与此同时，马路湾书店也走过了一条“封闭—开放—华丽转身”的转型升级之路。

顺势而为，六次升级见证文化变迁

从 1948 年成立到 1979 年 5 月第一次店面改造，马路湾书店同全国所有新华书店一样，经历了因享有种种“特权”而风光无限的 30 年光景。搭上改革开放的“快车”，马路湾书店首次改造后的营业面积扩大到 400 平方米，图书品种增加到 7000 种，是沈阳市当时门类最全、经营品种最多的综合性国营书店。此外，当时的马路湾书店按图书类别划分成社科、科技、文教、文艺、少儿、图片等 6 个营业小组，并开始试行开架售书。

1992 年，马路湾书店腾挪出 100 平方米的面积，在东北首创医药图书门市部。1994 年底，随着图书市场竞争日趋激烈和读者流量不断增加，马路湾书店的营业面积、店堂环境和图书品种已不能适应发展的需要。沈阳市新华书店领导班子经过反复研究，决定投资 60 万元，对店堂进行大规模的改造和装修。通过改造，马路湾书店增加了照明、空调、宣传陈列等设备，又用 20 多万元率先安装了电视监视系统，图书品种也由几千种增加到上万种。当年全店销售达到 1200 万元，实现利润 60 余万元，一个只有 67 名职工的中型书店，人均创利近 4 万元，成为当时沈阳市新华书店系统中人均创利最多的第一创收大户。至此，马路湾书店在改革开放后的 15 年时间里共改造三次，迈上了发展新台阶。

随后的 1996 年、1999 年，马路湾书店相继改造。尤其是 1999 年的改造，为了与马路对面一家名叫“东宇书店”的独立书店“叫板”，马路湾书店多方筹集到 140 多万元，用以扩大近 200 平方米营业面积的同时，还增设了宣传新书的电子显示屏，向读者推荐图书、预告出版信息。得益于市场化经济作用，该书店的装修风格一改传统书店气息，经营理念焕发出新的活力。

10 年后，新华书店来到了转型发展的十字路口，一方面要保持国有书店的优良传统和鲜明的特色；另一方面，也面临着打破传统的体制机制，尝试多业态经营模式的新挑战。2009年，马路湾书店迎来了史上投资最大、改造规模最大、最为复杂的一次改造升级。书店增加了二楼近1500平方米的经营面积，书店总面积一举突破2000平方米。同时，为满足沈城读者一站式的购书需求，二楼专门开辟了“考试书店”“精品书架”“咖啡吧”“经理人书屋”等专区，“脱胎换骨”后的马路湾书店规模大、图书新、环境好。

在经营业态不断升级的同时，马路湾书店一直把团队建设作为书店创建“和谐企业”的重要力量，除了每月均评选出服务标兵之外，还定期召开座谈会，鼓励每一位员工参与管理；注重“老带新”，通过成立“新进员工帮带小组”，一对一“结对子”等方式激发员工活力和工作激情。他们秉持一种观念：要提高书店的业绩和品牌影响力，书店的“人”应该具备多业态经营管理能力。

华丽转身，擦亮“新华书店”金字招牌

面对网络电商的冲击，实体书店一度陷入发展“寒冬”，使出浑身解数留住读者。无数新华书店也一改刻板面貌，大书城以文化Mall发展“体验式”经济，小书店以小而特“取悦”细分读者。甚至加快进驻商圈的步伐，与当地的商业中心进行新门店拓展。或重视门店建设、或强调阅读推广、或强化营销、或持续关注多元……形式和手段的多样，只为适应不断变化市场的需求，实现“双效”丰收。

马路湾书店也探索出具有独特个性、功能、定位的书店模式，通过增强文化品牌力、营造聚合力、创新吸引力等多种举措，不断融合拓展。2015年11月，马路湾书店升级成为全国首家零点书店和全国首家书店博物馆，设有书店博物馆、文创产品空间、咖啡吧、主题邮局、书友会、老旧格子间、沈阳文化角和图书阅读空间等八大功能区，同时量身打造了“沈阳晚八点”文化沙龙活动，仅2016年就举办了394场活动，参与人数超过3万人。零点书店是根据北方气候的特点制定，既满足了喜欢夜晚阅读读者的心愿，又能节省资源。而书店一楼的博物馆则主要讲述沈阳市新华书店的发展史，与咖

▲马路湾书店举办文化沙龙活动

啡吧、文创区域共同造就历史感与现代感并存的读者体验。

马路湾书单遵循“坚守主业，术业有专攻”原则，保证主业的销售占比不低于80%。2016 年，马路湾书店销售收入近 2800 万元，咖啡吧销售、文创销售、春之韵借阅等其他业态合计 102.1 万元，占比 3.7%。而为零点书店量身打造的“沈阳晚八点”打破了文化沙龙“高大上”的印象，将参与人群从辽沈地区的名人、行业精英、专家学者，扩展到平民草根，充分体现着沈阳市新华书店“以需为机、以破为先、以实为本”的经营理念。除此之外，作家进校园签售活动、学生假期文化课堂等文化服务活动，同“沈阳晚八点”一起发挥着以下作用：第一，从宽度和广度上增加了城市的文化氛围；第二，零点书店试图建立沈阳全新的文化景观，树立城市文化软实力；第三，沙龙形式不设门槛，坚持平民化，是文化进步的需求。

从计划经济时代到市场经济时代，马路湾书店都能够较好地生存和发展。可以说，马路湾书店的历史也是沈阳新华书店发展史的缩影，它代表了跨时代的一种文化符号和文化地标。未来，马路湾书店将围绕“进一步提升读者体验，加强读者与书店的粘性”不断突破；通过细分图书市场、提升店面管理、做优图书品种、拓展教辅市场等方式提升图书主业经营能力，同时配合品牌活动的打造、多种经营的开展、管理水平的提升及人才队伍的建设，进一步打造马路湾书店的核心竞争力，做好传播先进文化、传承民族文化的工作，以扩大并满足读者文化需求为宗旨，强调活动个性化与社会性相统一，走出一条“双效”和谐统一的可持续发展道路。

（作者：余若歆　刊登于《出版商务周报》第 453 期）

果戈里书店｜打造“最美”生态圈

“书店变成了景点，也变成了经典。”“很有特色的一家书店，我们慕名前来，没有失望。”“一个可以看点好书，吃点好饭的地方。”这是如今消费者夸赞一家实体书店常用的措辞，果戈里书店也不例外。2014 年 10 月，哈尔滨的果戈里大街上多了一座新的高颜值地标性建筑，自此，哈尔滨的旅行攻略中又多了一个必去的坐标——果戈里大街 164 号，也就是果戈里书店。欧式纹理的廊柱、五彩的穹顶、暖黄色的灯光、古典的音乐，还有墙上时代感十足的照片等，都让果戈里书店散发出一种异域之美，也正是这种“纯欧式风格”的美成为果戈里书店吸引成千上万消费者踏足的重要原因之一。

电商冲击下的实体书店，客流量急剧减少是最直观的危机表现，因此，在转型升级中，包括果戈里书店在内的众多实体书店都在风格设计与店面装修上下了“血本”，引入餐饮、文创等业态，希望能以此打动并留住消费者的心。但“血本”能否生成利润，餐饮、文创与图书谁才是书店的核心？

定位“最美”，用口碑聚人气

2014 年，实体书店的升级改造之风刚刚兴起不久，果戈里书店的出现无疑成为当时实体书店领域的一股“清流”。作为黑龙江教育出版社和黑龙江新华音像发行集团共同投资打造的社店合作型书店，果戈里书店与不少知名民营书店相比，无论是外观还是服务，都不遑多让。果戈里大街已有百年历史，极具欧洲风情，蕴藏着哈尔滨特殊的人文历史背景。因此，果戈里书店根据哈尔滨城市文化背景、所处街道的建筑历史、哈尔滨读者生活及阅读习惯等，将空间设计风格定位为中国第一家“纯欧式书店”。店里的欧洲古典纯木制书架、欧洲古典剧院式迷你舞台、欧式五彩玻璃窗户等，都在细节上体

▲果戈里书店的每一处细节都散发着欧式风情，“最美”装修设计成功给读者留下了良好的第一印象

现出了新古典主义风格，让人仿佛置身于俄罗斯涅瓦大街百年书店或是荷兰马斯特里赫特书店。

2014 年果戈里书店开业当天，一对新人在这里举办了一场西式婚礼，史无前例的“书店办婚礼”是否会削弱书店的“正业”曾一度引发业界热议；不久后，果戈里书店又组织了“名媛会”，为读者提供礼仪、绘画、茶艺、古筝鉴赏、形体芭蕾等培训课程，对一些专业性的培训收取费用。有活动参与者反馈说，第一次走进果戈里书店就觉得这里几乎满足了她对一家现代书店的全部幻想，而这样的反馈正与果戈里书店总策划三石的理念相契合。目前看来，果戈里书店确实近乎完美地用第一印象凝聚了人气，毕竟，能成为地标，甚至成为城市旅行攻略中必去景点之一的书店还为数不多。

果戈里书店营业面积1000平方米，目前，图书品种涵盖文化社科、商业经济、生活时尚、美学艺术等类别，共计15000余种；每年组织各类文化活动500余场，居全国实体书店首位，日客流量近千人，忠实读者会员3万余人。开业以来，果戈里书店整体销售呈逐年上升趋势，目前为微盈状态。开业一年时，即2015年，果戈里书店营收超过700万元，同比增长近50%；2016年营收同比增长38%。

多元经营，准确设计商业模式

果戈里书店的“美”，的确帮助书店提升了品味，聚拢了人气，但也有业内人士对以果戈里书店为代表的“最美书店”提出了质疑，斥巨资用于装修设计和顾客体验，书店是否真的能平衡收支，实现盈利?

的确，转型升级后的实体书店若仍单纯依靠售书，恐怕会“越美越赔”。果戈里书店同样认识到了这一点，在品牌定位上，果戈里书店以“最美空间、最美品质、最美服务、最美体验、最美创意，做有灵魂的最美书店”为文化品牌的核心价值，打造集图书销售、阅读推广、艺文展演、美味食尚、按需出版、国际文化交流、文化产品研发为一体的文化产业新平台，致力于成为较为超前的实体书店转型升级样本。

据了解，开业第一年，果戈里书店的整体营收中，图书销售收入占比32.61%，西餐销售收入占比34.90%，咖啡销售收入占比20.14%，文创产品销售收入占比12.19%。韩丽表示，2016年，图书销售收入的占比有了较大提升，约占40%，而咖啡和西餐等仍占50%左右。此外，果戈里书店还有一点经验领先于国内其他书店，即书店文化活动营销。大部分国内实体书店的文化营销活动经费都由出版社支付或由政府补贴，但果戈里书店将文化活动作为一个营销品牌运营，全年500余场活动，86%是盈利的。

可见，果戈里书店将“多元经营”的理念贯彻得很彻底。实体书店的发展，关键在于商业模式的设计与文化营销的运营，单体经营项目的叠加已无法实现盈利。实体书店要用平台战略来设计商业模式，打造一个完善的、成长潜能强大的生态圈，果戈里书店的成功得益于商业模式设计准确，以提供优质图书和阅读环境吸引顾客，同时运用文化营销手段提升顾客的忠诚度，让更多人热爱书店，而后提供给顾客更多的相关产品，如画展、演出、专业讲座、咖啡、西餐、文创产品及文化旅游等。未来的趋势是从以商品为中心到以用户为中心，用户成为零售商最重要的资产和变现基础。而果戈里书店的具体思路是以图书为媒介、以阅读体验为核心、以情感为诉求，在提供优选图书的基础上，丰富不同的文化产品价值，塑造顾客眼、心、胃的满足。

同时，果戈里书店借助地域优势，努力搭建国际文化交流平台，已建成中俄青少年文化艺术交流基地、中俄阅读联盟、中法文化交流中心，旨在将书店打造成为一个涵盖中外文化交流、文化创意产业、出版与时尚、教育、旅游融合发展的国际文化交流载体。

以书为主，做有灵魂的书店

果戈里书店的多元化经营搞得有声有色，咖啡餐饮、文创经营……看似越来越偏离了书店图书销售这一核心，但事实并非如此，从果戈里书店的经营经验来看，图书业务营收是逐年增长的，2016 年图书销售收入在果戈里书店营收中的占比增长了约 5%。

果戈里书店的独特文化核心是“做有灵魂的书店”“打造新的精神贵族”，借助阅读的体验感与文化黏性，让读者喜欢来，反复来，再辅以丰富的文化活动，图书的销售自然会上升。首先，要善于“文化营销传播”，即“以文化为卖点或手段来营销产品和服务”。其次，还要“跨文化传播”，即在“属于不同文化体系的个人、组织、国家之间进行信息传播与文化交流活动”。正是因为在文化营销传播及跨文化传播上做足了功夫，果戈里书店才能迅速受到读者的喜爱。

两年来，果戈里书店成立了中国第一家实体书店室内乐团；将户外项目与阅读项目结合，策划了“书店奇妙夜”活动和中国第一家实体书店视频脱口秀“阅途”节目；

▶果戈里书店细节处的欧式风情

将阅读指导与旅游结合，策划了“书海游学”项目；还在全国首创了著名阅读文化品牌——“朗读者计划”，每天30分钟，全年365天无间歇，让读者“用发自内心的声音，感动自己，感染别人”。“朗读者计划”受到了很多人的拥护，每天都有众多读者参加，这也成为果戈里书店内一道独特的文化风景。这些活动对阅读和图书销售都是一种促进。

此外，黑龙江教育出版社作为果戈里书店创办方之一，为了更好地策划图书选题，在书店内专门设立了“果戈里书店编辑部”。编辑部聚焦哈尔滨地域文化丛书的策划和文创产品的研发，已出版的图书有《白夜》丛书、《修身日历》（2016年、2017年）；还策划了《晨读经典——中俄经典文学艺术名著导读》，这是国内首套为中俄青少年度身定制的中俄经典名著导读图书，由中俄双方专家学者共同编译中俄双语版，在中俄两地同时发行，计划在2017年陆续推出。

在两年来的发展基础上，果戈里书店将进一步激发活力、做强品牌：一是谋求品牌连锁运营，拟与大型文化旅游集团合作，打造旅游文化新名片，逐步在黑龙江省外建设一批果戈里书店“文化空间”，吸引当地文化机构入投，构建创意文化产品研发新战线；二是进一步涉足互联网文创电商与数字出版，建设“最美书店”文创O2O平台，围绕亚欧文化、边疆文化与黑龙江地域文化等打造主题文创产品研发、线上线下展示、销售产业链；三是建立“书海游学”基地板块，创“互联网+新媒体+游学+阅读”新旅游模式，尝试在境外合作建设中国文化中心、国际游学基地。

（作者：赵冰　刊登于《出版商务周报》第445期）

南京新华书店新街口店 | 从文化地标到城市精神的象征

实体书店的发展一直是业内高度关注的话题，近年来，扶持实体书店的政策不断出台，各地实体书店也纷纷转型升级，探索自身的可持续发展之路。在众多转型升级的模式中，加强店面设计感、营造舒适的阅读环境已成为书店人的共识，但在此过程中，不可避免地要增加设计及装修成本，而且这部分成本不是小数目。营造“最美书店”的同时，如何在高额投入的情况下保证书店的盈利呢？

▶南京新华书店新街口店

南京新华书店新街口店始建于 1983 年 12 月，至今已有 30 多年经营历史。2014 年 9 月底，南京新华书店新街口店完成了最大规模的一次升级改造，重装升级后最显著的特点是从一座单一的书店变成以多元文化业态为特色的文化平台。2015 年，南京新华书店新街口店实现营业收入 8611 万元，利润 1085 万元；2016 年实现营业收入 8773 万元，利润 977 万元，与 2014 年相比有较大增长。

数次改造，文化地标的升级之路

南京新华书店新街口店的历史，要追溯到 1983 年 12 月 10 日，南京图书发行大厦暨新街口新华书店建成开业，与久负盛名的金陵饭店、新街口百货商店、人民商场一同被南京人称为新街口“三店一场”。初建成的南京图书发行大厦暨新街口新华书店地面建筑 13 层，地下 2 层，楼高 56 米，总面积达 11182 平方米，以南京城建史上开建的第一幢高层建筑和全国新华书店系统第一幢高楼的特殊地位，迅速成为南京重要的文化地标。“开业当天共接待读者 4 万多人，销售额达 3 万多元”。据南京新华书店新街口店工作人员回忆。20 世纪 80 年代中期，南京新华书店新街口店开全国新华书店先河，首创了作者、读者面对面交流的签名售书活动，引发全国同行的竞相效仿。

在 30 多年的经营历史中，南京新华书店新街口店进行了多次改造。1993 年，南京新华书店新街口店三楼扩展场地，开辟了经营面积 880 平方米的“新书总汇”区域，备有 110 家出版社提供的新书 12000 种，进一步增强了为读者服务的功能；1994 年，在一楼和二楼之间搭建营业区域，增加营业面积近 250 平方米，当年即取得效益；1997 年，完成图书发行大厦扩建工程，扩建后的南京新华书店新街口店成为江苏省乃至华东地区规模最大、品种最多的综合性书店；2002 年，二楼、三楼进行了重新装修、改造，并开放了四楼的营业厅，更新空调设备、改善灯光设置，增设楼层服务台、为读者电脑查书和解难答疑提供方便，增加休闲座椅、开办茶座，使读者得到休闲与阅读的双重享受；2005 年，实施裙楼扩建工程，增设双向手扶梯、空调和监控系统，并对楼宇外立面进行全面翻新，提升经营环境；2014 年 9 月底，完成重装升级，打造以多元文化业态为特色的文化服务平台。

南京新华书店新街口店 2014 年重装改造前后的经营绩效对比情况

序号	项目	改造前	改造后	同比
1	总建筑面积	9723.56 m^2	10231.56 m^2	5.22%
2	营业收入	9907.75 万元	9840.97 万元	–0.01%
3	内部核算利润	357.93 万元	826.33 万元	130.86%
4	图书净面积	4484.5 m^2	3360 m^2	–25.08%
5	多元净面积	1548.5 m^2	3326 m^2	114.79%
6	多元商户	22 家	45 家	104.54%

两年多之前的这次大规模升级改造主要是基于三个方面的考虑：第一，南京新华书店新街口店经过 30 多年的发展，已成为南京市的重要文化地标。期间虽经过两次大的改造调整，但整体物业形象已与南京市新街口CBD商业氛围和整体环境不相协调，加之设备设施陈旧老化，难以满足读者不断提升的对商业和文化环境的体验需求，必须进行升级改造。营造符合消费者期待的文化消费空间，并与周边商业项目错位运营，形成人文商业的经营特色和竞争优势，从形象和内涵两个维度将其进一步提升为城市文化和城市精神的象征。

第二，在数字化大潮中，读者的阅读习惯和购买渠道正在发生变化，单一的购书功能和粗放式营销难以满足读者日益增长的多元文化消费需求，必须顺应时代发展需要，创新经营模式，为读者提供全新的复合式、一站式文化休闲场所。

第三，凤凰传媒上市后，积极推进文化商业的发展，布局文化消费终端网络，建设大型文化Mall，改造新华书店连锁经营网点。南京新华书店新街口店的升级改造是凤凰传媒老书城改造的重点项目，致力于加快实体书店的结构调整、业态创新和转型升级，对具有文化内涵和文化相关性的商业业态与出版物进行有效融合和整合，营造文化和商业相结合的体验空间，并尽快形成新的商业模式和盈利模式。

多元经营，打造精致文化消费综合体

据了解，此次重装升级共投入3300万元，改造经营面积近万平方米，包括设计装修、书架设施、观光电梯、强弱电和消防系统等项目，这些资金投入由南京新华书店有限责任公司自筹，同时得到了中央、江苏省文化产业引导资金的扶持。

重装升级后的南京新华书店新街口店致力于将自身打造成精致文化消费综合体和复合型文化商城，融入阅读、购物、休闲、娱乐、美食、培训、收藏、商旅、社交、沙龙活动等“一站式”生活元素，构建现代人的新型主活方式。业态规划和经营布局贯穿“博爱文化”，彻底颠覆传统书店经营方式，各楼层主题清晰、明确，各具特色和亮点。一至六层分别根据“爱·生活”“爱·人文”“爱·学习”“爱·童趣”“爱·科学”和“爱·创意”的不同主题，在展示各类图书的同时，引进和整合与图书类别相关联的多元文化业态，呈现出不同于以往的文化特色。具体表现在：

一是业态新。多家多元文化业态首次入驻实体书店，如集研发、生产、策划和定制

▲新街口店一层的“博爱讲堂”

于一体的文化礼品服务品牌“尚元书屋”、中国四大名刹之一栖霞寺的自创品牌“栖霞禅院”、拥有独特制笔工艺的“周鹏程笔庄”等。

二是体验度高。阅读新空间的体验及多元文化业态利用新技术为读者带来全新体验，有创意设计、数码印刷及个性化印品定制的品牌，“三屏双媒”（手机屏、电脑屏、电视屏，图文媒介、声音媒介）的付费数字阅读产品等。一至六层店堂还设置了WIFI全覆盖，为读者提供免费上网和书店消费导航等增值服务。

三是互动性强。有盛行于日本和我国台湾地区的复合型人工粘土手工坊“星儿树创意主题馆”、最新纸卷创意品牌“造纸龙”、中国唯一的单机游戏门户游戏品牌“游侠网”等。此外，定期或不间断地举办名人签售、作家讲座、新书发布、文化沙龙、文创产品展示等活动，全面提升读者的参与度。

四是空间环境优雅。设计强调民国风，突出南京元素。在一楼、二楼和六楼分别设置了“博爱讲堂”“音乐厅”和“微电影沙龙”，专门用于举办丰富多彩的营销活动。精心打造的贯通一至六层的“藏经阁”，让读者在拾级而上或乘观光梯穿行其中时顿生坐拥书城之感，既有转承引导之意，又能给读者留下深刻印象。图书陈列采用情景式布局和主题营销分类，并进一步细化图书货位化管理，启用新型数字化查询机，强化导购导读，设置读者阅读区等。

多元业态经营已成为目前实体书店转型升级的一种趋势，但有业内人士认为，在实体书店中引入非书业态要把握好“度”的问题，不能让书店看起来像咖啡馆或文创产品百货。南京新华书店新街口店目前图书与非书业态的经营面积基本为1：1，2015年和2016年图书和非书业态的营收比值分别是1.04和0.97。

稳中求新，注重线上线下融合发展

2016年，南京新华书店新街口店稳中求新，为当地读者保证了丰富的图书品种供应，并全力服务于全民阅读，组织开展了“书香晚七点”“文化早市”“凤凰姐姐故事会”“中医常伴书香行”等一系列品牌活动，成效良好。2015 年，在第二届“江苏最美书店”评选活动中，南京新华书店新街口店荣登榜首，被南京市文广新局和市出版物发行行业协会授予“双优诚信”单位，被行业媒体评为“2015 全国非书品经营标杆书城”。

这种发展首先得益于众多利好政策的出台，《全民阅读促进条例》征求意见稿、《关于支持实体书店发展的指导意见》等文件，为实体书店的发展提供了政策保障。其次，得益于广大读者对更好的阅读体验的追求和对南京新华书店新街口店的支持。最后，得益于南京新华书店新街口店各级员工对工作的更高要求，“我们不断思考未来，总结过往，群策群力。”

未来，南京新华书店新街口店将在以下五个方面某求进一步的发展：第一，坚守图书主业不动摇，调研市场，精耕细作，备足品种与货源，做好读者“一站式”服务。持续打造主题文化Mall，努力满足读者的个性化人文需求。第二，坚定不移地开展服务全民阅读系列活动，充分发挥国有书店促进全民阅读的主阵地、主力军作用。以人文、教育、少儿类畅销图书的陈列吸引人气，以作家签售和文化阅读活动提升影响，以“校园人文行”和店外流动服务拓展市场。第三，丰富自主性多元文化产品，做好多元销售的拓展，开辟文化创意类产品的展示和销售渠道，创新思路、跨界合作。第四，引入新的经营业态和销售理念，为读者提供数字阅读体验、文创产品试用体验、南京市网点图书查询、线上线下互动购买服务等。第五，注重线上线下融合发展，继续推进“智慧书城”建设。通过南京新华书店新街口店海量的图书及丰富的多元文化产品，加强O2O服务，提升整体销售水平。

（作者：周贺　刊登于《出版商务周报》第 445 期）

宁波市新华书店｜转型升级与融合发展

在很多知识分子眼里，新华书店是中国的一个文化集散地，是他们的精神家园，让他们能获得一种学术归属感和精神归属感。60 多年来，宁波市新华书店一直与社会思潮产生着强烈的互动，对甬城知识分子乃至社会大众的精神影响甚大，所经营的不仅是图书更是甬城老少智慧的启蒙火种，很多经手好书都与社会现实产生互动，成为一时的潮流。

在实体书店发展日益艰难、挑战与机遇并存的今天，宁波市新华书店贯彻落实公司“六大支柱擎广厦”的战略发展策略，矢志不渝全面加速推进结构调整、转型升级、融

▲宁波书城举行元宵节猜灯谜活动

合发展，实现社会效益和经济效益的统一。

调整传统经营结构，扭亏为盈

抓管理，实施目标责任制。深化完善现代企业制度，理顺企业发展思路，推进体制、机制创新。自2012年起打破原来定人员数、定工资的以编制管理的考核办法，改变奖惩不明的现象。落实以部门为单位的目标责任制考核，划小核算单位，实行精细化管理。

实施“目标责任制”管理后，与各部门、各负责人签订目标责任书，强化自主管理，提升经济效益，层层落实，调动各级管理者和员工的积极性。实践证明目标责任制有效地推动了各级部门工作的开展，确保了各项职能到位，促进工作效率和服务质量的提高，实现了减员增效的目标。企业销售额五年翻一番，利润扭亏为盈，职工人数不增反降。

做团购，探索发展新模式。反攻团购市场，斗智斗勇抢市场，苦干巧干赢服务，各类图书馆和高校教材市场竞争异常激烈，堪称图书市场的红海，宁波也是群雄割据，我们不畏强手，抱着“有目标、有措施、有抓手”的工作方针，苦干加巧干，做到了“有增量、有落实、有亮点”按时保质完成合同条款，赢得服务信用度，团购销售实现三年翻一番。

追求以读者为中心的全渠道阅读服务体系，突破狭义“互联网+”，积极探索“实体书店+互联网”，线上线下互动体验主要有：

一是与公共图书馆合作开发“书店借APP”，在各门店通过“你选书，我买单”方式，精准锁定学校、图书馆和日常散客人群，打通零售和团购间的通道，实现全面占位；二是与天猫公司授权的公司合作，共同投资组建宁波书城喵音文化发展公司，开办线上线下共同销售的乐器体验店；三是开拓智慧教育市场，参与教育云平台建设。

充分利用互联网、大数据等新技术手段，紧贴市场热点，结合图书发行产业发展需求，打造一个全新的全渠道阅读服务体系。

调结构，关闭经营不善的门店。前几年，实体书店的关店潮让不少人开始担忧以书店形式存在的传统业态的存亡，但在业内看来这更像是时代的更新换代、去芜存菁。欲从倒闭潮中辗转新生需要顺应时代而改变，按照书店决策层“有所为，有所不为”的工作思路，根据成本、效率、效益的综合分析，下决心关闭了高价租房经营、亏损严重的门店，通过精简经营网点，使年运行成本大幅减少，大大减轻了运营负担，而经济效益及效率却实现最大化的目标。

至 2012 年底，只留下 5 处或“各有所长”或颇具潜力的门店，这为之后的发展留下了火种。

抓机遇，按 1+3 模式开设新店。在中央 11 部委《关于支持实体书店发展的指导意见》出台的第一时间，宁波市店就紧抓国家扶持实体书店这一利好机遇，快速发展零售网点并重新布局，以进大型购物中心、进学校、进社区的“三进”模式构建更快捷的便民连锁体系；积极探索创新经营方式：通过对现有的门店进行有序规划、统筹升级，在立足图书主业的基础上，多元发展，打造“图书+轻餐饮+文创+休闲体验”的新模式，按“1+3”模式对存量门店进行转型升级，找准各自特色，复合式、差异化经营；打造了一批集文化消费、阅读交流、休闲聚会、文化体验、创意生活为一体的多功能阅读场所，成为宁波具有新概念、新业态、新体验的新型文化空间。

单体面积 16000 平方米的图书零售卖场宁波书城，现着手将其打造为新型智慧书城；开设宁波首家 24 小时书店——天一书房，营业面积约 2400 平方米，以人文、美学为主打，温馨典雅的氛围广受好评，在全国新华书店 80 周年活动中，评为“百佳文化地标”；以较小投入将加盟连锁店转为区级自营店，实现销售的大幅快速增长；进驻大型商超开设自营店，实行低成本运营、新模式管理、当年即实现盈利；与房地产商合作，开设复合型书店——天一书房万科店；中山店——宁波最古老的新华书店——现正转型升级改造为青少年儿童书店；走进学校开设校园书店，目前已有 8 家校园店。

至 2017 年底，零售网点达到 33 处，其中自营店 15 处，加盟连锁店 16 处，经营

▲宁波书城举行“童心飞扬”六一亲子活动

面积近 8 万平方米。

5 年来，账面总资产由 2.3 亿元发展到 7.6 亿元，经营数据基本实现 5 年翻一番的目标。

吸收合并房产企业，实力大增

鉴于宁波市店良好的发展势头，2016 年，宁波报业集团将其全资子公司——宁波新文书城有限公司交由宁波市店吸收合并，并对宁波市店进行公司制改造，成为宁波新华书店有限公司，注册资金从 2600 万元变更为 2.46 亿元。

接手原由新文书城公司运营的占地 60 亩、建筑面积 5.1 万平方米、的宁波书城区域全部物业资产与负债，负责管理及运营，经营范围迅速扩大。既是机遇也是挑战，经过系统研究，我公司决策层迅速拟定了全新的战略方向：顺应时代发展，首开先河运营文创园区，打造综合文化服务平台，转型成为文化服务供应商。

宁波市店运营园区后，即刻着手实施对园区的升级改造工作，围绕“文化先锋、创意天地、时尚地标”的定位，突出全民阅读、艺术氛围、公益活动、教育培训及优质服务 5 大园区特色，打造和引入本地图书出版发行集散地、文化街区、艺术天地、文创品牌等全新多元业态。目前，园区年总产值近 10 亿元，企业年缴税千万元以上。2016 年底，园区被评为宁波市首批文化创意产业园，并命名为“宁波书香文化园”，2017 年底成功得到中央文化资金的贴息扶持。宁波书香文化园区将打造成融文化艺术、休闲体验、传播交流、创意景观于一体的城市文化综合体，成为宁波的文化地标，为书香宁波建设助力。

整合组建地区集团，跨越发展

2017 年，对每个宁波新华人来说都有着里程碑式的意义，作为宁波市文化体制改革的重大成果之一，在宁波市委市政府推进和支持下，宁波新华书店集团有限公司于 2017 年 9 月 29 日正式组建成立，宁波新华书店从此翻开了历史性的新篇章。

近 15 年来，除宁波市外的各省级和计划单列市新华书店均已形成统一的区域性文化企业集团且发展势头良好。而作为计划单列市的宁波，其区县（市）新华书店一直各自为阵、单打独斗，资产、人员、业务等方面与市店无权属关系，各自独立法人独自经营，未能形成整体优势，区域发展动力不足。

不同于以往一纸公文式的行政划拨，这项迟来了 15 年的改革从实际出发，走富有生机和活力的体制创新之路，以新华品牌为旗帜，严格按照市场规则，以资产为纽带，以宁波新华书店有限公司为基础，规模化地整合了镇海区、北仑区、鄞州区、奉化区、余姚市、宁海县、象山县等大市范围内新华书店优良资源，打破壁垒，构建了稳固的大集团运作体系，将宁波大市的新华力量拧成一股绳，全力向优质文化品牌集团跨越。

集团现拥有宁波市级文化创意产业园区——宁波书香文化园，7家区县（市）新华书店子公司以及宁波新华教育培训学校和宁波书城文化发展有限公司。拥有强大的实体销售网络，有一批集阅读交流、文化创意、休闲体验、餐饮娱乐于一体的大型智慧书城以及天一书房24小时书店、校园店等特色实体书店。其中直营门店38家，加盟连锁店45个，总经营面积12万平方米。同时肩负着全市中小学及大中专院校的教材、教辅及图书馆装备图书的主要发行工作，也是宁波智慧教育、教育信息化的主要推动者。

目前，整合重组后的新华书店集团资产规模达13亿元，年销售额7亿元，助力宁波名城名都建设，业已成为宁波市综合性文化领军企业。

移动互联、智能化时代的暴风骤雨，正瞬息万变地改变着世界，实体书店到了救亡图存的时期，或逐步衰亡，或涅槃重生。皖新传媒、深圳发行集团、青岛发行集团等一批先进新华书店早在10多年前就已经完成了集团化经营管理和上市。就像宁波新华书店集团董事长陆皎所说：宁波新华集团已经落后了很多很多，要想生存、要想多少年后还有宁波‘新华人’这个称谓，只有挺直腰，勇于担当，挑起宁波新华书店集团这个重担，奋勇追赶，缩小差距，努力实现迎头赶上。

科学运筹团结融合，谋大局

组建集团后，改革已取得阶段性成果，宁波新华人又踏上了新的征程，要建立起规范化、集团化的以图书经营为主导产业的大型文化企业的基本构架。下一步的计划长卷正在我们面前铺开：统一思想，更新观念，再次定位，设定新征程的目标，提出新时代的新要求。

要抓住集团组建的重大机遇期，争取各级党委、政府等支持，做好规划，办成实事。就是要让宁波全市的新华书店管理经验、资金、资源等汇聚成一股力量，让优势在更大范围得以充分体现，在根本上解决区域同质竞争问题，实现整体效益的共荣大发展。

集团的战略目标是“做强主业、做精产业”，面向未来，继续做优做大做强图书发行文化产业，围绕市场竞争力、文化影响力、产业扩张力构建企业发展的核心能力，努力打造成为国内具有影响力的综合性文化服务集团。

未来，我们首先将强化城市内多业态布局与开发。以宁波书城、象山书城，鄞州新书城为基础；争取政策扶持，在宁波大市范围内，尽快实现一区一书城。其次，深耕现代化发行产业链及外延。针对城市发展实际，探索多元合作，在社区、公共空间、商业中心等开展书吧建设；灵活利用社区图书馆、农村文化礼堂等展开合作；谋划大中小学校园书店，全面占领校园营销阵地；以星罗棋布之势，营造浓郁城市读书氛围，契合宁波“打造东方文明之都，建设书香之城”的战略规划。另外，深化网点转型，争当文化“网红”。争取在 2 至 3 年内对全集团各存量网点进行结构调整，从装修“颜值”到库存“干货”因地制宜、精心设计，适应当地消费者的心理和需求，争取靓丽转身做“网红”，为宁波文化的大发展、大繁荣服务，最终，立足本地，走出宁波。

（作者：陈海春　宁波新华书店集团有限公司办公室主任）

常州新华｜
18 个蒲包带来的书店

从小到大，多数人心目中的新华书店恐怕都是这样的：货架一排挨着一排，中间留出约两米宽的通道；书籍分门别类码在一起，乱中有序；店里除了书还是书，一杯水也不卖；若想翻开图书细读两页，要么挤在冷硬的长条凳上，要么干脆坐在地上。但今天，互联网不仅改变了人们的生活方式，也改变了人们记忆中的新华书店。

常州地处长江之南、太湖之滨，是一座有 3200 多年历史的江南文化古城，历史悠久的常州新华书店正是这座文化古城的文化名片之一。

星星之火点亮千年古城

今天的常州新华书店有限责任公司（简称“常州新华”）拥有遍布城乡的图书发行网点 50 余家。如今这样一株茂盛的“大树”最早发源于常州市南大街上一家小小的书店。

1949 年 4 月 23 日，江苏常武地区解放，随部队一起到的 7 名同志肩上扛着三支枪和从解放区带来的满满 18 个蒲包的书；同年 5 月 1 日，常州新华书店正式成立。这样一家坐落在南大街的小书店用革命火种点亮了刚刚解放的常州城。此后，常州新华书店慢慢衍生出了科技门市部、少儿门市部等，分布在常州这座千年古城的大街小巷，1956 年，常州新华在武进县设了门店。当时的常州新华，在春夏秋冬的时序更替中，在新华人的辛勤耕耘中伴着常州一起发展。

1975 年前后，人们对知识的渴求不断增长，原有的几个门市部已不能适应社会需要，常州新华开始谋划更加远大的未来。经过 5 年的努力，南大街矗立起一座 20 多米高的新华书店大楼，总建筑面积 3412 平方米。作为一个标记，它确立了常州新华书店

▲常武购书中心重装升级后，如书房一般温暖

的新高度，也为传播知识文化立下汗马功劳。

1978 年，十一届三中全会拉开了改革开放的大幕，常州新华书店也迎来了新的发展机遇。如果把常州新华比作一棵大树，各个网点就像她的枝丫，当时那个时期是最旺盛的生长期，枝丫延伸到了常州的各个角落，清潭、翠竹、北环、丽华西新桥，武进的各个中心城镇，如湖塘、前黄、奔牛、卜弋、湟里、新桥等，都设立了网点，还建立了许多下伸的代销点。当时，遍布城乡的新华书店成了精神文明建设的前沿阵地。

到了 20 世纪 80 年代，人们对知识的渴求愈加强烈，刚刚恢复的高考又给这种求知热燃上了一把火，常州新华的在架品种不能满足读者的需求了。于是，常州新华人到全国各地区觅书，从20世纪80年代中后期开始，常州新华各门店的图书品种逐渐丰富，到90年代中期，全国每年出版新书16万种左右，进入常州和武进新华书店流通的达10万种。

面对繁荣的图书市场，常州新华人不断探索图书发行规律，从社会文化建设、校园文化建设、农村文化建设三个突破口发力：社会文化建设方面，1984年，龙城书市应运而生，此后每年一届，这催生了常州人一轮又一轮的爱书、读书、藏书热；校园文化建设方面，在武进率先提出“售书、导读、育人”新模式，开展青少年主题教育读书活动，该活动已延续28年；农村文化建设方面，每年组织开展服务“三农”活动，送书下乡。2001年，顺应出版业整体改革需求，常州、武进同城两店按照现代企业制度要求组建了江苏常武新华书店有限责任公司，2002年更名为今天的常州新华有限责任公司，目前营业网点达50多家，遍布城乡。

从一株小苗到枝繁叶茂

互联网的普及给全国大大小小的新华书店都带来了不小的冲击。信息化日益改变了传统工业时代的商业模式，更加要求我们以“平等、开放、交互、共享”的互联网思维考虑门店的定位，主导门店的转型升级。

近10年来，常州新华立足门店，重点在结构调整、布局调整、品种调整、网络拓展上下功夫，努力寻求门店零售的逆势突破。为优化经营结构，提高门店坪效，常州新华的两大门店研究市场、分析市场，根据市场要求合理调整布局，调整业态、调整品种结构、调整促销方式等，最大限度地利用经营空间，全力打造有效卖场。南大街店设计了超市式的动线，增加了图书及其他产品的出样，重点图书及产品按照顾客选购规律多点陈列，拆掉原店堂的仓库改做营业面积，发挥黄金地段的效应，为销售攀升注入了新的活力。另外，还利用节假日，开展了不少营销活动，为低迷的零售市场注入了活力。例如，联合常州市宣传部、教育局，在全市中小学开展“新华书店杯——好书伴我成长”读书活动，活动每年收到征文5600余篇，900多个个人获奖，所有学校均组织学生参加，各类推荐阅读图书的销售码洋从最初的300多万元增至现在的1000多万元。

新华品牌形象的提升，对新华人和新华书店的未来至关重要，创星级门店一直是常州新华近些年来的工作重点。面对商圈转移的大环境，常武购书中心率先启动“导购服务卡”，将员工的月收入和个人店堂主动推销紧密结合。优质的服务给常州新华带来了较高的人气和实实在在的效益，也为销售的增长和新华品牌形象的巩固提供了保障。2016年，常州新华实现营业收入4.72亿元，实现利润4146万元。

建一座献给读者的“书房”

信息化时代的瞬息万变要求新华书店时刻葆有一颗青春的心。实体书店零售市场低迷，书店只有主动出击寻找突破口，才能逆势而上。常州新华旗下的常武购书中心就是老新华书店转型新蓝图的实例之一。

2015年2月，重装升级后的常武购书中心开业，读者评价说：“一半高端大气上档次，一半安静幽雅如书房”“龙城有这么好的书店，真是读书人的幸事”……常武购书中心并没有在门店的豪华装饰上做过多的表面文章，而是注重充分挖掘书店的文化内涵。今天的常武购书中心再不见老新华书店的“货架排排立”，而是打破了传统书店空间狭小的沉闷之感，以读者为中心，布局不同区域，还空间以读者，还阅读以读者。常武购书中心一楼时尚休闲馆分为精品阅读区、时尚电子数码区，还增加了独具特色的收藏区和琴台区；二楼是快乐成长馆，分为文化教育区、绘本分享区、文化用品区、电教产品区、音乐器材区等。常武购书中心创新性地引进了与书店相配套的文化新业态，为读者提供了一个多维度广视角的文化体验空间。

值得一提的是，常武购书中心的北侧还特别开设了一家24小时书店——青果书房，设计装修温馨舒适，白天共享购书中心5万多种精品图书，晚上独立提供3000多种精选图书，为常州的爱书人点亮了一盏深夜阅读的灯。

面对汹涌发展的电子商务，常武购书中心把书店的一切资源“上线”，并加速线上线下“融合”。书店里设有最新的智能查询系统，读者可以通过自助服务共享新华书店系统的全部图书资料，准确了解图书和库存信息；利用店内的免费无线网络，读者还可以通过二维码，登陆常州新华书店各大网络平台专营店和微信文化商城。常州新华制定了《“互联网+实体书店”实施方案》，鼓励引导门店一线职工开设微店，希望形成社群经济。

书店变书房，常武购书中心的重装升级以舒适的阅读环境和创新的文化分享空间，得到了读者的追捧，销售增长十分显著。转型升级永远在路上，新挑战、新机遇层出不穷，常州新华人没有理由退缩，迎难而上，锐意进取，才是凤凰浴火的真谛！

（作者：赵冰　刊登于《出版商务周报》第 449 期）

合肥市新华书店三孝口店 |
共享模式激发实体书店新价值

"共享"概念早已有之，当下共享经济的本质在于整合线下闲散资源，通过某一交易平台连接供需双方的不同需求。共享经济的风口下，知识共享的盛宴吸引了大批参与者。图书作为知识的重要载体，又该如何恰当地引入"共享"概念？

2017 年 7 月 16 日，三孝口店以"全球首家共享书店"的身份正式投入运营，一度引发了业内人士对于"共享热"的冷思考。有人将其定义为"新零售时代的新体验"，有人感慨"我们进入了变革的共享时代"，也有人质疑"这无非是穿着'马甲'的图书馆"……种种声音背后，共享书店的存在究竟是噱头还是创新？

▲领书业风气之先的合肥三孝口店

走出舒适区，不断探索书店转型新可能

实体书店从低潮到回暖，再到“新零售”时代下的一系列创新，每一个阶段都具有不同的格局和趋势，期间也伴随着各类新概念的不断融入。共享书店模式作为传统实体书店行业的一次颠覆式的创新，并没有现成的路径和模式可以借鉴。但此前 4 年时间里，皖新传媒旗下实体书店几乎历经了从拼“颜值”到拼服务的完整转变过程，在“新零售”时代来临之前，积累了大量的宝贵经验。

多年来，皖新传媒在实体书店业态和服务创新方面，进行了诸多大胆的尝试和探索。2013 年 6 月 16 日，重装后的三孝口店正式对外开放，皖新传媒也由此开启了实体书店转型升级的新征程；2014 年 10 月 31 日，三孝口店升级为“中部地区首家 24 小时书店”，今年 6 月更是成为山东省高考作文的材料；2015 年 12 月 25 日，皖新传媒旗下铜陵图书馆店成为全国首家书店和公共图书馆结合体的范例，之后登上了《人民日报》头版；2016 年 3 月 31 日，安庆劝业场店开业，有人评价安庆劝业场店是“老建筑开发利用和文化创意产业融合发展的一次全新尝试。”4 年来，皖新传媒建成了 16 家新型书店，总面积超过了 4.5 万平方米，每一家书店都独具特色，充分融入了当地的文化元素，成为当地的文化名片和城市新地标。皖新传媒在书店转型上从未停下探索的脚步，这些探索历程也为三孝口店的华丽转型提供了值得参考和借鉴的经验。

2017 年 7 月，为了更好地肩负起国有文化企业的使命担当，为更多读者提供更好的产品和服务，已经声名远播的三孝口店全新升级为共享书店。读者可自行下载或进店扫码下载“智慧书房”App，注册并缴纳 99 元押金（押金可随时退还），扫描图书封底条形码便会产生相应的借阅二维码，门店店员扫描该码确认后即可完成借阅。10 天之内可免费借阅 2 本总定价不高于 150 元的图书，不限借阅次数，不限图书品类；超过 10 天期限，每天每本书需支付 1 元。

提高“回头率”，逐步实现共享平台价值

一系列数据显示，华丽转型后的三孝口店经营能力与日俱增。第一，客流大幅增长。截至 2017 年 11 月 15 日，即共享书店开店 4 个月后，日均客流量 6990 人，累计客流量 859767 人，比去年同期增长 4.3 倍。在庞大的客流量的带动下，书店总收入较去年同期增长 19.47%。

第二，会员忠诚度大幅提升。据了解，三孝口店在升级前拥有 14907 名注册会员，该部分顾客在书店升级为共享书店后人均到店 5.95 次，比升级前增加 4.51 次，总消费次数比升级前增长 33.60%。近于免费的共享模式，不仅降低了读者的进店门槛和购书成本，而且有效增强了消费者黏性，“回头客”明显增多，书店的品牌影响力进一步扩大，商业价值、品牌价值和跨界合作价值也都随之提升。

第三，图书周转率大幅提升。截至目前，共享书店共销售图书 200494 册，借阅 267928 册，预期 2017 年图书周转次数将从上年的 2.76 次增长到 5.68 次。在大数据的支持下，共享模式的选品更加精准，流转更加快速。转型后，三孝口店的无动销品种占比大幅下降，有效节约了各类成本。

第四，文化多元消费大幅提升。共享书店开始运营后，文化多元类产品销售大幅提升 69.28%。

第五，平台价值逐步体现。转型后，三孝口店的许多零售顾客都能够转化为线上用户，通过App的持续运营，平台的价值也将逐步体现。目的是聚合皖新及合作伙伴的业务资源，为平台用户提供更多更好的产品和服务选择。

虽然“共享”一词在各行各业都已大热，但图书作为一种特殊的商品，思想文化价值远远高于其商业价值，经济回报必然不是图书共享或共享书店的主要目的。与共享单车、共享充电宝、共享雨伞相比，图书共享的特殊性不只要求物品的共享，同时也要求文化的传播。

▲在合肥三孝口店，读者可以下载App，将图书免费借回家

在三孝口店，读者看完一本书后可以在智慧书房App撰写书评，其他用户可以阅读或评论书评，用户之间也可以互相交流阅读心得。书是文化的载体，自从共享书店成立以来，读者人均到店5.21次，人均借阅图书7.81本，人均阅读63.35小时，平均每天阅读30.90分钟。读者年阅读量预计将达到23.17本，远超2016年中国人均7.86本的阅读量，充分体现了共享书店创新模式对促进全民阅读，建设书香社会、书香城市，提升群众的精神气质和文化品位的推动作用。

转化盈利方式，持续扩大共享模式覆盖面

在三孝口店开启共享模式之后，有不少读者和业内人士对图书共享模式产生过质疑，特别是针对共享书店与图书馆经营模式类似，以及书店会因此丧失盈利能力进而转变为公益性场所等问题。对此，黄震表示，与图书馆、阅读点等政府公共文化设施相比，共享书店将会是一种有益的补充，是移动互联时代中实体书店面向读者的个性化、差异化需求推出的全新服务形式。

同时，从经营结构来看，共享书店的业务并非单纯借阅图书，如果读者觉得借阅的图书有收藏价值，可以通过共享书店线上的“智慧书房”App便捷地实现“借转购”。既具有线上的电商属性，又具有线下的体验式消费场景，这也是三孝口店在新零售时代的一次创新。其中“阅+”共享书店北京大学店的“借转购”订单率甚至达到50%，也就是每借出100本书，就有50本被借书的顾客买走。此外，围绕阅读人群的文化多元产品及服务仍将是共享书店重要的经营业态。诸如此类举措，都成为书店保障盈利效果的有效措施。

然而共享书店的模式毕竟出现时间较短，经营过程中仍有许多有待提高之处。皖新传媒当前的首要任务是持续改进共享书店的经营模式，将“共享、简单、直击人心”的互联网精神和共享书店的具体运营结合好，持续扩大共享模式的覆盖面，切实使广大读者从中受益，真正促进阅读人群的增长和活跃。在产品模式上，皖新传媒将从两方面对图书共享进行打磨。

首先，人与人之间的图书共享，是其重要研发方向。在皖新传媒对共享书店的产品规划中，借书的人能够看到前人对这本书的评价；借出的人也能够知道书被谁借走，借出多少次。如果产生借阅费用或实现“借转购”，则将盈利全部补贴给借出的人。如此一来不仅能够节省社会资源，让闲置图书最大化利用，还促进了人与人之间的阅读交流。

其次，以书识人，建立大数据。借助大数据进一步筛选出读者偏好，通过App和新媒体向读者精准推送信息，解决读者普遍存在的选书困扰，进而促进读者看书借书，推广全民阅读。

共享书店的打造，是皖新传媒核心企业价值观“善其身济天下”的具体体现。未来，皖新传媒将逐步升级安徽省内新华书店商圈店，半年以内实现全省覆盖，使共享书店成为各地的共享阅读中心；并积极与政府展开合作，把政府公共阅读资源与共享书店相结合。目前，皖新传媒旗下合肥市政务中心读书会共享书店已于 2017 年 11 月 27 日开业，“共享书店＋阅读点”的模式也已中标合肥市瑶海区和经开区共 6 个市民阅读点建设项目。

皖新传媒将以共享书店模式的深化为重要抓手，全面推动传统业务的转型升级，为实现“成为人们终身学习教育解决方案的集成商和服务商”的企业愿景而不断探索。

（作者：赵冰　刊登于《出版商务周报》第 465 期）

青岛城市传媒广场｜这家新开的书城里，竟然藏着如此多的特色书店？

青岛出版集团旗下青岛城市传媒股份有限公司（简称“城市传媒”）出资 10 亿元兴建了青岛城市传媒广场。这座山东省首家时尚文化体验平台，共分为 6 层，建筑面积 8 万平方米。其中，跨越建筑 4 层、经营面积过万平方米的青岛新华书店 · 传媒书城，是传媒广场最大的亮点，也是青岛新华书店的转型代表作。

2017 年 12 月 16 日青岛城市传媒广场试运营。该广场定位打造以阅读体验为核心的时尚生活体验中心，是青岛出版集团推进版权资产延伸、功能价值放大、业态转型升级的创新探索。青岛出版集团以传承文化、传播知识、传递幸福为使命，秉承丰富阅读、丰富思想的战略定位，围绕城市书房和城市课堂两大功能，建设新业态多元化的智慧阅读体验中心。城市传媒广场融合了版权、时尚、艺术、科技等众多元素，业态锁定

▲青岛城市传媒广场

在阅读体验、艺术体验和时尚生活体验等领域，彰显出新的文化空间和升级探索。而横跨广场3至6层的青岛新华书店・传媒书城是其中最大的亮点。

随广场一起设计与建造的传媒书城，选址非常巧妙：位于青岛市西海岸新区，既符合青岛出版集团落实青岛市委、市政府“文化强市”战略以及青岛新华书店整体规划，又占据了西海岸新区的黄金地段，周边拥有众多大型外企、高校等，有很多外籍人士、商务人士以及大学生，他们的消费能力处于青岛市中上水平。基于此，传媒书城从设计、功能分区、管理等各个方面都做出了非常大的创新与尝试。

层层深入，服务多样读者阅读需求

传媒书城3至6层，根据不同的读者群体和“时光方舟”理念，阅读层次与功能分区由浅及深。

在书城3层，打造了儿童阅读空间，同时又进行了更细化的分类，分为三大区域：亲子互动区、梦想成真区和阅读成长区。亲子互动区主要是针对儿童，进行他们手工、烘焙等动手能力的提升，以及与家长进行亲子互动。梦想成真区，则重点向为孩子们打造一个展示舞台，来实现孩子的音乐、舞蹈等梦想。阅读成长区，则是孩子们的读书空间，针对0~3、3~6、6~9、9~12岁的孩子年龄段，进行细致的图书分类。

在书城4层，被定义为“轻阅读区”。这里融合了年轻人最喜欢的图书、文创产品等多元业态，组建了青岛最大手工文创区，还有咖啡轻食等区域。在这里，可以在咖啡屋里看书、学手工等，这里的图书多以家庭、旅游等年轻人喜欢的图书为主，阅读氛围轻松活跃。

在书城5层，被定义为“重阅读区”。这里的图书除了专业分类外，还运用高架书架，打造出图书馆的感觉，使读者可以在这里找书、读书。同时，这一层还拥有名人书房、大学生书屋、外文书店等多家小型特色书店，是专业读者来找书买书的主要区域。

在书城6层，则是云冈石窟3号窟艺术馆、500平方米的大型报告厅以及两个小的报告厅。这里是为了将书城打造成为一家集合文化活动、艺术展览、图书发布以及作家讲堂等多种互动业态而设立的。除了 6 层之外，每层同样都会设置展示空间，读者随时都可以进行互动。此外，每层还分散设置休息区，方便读者休息。

其实在书城的整体建设过程中，付出了非常多的努力才达到目前的效果。以国内首创的等比例复制的世界文化遗产云冈石窟 3 号窟艺术馆为例，传媒书城的团队多次前赴云冈石窟实地考察，并采用云冈当地砂岩材质打印。为了等比例打造，传媒书城在对建筑顶棚进行微调，并在消防安全、通风等方面做出了许多调整，光是设计稿就改动了 10 遍。

四大创新，打造全新新华书店品牌

早在传媒广场两年前建设初期，传媒书城也同步规划了建造目标。今年 3 月，传媒书城的运营团队正式建立。作为青岛新华书店的转型代表作，传媒书城打造以阅读体验为核心的时尚生活体验中心，设计主题定位为“时光方舟”，并从多个方面体现了创新：

在业态规划方面，除了传统的图书经营业态外，传媒书城还有餐饮、娱乐、文创、手工 DIY、烘焙等多种特色业态。此外，还在大书城中融合了众多小而美的特色书店，如梁晓声与渡边淳一的名人书房、针对大学生群体推出的大学生书店、还原青岛市中山路消失多年的文化地标外文书店以及针对儿童推出的超大绘本馆等。广场 6 层还拥有以 3D 打印技术等比例复制的世界文化遗产云冈石窟 3 号窟艺术馆。

在图书经营方面，根据不同的消费群体，进行图书业态细分：青岛是一座“海派”城市，针对周围的大型企业、外籍人士消费群体以及普通读者的外语阅读需求，突出了外文原版图书的经营特色；针对周边高校推出大学生书店；针对儿童打造 3 层整层的儿童区；针对老读者的怀旧情怀，还原老牌书店外文书店等。

在设计方面，传媒书城通过招标的方式，首次聘请中国台湾诚品书店设计团队以及日本茑屋书店设计团队，融合两支设计团队、两家书店的设计精髓而打造。在设计阶

▲青岛城市传媒广场以 3D 打印技术等比例复制的世界文化遗产云冈石窟 3 号窟艺术馆

段，因为首次和台湾团队合作，在经营理念、业态规划上，有非常多的不同意见。光是平面设计布局图就做了 20 余次，历时 3 个月最终才定下来。为了体现设计师的“时光方舟”的设计理念，在有限的开工建设工期中，克服改造难度，对部分楼板进行拆除，对建筑结构进行调整。

在经营管理方面，传媒书城首次启用特招外聘的形式，聘请了很多在大型购物中心有购物经验的商业从业人员，并从各门店选拔年轻的管理人员，组成了一支超高水平的管理团队。为了实现统一的经营理念，在团队组建时，除了青岛新华书店优秀年轻员工外，还从全国书业吸纳了许多有理想抱负的年轻人，增加到团队中来，进行了不少从经验到理念的磨合。

分级分阶段，逐步推进实体书店转型

当下，许多新华书店在转型中都离不开与商业地产的合作。青岛新华书店在很多年之前就与当地众多大的商场、超市进行了“店中店”的活动。比如推出的涵泳复合阅读空间、明阅岛 24 小时书店等品牌，都是与地产合作的重点对象。而从与地产合作，到走向打造文化综合体，青岛出版集团不断探索与升级。城市传媒广场就是青岛出版集团统一进行投资，建设的以文化与阅读为核心的文化综合体，而传媒书城就是为了配合大型购物中心，对布局分区进行了量身定做。

而作为书店转型的代表，传媒书城做出了非常大的创新与调整，这也将是接下来青岛新华书店的转型方向。比如，传媒书城针对非书商品进行了全国性的招商，与DIY烘焙、咖啡、共享书房等品牌的企业首次进行合作，同时引进韩国VR体验馆等国际化创新业态进行合作。再如，在书店人员的培训方面，除了员工的图书经验培训外，还在包括投诉技巧、妆容、图书文创商品的结合等多方面进行培训。传媒书城的诸多运营方式与青岛新华书店现有的经营理念有很大的不同，主要源于青岛出版集团希望能打造出一个完全不一样的新式新华书店。

2017 年，青岛出版集团在实体书店转型升级方面做出了诸多探索，除了传媒书城外，还将市南书店升级为国内首家背包客主题书店青岛栈桥书店等。2018 年，青岛出版集团还将进行多家书店的升级，比如将香港路的老书城升级改造成为阅读商业中心等，分级、分阶段转型和调整。此外，还将根据书店所在区域的特色，挖掘历史、打造特色书店，比如打造女性书店等。而针对已有的涵泳、明阅岛等书店品牌，也将根据商业地产的情况，以独立店的形式进行建设。以“大青岛”概念，针对青岛市周边重点的县区，也会重新布局和规划书店的形象升级、建设惠民项目以及文化中心等，企业转型进行旧网点的升级改造。

（作者：路遥　刊登于《出版商务周报》第 467 期）

广州购书中心｜
异地开店，探索跨地区经营模式

随着出版业融合发展进入深水区，实体书店的转型取得了显著成效，“多元业态”“智慧书城”等概念在越来越多的书店中得以体现。其中，广州新华出版发行集团股份有限公司所属广州购书中心有限公司（简称“广州购书中心”）走在了实体书店改革的前沿，打造“城市文化生活中心”的经营理念也得到了业内的广泛认可。近年来，广州购书中心在加强自身品牌建设的同时，不断推进品牌输出，积极探索异地开店的跨地区经营模式。2017 年 11 月 3 日，广州购书中心“北上”2000 多公里，在天津开设分店，走在了国有新华书店改革创新、跨省开店经营的前列。

异地开店是广州购书中心打破地域限制，探索跨地区、跨行业、跨经济经营的重要举动，对加大规模效益，扩大品牌影响有着深远的意义。那么，广州购书中心异地开店有何经验分享？是否形成了可复制的模式？

从跨市到跨省，坚持“打造城市文化生活中心”理念

目前，广州购书中心开设的跨地区分店包括位于广东肇庆市端州区时代广场的广州购书中心肇庆店（简称“肇庆店”）、位于天津市和平区天河城购物中心的广州购书中心天津店（简称“天津店”），以及正在筹建中的佛山分店。

广州购书中心的异地开店探索始于 11 年前。2006 年，广州购书中心加大了对企业品牌的发掘力度，首次走出广州，与肇庆地区一家知名民营企业合作，进驻粤西首座超大型旅游商业文化复合地产项目肇庆时代广场。肇庆店于当年 7 月 6 日正式开业，首期营业面积为 2000 平方米。2008 年 3 月，肇庆店升级改造，营业面积增至 4000 多平方米，经营范围包括图书、音像制品、电子出版物、电子产品、乐器、陶瓷、文房、文具

▲广州购书中心天津店

和玩具等文化消费产品，品种达 10 万种，还有美术中心、眼镜廊、咖啡屋、文体学习用品等配套经营，满足了读者购物休闲相融合的多元化文化消费需求。随着网络书店的发展和数字文化消费的兴起，在广州新华出版发行集团股份有限公司“走出去”发展战略的实施下，广州购书中心与广东粤海天河城集团强强联手，启动了广州购书中心天津店。该项目于 2017 年 2 月开始筹备，历时 8 个月建设完成，今年 10 月面向读者开放，并于 11 月 3 日正式开业。天津店整体经营面积 5000 平方米，主营图书区域细分为畅销精品、时尚格调、儿童课外、艺术风尚、文学、人文经管等类别，无论是经营规划还是设计理念，都在国内实体书店中处于前列。

综合对比后不难发现，广州购书中心各店的共性特征非常显著，即多种业态融合、休闲娱乐功能齐全，除了图书，可选择的多元商品应有尽有，且每月还会举办丰富的文化活动。而支撑这种多元体验的，正是广州购书中心“打造城市文化生活中心”的经营理念。最新开业的天津店，致力于通过丰富的业态组合，提升整个空间的品牌价值，增强实体书店的场景化体验，为天津市民文化休闲提供新场所。据天津店负责人介绍，天津店进驻了 18 家“房客”即多元业态商家。这些“房客”各有千秋，或围绕阅读学习、展示交流、聚会休闲，或围绕创意生活、亲子体验、艺术展览。天津首家非物质文化遗产扎染手工体验店、60% 的酒品市面上都没有的酒吧超市、文艺范十足的订制摄影工作坊、怀旧地道的港式茶餐厅、时尚花艺美学馆等，共同组成书店版“超级工厂”，让读者在阅读之余，可以在书店度过充实而美好的一天。

广购天津店不是盲目地选择多元业态商家，而是根据图书品种制定了详细规划。比如，在青少年图书区搭配了幼教、手工陶艺、绘画等活动区；在生活类图书区搭配了美食区；在文学图书区搭配了名酒体验区。18 家“房客”都是根据书店图书品类精挑细选、精准匹配的，根据读者消费习惯、品位和需求寻找和搭配契合度最高的多元服务。其中，在书店内开设世界名酒体验馆是广州购书中心的首次尝试，灵感来自中国文人与酒文化源远流长的联系，实际的运营效果也显示，世界名酒体验馆的经营状态良好，读者认可度较高。

从跨市到跨省，广州购书中心一路深耕细作，构建迈向全国的跨越式文化商业新版图。据介绍，目前广州购书中心正在积极开展新网点的考察工作，并成立专门的网点拓展小组，在总结天津项目经验的基础上完善从项目选址、评估、洽谈到签约、筹建、开业、运营等一系列工作流程，并形成相应的项目拓展、建设、运营管理制度。

具体问题具体分析，异地开店经验复制需谨慎

然而，异地开店的经验是否可复制？异地开店的具体筹备、经营过程中有哪些事项需要格外注意？从广州购书中心异地开店的具体实践中可找到一些答案。

第一，选址方面，要经过充分的市场调研。异地开店，需要综合评判当地的文化消费市场、消费习惯及行业发展等情况。广州购书中心选址天津，一是因为当地同类型和同等规模的书店较少，市场竞争压力较小；二是国内优质出版资源大多集中在京津地区，资源优势显著。

第二，选品方面，借力本部优势，紧贴书店定位。一方面，天津店基于广州购书中心丰富的资源优势，从广州购书中心 25 万种优质图书中精心筛选，利用大数据分析图书业态动向和读者阅读偏好，天津店综合评选出每月畅销精品图书；另一方面，天津店定位于青年群体以及青年家庭客群，所以图书选品侧重于“求精求轻”，满足年轻群体的阅读喜好。

第三，招商方面，多种业态是亮点也是难点。天津店的一大特色就是秉承了本部的“城市文化生活中心”经营理念，而多元业态的招商也是异地开店的主要难点之一。广州购书中心本部给予了高度支持，天津店团队分区域拓展，积极通过多种渠道找到更多商户资源，扩大广州购书中心的品牌知名度。同时，加深与意向客户的沟通，向他们准确描述广州购书中心的经营模式，吸引其入驻。

第四，物流配送方面，各取优势，灵活变通。为充分发挥公司母体在发行渠道积累的品牌影响力，借助广州新华出版发行集团物流配送分公司统购的采购价格优势，广州购书中心建立了“物流配送分公司采购＋供应商直发”模式，有效节省供应渠道建立的时间与运维成本，提升到货速度，保障品种轮换与退货运作时效，控制库存积压风险，提升主营商品的周转率。

第五，文化融合方面，立足当地，动态调整。对于异地开店来说，“走出去”只是第一步，更重要的是“走进去”，才能最终“走下去”。为了积极融入天津当地的读者群体，天津店在选品方面采取了动态调整的模式，利用大数据实时监控在售品类的销售情况，实时进行选品调整，选出天津读者最喜欢、最感兴趣的图书；在多元业态发展方面，天津店坚持当地优先，大部分“房客”都是天津当地的商户，这些商户都经过了当地市场的检验和认可；在书店员工聘用方面也以当地人员为主，同时，积极向其传播广

▲广州购书中心

州购书中心本部的优质服务理念。正是因为坚持立足当地、动态调整，广州购书中心才可以克服“水土不服”，实现跨地域性的文化融合。

第六，服务方面，方便快捷，开启智慧书城 3.0 版本。2017 年 7 月，广州购书中心首创推出自助付款小程序系统，正式开启智慧书城 3.0 版本。读者用手机可自助扫码购书，离场时通过闸机核验即可“通关”离场。该服务一经推出，除了引来众多媒体报道，还有超过万名读者尝鲜使用，而这一科技也将被复制到天津店。自助付款小程序的优点是不用安装，省流量、省内存，所有流程只需在个人手机上操作完成，方便快捷。此外，读者每顺利完成一次自助扫码购书，个人信用度就会相应增加，累加到 VIP 用户时，即能免去核验，从付款到离场只需 5 秒钟，大大提升了读者的消费体验。

综上所述，即便是运作模式已十分成熟的书店，在异地开店经验复制的过程中还是要摈弃照搬照抄的做法，坚持灵活应对的策略。广州购书中心异地开店的探索是实体书店转型升级的有益尝试，就目前天津店的短期运营效果来看前景可期。然而这种模式是否适用于其他书店，并且可以做到可持续发展？还需要长期的探索和市场的检验。比如，对其他书店来说，运营占地几千平方米、选品数万种的分店是否存在资金、人力等方面的困难？是否可以优先尝试小体量、子品牌的输出模式？在异地开店的探索阶段，实体书店需要根据自身的实际情况不断发现问题、调整策略，找到最适合自身发展的道路。

（作者：王谊秀　刊登于《出版商务周报》第 465 期）

桂林书城 | 67 年，不负这座城

“我看见过波澜壮阔的大海，玩赏过水平如镜的西湖，却从没看见过漓江这样的水。”“我攀登过峰峦雄伟的泰山，游览过红叶似火的香山，却从没看见过桂林这一带的山”这里有着甲天下的山水，还有一座“最美新华书店”——桂林书城。

融合文化空间与延伸服务

1949 年 12 月，新华书店落户桂林，2012 年改制为桂林市新华书店有限公司。而如今的桂林书城于 2003 年 1 月 21 日正式开业，经营面积 4000 平方米，图书、音像制品、文体用品、数码产品等经营品种 10 万余种，年接待读者达百万人次，年销售额 3000 多万元。桂林书城始终将“把微笑留给读者，让好书进千万家”作为服务宗旨，并得到了社会各界的广泛认可。2007 年至 2011 年分别被桂林市读书月组委会评为历届桂林读书月“优秀承办单位”“最佳承办奖”“最佳支持奖”；2009 年被市文明办授予市级“文明窗口”；2015 年被共青团广西区委、自治区新闻出版广电局评为广西“青少年维权岗”；桂林书城获广西新华书店集团股份公司授予的 2015 年度社会效益一等奖；2016 年获广西壮族治区新闻出版广电局颁发的“八桂特色书店”称号；2017 年获中国新华书店协会颁发的“最美新华书店”称号。

桂林书城开业以来，不断开展在全市有影响力的营销活动。如举办健康专家洪昭光健康讲座；桂林籍知名军旅歌唱家郁钧剑签名售书、著名画家黄格胜读者见面会活动；中央电视台著名主持人张绍刚、文清，桂林籍著名歌唱家罗宁娜等都到桂林书城举办过各种形式的活动；2018 年 1 月 25 日下午举办的严歌苓读者见面会更是盛况空前。桂林书城还定期在书吧开展“读书人沙龙”。春节、中秋等节日请著名书法家到书城为读者

▲严歌苓桂林书城《芳华》分享会

写对联、送“福”活动。2017 年，桂林书城开展文化活动一百多次，与三十多家出版社、出版公司开展了买赠促销活动，带动了读者的阅读、购书热情；“世界读书日”期间，开展好书进军营、进校园流动供应活动；与广西桂林图书馆联合开展好书推荐活动；朗读者、新华小课堂、折纸、沙画、儿童讲故事、海瓷产品绘画体验等活动在桂林书城已具特色和较大影响力。仅 2017 年，各种活动得到《中国出版传媒商报》《桂林晚报》和桂林电视台、桂林电台等媒体报道达 20 余次。每个月和当地著名电台主持人山谷开展读书互动节目，精选时新好书进行推荐。与卫生系统联合举办了《相约星期二》阅读心得交流会、与电信系统联合举办了“读书品茶会”、与社科联共同举办“社会科学知识进乡村”等活动，文化空间与延伸服务实现了有机完美结合。

服务读者“精耕耘”

桂林书城服务读者“精耕耘”。桂林书城开展了星级营业员考核、年度最佳服务奖评比、业务练兵比赛、岗外推销能手评比、“优质服务从我做起”征文比赛等工作，促使员工自觉学习业务知识，增强服务意识。通过抓培训、抓学习，在一线员工中产生了一大批服务标兵，通过他们的服务，读者到桂林书城有回家的感觉。除做好传统图书预订、电话订书、送书上门、缺书登记等服务工作外，还把服务从店内延伸至店外。

2017 年，书城员工为行动不便的残疾读者、老年读者提供送书上门特殊服务百余次，《桂林晚报》对桂林书城的特殊读者服务志愿者作了重点报道。服务标兵王亚峰同

▲桂林书城新增设的四楼阅读休息区极大方便了读者阅读和短暂休息

志五年如一日，主动为年老行动不便及残疾读者送书上门提供特殊服务列入自己的服务主题中。其中有一位残疾老年读者，身体行动不便，语言表达吃力，但酷爱读书，老人每次都要求书城送书上门服务，而且经常挑选个把小时才定下一两本书，曾有数名为老人服务过的员工由于各种原因没有坚持下来。王亚峰却不怕麻烦和受委屈，克服困难坚持了下来。王亚峰是桂林书城优质服务明星，《桂林晚报》(2015 年 10 月 24 日第六版)整版报道了王亚峰为特殊读者尽心服务的事迹。由于工作成绩显著，近年来王亚峰分别被自治区国资委党委、广西新华书店集团党委、桂林市文化新闻广电局党委授予“优秀共产党员”称号。2017 年 5 月 18 日，作为基层员工代表，出席了在北京召开的纪念新华书店成立八十周年座谈会。

场地挖潜焕发新活力

作为有着 68 年历史的老文化企业，创新发展是几代桂林新华人的追求。秉持从做书店到做文化，把多元文化、艺术产品更多地引入书店，确立了把书城打造成桂林文化人交流的平台和图书业态与文化商业业态相融合的文化消费综合商城”的发展思路。在书城已引入文体用品、数码产品、拼装机器人和琴行等项目的基础上，又引入尚未进入我国南方市场的海瓷手绘体验产品。该项目 2017 年 4 月落户桂林书城，并在书城 4 楼开设海瓷手绘体验专区，及专门为书画家设立独立空间的创作室，成为卖场转型“做文化”的突破口。项目推进效果显著，已迅速在桂林获得众多爱好者：一是“请进来”，邀请桂林本土书画名家到书城进行海瓷手绘现场创作；邀请社会少儿书画室组织小学员到现场进行海瓷手绘体验；邀请小记者团现场采访创作体验；二是“走出去”，携海瓷进校园、进美术馆少儿培训班，由著名书画家现场辅导创作演示。海瓷项目还成为书城开展文化体验交流的新载体，由 63 位小朋友、87 位家长参加的“绘瓷献礼父亲节”活动，携手桂林银行及房企的“乐在今夏，相约海瓷”推广活动，每周六晚上开设的“潘老师绘画课堂”等，均借助海瓷载体收效甚佳。海瓷项目的引进，为消费者打造出多感官多维度的创作体验，有力提升了卖场人气。桂林书城的升级改造正紧锣密鼓推进：经营场地挖潜，在书城 6 楼置换出近千平方米的面积，开设新华美术馆、文创交流平台、阅读空间及美术类图书专区等，把书城的文化内涵进一步做大，新华书店美术馆的开业，将是书店转型的最好窗口，依托美术馆既可展，又可卖，还可为书店收藏名人字画，目前代理一些画家的艺术品，分档期开展业务。而通过文联可以把更多文化人聚集在这里，做更多文化事，也使书城有更丰富的文化资源，更有做文化的发展后劲。

68 年走过，桂林书城不断迭代升级，成为山水桂林的一张文化名片，一刻也不曾辜负这座靓丽的名城。

（整理：赵冰）

四川成都人民南路新华书店｜一座城市的新华记忆

一座城市的记忆：人民南路新华书店

在“天府之国”成都最主要的干道人民南路上，曾经矗立着醒目的地标性建筑——一座灰色的两翼合围式四层大楼，这是1949年后成都的第一座苏式建筑，它就是人民南路新华书店。它对面是人民百货大楼，代表这座城市的文化中心和经济中心在此交相辉映，老成都人喜欢亲切地称呼它们为成都的“清华（新华）”和“北大（百大）”。

“在这座端庄宏伟的建筑里，每天徜徉在书的海洋中，闻着书籍散发出的油墨清香，非常陶醉：书架是高大的楠木书架，质朴厚重；书架前有玻璃展柜，里面整齐地摆放着各种书籍；展柜后面是有高高座椅的收银台……”原人民南路新华书店员工龚丽现在回

▲成都人民南路新华书店，是城市文化地标。

忆起那时的工作情形时，依然满怀感慨，充满自豪。

人民南路新华书店曾在全国新华书店发展历史中开创了多项第一，为四川新华人带来过太多荣誉：王高嵩，第一任书店经理，他带领的团队荣获了“全国新华书店系统先进集体”，奖品是一台黑白电视机，在当时引来大家争相观看；兰汝芝，书店继任经理，全国新华书店系统有名的“新华姑娘”；曾忠玉，业务标兵，一位朴实的老新华人，全国新华书店系统著名典故“蒙眼取书”的原型……据龚丽介绍，人民南路新华书店开全国先河，实行开架售书，是当时的行业标杆，每个员工都以能在人民南路新华书店工作为荣。

城市之心，天府书城

1997 年，成都市成立“成都市人民南路东西广场改造建设指挥部”，拆除东西广场，形成了最初的天府广场。人民南路新华书店被拆除，由政府安排在原址重建城市之心大厦。

在那座见证文化发展的历史遗迹前，我们依依不舍地在店堂里、门店外留影……至今，这座有太多人记忆的新华书店，还经常出现在人们的梦里。从人民南路新华书店成长起来的新一代新华人，踏着前辈们的足迹，寻找着新华书店发展之路：龚次敏，原新华文轩董事长，曾在人民南路新华书店成长工作。他带领四川新华人努力奋斗，勇于进取——2003 年，位于人民南路新华书店原址城市之心大厦的天府书城正式开业。

“天府书城于 2003 年 10 月开业，经营面积 3000 平方米，上下三层楼，是新华文轩的大型书城，是以出版物为主，相关文化业态为辅的大型文化综合体。书城以文化为核心，将图书业态与文化相关的商业业态有机结合，集‘阅读学习、展示交流、聚会休闲、创意生活’功能为一体，是成都的文化地标。”天府书城经理周琴回忆起这十多年来书店的情况时说。

在信息时代，书店已成为集阅读＋生活＋社交等多种功能为一体的场所，怎样通过图书链接相关文化消费和服务，成为服务业化的文化消费提供方？天府书城见证了成都

▲天府书城内景

的文化发展，是几代成都市民的文化记忆；而现在的天府书城卖场陈旧、客流下降，很难满足读者的多元文化消费需求，已无法与所处天府广场“城市文化门户”的全新定位相匹配。

“天府书城需要升级改造成为有特色的书城，定位要与周边的博物馆、美术馆等文化艺术气质融合。”2016 年，四川省委领导在视察天府书城时指出。

八十年更青春，特色主题书店

2017 年，天府书城改造升级项目正式启动。以专业服务能力，建设不同细分市场品牌和阅读服务品牌，是行业发展的必然趋势。根据天府广场区域馆店结合的广场效应特点和周边客群分析，并结合《关于实施中华优秀传统文化传承发展工程的意见》中全面复兴中华优秀传统文化的政策背景，新华文轩决定将天府书城打造为“国学书店＋儿童书店”的特色主题书店：一楼二楼打造国学书店，传承经典；三楼打造儿童学生书店，守望未来。

通过天府书城的改造，我们希望找回成都人的文化乡愁、找回城市的文化记忆。国学书店，定位于建设优秀传统文化的交流体验场所，是对历史的传承和创新；儿童书店，定位于打造亲子阅读成长空间，是对未来的探索和寄予。“模式要创新、团队要专业、颜值要高、体验要好。”文轩零售事业部总经理郾振曦希望天府书城改造是有商业模式创新、有行业影响力的标志性项目。

经营升级。实体书店转型的核心在于通过顶层设计进行商业模式的创新；书店经营的核心在于站在用户的角度解决问题。国学书店如何运营？关键在于策划和组织有品牌、有主题的优秀传统文化活动。对此，我们将邀请国内著名的国学学者和名人，定期举办有影响力的国学讲座、论坛等；并联合成都本地的如“金沙大讲堂”等内容资源，为爱好国学文化的市民和家庭提供“优秀传统文化活动目录”，把天府书城打造成国学文化的分享和交流场所。

体验创新。天府书城改造升级项目负责人蒋昆希望做一家好看、好听、好玩、好逛的书店。改造后的天府书城可以让读者在水吧区品一杯香茗，听一听中国古典音乐；可以在国学图书区感受中华文化思想的更迭传承，或是在特别打造的古诗文诵读台上吟诵一首；可以在手工区以突破传统的方式参与年画、造纸、木工、皮影等传统手工艺体验项目。“体验项目是为了增加书店与客户的互动，提高客户在书店的停留时间，从而提高转化率，促进业绩提升。”

特色演绎。在产品和内容上，天府书城需要做出自己的特色，以此树立起国学书店和儿童书店两大品牌形象，在读者心中形成鲜明认知。在产品上，将实施“高端文创＋本土特产”策略，如与故宫博物院合作，引进与国学书店高度契合的故宫系列文创产品；本土化产品有蜀绣、年画、宣纸等。“在内容形式上，我们将融入有传统文化元素的书店软装，也有表达文化演进的主题策展，还有汉服元素的工装等。”蒋昆介绍说。

百年老店，基业长青；承新华辉煌，谱文轩新篇。天府书城改造升级是在新华书店建店 80 周年之际，新华文轩对成都市民文化记忆的献礼，是新华文轩实体书店全面转型升级的标志，是人民南路新华书店精神的传承和创新。“我想，一家书店，有值得回忆的历史，更应该有值得期待的未来。我希望，未来的天府书城就像一个新生命，在时代的步伐中不断蜕变和成长。”蒋昆说。

一座城市的新华记忆，八十年更青春！

（作者：梁禄　刊登于《出版商务周报》第 449 期）

逊克县新华书店｜一家县级新华书店的华丽转身

在大城市生活、工作的年轻人们，总觉得去书店约朋友喝喝咖啡、参加作家的分享阅读会是一件再平常不过的事情。但当他们离开北上广深，回归到自己的家乡——那个坐出租车只要花 10 块钱就能绕城市一圈的小县城，就会发现这里的书店离当地人们的生活仍然非常遥远。因为，过去县级书店的职能通常只局限在卖书这一单一又稳定的主业上，当地的人们只对教辅教材类图书存在刚需，而县级书店也主要是为解决这一问题而存在，书店里通常也只有孩子们和带他们来买教材教辅的家长。

▲读者在逊克县新华书店驻足　图片来源：北京上元环艺

但人们对“生活方式”日益看重，读者对实体书店的新要求。如舒适环境、热巧咖啡、沙龙讲座等等，县级书店往往很难满足。在这种消费需求的引导下，再加上实体书店普遍受到网络书店的冲击，近年来不少省份都开始着手推送县级新华书店的转型。以黑龙江省逊克县拥有67年历史的“老”县级书店逊克县新华书店为例，在时代浪潮的变迁中，它顺利完成了自己的华丽转身。

永不止步，67年的转型路

逊克县新华书店成立于1950年5月，回溯历史，逊克县书店的销售额逐年递增，连创新高。走过67年的逊克书店主要经历了以下几次转型：

在刚建店时，逊克县新华书店还是一间不足五十平方米的茅草房，当时店内的图书品种仅有几十种，店内人员规模只有3人；1974年，逊克县新华书店在繁荣路与交通街自建了300平方米的营业办公场所，其中营业室面积120平方米，而店内的图书品种增至800余种；1994年，逊克县新华书店又在繁荣路自建948平方米的营业办公综合楼，并于1997年正式投入使用，其营业面积150平方米，图书品种激增至4000余种，全年销售突破了百万元大关；2006年，逊克县新华书店购买了通江街一中的综合楼一楼营业室188平方米、三楼办公室106平方米，店内人员规模达到11人，总资产达到1千多万，成为了一家十足的现代国有企业，在2015年销售额就高达365万元。

而从2016年10月15日开始，为期半年的转型升级，是逊克县新华书店建店66年历史上规模最大的一次升级。转型升级前后对比，店内客流量激增了4倍之多。2017年3月15日启幕后2个月左右的时间里，一般图书销售码洋同比增长214.65%，文化用品销售同比增长257.87%，新设饮品项目的销售额则为11368元。转型升级后店内图书业态所占比例为80%，图书品类约1.2万种，近3万册。

逊克县新华书店的这次转型升级，在整体的空间设计上，打破了原本传统平面化的处理，采用了立体构成式的设计理念——周边设计的环廊充分利用原本闲置的竖向空间，并增加了展陈面和功能区，丰富了书店的空间层次和体验感。同时，书店建造三面环廊，这里不仅可以展陈书籍、方便大家阅读外，还兼有看台的作用。站在这里可以看到下方围合的正对中央区活动平台，活动平台则为文化沙龙等活动提供了场地。为逊克县新华书店做设计的公司，是北京上元环艺这家专业的书店设计机构，而店内的设计方案主要由文化空间设计专家仪祥策主笔。

重获新生，店员读者都满意

本着“简约、小而美、温馨”的设计理念，转型后的逊克县新华书店拥有五大亮点：

第一，改变了过去买书、卖书的单一经营模式，转型成为图书、文具、咖啡、各种饮品经营等多元化经营模式；

第二，以书为媒，将售书和读书、品书、评书相融合，把书店办成全民阅读基地，市民读书、聚会、品茶、乃至喝咖啡的时尚文化空间，实现了传统书店从服务读者到服务大众的服务升级和业务扩展；

第三，以图书为依托，设立文学课堂，启动逊克县新华书店“青少年文学之星”系列活动，定期开展“优秀文摘朗读之星”比赛，“逊克梦”征文比赛等各类活动，激发培养青少年读书的学习热情，为逊克县社会发展提供强大的智力支撑；

第四，功能区清雅简美，巧妙地将阅读区、玛瑙工艺品区、文化用品区、休闲区融合在图书回廊中，实现了区中有书，书中有区，为今后的可持续发展奠定了坚实基础；

第五，突破了原有空间限制，扩大了经营面积。通过建设回廊的巧妙设计，在整体结构不改变的条件下，从 170 平方米增加到了 251 平方米，以最小的投入实现了最大的经营扩展。

而这几大亮点也被店员和读者所夸赞，从读者的角度来看，新华书店的升级改造，购书环境有了明显的改善，打破了读者对传统书店的认识，读者更喜欢在这样的书店中

▲转型后的逊克县新华书店　图片来源：北京上元环艺

阅读、交流、聚会，享受文化带来的快乐，很多读者到新华书店买书的同时，喝上一杯咖啡，听个讲座，或者欣赏一场活动，真正地做到了一家书店温暖了人心也温暖了一座城。从店员的角度来看，店员们工作环境大有改善，特别是增设饮品这一项，一改过去买书卖书的传统模式，饮品作为新鲜事物，对于店员的综合能力培养起到了推动作用。

逊克县新华书店的成功转型，离不开联系实际、找准定位、突出特色等核心思路，同时，好的设计理念也至关重要，充分的把地方文化特色融入到书店当中，做到以最小的投入，换取最大的社会效益和经济效益。比如像逊克县新华书店的这次转型中，"北京上元环艺"就抓准了雾凇这一逊克县的主要特色，将雾凇形象抽象化运用在书店中部的两根柱子上，营造出"高处不胜寒"的意境，象征文人雅士傲骨高洁的精神。

转型虽好，但切勿“贪心”

逊克县新华书店的华丽转身，为不少县级书店的转型升级提供了经验。但因为全国各县的情况不一，在选择为县店转型的同时，仍然需要注意从当地的实际情况出发，对当地的情况进行充分分析之后再选择相应的转型方式。

各省份在县级新华书店转型升级时所选择的衡量标准，除了营业面积、人口数量、市场需求这类硬性衡量指标外，对书店周围的学校覆盖情况、民营书店经营情况、原书店各类图书的销售情况等也在考虑范围之内。

其中，营业面积是一些省份县级新华书店转型时首先考虑的因素。如果营业面积无法达到转型升级的标准，相较转型升级成为大型文化体验中心，根据附近的商圈等转型成为特色书店则更为理想。比如靠近幼儿园等地方的书店适宜转型成为少儿书店、靠近文教局的书店转型升级成为文教书店、靠近艺术机构附近转型成为美术书店等，有特色的专业书店身份往往比需要大面积场地举办活动等来服务群众的文化中心更适合它们。

业内也有人认为现在县级书店讲体验感为时过早，建议在改造的过程中应该更重视购书便利、专业、服务和职工各项技能的提升，升级的效果会更好。如果场所体验感很强，但忽视服务，导致找书困难，往往书店就会沦为一个公益性游览场所，损耗较大。而且一般书店改造升级后，店内往往需要提高保持塑封的比例来保护图书，而带塑封很难做防盗，全部拆开粘贴磁条又会增加成本，可谓是进退两难。转型虽好，但还要注意切勿“贪心”。

（作者：路遥　刊登于《出版商务周报》第 451 期）

桐乡新华书店｜
“走出店外”主动出击，66 年老店创新不止

在文化硬件设施相对有限的县级行政单位，新华书店一直都是当地的文化地标，承载了几代人的读书梦想。桐乡市位于浙江省北部，地处杭嘉湖平原腹地，属嘉兴市下辖的县级市。著名的江南水乡乌镇就坐落在桐乡境内，这里文化名人辈出，茅盾、丰子恺等都来自桐乡。在这样一个历史文化气息浓郁的地方，有一家几乎与新中国同龄的新华书店——桐乡市新华书店购书中心（中心门市店，简称“桐乡新华书店”）。

1951 年 5 月，崇德县新华书店代销处成立；1958 年 11 月，桐乡县和崇德县两县行政建制合并，桐乡县新华书店成立；2000 年 10 月，桐乡市新华书店转制为浙江桐乡市新华书店有限公司，隶属于浙江省新华书店集团有限公司。桐乡新华书店一直秉承“团结、拼搏、求实、奋进”的企业精神，以“实”为工作基调，将自己深深扎根在这片土地上，经历了 66 年风吹日晒，逐渐枝繁叶茂，彰显出独特风采。

成立之初，桐乡新华书店只有 15 名员工、经营面积 190 平方米，年销售码洋不足 10 万元；经过 60 多年的发展，如今桐乡新华书店已成长为一家拥有 32 名员工，3800 平方米经营面积，年销售码洋 2000 余万元的国有文化企业。多年来，桐乡新华书店发展成果显著：门市建设方面，从梧桐大街的老门市开始，1991 年建成振兴路综合楼，2009 年建成振兴路购书中心大楼；人员结构方面，从以前没有一个大学生，到现在 95% 的员工为大专以上学历；读书活动方面，从单品种重点推荐起步，不断扩充品种、扩大规模、创新形式，2016 年开展了“节约压岁钱，读一本好书”活动、全国爱国主义读书教育活动、“4.23”世界读书日活动、“阅读伴我成长”暑期读书活动等，全力助推全民阅读。

桐乡新华书店虽是有着 66 年历史的老店，但却丝毫未显现任何“老态”。几十年来全店上下一直紧跟时代潮流，主动出击、革故鼎新。

▲桐乡新华书店“节约压岁钱，读一本好书”活动进校园

面对困境　主动突破　积极“走出店外”

在同类书店中，桐乡新华书店属于较早践行“走出店外”策略的，从 20 世纪 90 年代初坚持至今，取得了不错的经营效果。

1991 年，桐乡新华书店的经营面积只有 250 平方米，既要陈列作为县级书店应该备有的各大品类图书，又要辟出一定的面积兼营文化用品和数码产品，有限的门市面积极大地制约了书店的发展速度。面对困境，桐乡新华书店并未坐以待毙，而是勇敢地选择了突破与创新。开始遵循“走出店外”的方案，鼓励并组织书店工作人员带着书走出新华书店，走进桐乡市的企业、机关单位、学校等。

20 世纪 90 年代初的中国社会正是市场经济兴起、各类企业发展态势如火如荼之际。当时浙江各地乡镇企业风起云涌，而企业经营者大多都是农民，普遍缺乏经营管理经验，急需理论知识的补充。桐乡新华书店准确发觉这一商机，选择了通俗易懂的浙美版《孙子兵法》作为单品种重点推荐图书，制定出详细的营销方案，由领导带头，工作人员纷纷走出店外，走进各类企业单位，推荐这本《孙子兵法》。那是桐乡新华书店第一次“走出店外”，当年浙美版《孙子兵法》在当地的销售量共计 540 套，可谓是首战告捷，书店员工“走出店外”的信心得到了极大的鼓舞。

桐乡新华书店“走出店外”最为典型的项目是“节约压岁钱，读一本好书”活动。1995 年 2 月，书店在全市小学推出“节约压岁钱，读一本好书”活动，售出浙少版定价为 69.60 元的《小学生自然百科》3100 套，销售码洋 21.5 万元，取得社会效益和经济效益双丰收，受到同行和社会的好评。自此，“节约压岁钱，读一本好书”活动一直延续至今，成为桐乡新华书店最为重要的活动之一。据许文梅介绍，每年春节后，活动正式启动，书店工作人员会带着书走进小学校园，将书送到学生面前，让他们自行选购。“在这个活动中，我们不光是把书卖了，售书活动结束后，我们会结合学生们今年读的这些书在每年‘六一’儿童节前开展讲故事比赛、征文比赛等一系列丰富多彩的活动，由此来深化读书活动的内涵。事实证明，这一活动抓住了学生自主阅读的关键，得到了学校、师生、家长、政府、社会各方面的支持，实现了多方共赢。”

扎根本土　社店合作　不断创新活动

桐乡新华书店根植于桐乡，服务于桐乡，更紧密地与桐乡当地特色文化相融合，为桐乡的人文名城建设贡献了一分力量。

桐乡新华书店及时捕捉当地文化发展最新动态，发现了好的出版素材后第一时间与相关机构或作者联系，主动为其与出版社牵线搭桥。例如，书店促成当地宣传部、教育局与浙江教育出版社成功合作，编辑出版发行了《品读桐乡》《可爱的家乡——桐乡历史人文读本》等图书，使之成为桐乡市中小学生了解家乡历史、风土人情的乡土教材，取得了较好的社会效益和经济效益。除了协助当地文化宣传教育部门与省内各优秀出版社建立长期稳定的良好合作关系外，书店自身也积极寻求与各家出版社的合作。目前桐乡新华书店的几个重点活动都是与固定出版社合作举办的，例如“节约压岁钱，读一本好书”活动多年来一直与浙少社协力合作，确定书目、提供货源都是书店直接与浙少社对接。此外，书店与出版社也会经常合作举办发布会、签售等常规活动，2013 年 9 月，桐乡新华书店与浙少社合作开展了著名作家杨红樱系列作品签售会，队伍排了四个楼层，签售时间长达五小时，活动效果非常显著。

▲桐乡新华书店举办杨红樱系列作品签售会

在书店自身经营方面，面对不断发展变化的图书市场，桐乡新华书店坚持“聚人气，送服务”，不断创新活动形式，持续提高读者满意度。本着“有节顺节，无节造节”的原则，天天有活动，处处皆营销。桐乡新华书店微信公众号将丰富的活动推荐给读者，让读者走进书店还通过惊喜不断；支持支付宝和微信支付等消费方式，让购书更便利，为读者提供更好的消费体验；全年不断开展“聚畅销”图书营销活动，畅销好书五折优惠，把读者从网店拉回了实体书店。数量众多、形式丰富的各类活动给桐乡新华书店注入了源源不断的活力。

67 年来，桐乡新华书店经历过大大小小的考验，贯穿始终的是一代代人迎难而上、主动出击、创新不止的精神。如今，新的考验已然来临，身处这个互联网技术飞速发展、新兴业态不断兴起的时代，书店该向哪里走，如何走？

未来，桐乡新华书店将发挥当地的科技先发优势，打造体现科技含量、互联网特色的新时代书店，充分发挥好实体卖场的优势，做足做好“文化”这篇文章，实现从卖书向卖文化、卖服务转变，使“新华书店”这个文化老字号实现竞争新优势，焕发时代新光彩。下一步，桐乡新华书店将融入更多的科技因素，更加符合现在的移动互联网趋势，站在读者的角度，进一步优化消费体验。

（作者：王谊秀　刊登于《出版商务周报》第 449 期）

第四部分 | 责任与担当

无关堂皇的店面，无关高科技的手段，全国 13 万新华人开拓进取，服务大众，只为了把书送到更多人的手中。在 2017 年全国新华书店系统先进集体和先进个人评选表彰活动中，各省积极参与，涌现出了一大批先进事迹和经验。本章节收录入选 31 家先进集体的先进事迹，以展现新华书店服务大众、服务社会的宗旨和深化改革、创新发展的时代特色。

新华书店成都有限公司｜把学习和进步作为毕生的追求

作为新华书店总店驻外的唯一一家有限公司，新华书店成都有限公司在面临教材发行行业竞争激烈等重重困难的情况下，发扬了勇往向前，艰苦奋战的精神，坚持主动作为，攻坚克难，2017 年实现了大学教材销售码洋过亿元的成绩。

抓住业务的突破口打开局面

在新华书店总店成都分公司成立之初，业务范围主要以教辅销售和图书市场批发为主。运行半年以后，公司发现从事纯粹的图书市场批发存在着很大的局限性，不仅图书市场批销的竞争日趋激烈，而且由于图书品种相对单一，客户退货多、回款慢，销售不尽如人意。于是，时任公司副总经理杨琳同志率领图书批发业务团队，对公司图书市场批销进行了认真调研与分析，对公司业务进行重新定位，决定将大学教材和图书馆作为销售的突破口。团队从单一的采购部门走到了前台，直接面对客户，从此开启了从销售、采购、仓储物流、到回款结算的一站式服务模式。

业务团队还有针对性地拜访公司所在的四川省各高校教材科、图书馆，宣传新华书店成都公司，从零开始建立和完善针对所有客户的服务体系，秉承“做业务要先从做人开始”的理念，慢慢地让更多的高校认识自己、认可自己、信任自己。

建立精细化的管理体系

“以此为生就要精于此道，把学习和进步作为毕生的追求”。十多年来，公司员工从零开始，在工作质量上狠下功夫，一步一个脚印，以“服务、诚信”作为企业的经营理念，经过长期实践，建立了一整套精细化的管理体系，为客户提供一站式服务。教材图书的订购、送货、收退、售后、结算等所有服务均由专人负责，随时了解情况，随时协助客户及相关人员解决各种具体问题。从业务部的客户服务、订单采购、销售管理，到物流配送到校、系、库房，再到售后服务以及财务部的核算管理等各环节，追求科学化与规范化，讲究细节，不放过任何疏漏。公司把每一个客户都始终当做公司的唯一客户，把打进来的每一个电话都视为一个实现销售和服务的机会，以此鞭策员工把服务做得更好，确保教材发行工作的优质高效运行。

热心社会公益，勇担社会责任

新华书店成都有限公司是一个重承诺、有担当的国有文化企业，热心支持社会公益活动，在四川省新闻出版局的“农家书屋”工程中，同文轩集团物流中心一道共同承担了图书的物流配送工作，完成了全省地、市、州农家书屋的图书分发业务并送书下乡到各地、市、州所辖县新闻出版局，准确高效优质地完成了配送任务，无差错记录，受到省新闻出版局的好评，社会反响良好。

公司还勇担社会责任，连续多年开展四川各高校捐资助学项目活动，寄语学子志存高远、为梦想而努力，每年均使一批优秀贫困学子从中受益

在未来的岁月里，新华书店成都有限公司将继续化压力为动力，秉承“高度专业，服务至上”的企业精神，努力扩大销售，为新华书后总店的转型发展尽一份绵薄之力，为新华书店这一金字招牌添光加彩。

北京图书大厦有限责任公司｜服务大局，增强第一书城品牌影响力

作为北京文化地标，被誉为“全国第一书城”的北京图书大厦，是北京发行集团旗下的国有书店旗舰店，长期呈现出良好的发展态势，销售业绩和经营模式始终保持市场领先地位。在多年的建设发展过程中，北京图书大厦以党的建设统领企业大局，为国有书店建设发展谋思路把方向——强化理论武装，提高政治觉悟；强化理论武装，提高政治觉悟；强化政治担当，确保大局稳定；层层传导压力，逐级落实责任。

社会效益为先，坚守党的宣传文化主阵地。北京图书大厦建店以来，始终坚持以社会效益为企业第一效益，坚守党的宣传文化阵地，着力弘扬主旋律，积极开展公益性文化宣传活动，大力推广全民阅读，努力成为传播社会主义先进文化的主阵地。一是以弘扬先进文化为己任，全力做好主旋律出版物的发行工作。二是以公益性文化活动为特色，立足书店开展青少年思想教育。三是以多渠道推广为抓手，大力推动全民阅读。

以全渠道营销体系为突破口，创新思路巩固国有图书发行主渠道地位。一是加快店堂定位升级、功能升级和服务升级。近年来，北京图书大厦按照首都“首善”的标准，加快对店堂环境的改造升级，调整书架、书台设置，完善配套服务功能，引入智能导购系统。在寸土寸金的商业区域内，划出大量专区摆放桌椅供读者静享阅读，营造舒适、文雅的阅读空间和购书环境。

二是建设北京图书大厦“智慧书城”，构建线上线下全营销体系。在各项适应性开发与系统改造的同时，深化服务功能，努力践行“将服务读者转化为服务读书人”的目标，将线上线下优势充分融合，努力打通大型书城线上线下于一体的智能服务平台。整合线上大数据优势、技术优势、品种优势和线下经营网点与互动体验优势，努力做到“线上品种齐全、线下精品突出”。努力实现引领和创新读者的文化生活方式。

以强化经营管理为各项工作落脚点，增强企业文化影响力。近年来，北京图书大

厦通过争创“星级服务示范岗”，弘扬爱岗敬业、诚实守信、服务群众、奉献社会的职业精神和道德风尚，提高服务品牌的影响力和知名度。十余个书籍部组先后27次当选“星级服务示范岗”，“示范岗”部组的职工们在勤勉敬业、熟练技能、精心服务上都有突出表现，推动着大厦服务质量整体提升，促进干部职工职业道德水准和企业精神文明建设水平不断提高。

北京图书大厦十分重视社会信用建设，得到了社会各界的肯定。曾被北京市新闻出版局评为北京市出版物发行行业首批诚信企业，并连续多年被北京市国税局、地税局评定为纳税信用A级企业，被北京市版权局授予“正版产品销售示范单位”荣誉称号。为确保商品质量，让读者放心购书，大厦严把图书和音像制品进货关，坚持主渠道进货，为弘扬社会主义先进文化主旋律、净化出版物市场环境、引导全民健康阅读而做出了积极的贡献。大厦对各种多元化经营品类的引进项目，均严格执行招投标办法，坚持招标公开、评标透明、资质审核、依法依规招商。营造诚信、规范的经营秩序。

天津市武清区新华书店有限公司 | 全心全意为读者服务

武清区新华书店坐落在天津市武清城区新华北路，毗邻美丽的京杭大运河，建筑面积 2690 多平方米，营业面积 1200 多平方米。多年来，武清区新华书店秉承“传播知识、弘扬先进文化；服务读者，满足文化需求”的经营理念，全心全意为读者服务。

多年来，在服务基层文化建设的过程中，武清区新华书店总结出要真正实现服务基层、服务农民，必须做到四个到位：

一是思想认识必须到位。在经济上，武清区全区近几年三级财政平均收入可达 246 亿元左右，但是，仍有相当数量的农民群众收入不高，缺少固定的收入来源，在自谋生路、发展经济上，他们渴求信息和知识。同时，在基层文化建设、构建社会主义和谐社会等方面，都需要新知识、新思想、新观念去提高基层干部群众的思想道德和科学文化素质，这一切都离不开图书这个载体，因此，新华人就是构建社会主义和谐社会文化的传播者，更是基层文化建设的参与者。

二是服务读者必须到位。为了更好地服务读者，去年武清区新华书店用国家给予的实体书店扶持资金，对原有的中心门市部进行全面提升改造，新建发行网点一个。新改造后的营业厅和网点宽敞明亮，温馨舒适，方便了读者选书购书。同时武清区新华书店还与全国多家大型批销中心建立了业务联系，组织了 6300 个新品种、45 万册的各类图书，确保新书及时到位。从方便读者购书出发，建立会员制，简便入会条件，进行适当让利，现已发展会员 3500 多位。提升改造后的中心门市部设立了农业科技图书专柜专架；并建立了读者微信群和武清文化消费平台。

三是队伍建设必须到位。建设一支过硬的队伍是搞好服务基层文化建设的重要前提和条件。武清区新华书店在党员干部中开展了“两学一做”学习教育，教育党员干部要增强“四个意识”，立足本岗，扎实奉献，拒腐防变，勇于担当。在职工中开展了“比学习、比干劲、比创新、比贡献”等活动，通过学习教育使书店干部职工形成了一支过硬的队伍。

四是农家书屋工程必须到位。为了保证农民能够及时看到农家书屋的图书，武清区新华书店在“农家书屋”工程中投入很多人力物力。对“农家书屋”从图书书目选定，到图书征订时间及品种把关，图书到货后再进行色标粘贴，然后进行打包运送。每个环节我们都安排专人负责，确保图书从数量到品种准确无误。武清区域面积 1574 平方公里，辖 29 个镇街，685 个自然村。为了及时完成送书任务，职工们克服天气带来不利因素，到离城区较远的崔黄口镇东赵庄村送书，在回来的路上由于雪天路滑，汽车在躲避行人急刹车时和隔离带发生碰撞，书店副经理李建军同志和员工田瑞成同志头部都不同程度受伤，但他们轻伤不下火线，第二天继续战斗在下乡送书的第一线上，确保了“农家书屋”工程顺利完成。

河北省保定市新华书店有限责任公司涿州分公司 | 强化管理　提质增效　勇于创新

涿州新华书店多年来始终坚守党的文化宣传阵地，终坚持正确的发展方向，把满足读者需求放在首位，提供优美舒适的购物环境和优质服务。2016 年实现销售 4896 万元，实现利润 1165 万元，年销售和利润连续 5 年在河北省 144 家县店里排名前 5。

强化管理，严格执行各项规章制度

树立制度管人思想，是涿州分公司领导层十几年确信不移的信念。所有的管理思想、管理目标都需要通过制度而实现。定制度并不是一件难事，难在如何执行。“严”，是涿州分公司制度管理的一个鲜明特征。制度就是一条红线，谁也不能碰。碰了，就要受到严肃处理。领导层每位成员对自己的要求同样严格。

此外，科学制定激励机制也十分重要。1997 年以后，为鼓励员工多销售、多创利，实现企业效益和员工收入共同增长，涿州分公司加大了绩效考核力度，将全年销售任务层层分解到每个部组、每个员工。在涿州，管理人员的岗位永远是动态的。今年你是经理、主任、组长，工作干得不好，明年就是普通员工。让每个人，根据自己的对企业的贡献决定薪酬收入；让每个人，无论身份如何，都获得相同的发展机会——这是涿州书店给予员工的最大公平。这种公平让员工的努力、付出、智慧、能力受到了极大的尊重，干事创业、为企业创造效益成为员工的一种内驱力，进而为企业发展注入了强大的动能。

涿州新华还十分注重增强各级人员管理水平。走出去，是开阔视野的好办法。这些年，涿州分公司每年都带领班子成员、中层、员工去外地学习先进管理经验。涿州分公司每季度召开一次的业务分析会，不仅是各部门经营情况的汇报会，也是一次特殊形式的业务培训会。

服务至上，打造涿州文化地标“涿阅轩”

最大限度地满足读者的需求，是书店工作的最高目标。因此，只有服务水平和服务环境的提高，才能保证书店的健康稳定发展。新建的涿阅轩店面积 1500 平方米，地处开发区，交通便利，周边基础设施配套完善。“涿阅轩”分店的开设填补了涿州新华书店在开发区没有经营网点的空白，并将努力为当地读者提供全方位、多层次、高质量的文化购物环境，打造涿州市文化新地标，使“涿阅轩”成为涿州分公司的旗舰店。小桔灯绘本馆通过开展讲故事、做手工、与幼儿园合作、绘本馆员工利用微信录制语音故事等多种形式的活动，会员累计达 400 余人。二楼为综合文化大卖场，经营范围包括：文体办公用品、音乐器材、儿童玩具、果乐拼水吧、儿童乐园、7D 动感体验馆等。营造浓厚优雅的文化氛围，休闲区会员达 960 人，2016 年共计销售码洋：485 万元，自开业后每年同比增幅 20% 以上。

活动面对竞争日益激烈的图书市场，开拓思路，以活动为抓手，不断提升营销能力和水平。一是多措并举，提升一般图书销售水平。涿州分公司优化卖场布置，合理调整有效库存，按照“以重点书、文教书和读书活动用书带动一般书销售”的发行思路，采取一系列有效的措施，重点提高一般图书的销售。二是创新营销，举办各类全民阅读活动。作为基层书店，以“走出去、请进来”为工作重点，请敬一丹、六小龄童、陈更等名家进店堂、进校园开展讲座。世界读书日举办涿州环保换书公益活动，承办涿州“2016—2017 年全民阅读活动启动仪式”，广泛开展进校园、进军营、进乡村、进企业、进社区、进机关、进家庭等“七进”活动。三是高度重视，做好重点政治读物的发行工作。每年出版的重点政治读物，发动全体员工，通过电视、微信、店内突出造型摆放等多种方式进行广泛宣传，确保各机关单位第一时间学习了解到国家的大政方针，社会效益和经济效益实现双丰收。四是服务教育，全力做好服务师生工作。为了进一步服务和配合教育，将全市所中小学校进行了全面划分，职工分片负责各学校的教材教辅发放工作，帮学校报订数字，调剂余缺。

山西新华书店集团阳泉有限公司盂县分公司｜开创实体书店新局面

盂县分公司近年来全面贯彻落实集团公司各项工作部署，面对重任勇担当，群策群力谋发展，以效益为目标，以市场为导向，以服务为手段，以“美丽书店”建设为抓手，面对各种困难坚定信心，在做实主业的同时，大力探索转型创新；各项工作实现了新突破，取得了新成绩。1、2015 年实现营业收入 2890 万元，实现利润 200 万元；2、2016 年实现营业收入 2727 万元，实现利润 200 万元；2017 年上半年：营业总收入实现 1085.34 万元，完成年计划的 50.13%。

提高思想素质　做实两教工作

盂县分公司深入贯彻落实党的十八大和十八届三中、四中、五中、六中全会精神，深入开展“两学一做”专题教育，开展维护核心见诸行动专题教育，制定具体学习计划及实施方案，规定学习科目；通过开展“道德讲堂”学习、“批评与自我批评”等多种活动方式学习，切实加强了公司基层组织、基础工作和基本能力方面的建设工作，同时提高了党员干部的政治素质，拓宽了大家的知识视野，增强了业务本领，锤炼了过硬作风。

高度重视两教发行，部门职工坚守阵地、恪尽职守保销售。在保证公告教辅发行配套率 100% 的基础上，下大力气抓好市场产品和重点品种，配套率稳中有升。预计全年两教销售 1400 万元。

针对多年来形成的库存，盂县分公司多次组织召开专题会议，研究解决方案，通过各种方法进行消化库存，到 2017 年，库存已由原来的 18 万元下降到 1 万多元，并争取在 18 年春季全部消化。

作为当地图书市场的主力军，盂县分公司始终坚持正确的发行方向，努力打造美丽书店。在抓好店堂销售的同时，带领全体干部职工开展全民阅读月“七进”活动，深入企业、机关、厂矿积极外联。同时与县图书馆合作，在“4.23”世界读书日开展了“你选书，我买单”的活动，销售图书7万元，销售《习总书记系列重要讲话读本（2016年版）》9000册，党章12000册，成功配送农家书屋图书码洋50万元，健身器材36万元，图书馆书架码洋40万元。通过招投标中标图书200万元，盂县二中录播系统7.24万元等。这些都受到社会各界的肯定。

创新经营手段　开展多元经营

新华书店作为国有文化企业，担负文化传承使命。盂县分公司紧紧围绕集团战略，坚持以服务为中心，在做好两教和图书发行的基础上，积极参与市场竞争，拓展多元经营，加快了转型跨越的步伐。2014—2015年紧紧抓住盂县“改薄项目”的有利契机，积极参加各种招投标工作，共中标十余次，中标码洋1550万元。2016年，成功中标云录播、少年宫、健身器材、幼教设备、图书陈列架等五个项目近300万元码洋。目前盂县分公司正在积极探索各种数字产品和教育装备新项目，争取能尽快取得实效。

此外，按照要求，盂县分公司还积极开展了美丽书店建设。对整体环境进行了整理美化，提升了形象。2017年3月，盂县分公司被山西省集团公司正式授予“美丽书店”称号。

内蒙古鄂尔多斯市新华书店有限公司｜双轮驱动，保持企业发展活力

鄂尔多斯市新华书店多年来坚持党建工作与企业经营“一条心”，坚持党建工作和企业经营“双轮驱动”，把党的组织和政治优势不断转化为企业发展优势，变“企业党建工作”为“企业发展活力”，实现党的建设与企业发展双赢格局，创新性地开展了“三亮、四比、三评、三创”企业党建活动，把坚持党的领导作为市子公司改革发展的“定盘星”和“压舱石”。连续三年被集团、市区相关部门授予“优秀党支部”“先进集体”，连续十年保持千万元创利的同时保质保量完成集团下达的各项考核指标。

不忘初心，坚守文化责任担当

坚守图书发行一定要从党的工作全局出发把关定位，坚持党的领导，坚持正确政治方向，坚持以人民为中心的工作导向，把好图书“购进关”。鄂尔多斯市新华书店坚持守土有责、守土负责、守土尽责，坚持政治读物第一时间发行到位作为卖场图书经营的指导思想，确保全市卖场图书均为国家合法出版物。2016 年上门为党政机关、企、事业单位，征订发行《两学一做》《习近平系列重要讲话读本》及其他政治类读物 14 万余册，300 余万元。连续多年政治读物发行位居全区第一。

同时，鄂尔多斯市新华书店坚持读者至上文化使命，健全网点布局，打造城市文化地标，做中国最美书店！ 2015 年，为迎接“全国少数民族运动会”用时 56 天，完成 3 个整体构造全部用实木打造，建筑外形尽显欧式典雅风格的城市书屋，创造全国书店建筑时间最短的奇迹。目前，新建“七进工程”发行网点 12 处，鄂尔多斯市新华书店率先在全区创新并接地气地开辟了书店进党校、进医院、进社区、进公园，进校园成为当地的文化亮点；首次在全区战略性提出了书店与图书馆的深度合作，让“你阅读，我买

单”早日普及鄂尔多斯市，并初步达成了新华书店图书馆店进驻协议；利用各个网点积极打造各类读书主题活动，现拥有各类读书公益微信群会员达六千余人，创建各类读书会微信群达 8 个，有力推动了全民阅读活动的深入开展，现有 14 项公益活动被鄂尔多斯市东胜区政府纳入了全民阅读活动固定项目。

服务读者，坚持“走下去、走进去”

近年来，联合当地文化局建设草原书屋 443 家（包括 152 个文化室，5 个村书屋）；参与“文化、卫生、科技”三下乡暨践行群众路线“惠民五送”主题实践活动等各类书展达 150 余次；开展各类“帮扶助贫献爱心”活动 20 余次，为村图书室、贫困学生、敬老院等捐赠图书码洋 15 万余元。开展书香进校园 2017 年截至 8 月达到 36 次，受益学生达到近 3 万人，近两年市子公司作家进校园签售基本实现了全覆盖，销售图书达 100 多万元。为更好地服务基层、部队和厂矿购置了一辆流动售书车开展“书香东胜全城行”服务，有效打通了服务基层读者“最后一公里”。

鄂尔多斯市新华书店实现了全区首家公办幼儿园教材征订发行全覆盖。全市幼儿教材销售 304 万元。幼教发行市场占有率位居全区成员企业第一。

大连市新华书店有限公司丨
不忘初心谋发展，砥砺前行创辉煌

大连市新华书店有限公司（简称“大连市店”）成立于1945年8月28日，是大连市唯一一家从事中小学教科书、图书、报纸、期刊及电子出版物批发和零售业务的国有文化企业。在72年的发展历程中，大连市店始终同党和国家同呼吸、共命运，牢记使命、肩担重任，不断发展壮大，成为大连市图书发行事业的中坚力量。

健全网点布局，提升品牌影响力

近年来，大连市店牢固树立政治意识、大局意识、核心意识、看齐意识，以习近平总书记系列重要讲话精神为指引，坚守图书发行主业，着力对传统老店进行升级改造并健全网点布局，不断提升新华书店品牌影响力。

一是对传统老店图书大厦进行升级改造，为读者提供舒适的阅读环境。2015年以来，大连市店开始对中心门市图书大厦进行升级改造，先后投资建设了“淘气堡”亲子乐园、“小书童”绘本馆、多功能报告厅及现代化的24小时书吧，进一步完善了图书大厦的服务功能，美化了阅读环境，使传统老店焕发了新的生机。

二是稳步推进数字化新华书店的创新与发展，实现线上线下网点全覆盖。大连市店积极探索信息化条件下发展新模式，自主研发了在行业内处于领先水平的大连数字化新华书店，现已成功入选国家新闻出版改革发展项目库并获得国家财政部500万元文化产业资金扶持。

三是不断扩大袖珍式实体书店规模，在农村发行网点建设方面发挥骨干作用，有效打通服务基层读者“最后一公里”。大连市店坚持“走出去、走下去”战略，自2013年开始，通过与医院、中石油加油站、药房连锁店等领域的跨界合作，开设了500多家袖珍式实体书店，实现了让知识走进大连市民生活的每个空间的愿望，使大连城乡居民“买书像买菜一样方便”，袖珍式实体书店项目还获得国家财政部 100 万元奖励资金。2016 年 4 月，大连市店启动了与大连供销电子商务有限公司的合作，已完成 150 家网点建设工作。

创新经营管理，实现企业转型新发展

近年来，为使传统新华书店尽快实现转型发展，大连市店通过体制改革、制度建设和管理创新，以“三项制度”为保障，以“三大主业”“三个辅业”“三个新华品牌”和“三大经营模式”为总体发展方向，不断增强企业发展活力和市场竞争力。一是深化体制改革，构建现代企业制度。转企后，公司着力建立健全现代企业制度和法人治理结构，切实转变经营方式，构建起现代出版物市场体系，经营屡创新高，图书销售连续三年超 2 亿元，利润过 2000 万元，利润比改革前增长 40 倍。二是强化制度建设和内部管理，创新经营管理模式。大连市店先后制定实施了《考勤制度》《绩效工资》和《商品盘亏制度》三项制度，建立健全业绩考核和奖惩激励制度，充分调动员工的积极性；制定了《财产清查管理制度》《发票管理制度》等财务管理制度，规范资金管理；建立起《物资采购流程》《车辆管理制度》等制度，强化内部管理，完善运行管理机制。三是坚守“三大主业”，不断实现转型新发展。通过细化目标读者、开展精品营销、提升服务水平等多举措实现实体店销售不断提高；秉承国有文化企业把社会效益放在首位、实现社会效益和经济效益相统一的宗旨，按照中小学教科书发行“课前到书，人手一册”的要求，每年都圆满完成大连地区中学小学教科书发行任务；团购与馆配业务以品牌和服务不断扩大市场占有率，实现了辽宁省、大连市农家书屋、社区书屋项目连续多年中标，销售每年都保持 5% 以上的增长率，中标率也逐年提升。

吉林省新华书店集团长春市有限责任公司｜路在创新中延伸

吉林省新华书店集团长春市有限责任公司是吉林省最大的国有图书零售企业，原名长春市新华书店。几年来，该店从亏损到盈利，历经了质的转变。在上级的领导下，该店以政治引领方向、以制度规范行为、以素质强化服务、以技能促进销售，展现了国有书店强大的活力，发挥了国有书店的社会价值，不仅在宣传中央精神、传播文化上敢于担当，而且在经营中勇于创新。随着经营的不断摸索，书店出现前所未有的新局面。

以党建工作为先锋，努力开创图书发行工作新局面

针对书店的党员和员工斗志明显不足的现状，书店党委和班子从队伍建设入手，坚持以学为主，塑造学习型党组织。在党的先进性教育活动、科学发展观活动、“两学一做”学习教育中，书店党委抓住时机，带领大家冲在前面，以认真学习中央精神、重要文件为出发点，不断加大学习力度，从而用政治理论武装广大党员的头脑，使各级党组织的凝聚力、战斗力和向心力明显提升。

在查“四风”工作中，书店班子成员敢于揭短、敢于正视问题和解决问题，受到广大党员和员工的好评。单位组织盘点劳动、书市展销、柜台主动推荐图书、送书上门等到处都有党员的身影。学习解决了员工思想上的疑惑，也创造了一群积极向上的员工。

以建设制度为先阶，用制度为企业保驾护航

企业的发展离不开制度的护航。长春市新华书店有一套完整而健全的制度作依托，在发展中不断完善、创新和发展制度。几年来，出台了《财务人员工作制度》，将严格

的审核、审批、验收环节纳入其中；制定了《业务人员守则》，对业务人员和柜组人员进货提出了新的要求，从源头控制了不规范进货；制定了《大宗商品采购原则》，要求采购小型商品做到两人经手，第三人验收，大宗商品必须公开招标，坚决杜绝关联交易、熟人交易等。

另外，学习制度的制定促进了班子成员学习的自觉性，工作机制的制定增强了领导干部想干事的观念，联系群众制度的出台促进了领导者更加贴近员工生活，联系点制度出台让领导者更多地深入基层、为基层服务，企业业绩考核评价机制促进了企业经营的能动性。

以提升员工素质为基础，将员工素质转化为图书促销能力

在经济下滑、同业竞争残酷的形势下，长春市店提高员工素质，将素质优势转化为竞争优势，从而掌握主动权。几年来，长春市店年年开展大型综合活动，如军训、请名人授课、业务技能比赛、服务竞赛等，通过强化训练提高全体员工的服务能力和业务水平，打造出“对读者感恩、对企业忠诚、对自己负责”的文化氛围，形成有利企业发展的局面。

通过全国图书知识大赛和全省图书知识与业务技能大赛的检验，长春市店的综合活动实效明显。2017 年店庆 80 周年省集团举办的技能大赛，获得了 4 项比赛的全部冠军。

长春市店展开“每天多卖一本书”服务促销综合大检验，将专业技能转化为销售优势，提高了书店成交率，为书店能年年实现大跨步前进夯实了基础。

以多元发展为基础，拓展书店强大的发展空间

在上级的号召下，长春市店考虑企业特点，开始以经营文化范畴相融的产品为主的

多元发展。如开辟电子产品经销专柜、专营复读机等；开辟优贝克孕婴产品的园地，专销孕婴产品等，收效甚好。

2015 年和 2016 年相继开设的阅悦咖啡吧，将名人请进咖啡吧，扩大书店在读者心中的影响力。如今，书店在咖啡吧相继开设插花、手工制作、绘本讲座等活动，为进一步扩大多元经营领域进行新的尝试。

几年来，在创新指引下，书店实现了前所未有的发展，经营和创利每年前进一大步，彻底告别了亏损的旧貌，为探索书店发展和新生走出了一条道路。相信有坚强、善于创新的班子作带头，有积极、敢于拼搏的员工队伍做基础，长春市店会在以主业为主、多元经营的道路上创出更多的新成绩。

黑龙江省新华图书连锁经营有限公司新华书城|打造书城品牌，建设书香社会

黑龙江图书音像发行集团下属的黑龙江省新华图书连锁经营有限公司新华书城（简称“新华书城”），是黑龙江省国有新华书店中最大书城。新华书城注重品牌建设，拓展服务理念，精选优化图书品种，全力推进书香社会建设，已经逐步形成黑龙江省哈尔滨市的文化新地标。

加强组织领导，落实创建工作

新华书城坚持党的领导，加强党的建设，把加强和规范党内政治生活、加强党内监督各项任务落到实处，长抓不懈，为黑龙江特色文化精神建设提供坚强政治保障。

一是加强组织领导，形成创建合力。书城瞄准争评先进集体的目标，进一步加强创建领导力量，认真制订创建规划，扎实开展创建活动。书店成立了包括党政工团在内的创建文明单位领导小组，由书店经理任组长，一名副经理负责抓日常的创建工作，在工作中不但起到带头作用，还带领大家更新业务知识。

二是明确创建目标，健全考评机制。年初围绕创建工作研究制定创建规划，确定年度工作重点，召开全店动员大会，制定了每年具体工作方案，针对出现的新情况和新问题，适时地调整工作重点并及时例会研究解决。

三是坚持检查评比相结合，抓好落实。下发效能工作实施方案，加大对基层店监管力度，实行催办工作制度，由总经理牵头定期对各部门和各县店工作进行检查监督，提出问题、查摆分析限期整改，定期考评、奖优罚劣。这一举措的实施，增加了工作透明度，提高了工作效率，形成有效的激励机制，调动了全部职工的创建积极性。

助力全民阅读，打造书香社会

新华书城立足发行主业，发挥优势特色，全力打造书香社会，取得了较好的社会效益。

一是创办“书香龙江读书节活动”。每年借助全民阅读日，组织大型的讲座活动和读者见面会等阅读活动，培育民众的阅读习惯。每年书城针对各类型读者进行系列阅读活动 200 余场，邀请郦波、杨红樱、饶雪漫等到现场与读者交流。

二是成立读者俱乐部。读者俱乐部定期举办读者交流会、阅读分享、专题讲座、亲子阅读活动、儿童话剧等系列活动。通过开展丰富多彩的活动，促进全民阅读理念深入人心。

三是全省首创公益“馆店合一”新模式。新华书城与图书馆合作，在书城内建立图书馆分馆“悦读时空”，读者免费享受借还新书、畅销书服务。既解决了图书馆选书难，又解决实体书店零售难，满足了读者免费看到最新畅销书的需求，推动了全民阅读活动的深入开展，成为了冰城的一大亮点。

创新机制升级，优化购书环境

新华书城以推动全省全民阅读活动为基础，强化跨界合作多元化经营模式，努力打造高品位购书环境。

一是打造体验、阅读休闲为一体的综合性书城。书城引入儿童电教产品、学生文具、学前班、护眼配镜中心、琴行、茶艺、水吧、咖啡餐饮等文化教育产品，开拓文化、创意、休闲等多业态，在打造城市文化生活中心的同时，也形成了一个鲜活的商业生态系统书城。

二是拓展旅游项目联手店面深度业务，为读者提供延伸服务。新华书城增设免费休闲阅读区、大麦绘本馆等，本土文化项目成立艺术品专区、东北风光特色画廊。不同区域由不同的主色调，增加对读者的视觉冲击，用强烈的视觉形象引导消费者关注。

三是举办各种文化活动。举办文化讲座、文化沙龙、画展以及各项演讲、表演、展览等系列文化活动。邀请国际象棋大师李强、知名画家唐世和、书法家郭滨江做客新华书城，不断提高书城的文化影响力。

几年来，新华书城在精神文明建设上取得了一些成效，但仍然追求更高标准更严要求，时刻更新升级；新华书城作为宣传党的方针政策、传播科学文化知识的主战场，任重而道远。我们将进一步加强先进集体建设工作，创新工作机制，丰富活动载体，注重工作实效，使创建工作再上新台阶。

上海新华传媒连锁有限公司新华书店闵行店｜在传承中求创新，在创新中谋发展

上海新华传媒连锁有限公司闵行店（简称“闵行店”）主要负责闵行区各门店图书经营管理，以及全区的中小学教材发行工作。近年来，在全面贯彻和推进企业经营管理目标的完成过程中，闵行店充分利用区域优势，结合新华书店自身实际情况，在传承中求创新，在创新中谋发展，并取得了一定成效，主要表现在以下几个方面：

强化经营管理，增强责任意识

闵行店认真贯彻和执行公司制定的各项规章制度，重视员工业务知识和服务技能的培训参与度，加强门店规范服务接待和安全防范工作。闵行店每年与公司签订《年度经营目标管理责任协议书》《年度综合治理协议书》，在推进和落实过程中，严格按照公司制定的相关规定办事。通过制度化管理，使管理团队目标清晰，责任明确，落实规范，促进员工队伍的素养和工作效率的全面提升。

同时，闵行店充分利用“二级薪酬分配”机制，加大对单位团购和学校图书馆馆配的拓展和服务奖励。为了实现销售最大化，在强化门店规范监督工作的同时，不断完善和推进绩效分配机制，实行“按劳取酬”，进一步激发员工的自觉性和工作热情，确保各项销售活动的有效开展。如：某一乡镇急需配置一批图书，门店员工第一时间传递信息，全员一起做好货品的调配，及时完成征订发送工作。

提升新华影响力，开发资源共享

在激烈的市场竞争状态下，为了获得生存和发展，闵行店强调员工工作作风，主动

联系客户。在与闵行区图书馆全新合作的“新书你先读”活动中，把图书馆的服务功能延伸到了社会，赢得了广大图书爱好者的喜爱，也为区图书馆做了一次有力的宣传推广，反响良好，对书店进一步拓展与完善服务功能，更好地服务社会是一个很好的启示。闵行店结合区域学校“红领巾读书月”活动的开展，联合举办“大手牵小手，书香伴我成长”名家进校园活动，这项活动已连续坚持了六年，截至 9 月中旬，已有 14 所学校积极参与，这是店校社合作共赢的典范。

为了全力做好区域的教材征订和发行，闵行店课本部全体同志以“热情、细致、耐心、周到”的工作态度，认真处置业务活动中的征订、汇总、添货、调剂、收退等环节的工作，发行质量和业绩始终保持名列前茅；与此同时，利用发教材与教育局和学校建立的良好关系，积极拓展相关业务，如“名家进校”和“绿色阅读”的开展，学校图书馆的馆配等，截至 9 月上旬，学校图书馆馆配销售 42.54 万元。

参与文明创建，共建闵行家园

闵行店连续两年荣获新闻出版局文明单位称号，同时也积极参与闵行区窗口单位同创共建联盟活动。活动过程中，闵行店通过向社会提供服务信息，服务承诺，联系方式等，在接受社会监督，服务社会的同时，也得到了社会的关注和支持。

闵行店在促进实体书店经营，创新服务手段，创建区域精神文明，丰富读者文化体验，以及推进全民阅读活动过程中做出一定的努力，也取得了一定的成绩。相信随着党和国家对文化产业建设的高度重视，一系列优惠政策的出台，以及实体书店经营理念和经营模式的转型，一定会吸引更多图书爱好者的回归，只要坚定信心，不忘初心，实体书店的春天一定会到来。

江苏省苏州新华书店有限责任公司｜传承红色基因　弘扬新华精神　转型融合发展

2016 年销售总额 5.1 亿元，实现利润 6400 万元；主动参与公共文化服务体系建设；“智慧书城”全面上线；“书香系列”阅读服务连锁体系强力推进；一流城市书展打造成果丰硕……一组组数据，一份份成绩单，是 80 年来，一代代苏州新华人努力奋斗结出的累累硕果。近年来，苏州新华书店深入贯彻党的十八大精神，实践习近平总书记系列重要讲话精神，求真务实，积极创新，抓住互联网时代的新形势新挑战，不断转型升级，增强传承文化使命和担当的能力，实现了社会效益与经济效益的双丰收。

抓住党组织核心领导，不断提升凝聚力

2016 年以来，根据凤凰集团党委和股份公司党委要求，苏州新华书店党总支向各支部发出《关于开展“学党章党规、学系列讲话，做合格党员”学习教育的通知》要求，落实“两学一做”学习教育各项要求，提高整个团队的凝聚力和战斗力。与市图书馆党组织联合邀请苏州科技大学教育与公共管理学院相关专家，开设专题党课。定期召开支部、总支民主生活会，切实履行党员“三会一课”制度，积极开展培训和读书活动；选送党员、入党积极分子参加市级机关党校的各类培训，增强党性修养和工作能力。党总支同时要求每一位党员都要认真学习《习近平总书记系列重要讲话读本》，做到人手一册，撰写学习心得体会。把做好马克思主义经典著作、党和国家重要文献的发行，做好党中央治国理政新理念新思想新战略等重大主题出版宣传，作为一项重要政治任务，抓紧抓实。

抓住转型升级机遇，不断爆发竞争力

面对前所未有的发展机遇，苏州新华书店根据凤凰集团、凤凰传媒和发行集团的战略部署，加快转型升级步伐，在深化体制机制改革、增强发展活力的前提下，优化畅通资源配置，提高与完善服务功能，打造现代发行业态，健全网点布局，做实实体书店，推动数字资源建设，在激励的市场竞争中，稳扎稳打，短短几年，已基本实现了跨越式融合发展。

门店转型升级不停步，满足市场更高更新需求。自 2014 年起完成了古旧书店、吴江书城以及观前书城的升级改造，将书店打造成全新的“文化体验空间”。同时建立网上数字化体验平台，精准定位服务人群，留住越来越多年轻消费群体的脚步。一个线上线下联动互助的“物联网智慧书城”正在大步迈进。

组织架构不断完善，店外销售再添新渠道。面对互联网经济快速发展、特色书店繁荣兴起，苏州公司精研细分市场，找准发力点，差异化经营，2016 年 9 月成立“市场服务中心”，紧紧围绕江苏省建设厅“智慧教育、智慧江苏”建设，开发智慧校园、智慧教室解决方案，主动对接现代企业，大力拓展店外销售力度。同时加快移动端开发与应用，加速发展电子商务。

加快吴中凤凰广场的打造，向更高端文化业态深耕。吴中项目致力于打造一个根植于吴文化，以书为核心，地方工艺挖掘、产业联合、创意推送等多元业态融合的新城市文化生活体验空间，将苏州新华书店业态向更深层次推进。

抓住国家战略布局，不断打造社会力

践行文化传承使命与担当，是新华书店最本质的生命力，也是社会效益评估第一标准。

不断提升公共文化服务效能。苏州新华书店与苏州图书馆紧密合作，主动参与现代公共文化服务体系建设，在全省乃至全国率先示范。仅 2016 年，苏州新华书店公共图书销售就达近三千万元。并携手全国多家重点出版社、苏州地区公共图书馆、高校图书馆，“社馆店”三方构建起畅通的资源获取渠道，推动数字资源建设和馆配转型。

搭建全民阅读平台，成功举办多届书展。苏州新华书店作为推广全民阅读的企业先行者，每年都是苏州市全民阅读活动的积极参与者和倡导者，先后举办了第四届江苏书展及首届凤凰（苏州）书展，第二届苏州书展，第七届江苏书展，为苏州市民带去精神大餐，同时提高新华书店的品牌美誉度。

深化阅读推广，构建小微书店生态圈。致力于多渠道、多形式推广全民阅读，苏州新华书店已经实现智慧书城全面上线。采用“图书馆+实体书店”模式布点小微书店群（即阅读推广平台），目前已在图书馆、机关、园林、医院、社区、校园、银行开设了小微书店，全天候、零距离、多样化服务周边居民读者，以点带面，在全市范围内形成了阅读推广网络。

浙江海宁市新华书店有限公司 | 在传统与创新中前行

海宁市新华书店围绕坚持主业发展，着力做强做优，围绕“调结构、促转型”，实践省店集团“三走一提升”战略决策，经营业绩不断提升，2016 年销售码洋 1.07 亿元，实现利润 1170 万元。2016 年POS销售 6750 万元，占总销售的 63%，教材板块销售 3950 万元，占总销售比例 37%，POS销售占比的逐年提高使企业市场抗风险能力得到加强。2016 年非图板块销售 1960 万元，占POS销售的 29%，多元突破显现成效。

外延式扩张

2016 年海宁市新华书店店外销售 3 年实现 533 万元，占POS销售的 52.3%，店外销售 3 年同比增长 44.6%。

海宁市新华书店高度重视党政理论读物的征订发行工作，也取得了不俗成绩。《之江新语》共征订发行 2657 册、《习近平谈治国理政》共征订发行 1732 册、《理论热点面对面》共征订发行 6045 册，发行量均名列全省前位。

此外，海宁市新华书店积极参与政府采购项目的招投标；积极开拓教育装备市场新业务；读书活动取得新成果；做好市场调研，努力开拓馆藏业务。该书店每年的寒暑假读书活动已连续开展了 11 年，读书活动已成为一大品牌营销项目，为公司每年销售增长作出了较大贡献，码洋连年创新高，活动形式每年有新意。在公共图书馆政府采购项目中，海宁市新华书店连年中标，在海宁市公共图书馆和中小学校图书装备项目的市场占有率达到 100%，2016 年销售码洋 733 万元。

在发力线上业务方面，海宁市新华书店 2015 年 9 月入驻天猫，2016 年 2 月入驻亚马逊，从尝试摸索到逐渐入门到高效运作，2016 年实现销售码洋 238 万元，2017 年

1—7 月实现销售 447 万元，收单量和收单码洋分别是去年的 3.7 倍和 3.8 倍。

小连锁网点建设方面，海宁市新华书店积极开拓培育乡镇图书市场，自 2010 年起我们通过与民营或个体加盟连锁的方式布点农村图书市场。至 2016 年底共有小连锁 8 家，实现销售 140 万元。2017 年与民营资本合作，开设了“朵小拉午夜书房”，该项目营业面积 500 平方米，以图书+文创+咖啡模式，营业时间至午夜零点，给小城午夜带来了一抹书香。开创了小连锁经营的新模式。

内涵式提升

一流的卖场必须有一流的服务，专业化规范化的服务是海宁书城最好的名片，通过图书业务知识、发行业务知识等培训，提升服务质量，“服务有标准，培训有计划，管理有目标，改进有措施，学习有榜样”的标准化服务，海宁书城的服务品质得到进一步提升。

在公益活动方面，海宁书城精心组织形式多样内容丰富的体验活动，让更多的读者有更多的理由走进书店。约作家来书城讲座、请读者来书城参加各类体验和交流活动已成为常态。在读者心中，传统买书、卖书的新华书店正悄然发生着变化，海宁书城更是一个多元文化交流与传播的体验场所，“城市文化客厅”之梦在此酝酿。

海宁书城在满足消费者消费体验的同时，还引进优秀品牌多元商品，实现多元化的有效嫁接。在商品选择上，努力在“人文”和“商业”之间做好平衡与融合，摒弃在主营业务之外做简单的添加。副业产品的陈列展示兼顾图书主业特性，并结合节日融入相关文化主题，这样的设计布置尽可能体现“人文经营理念”与“商业接受”相融合，复合混搭但不失“文化”气息。图书产品和文化商品的有效嫁接，在满足读者一站式文化消费的同时，提升了书店销售。

安徽省六安新华书店有限公司 |
凝心聚力促发展　奋发有为谱新篇

六安新华书店有限公司是皖西地区营销网络最全经营规模最大的以图书发行为主的国有控股文化企业在集团公司和地方政府的正确领导下，围绕集团战略，以文化为主题、以图书为主线，坚定理想信念，传承新华精神，践行服务承诺，履行社会责任，六安新华书店实现了新常态下的新作为、新发展。

抓改革创新，释放企业发展活力

2009 年，六安公司实施三项制度改革，共减少机构 11 个，全市在岗员工精简 61 人，圆满地完成了改革任务。2014 年年底，按照《安徽新华发行集团（皖新传媒）第三轮变革实施指导意见》，公司开展了第三轮变革。六安公司分别成立市级文化消费公司、市级教育服务公司，将市县公司原有的文消业务和教服业务分离；强化市县公司的营销职能，弱化其行政职能。2015 年 3 月，六安新华书店作为集团首批五家试点店之一，全面启动薪酬绩效考核工作。这次的改革打破了新华书店传统业务的边界，调整优化了组织架构，基本完成了“贯通总部与市县公司的两大业务板块，推动市县公司的转型升级”的总体目标。

随着改革的不断深入，六安新华书店各项业绩一直保持着又好又快的发展势头。2014 年公司实现营业收入 3.63 亿元，增幅 18.44%；利润 3371 万元，增幅 36.19%。2015 年实现营业收入 4.22 亿元，增幅 16%；实现利润 3702.57 万元，增幅 12.39%。2016 年实现销售 4.16 亿元；利润 3700 万元（寿县新华书店划入淮南新华书店）。在 2016 年安徽新华发行集团公司KPI考核中，六安新华书店综合排名第一。

抓主渠道主阵地，讲好新华故事

新华书店作为出版发行的主渠道、主阵地，六安公司始终坚持把社会效益放在首位，坚持服务于地方党委、政府的中心工作。

第一，努力发行好党和国家的重要文献。2015 年至今，六安新华书店圆满完成了《四干教材》《治国理政》《习近平系列重要讲话读本》《习近平关于党风廉政建设和反腐败斗争论述摘编》等马克思主义经典著作、党和国家重要文献的发行任务。

第二，全力做好教材保障工作。为了保证教材发行质量，六安公司不断加强网点建设，全市建立近 44 个教材发行网点，遍布市县城乡，成为皖西地区营销网络最全的国有文化企业。

第三，助力全民阅读，完成农家书屋配送任务。多年来，六安新华书店积极参加“三下乡”和青少年读书活动。自 2009 年启动以来，六安及所属各分公司高效完成六安市县所有行政村的农家书屋工程的配送工作，并通过了安徽省“农家书屋”工程建设督查验收组的抽查。

第四，抓好门店转型升级。六安新华书店于 2005 年投资 3000 万元建成皖西书城，营业面积 1.2 万平方，现已成为广大六安市民理想的休闲购书场所。

强化企业内控，夯实基础管理

多年来，六安公司一直注重在经营管理上的观念、理念转变，把适应现代企业管理要求作为公司进步的标志；制定了《财务管理规定》《资产管理规定》《合同管理规定》等规章制度，特别是应收账款方面，要求业务部门建立清收台账，严格控制收款时间，落实责任，预防资金风险。公司不断细化、完善管理流程，财务硬性规范达标考核的方式，使各项管理工作逐步规范化、常态化，确保了经营管理上不出问题。

人才队伍建设一直是六安新华书店高度重视的工作。为加快人才梯队建设，2016年，六安公司开展了霍邱、金寨、舒城、霍山分公司副经理竞聘工作。2017年年初，教育六安公司本部设立区域服务中心，下设四个服务部；调整了金寨分公司负责人；完善了四县公司班子配备工作。2016以来，先后招聘了5名营业员和6名教育服务专员。竞聘和招聘都坚持“公平、公开、竞争、择优”的原则，最终按综合成绩从高分到低分排名录用。新员工的入职将为六安公司输入新鲜血液，将会为业务的拓展增添生机和活力。

培训是员工最好的福利。六安公司始终注重对员工的培训。一是利用皖新大学平台，强化对员工学习考核力度；每月开展财务知识系统内训；每月综合服务中心例会后进行财务人员内训；二是组织培训。2015年以来，公司先后组织“礼赢商运”“重塑责任心，赢在执行力”等大型专题培训8次。三是走出云，学习先进。通过培训，全面提升了员工素质，夯实了企业管理基础。

福建新华发行（集团）有限责任公司建阳分公司|
改革创新为抓手　奋力推进促发展

近年来，福建新华发行（集团）有限责任公司建阳分公司紧紧围绕集团“五轮驱动、资源整合、管理升级”的发展战略，坚持与时俱进，求实创新，促进企业“两个效益”建设的协调发展，经营收入持续保持了持续稳定快速增长的态势。

强化组织管理，建立健全工作机制

建阳分公司坚持以制度管人的管理理念，对管理工作常抓不懈，不断总结经验，优化完善，进一步量化、细化管理目标，推出“干事档案”管理，将员工的工作情况和业绩上墙公开“晒一晒”，让员工知道自己做什么，做得好与坏，一目了然，以数据和业绩说话，将管理工作由结果变为过程化。同时，对有时限要求的主要工作任务，通过“限时通知单”“催办单”等管理手段，有效地促进管理制度的落地。还实行了工效挂钩，多劳多得，充分调动职工的积极性、创造性，发挥职工的内在潜力。以“推动工作落实、促进作风转变、提高执行力”把权力关进制度的笼子，让权力在阳光下运行。真正体现“干和不干不一样，干好干坏档案说了算”的功能。

通过“以会带训”与“对标管理”的方式，把工作目标细化到各个环节，量化到人头，明确考核办法，采取一级抓一级，一级对一级负责的责任体系，完善长效考核机制，坚持检查评比相结合，下发效能工作实施方案，加大对门店监管力度，实行催办工作制度，每月进行对标，并由经理牵头定期对各部门工作进行检查监督，提出问题、查摆分析，员工中比学赶超，定期考评、奖优罚劣。

打好经营主动仗，实现销售新突破

一心一意为读者服务，是建阳分公司的最高宗旨，不断努力创建高品位的图书城购书环境。打造优质服务窗口形象，提高新华品牌知名度，实行“三服务”。一是为好书找读者，为读者找好书。二是做到全新品种、全部自选、全程服务。三是主动接待问候读者、配合开展服务、提供帮助、满足需求。

此外，建阳分公司为支持公益事业的发展，2014 年捐助曼山小学图书馆建设，包括图书六千余册，铁质书架，防盗仪，条码阅读器，图书馆管理软件等设备，以及图书加工等服务，共计捐助金额 19.93 万元。

面对日趋激烈的市场竞争，建阳分公司不断增强市场经营意识，牢牢抓住教材、教辅销售这个龙头，按照教材经营工作“高效、扎实、主动、细致”的要求，进一步强化服务意识、提高服务能力、细化服务质量，打好经营主动仗，维护好教材发行市场，确保完成了“课前到书，人手一册”这项政治任务，对于缺、错、少书的及时调剂、更换与补充，细化到分班送书到校，热情满意的服务受到各校一致好评，实现目录内教材教辅全覆盖，拓展一般书销售市场，分公司全员人人肩上有任务，全店员工利用公余和休息时间开展个人征订，2016 年个人征订总额超 100 万元。

江西新华发行集团有限公司瑞金市分公司｜为书找读者，为读者找书

多年来，江西新华发行集团瑞金分公司始终坚持“二为”方向和“双百”方针，认真贯彻发行集团发展战略，以“为书找读者，为读者找书”为服务宗旨，以诚信经营为工作理念，改进服务方式，拓宽发行渠道，为全市人民提供了充足的精神食粮，丰富了广大人民群众的精神文化生活。

2016 年瑞金分公司实现销售收入 6122 万元，再创历史新高。社会效益方面公司着重抓好教材教辅发行工作，克服各种困难，千方百计保质保量按时送书到校，兑现了“课前到书，人手一册”的承诺。

加强管理，严格内控

在日常管理中，瑞金分公司推行精细化管理，内部控制措施日益健全。一是强化员工执行力，抓好制度落实。公司专门成立了内控体系建设领导小组，明确公司综合科为内控体系建设牵头部门，严格贯彻落实上级各项制度和规定，进一步加强内部管理。二是科学规范各环节操作流程，有效防止公司资源在经营活动中存在的潜在风险，提高了公司整体运营效率；三是坚决贯彻“勤俭办企业”的方针，勤俭节约，严格执行公司财务规定，加强成本核算，压缩各项非生产性开支，把可控成本细化到每一个岗位，使各项经营管理费用降低到临界点；四是以提高员工工作效率为目标，构建工作效率激励机制，通过层层传导压力，分解考核指标，利用ERP系统，加强进销存管理，使企业资源得到高效、快速地优化。通过采取有效措施，把规范管理的触角延伸到每个环节，形成堵漏、挖潜、节支环环紧扣、相互促进的精细化经营管理模式。

加快多元发展，拓展图书发行渠道

2016 年 6 月，瑞金分公司公司完成红都大道综合大楼升级改造项目，中心门市由一楼搬迁至二楼，营业面积比原先增加了近一倍，增至 400 多平方米的图书卖场，增添更多图书品种，设置了政治读物、名著进万家专柜，加强店外销售，开展团购业务，满足了读者的多样化、个性化、专业化的购书需求。打造“红色书店”，整个卖场环境得到了很大的改观，整洁、宽敞、明亮、温馨的购书环境也吸引了广大读者，增加了卖场人气。2016 年，门市完成销售 287.45 万元，完成任务到达率 131%。

近年来，随着城市化进程的加快和农村劳动力的转移，农村图书发行工作难度进一步加大，尽管如此，公司调整经营思路，不断加强农村图书发行工作力度，积极拓展农村图书发行渠道，丰富农村图书市场。一是公司在每个乡镇设立教辅图书代销点，方便农村学生购买学习教辅，实现与城里的学生同步共享图书资源。二是努力做到品种适销，服务至上。公司结合精准扶贫、“三下乡”等工作，“连心”工作队员在下基层走访中，收集群众对农村图书发行工作的意见、建议，对图书品种的需求信息，并有针对性地按照农村的图书市场需求，提供适宜农村的学生教辅、农业种植、养殖业类图书，以薄利多销的方式，为经济条件落后地区的读者提供一些最基本的图书需求。仅 2014—2016 年共开展送书下乡活动近百次。

瑞金分公司以党的十八大精神为指导，继续担负起传播先进文化、服务社会公共文化事业为己任，积极发扬新华书店艰苦奋斗、拼搏向上、爱岗敬业、服务奉献的优良传统，加强领导，强化措施，服务基层群众，服务农民读者，不断满足广大群众日益增长的文化生活需求。

山东省青岛新华书店有限责任公司 | 打造新华内涵品牌新形象

青岛新华书店有限责任公司成立于 1949 年，通过弘扬“爱党、爱国、爱店、敬业”新华精神，经过几代青岛新华人的艰苦奋斗、开拓进取，取得了长足发展，为我国社会主义新闻出版事业的繁荣发展作出了积极贡献。

强化党建，不忘初心

始终坚持发挥党组织的政治核心作用，牢固树立“四个意识”，深入学习贯彻习近平总书记在全国国有企业党的建设工作会议上的讲话精神，努力加强党的建设，在思想上、政治上、行动上与党中央保持高度一致。把加强党的领导与完善公司治理结合起来，积极推动党建工作与生产经营的深度融合，使“两学一做”学习教育制度化、常态化，努力确保各项工作顺利推进，企业可持续发展的动力越来越足。

2017 年是新华书店成立 80 周年，青岛新华全系统统一策划、统一行动，组织了丰富多彩的献礼活动，展示了新华书店发展壮大的光辉历程，以及新时期在建设书香社会、推广全民阅读中发挥的倡导引领作用。

服务社会，双效丰收

响应国家“全民阅读”号召，举办多种形式的全民阅读推广活动，打造全民阅读新时尚，传播书香社会新理念。“4.23”世界读书日全民阅读推广活动的启动、“我们”摄影展、“朗读者”计划、城市戏剧课堂、城市名人会客厅、名家校园行、市南区图书馆网上借阅“青云图”、书城小志愿者等活动，无论是社会反响方面，还是政府满意度方面，都取得了空前的提高与收获，得到社会效益和经济效益的双丰收。

在营销转型上积极策划，全力推进各项营销活动，2017 年上半年共策划、组织的营销活动 150 余场。既有市文广新局主办的“领读一百天，改变人生路”青岛市全民阅读活动，又有市店品牌活动“城市课堂”系列、“朗读者”“我们”摄影展、“小小志愿者”“2017，我和作家有个约会”校园行活动，以及联合上游多家出版社开展的主题书展活动等。邀请了著名作家赵丽宏、百家讲坛嘉宾贾英华、著名书评人绿茶、中国社会科学院地震研究专家徐德诗、畅销书作者马伯庸、儿童文学作家杨红樱、岛城文化名人宋文京等国内老中青著名作家、文化人 30 余人参与活动，不仅给岛城带来了高质量的文化活动，也为今后与出版社、名家的合作建立良好的基础。“小志愿者活动”品牌活动继续升温，今年书城的 900 个名额，在不到 1 小时内爆满，本活动现已在全系统铺开，得到了青岛市教育局的肯定，并在青岛市第七届中小学读书节启动仪式中进行了展示，未来将作为每年读书节常态化项目推行。

河南省鄢陵县新华书店有限公司 | 服务大众，服务精神文化建设

鄢陵县新华书店建店以来，始终坚持为人民服务，为社会主义服务的方向，坚持将社会效益放在首位，为鄢陵的社会、经济、文化、教育事业的发展奉献自己的一份力量。该店建立起了以经理总负责，党支部统一领导，工青妇齐抓共管，全体职工积极参与的领导体制和工作机制；健全完善了《领导班子理论学习制度》《党风廉政建设责任制》《内部控制管理手册》等工作制度；全力以赴确保全县 240 多所学校 8 万多名学生的 140 万册教材“课前到书、人手一册”；建成 1200 平方米购书中心，为全县人民提供更加优质的精神文化服务，在卖场显著位置设立迎接党的十九大图书展台，将习近平总书记系列重要讲话和治国理政新理念、新思想、新战略等重大主题出版物展示销售和宣传推广。每年将近万套（册）政治理论读物直接送到机关、企业、学校、街道、乡镇，保证了广大干部职工的学习需要。通过电商和主业两手抓，有效的打通了新华书店服务农村基层读者的“最后一公里”。

鄢陵县新华书店付出的辛劳和汗水，得到了国家、省、市、县各级领导部门的鼓励和肯定，被上级部门评为出版物发行行业文明店堂；省、市级文明单位；文化建设先进单位；先进基层党组织；多次受到中原出版传媒集团表彰；连续十年被河南省新华书店发行集团评为先进店；多次评为教材教辅、教育服务、大众消费市场、创新业务拓展、电商建设等单项工作先进店。连续多年被青少年爱国主义读书教育活动全国及省、市组委会评为爱国主义读书教育活动先进单位。

湖北省新华书店（集团）有限公司
牢记政治使命　服务文化发展

湖北省新华书店（集团）有限公司（以下简称“湖北新华”）是集文化消费、教育服务、文化旅游、现代物流和综合贸易于一体的文化产业集团，隶属于长江出版传媒股份有限公司，现有连锁门店227个、卖场9.5万平方米，2016年营业收入52.7亿元、净利润3.22亿元，总资产39亿元，总体经济规模在全国发行集团综合排名第11位。

一直以来，湖北新华牢记政治使命，传承红色基因，发扬光荣传统，发挥主渠道、主阵地作用，努力为人民服务、为社会主义服务，为党和国家的中心工作服务。特别是近年来，湖北新华坚持以习近平总书记系列重要讲话精神为指引，牢固树立“四个意识”，始终沿着正确的政治方向和价值导向，主动顺应时代要求，在推进全民阅读、拓展文化空间、激活发展动力、服务文化发展等方面取得明显成效。

做书香社会建设的领航者和实践者

湖北新华在建设书香社会、构建全民阅读生态中自觉当先锋、打头阵，努力推动全社会想读书、爱读书、全民读书，是“书香荆楚　文化湖北”建设的中坚力量。

2016年，湖北新华《十八大以来重要文献选编（中）》和《习近平用典》发行量全国第一，《习近平总书记系列重要讲话读本》发行近300万册，在全国省级新华书店名列前茅。

湖北全省新华书店战严寒、斗酷暑，优质高效地做好教材教辅的发行工作，有力保障全省中小学“课前到书，人手一册”政治任务的圆满完成。此外，湖北新华还以高度的政治意识和强烈的责任感承担和落实农村义务教育阶段学生教材的免费供应，以及2017年统编“三科”教材的发行与培训工作，确保国家政策的有效落地。还坚持服务农家书屋建设项目，发扬不畏艰苦、连续作战的精神，圆满完成农家书屋的图书配送工作，满足农民群众学习知识、提升素质的需求。2016 年湖北省居民阅读总指数为 67.10 点，比 2015 年提高了 0.93 个百分点。

为群众提供更多更好的精神文化空间

实体书店是推进全民阅读不可或缺的重要平台和载体，湖北新华自觉地把自己摆到公共文化服务体系建设中来，努力为群众提供更多更好的公共文化空间。

湖北新华 2016 年启动“一县一特色书店”工程，把实体书店延伸到历史文化街区、旅游景点、乡村、大学、军营、医院等社会每个角落。截至目前，启动大型书城、特色书店、主题书店、校园书店等各类型、各层次的实体书店建设、改造项目 107 个，重点加大对薄弱地区、贫困县市和少数民族实体书店和农村发行网点建设力度，全省县级及以下网点增加至 155 家，基本实现了全省实体书店网点的合理布局，促进了城乡公共文化空间的均等化。同时，湖北新华还积极融入“一带一路”，把书店开到马来西亚吉隆坡，推动中华文化“走出去”。

湖北新华坚持以读者需求为导向，针对不同年龄段读者的阅读习惯和消费风格，差异化、特色化打造实体书店品牌体系，不断赋予新华书店金字招牌新的内涵。目前已经形成了“新华书城”大型文化综合体、“九丘书馆”特色书店、“新华 · 格致”校园书店等三大书店品牌。围绕“图书+”和“文化+”，推行“图书+咖啡（茶饮）+文创+沙龙”多业态融合经营模式，不断丰富产品类别，成功实现从单一的传统书店向集图书音像、文化创意、读书休闲、分享沙龙等多业态融合转型。

湖北新华还积极整合产品、会员、物流、渠道、活动、数据等各类资源，加快智慧书城建设，实现线上线下一体化，把书店打造成开放式的共享阅读新空间，丰富读者阅读体验感。

湖南省新华书店有限责任公司岳阳市分公司 | 传承创新深度融合　加快企业转型升级

岳阳新华书店秉承红色基因，围绕巩固发行主阵地，拓展主渠道，制定了基础在传承，关键在创新的发展思路，走出了文化企业转型升级的发展之路。

勇担政治责任，矢志固守主阵地

岳阳新华书店一直十分珍惜几代中央领导集体对新华书店所倾注的心血和期望，切实履行党的宣传发行主阵地政治责任，成效颇佳。在宣传发行党和国家领导人重要文件文献等方面都出色地完成了任务。特别是发行《习近平系列重要讲话读本》《习近平谈治国理政》书籍方面力度空前，达到 16 万多册。为保证完成岳阳市 55 万多学生“课前到书、人手一册”的任务，岳阳新华书店制定了细致科学的工作流程及分片包干的问责制度。

打造书香岳阳，精心构建“新特区”

“中华民族文化博大精深，学习和掌握其中的各种思想精华，对树立正确的世界观、人生观、价值观很有益处。”岳阳新华书店的决策团队按照习近平总书记的要求，启动了“书香岳阳”建设，精心构建了优秀传统文化与时尚文化融合的“新特区”。

岳阳新华书店对经营场所做了重新规划，营造出与传播德泽深厚优秀历史文化相匹配的既具传统中式风格韵味，又融入现代文化符号的浓厚氛围，屏风、字画、瓷器、木雕点缀的东方情调，使阅读、讲学、游览、购书、娱乐的环境更为惬意。通过精心策划，先后开展了“星级门店”“国学讲堂”“名家书屋”“朗读者计划”“岳州文坛”“新华读书会”“优秀传统文化进社区、进校园、进军营”等活动。

新华人花费了多少心思，读者心里便沉淀了多少真情。往日沉寂的书店如磁铁般吸引党政领导、学生教师、工人农民、社会名流、媒体记者纷至沓来。许多读者感慨万千：置身活动让人激情澎湃，使人顿觉高尚。这里与其说是书店，还不如说是陶冶性情的地方。

践行服务宗旨，拓宽发行覆盖面

岳阳新华书店曾经辉煌，但随着纷至沓来的市场变革，企业曾面临诸多困难和挑战。新的岳阳新华书店班子成立后，凝心聚力，顺潮流而动，聚焦机构改革、管理创新，形成了用心用情、精准精细服务的全方位服务链，使企业迈上了一个又一个新的台阶。

一是既重视“店内服务”更突出“上门服务”的作用。为拓宽发行覆盖面，在精心打造“店内服务”升级版的同时，坚持“为书找读者，为读者找书”的服务理念，即时掌握岳阳市各级学习中心组全年学习计划和各行业、各单位的学习需求，适时送上相关的书籍资料。

二是既重视“传统手段”更突出“网络平台”的应用。在对传统发行手段进行创新的同时，瞄准线上服务平台建设，新上A佳教育、阅达智慧书城、微信公众号等服务项目，提高读者响应度和文化资讯宣传度，打通了服务读者最后一公里。

三是既重视“经济效益”更突出“社会效益”的功能。岳阳新华书店强化内部管理，厉行节约，革新挖潜，向管理要效益，使举步维艰的企业浴火重生，且越做越强。企业时刻没有忘记社会责任，坚持把社会效益放在首位，2016 年全省新华书店社会效益考评等次为优秀。

广东新华发行集团股份有限公司 | 强化企业实力　提升品牌影响

广东新华发行集团股份有限公司（简称“广东新华”）成立于 1999 年 7 月，为全国首批发行体制改革 3 家试点集团之一，广东省重点扶持的文化产业集团，广东首批文化产业示范基地。

广东新华成立以来一直坚守初衷，始终秉承“全心全意为读者服务”的宗旨，把社会效益放在首位，积极履行社会责任，坚持传播先进文化，参与公共文化服务，致力推动“书香岭南”的建设。2011 年到 2016 年，集团公司资产总额由 11.9 亿元增长到 40.2 亿元，年均增长 28%；净资产由 4 亿元增长到 17.9 亿元，年均增长 35%；营业收入由 11.4 亿元增长到 23.1 亿元，年均增长 15%；利润总额由 3494 万元增长到 1.75 亿元，年均增长 38%。

传播先进文化，彰显国企担当

广东新华是广东省出版物发行的核心渠道和主力部队。做好重点政治读物在广东地区的发行，传播先进文化，是集团责无旁贷的光荣任务。一直以来，集团充分利用覆盖全省的发行渠道优势，积极发挥新华书店各类实体终端和线上平台的阵地和窗口作用，积极开展重点政治读物的宣传推广和发行服务工作。为了保障工作顺利开展，专门组建政治读物发行小组，组织精干力量开展业务，主动向全省机关、企事业单位宣传推广。与此同时，把任务与各市县新华书店一把手的绩效挂钩，要求各店在突出位置设置专台专柜重点陈列宣传，推动政治读物在门店的销售。

广东新华始终坚持“两手抓、两手硬”的方针，重点落实好党建工作，保障经营工作开展。一是加强政治理论学习和思想道德教育，提高理想信念意识。二是加强党的建设和党风廉政建设。三是从严管理干部，锻造知敬畏、有担当的高素质队伍。

聚焦重点项目，增强企业实力

实现企业战略目标，项目引领是关键。广东新华首先抓业务拓展项目，抢夺红海市场。2011 年把握“教辅新政”出台的机遇，打了一场抢占教辅市场的攻坚战，成功收复教辅市场大半江山。经过努力，教辅销售从 2011 年不足 1 亿码洋激增至 2016 年底 6.36 亿码洋，增长 5 倍，目前仍在不断扩大市场占有率。其次组织专业队伍，进军专业市场。为更灵活更专业地拓展大中专教材业务，抽调精兵专门成立大中专教材事业部，协同全省子公司，集中精力拓展终端市场，营业收入从 2012 年的 3928 万元增长至 2016 年底 1.31 亿元，销售总量和市场占有率均跃居广东省首位。2012 年起，广东新华开始筹办“广东新华馆配会”，集团馆配业务也由 2011 年的销售 3300 万码洋发展到 2016 年实现营收 1.09 亿元，成为广东省内规模最大、信誉度最高的馆配供应商。再次，抓渠道建设，深挖蓝海市场。近年来，集团持续推进门店升级改造、开拓文化地产、打造特色终端、融合电子商务，形成了多品牌的渠道格局，通过渠道变革和经营转型升级进一步激发和挖掘全省图书消费市场潜力。最后，积极推动与互联网融合发展，实现线上线下一体化。广东新华专门成立电子商务事业部，相继上线教育资源一点通、新华阅读会等线上项目，打通线上、线下各个节点，以科技创新促进服务创新，探索实体门店与移动互联网的有机链接。打造多媒体营销矩阵，开设“广东新华阅读会”等公众号 29 个、读者书友群 40 个，32 个门店开通微信商城，线上关注会员突破 27 万人。通过线上推广，延伸线下营销与服务，实现实体门店与线上资源贯通融合。

广西壮族自治区隆林各族自治县新华书店有限公司｜坚守使命，让书香传播得更远

在广西新华书店集团股份有限公司的领导下，隆林各族自治县新华书店有限公司围绕百色市新华书店有限公司工作部署，坚持正确的政治导向，立足老、少、边、山、穷地区，服务山区人民，抓好转型升级，取得了显著的社会效益和经济效益。

社会效益和经济效益相统一，用心服务读者

多年来，隆林县新华书店有限公司开展下乡（镇）流动供应，足迹遍布全县 16 个乡（镇），2016 年下乡流动供书 14 次，2017 年到 8 月底止，流动供书 18 次，实现全覆盖乡镇流动供书。流供时精选适合各民族群众需要的科技、卫生医药图书，穿上民族服饰，用当地方言向各族群众讲解图书内容，深受各族群众欢迎和喜爱。尽管流动销售图书成本高，得不偿失，但是，隆林县公司为不辜负各族群众对购买图书的期望，阅读的渴求，而勇于承担社会责任，使全县 40 万各族群众享受到惠民读书活动。

此外，自 2010 年来，全国开展农家书屋的建设工作，新华书店承担了百分之九十的农家书屋图书的配送工作。隆林各族自治县地域宽广，村落分散，要完成每年的农家书屋配送工作，绝非一件容易的事情。但为了社会责任和社会效益，该公司每年都不计成本，在规定的时间内，把农家书屋图书配送到各村书屋。

自筹资金改造门店，实现实体书店转型

2013 年，隆林县新华书店有限公司克服困难自筹资金 508 万元，新建新华书店门店综合楼。新门店融入隆林县苗、彝、仡佬、壮、汉族等主体民族元素，集图书、文化

用品、少儿读书体验、玩具、饮品为一体，全方位打造一个供各族群众阅读购书、休闲的文化交流场所，突出区域政治、经济文化出版物展览阅读，得到各级领导和同行认可，受到全县各族群众的好评，使新华书店成为民族地区建设小康社会的风景线。

海南凤凰新华出版发行有限责任公司 | 改革重组促发展　转型升级显活力

2012 年 5 月 29 日，海南凤凰新华出版发行有限责任公司（以下简称“海南凤凰新华公司”）在海南省海口市挂牌成立，目前下辖 21 家全资子公司，集出版、发行、酒店、投资四大业务板块于一体。其中，发行公司 18 家，教材出版公司 1 家，文化投资公司 1 家，四星级酒店 1 家。拥有 27 家新华书店销售店，发行网点遍布海南全省各乡镇，是海南省图书发行的主渠道。

改革重组整合给海南凤凰新华公司带来了新的发展机遇。“十二五”期末，海南凤凰新华公司净资产较“十一五”期末增长 58.92%；营业总收入较“十一五”期末增长 69.01%；利润总额较“十一五”期末增加 3159.73 万元。公司总资产“十二五”期间年平均增长 14.78%，净资产年平均增长 13.38%，营业总收入年平均增长 15.74%，利润年平均增长 49.44%，人均职工薪酬年平均增长 10.88%。

引领文化体制改革，不断结出新果实

2008 年 5 月 9 日，我国首个跨地区战略重组组建的大型发行企业——海南凤凰新华发行有限责任公司由江苏、海南两省新华书店共同组建。

为了扩大跨省整合的良好效应，2012 年 5 月，苏琼两省出版发行系统完成第二次跨省合作，海南省教材出版公司以增资扩股的方式进入，挂牌成立海南凤凰新华出版发行有限责任公司，开创了海南省教材出版发行产业链一体化经营的新局面。“十二五”期间，苏琼双方在信息技术应用、馆配业务、供应商资源共享等方面深入交流合作，提高了公司拓展市场、服务社会的能力。

2013 年苏琼双方启动结对互助工作，海南的市县新华书店与江苏市县新华书店结成对子，明确目标任务，对口互助。海南 8 家结对子公司 2015 年均超额完成营业收入，海口、三亚、琼山、琼海等单位利润总额大幅提高，三亚公司由过去的亏损状态到 2015 年盈利 301 万元。2015 年，又启动了酒店板块“结对互助”工作，江苏凤凰台饭店选派骨干到海南太阳城大酒店任职，搭建起了酒店板块的交流学习互助平台。

“十二五”时期，公司各项指标取得了喜人的业绩，这要归功于海南党委、政府的大力支持，归功于公司全体同仁的努力拼搏。事实雄辩地说明，文化企业跨省整合资源的改革发展道路是完全正确的。

转型基础夯实，升级优势毕现

“十二五”期间，海南凤凰新华公司投资建设项目陆续投入使用。临高新华书店综合大楼，万宁新华书店综合大楼改造工程，乐东黄流新华书店综合大楼，定安新华书店门店装修工程、乐东九所新华书店综合大楼工程等项目陆续完工并投入使用。新网点项目的建成，为公司转型升级，更好地服务全省人民奠定了新的基础。

为适应时代变化，把新华书店打造成人们喜爱的“文化服务体验中心”，实现线上线下良性互动，海南凤凰新华公司分步对门店图书库存、经营业态调整：中心门店引入凤凰秘藏白酒、办公盆景、咖啡、饰品、哈根达斯等多元化经营项目，开发了海南凤凰贴牌的文创产品；海南凤凰新华书店微书城上线运营，天猫书店即将开张，为公司发展线上线下业务打开局面；与一批学校达成了开设校园书店的意向，即将全面建设；打造文化消费综合体工作迈出实质性步伐，海口解放路书城、陵水新丰书店改造工作推进迅速。

这一系列转型发展的举措顺应了时代的变化，为满足海南城乡干部群众多样化的精神文化生活创造了条件。2015 年，海南凤凰新华公司一般图书销售码洋 2.32 亿元，比上年度增长 26.19%，首次突破 2 亿元大关。

打造书香文化，推进书香海南建设

多年来，海南凤凰新华公司以“竭诚服务全省人民和广大游客”为职责，以“全力打造海南书香文化”为使命，以“永做国际旅游岛文化建设排头兵”为决心和梦想，勇于担当，主动承担起推进我省全民阅读活动的历史使命，突出了社会效益，实现了“两个效益”的统一，树立了良好的企业形象，赢得了社会各界及上级主管部门的信任和支持。

多年来，海南凤凰新华公司圆满完成了“课前到书”的政治任务。特别是2014年，在海南省教材版型确定晚的情况下，又遭受超强台风“威马逊”袭击，全市水、电、交通、通信等基础设施受到严重破坏，印刷厂受灾，中小学教材损失惨重，“课前到书”工作面临严峻考验。在此情形下，公司迅速成立“课前到书”应急协调小组，不惜代价，不计成本，发行环节提前介入，印刷环节倒排工期，细化印量，物流配送环节突破常规工作，教材24小时随到随发，子公司紧密配合，确保了“课前到书”。

重庆新华传媒有限公司九龙书城 | 忠于使命，服务社会

重庆新华传媒有限公司九龙书城经营面积3000余平方米，经过六十年风雨历程，书店在推动区域文化发展过程中不断壮大，时至今日，已成长为区内规模最大的综合性书城。在一次又一次的转型升级中，书城从单一业态逐步向多元化业态转变。

几十年来，九龙坡新华书店（九龙书城前身）始终不忘身为先进文化传播者的责任和使命，为区域经济发展、文化繁荣、满足读者需求尽了最大的努力，也赢得了各界的认可。

提升品牌形象　优化门市布局

近年来，移动互联网发展迅猛，市场竞争日益激烈，读者购买、阅读习惯转向线上网络，线下实体书业发展面临巨大阻力。九龙书城通过坚持民主管理，坚持规范化、制度化管理，虚心学习、借鉴优秀发行企业的先进经验完善自己，“由内而外”不断提升服务能力，更好、更快地发展自身。

此外，九龙书城始终以读者为中心，调整经营品种结构，提升书城经营产品品质，满足读者的需求。如，细分图书门类，遴选精品图书。在保证图书品种丰富、门类齐全的前提下，九龙书城选择优秀供货商进行深度合作，引进优秀出版单位优势出版领域的高品质出版物，供各界读者选购。与此同时，大力剔除粗制滥造、跟风模仿的同质化品种，赢得了广大读者的高度评价。为更深入地满足读者的需求，提高引进品种的适用度，从2017年初开始，九龙书城加强了自主添配的工作力度，改变了货品添订方式，使读者个性化的需要得到更及时、更有效的满足，按需订制逐步成为现实。

发挥出版发行主渠道、党政重要思想宣传主阵地作用

出版发行行业是经营精神产品的特殊行业，新华书店作为出版发行行业主渠道，肩负着传播先进文化，弘扬社会主义核心价值观的作用。打铁还需自身硬，增强自身拒腐防变的能力，才能更好地服务读者，服务社会。

九龙书城一方面加强党的思想建设和组织建设，夯实基层党建工作，保持和发扬党的先进性和纯洁性。另一方面大力宣传党政重要文件，把握正确的舆论导向。在店内重点位置进行党和国家重要文献、文件的主题陈列。2016 年销售《关于新形势下党内政治生活若干准则》《中国共产党党内监督条例》累计 43000 余册，码洋 20 多万元；截至 2017 年 7 月底，销售《习近平关于全面从严治党论述摘编》《创新驱动中国》《党支部就该这样干》等党建图书累计 1200 余册，码洋约 4.3 万元。

全力以赴服务读者

作为区内唯一具有教材征订发行资质的服务单位，一直承担着全区各中小学校教材发行工作，几十年如一日，圆满地完成了"课前到书，人手一册"的任务。不论遇到多大的困难，书城从上到下，总是尽心尽职，千方百计保障每季教材"课前到书，人手一册"，保证所有中小学开学教学需要。九龙坡区地域宽广，一些学校地处偏远，山高坡陡，为了方便学校师生，书店员工硬是手提肩扛、爬坡上坎把课本送到收书楼层，以辛勤的汗水和无怨无悔的工作作风，赢得了学校的好评。

两大书屋的建设作为政府的民心工程，每次的配送任务，时间紧、任务重、付出多、收益少。九龙书城上下都坚持社会效益放在首位，认真细致、加班加点地开展配送工作，从不计较。截至 2016 年六年累计完成了九龙坡区 12 个乡镇约 110 个书屋网点共计 367.89 万元图书配送工作。

2016 年中标某中学图书馆馆配图书 13 万元。九龙书城以全面满足客户需求的服务原则，为该校图书馆提供了马克数据编录、贴馆藏书签、图书上架等全套后续服务工作。细心而周到的服务也赢得的该校教师的信赖，为书店与该校的长期合作打下了坚实的基础。不管是门市接待，还是店外流动，九龙书城始终以优质服务赢得了各界读者的认可。

多年来，通过全体员工的不懈奋斗，九龙书城稳扎稳打，取得了较好的经营成果，为丰富读者的精神文化生活，推动社会文化建设和经济发展做出了重要贡献。

四川省凉山彝族自治州新华书店 |
精准扶贫，用阅读点亮世界

凉山州新华书店近年来坚持以习近平总书记系列讲话精神为指导，认真开展“精准扶贫”工作和基础党组织建设工作。全体干部职工团结一心，奋力拼搏，围绕“稳中求进、扩大发行、创新发展、平稳改制”的经营管理思路，积极稳妥地做好各项工作，取得了良好的社会效益和经济效益，圆满地完成了年度目标任务。

一方面，努力为凉山州当地的“三个文明”建设做出应有的贡献。如做好精神文明的窗口，宣传党的方针、政策的重要阵地，始终坚持图书发行事业的“二为”方针，正确把握社会效益和经济效益两者关系，工作中积极组织重点政治文献图书、文教类图书、民族图书、畅销图书等货源，积极与当地教育局等相关部门沟通，良好完成各类活动用书文件的转发和征订工作。同时配合党、政机关学习的需要，发好政治类图书。此外，紧紧围绕加快推进全州中小学信息化工程建设的重要任务，保证凉山州能与四川其他地区同步推进数字教育产品，积极与四川文轩装备技术有限公司合作，推进数字教育化发展。

另一方面，认真贯彻落实中共凉山州州委、州政府实施的“双联”工作和“精准扶贫”工作，第一时间选派驻村第一书记，深入定点扶贫乡，用真心、动真情，千方百计筹集可用资金，寻求可快速脱贫致富的项目，全力以赴开展工作。全年共计捐赠现金23.22 万元，物资折价 10.67 万元，落实两个扶贫村花椒苗种植及山羊喂养项目工作。为雷波大坪子乡五指山村购买价值 3.75 万元的洗衣机，为喜德县圆梦学校捐赠价值 2.1 万元图书，为宁南县杉树乡漆树村捐赠扶贫资金 3.3 万元，为金阳县西底乡人民政府捐赠价值合计 14.8 万元的图书，为美姑县中学（西昌校区）捐赠 2.0 万元现金。现金资助冕宁县林里小学校园广播系统，改善新荣学校学生餐厅用餐环境。同时还助力彝区扶贫，做好“一村一幼”辅导员用书的发行。凉山州新华书店协助教科所组织专家、老师

30余人，历时数月，编写“一村一幼”辅导员用书，新华书店承担发行任务。凉山州新华书店系统，上下一心，明确责任，确保课前到书，高质高效圆满完成了发行工作。

此外，书店坚守“课前到书、人手一册”承诺。多年以来，凉山州新华书店不断克服来自道路、运输，各县人口流动量增大，“移民学生”增加，导致课本报订数与实发数不一致的情况等诸多困难，坚持做到“课前到书”的承诺。在日趋激烈的市场竞争中，不断克服教材教辅版本复杂、品种繁多，个体经营户、网络书店、盗版书籍、政府目录学校认为未与时俱进等因素带来的经营困难，认真分析市场，深入研究政策，完善服务体系，规范业务流程，把“富强、民主、文明、和谐、自由、平等、公正、法治、爱国、敬业、诚信、友善”的精神融入到图书发行工作中，以“发好书、多发书”作为服务目标，主动出击加强与学校、教师、学生的沟通，及时了解所求所需，提供上门征订、上门送书、上门售后，充分运用优质高效的服务赢得学校的认同。

贵州省新华书店物流公司｜攻坚克难，打造一支能打硬仗的队伍

贵州省新华书店物流公司仓库地处白云区粑粑坳，主要任务是肩负一年两季的教材收发工作，目标是确保“课前到书、人手一册”任务的完成。为了确保目标任务的完成，物流公司加强对职工的职业素养的培训，制定了调度管理、收货管理、包装管理、转运管理、配书管理、发运管理等的管理模式，加强精细化管理模式和流程，组织业务主管及员工落实制度，整个业务工作流程始终处于正常、高效的运转状态。

贵州省新华书店物流公司是具有团队精神的集体，是一支能够打硬仗的队伍，30多年来都圆满完成了“课前到书”任务。

根据中央要求，教育部统一组织新编了义务教育道德与法治、语文、历史三科教材，由人民教育出版社统一出版，于2017年秋开始使用，省公司极为重视，要求物流公司要做好一切准备，保障三科教材必须在规定的时间发到收货店。

物流公司为确保完成日均配发350吨的满负荷运行工作量，启动了本季课教应急预案，重组人力、运力、生产物资和后勤保障等配置，以保证满负荷运行的需求，制定了2017年秋教材前期、中期、后期的收配发方案。因中后期大量交书，每日装卸教材达到800吨左右，为了完成当日收货和发货，物流公司将收书时间和发货时间调整到早上7点开始，一直要干到晚上12点才能卸完装完，劳动强度很大，员工非常疲惫，但为了完成“课前到书”任务这一信念，物流公司全体员工咬牙坚持，没有一位员工退缩。

2017年秋季科教总订货量为8295万册、19500吨。2017年8月18日，各供应商交货总量累计只达到14195吨，物流配发12800吨，日均交货284吨，发货256吨，由于交货量不足，未能达到计划日均350吨配发量，鉴于各供应商欠交总量过大（5305吨），若8月20日按计划强行启动清仓扫尾工作，势必会造成本季运输成本增加

的同时延迟后续交货的配发周期等状况，为此，物流公司启动了第二套应急方案，将清仓扫尾工作推延至 8 月 25 日最终确保“课前到书”配发时间启动。

8 月 28 日物流公司将欠交量向全省所属收货点配发完毕，省内各供应商须于 8 月 25 日至 8 月 27 日，三天时间日均向物流公司交货 241 万册、558 吨，对于超出物流公司满负荷（350 吨）运行以外的 208 吨，物流公司采取库外单品配播运发方式解决，物流公司根据 8 月 28 日的总交货量情况，实施启动第三套应急方案。

第三套应急方案，即调用全省“东风工程”流动送货车辆 10 辆，集中到物流公司统一调配，实施交货即配即发，确保在交货入库后最短时间送达到所属收货点。此后，物流公司安排好人力、物力、运力，确保将交到物流的教材按规定时间及时送到收货店，截至 9 月 2 日，物流公司实际收到教材 87 万册，差 11 万册。物流公司在 9 月 3 日 19：30 将交到的教材配发发运完毕，并在 9 月 4 日凌晨 3：00 前全部送达收货店。至此，2017 年秋季教材及三科教材在物流公司合理安排、科学调配下，在物流全体员工的辛苦拼搏下，圆满完成了 2017 年秋季教材“课前到书”任务。

云南新华书店集团有限公司|
奋力开创新形势下发行工作新局面

云南新华书店集团有限公司隶属于云南出版集团有限责任公司。前身云南省新华书店，成立于1950年3月12日，是云南省最早创建的文化企业之一。经过67年的发展，已经形成以连锁经营、物流配送、电子商务为主要特征，以大城市为中心、中小城市相配套、贯通城乡的出版物发行流通网络，企业社会效益日趋凸显，公共服务能力不断增强，在推动全民阅读共建书香云南的战略实践中发挥着重要作用。截至2016年末，集团营业总收入达40.51亿元，利润总额3.27亿元，资产总额34.09亿元，净资产19.17亿元，国有资产保值增值率112.01%，上缴各项税费共计9040万元。

整合优化业务资源配置，服务云南“大教育”

云南地处祖国西南边陲，山高峪深，气象变化万千。在恶劣的客观环境下，云南新华人始终担负着全省中小学教材发行任务，无论山洪暴发，大雪封山，路毁桥断，始终做到“课前到书，人手一册”，出色地完成了每年春秋两季教材发行任务，推动了边疆地区教育事业的发展。

2017年汛期，云南的昆明、昭通、红河、临沧、怒江等地遭遇了严重的自然灾害，交通完全中断，给教材发运工作带来了极大的挑战。相比交通条件较好的内陆省份，云南很多乡镇的物流配送时间和成本远远高出不止一倍。如红河州绿春和屏边这些边疆县，雨季道路塌方常常导致大车无法通行，只能采用大车换小车，甚至人背马驮的方式将教材一包包送到乡镇学校。迪庆藏族自治州的德钦县地处青藏高原南延，到乡镇学校也就一百多公里的路程，但因为交通不便，送一趟书竟需要2~3天的时间，如果遇上恶劣天气，发运工作更是举步维艰。但云南新华人始终默默地行走在大山之中，有时甚至是行走在“生死之间”，一干就是 67 个春秋。在每一本崭新的教科书背后，都凝聚着云南新华人克服重重困难、不忘初心从延安一路走来传承至今的新华精神。

为进一步服务云南教育事业发展，近年来，集团积极参与教育“薄改”项目采购，深挖“大教育”市场潜力。2016 年和 2017 年，又在云南省教育厅教学仪器装备中心和云南省教育装备行业协会的指导下，连续举办了两届“云南教育装备展洽会”，吸引了来自全国 100 多家教育装备生产经营企业踊跃参展，展区面积达 17000 余平方米。展会全面覆盖高等教育、职业教育、基础教育和学前教育，紧紧围绕云南省教育改革发展大局和教育信息化中心工作，充分发挥装备对教育的支撑、引领、重构和服务作用，为教育教学产品交流搭建了优质平台，进一步拓展了集团服务教育的内涵与外延。

以品牌打造延伸产业链，重塑企业价值

“二次创业”以来，集团在深化改革、夯实基础、创新管理、做强做大方面重拳出击，确定了“一盘棋、一个网、一张卡”的经营思路，在整合全省新华书店会员卡业务的基础上，形成了以“一卡通”为标志的连锁经营新格局。通过 ERP 系统升级，整合发行网络体系中业务系统、物流系统、财务结算系统，优化资源配置，实现运营科学化、管理制度化、流程标准化、服务人性化，不断赋予“新华书店”这块金字招牌新的时代内涵。

在巩固和扩大出版物发行优势的同时，集团积极探索文化关联产业融合发展的思路，以连锁店为平台全线提速多元化经营，成功培育和打造了一批自有商业品牌，并积极开展校企合作，丰富了实体书店作为全民阅读场所的文化体验功能。

随着电商时代的到来，集团正借助互联网思维，积极拓展集 PC 端、手机移动客户端、微信公众号三位一体的线上电商平台及线下“智慧书城”，进一步拓展虚拟卖场空间，打造立体化营销渠道，实现精准发行。目前，已经建成“云南新华书店 B2B2C 电子商务发行平台”，实现了图书的在线查询、产品检索、购物下单、在线支付、物流配

送和营销推广，增强了线下体验感；同时提供助学读物及文化用品的线上购物，有效延伸了助学读物征订渠道，从2018年春季起，助学读物系统将正式上线，配合线下征订同步运行。

华丽转身后的新华书店兼具商业价值与人文精神，把商业创造融入到精神生活中，以兼容并蓄的商品组合、丰富多元的阅读对话，展现精神生活之美，为人民群众提供了有品位、有格调、有境界的公共文化服务场所。同时，也为传承中华优秀传统文化、弘扬革命文化、发展社会主义先进文化提供了强有力的精神力量、道德滋养和文化条件，用文化之光照亮了城市的未来。

加强网点建设，提升文化阵地两个效益

近年来，根据政府城市建设规划带来的市场机会，集团围绕城市文化产业聚集区域进行项目储备，重点整合中心城市现有用地资源，盘活存量资产，提高土地开发利用价值，增加资产性收益，确保国有资产保值增值，使网点建设逐渐成为未来提升集团市场竞争力的重要战略资源，夯实发展根基。

“十三五”期间，集团将重点推进“云南出版发行电子商务现代物流中心”项目建设，依托新华书店的品牌、资金、渠道优势，打造综合性、专业化的现代大型仓储物流配送中心，通过自动化作业和信息化管理，实现商流、物流、信息流、资金流的全面整合。并以文化产品物流配送为基础，积极拓展第三方物流，形成集文化、科技、商务、服务于一体的跨区域综合性物流中心和区域公共物流信息交易中心。

陕西省西安市新华书店｜
着力打造新型文化企业　当好“书香之城”建设排头兵

西安市新华书店（简称“西安市店”）成立于 1953 年 4 月 6 日，经过 64 年不懈努力，已从建店之初仅有东大街、南院门门市部两处网点，营业面积不足 70 平方米，职工 98 人的艰苦环境，发展到下辖七区四县 22 个单位，销售网点 24 个，在职员工千余人，年销售数亿元，总资产近 10 亿元的西安市最大规模的现代化图书发行企业。

西安市店始终把加强团结协作、不断增强凝聚力和战斗力当做工作的重要宗旨，始终做到了：一是坚持理论学习，提高班子整体素质；二是坚持民主集中制，增进班子团结统一；三是加强班子作风建设，有力增强了班子的凝聚力和战斗力。

抓好主业经营，服务文化建设

首先，是稳教材、抓教辅，实现销售新增长。近年来，西安市店针对国家政策频繁变化，教辅新政实施，免费教材范围扩大，学生生源减少等不利形势，牢牢坚持“稳中求进”的原则，各尽其能、各显神通，稳妥细致地做好教材教辅发行工作，最大限度保证教材教辅的配套率和覆盖面，努力确保“课前到书、人手一册”，保证了企业的“基本口粮”，壮大了我店发展的“生命线”。

其次，是强管理，抓服务，推动一般书销售。西安市店坚持立足实际、突出特色搞经营，通过抓业务、强管理、创新营销、主动推销等手段，努力扩大一般图书的市场份额。各零售店结合自身实际，在工作精细化、经营多样化、服务标准化、管理规范化上下功夫，大力破解经营困境，开展形式多样的主题阅读、专题营销、名家签售等活动，取得了良好的社会效益和经济效益。

再次，是贴近基层，丰富形式，服务群众文化需要。我店始终以繁荣西安文化市场、促进精神文明建设为己任，通过坚持送书下乡、流动售书、举办各类书市、积极承办全民阅读活动、开展各类公益捐助赠书活动、主动参与“三下乡”等公益惠民活动，为宣传党的政策路线方针，传播先进科学文化知识，满足人民群众的精神文化需要做出了贡献，受到社会各界的广泛肯定，在促进全民阅读、建设书香社会中发挥了应有作用。

最后，是坚持内容导向，诚信守法经营。一是始终毫不动摇地坚持正确的政治方向，自觉履行党的路线方针政策的宣传阵地作用，积极主动、高度负责地做好党和国家重要文件、文献等重点出版物的发行工作。在努力做好卖场阵地销售的同时，积极组织干部员工深入机关、企业、厂矿、乡镇、学校和部队，确保重要党政类书籍发行到基层一线，满足各方面人士政治理论学习的需要。二是大力弘扬并积极践行社会主义核心价值观，牢固树立精品意识，做好导向正确、内容健康、格调高雅的优秀大众读物发行工作，有效增加销量，提高市场份额，满足人民群众日益增长的多样性文化需求。三是坚持依法经营，诚信经营，严守法规制度，严守党的宣传纪律，自觉传播健康向上文化，积极弘扬承载社会公序良俗的正能量，坚决抵制低俗不良产品，多次被评为全国出版发行系统“诚信经营、优质服务”单位。

以创新为魂，探索发展道路

随着互联网的发展与普及，传统商业模式陷入极大的困境。为纾解困局，我店立足实际，提出“产业转型升级改造”的工作思路，着力推动商业模式和管理服务创新，大力营造舒适阅读体验和消费环境，打造新型文化空间，探索和总结适合我店实际的网点建设有效途径。

第一，西安市店赶超行业发展潮流，全力打造引领未来发展的“领头雁”曲江书城。曲江书城投资达到 3.1 亿元，投资规模在我店历史上前所未有，但为增强企业发展后劲，西安市店狠下决心，以发展新动力的魄力，统筹人力、财力、物力，坚决实施了这个重大项目，迈出了产业升级的坚定步伐。正式运营的曲江书城一鸣惊人，迅速成为西安市最耀眼的文化地标之一，深受广大市民读者欢迎，各地参观到访的宾客络绎不绝。曲江书城的破茧而出，拉近了西安市店与行业先进的距离，极大地增强了企业的知名度。

第二，加快经营结构调整和业态模式创新步伐，实施传统卖场升级改造。一是为探索更加符合实际的实体书店经营新模式，我店将小寨书店作为“试验田”，实施转型升级改造，并最终将其打造成为一家以图书、咖啡、文创产品为主题的模式创新、业态多元的新型书店“新华里Coffee Books”，成为西安公共文化行业的一个亮点。二是对钟楼书店卖场设施进行改造，这也是我们应对西安市东大街传统商圈低迷现状的积极举措。装修、升级后钟楼书店卖场，硬件档次得到提升，人文环境得到改善，读书阅读体验更加舒适，增强了钟楼书店参与市场竞争的能力。

第三，西安市店制定“新华·阅西安”城市立体化阅读体系规划，落实“书香之城”建设目标。为响应西安市第十三次党代会提出的“促进全民阅读，打造‘书香之城、阅读之城’”发展目标，我店为更好地服从服务于品质西安建设，充分发挥文化产业排头兵作用，正式发起了城市立体化全民阅读计划，从2017年至2020年，选择景区、公园、院校周边、居民社区、商业区、城市公共交通动线、政府机关、医院等城市热点地区，建设以“大中小微”不同规模、不同风格的实体书店网点，以“图书+文化活动+轻生活”的阅读空间形式，满足西安市民阅读需要。

第四，提高信息化智能化标准化集约化水平，完善物流基础设施建设，提高流通效率和连锁经营水平。2016年，我店基于整合业务管理体系、实现全店管理一体化考虑，在资金极为紧张的情况下，投资数千万元建设大型物流仓储中心，建成后，将彻底解决我店没有物流基地的窘境，为下一步建立多功能、立体化的仓储物流管道，为实现传统图书经营与互联网+思维的高效结合打牢基础。

甘肃新华书店飞天传媒股份有限公司张掖市分公司 | 科学发展　为新华品牌添光彩

近年来，图书发行市场的经营格局发生了很大变化，竞争日趋激烈，外部发行环境受到强烈撞击。张掖市新华书店在广泛调研的基础上，制定了两轮齐驱的经营方略——始终牢抓主业不放，不断加强多元化经营。在发行中，始终把社会效益放在首位，将两个效益相统一。在工作上，始终抢占先机，千方百计扩大销售，对重点图书发行实行重点突破。2016 年，完成销售收入 4748.65 万元，实现利润 160.66 万元。

以人为本，积极提升服务质量

张掖市分公司始终坚持以人为本的经营理念，始终把全面提高职工队伍素质作为治店之本，将思想政治工作贯穿于经营工作的始终，不断转变经营方式，打造新型业态，着力构建现代出版物市场体系，提高服务水平，为促进全民阅读多作贡献。

近两年来，在对职工加强经常性思想教育的同时，强化了业务技能的培训和提高，通过系统学习，严格考试考核，对成绩达不到要求的正式职工实行待岗学习，临时职工实行末位淘汰，从而激发了职工的进取精神。爱岗敬业、无私奉献的精神蔚然成风，企业文化建设、行风建设、队伍建设，以及服务态度和服务质量得到大幅提升。

在每年春秋两季的课本发行中，由于数量大、时限紧，张掖市分公司上下全力以赴，努力工作，本着服务基层读者、服务农村学校的原则，采取多种方式“走下去”，主动为基层读者服务，将农民需要的出版物输送到农民手中。虽然公司女职工多、老职工多，但他们努力克服困难，不怕酷暑严寒，加班加点出色地完成了教材教辅的发行任务。奋斗在一线的职工，始终做到节假日不休息，盘点不关门。同时，不断增加服务项目，积极推销重点图书，全力配发“农家书屋”图书，积极参与地方的“三下乡”活动，积极参加帮扶活动更是不遗余力。正是因有了这样一支特别能战斗的职工队伍，张掖市分公司的各项经营活动更加规范，充满勃勃生机。

开展多元化经营，提高社会效益

张掖市分公司结合自身优势，调整经营计划，扩大经营范围，积极尝试多元化经营，以文化集市为依托有序的开展工作，抽调专人负责多元化经营业务工作，取得了很好效果。仅 2016 年销售“翰林渲”办公用纸 1690 件，与 8 所学（区）校签订校服合同，共计 6041 套，创造了良好的经济效益。

2016 年张掖市图书馆、甘州区图书馆新馆建成后，取得第十四届全国民间读书年会的主办权，市委高度重视，号召各单位各部门为新馆捐赠图书。张掖市分公司图书超市获取信息后，积极主动联系图书馆并为图书馆新馆图书上架、分类等工作提供帮助，通过周到的服务和踏实认真的工作，获得图书馆领导良好的评价和信任，取得了馆配图书唯一的供货权，增加图书销售码洋 10 余万元，取得了社会各界人士的一致好评，做到了社会效益和经济效益的双赢。

青海省新华发行（集团）有限公司 | 坚守高原主阵地，不忘初心播书香

青海省新华发行（集团）有限公司（简称“青海新华”）是在原青海省新华书店的基础上，整合全省各级新华书店资源，于 2005 年组建成立的国有独资图书发行企业，担负着全省党和国家重要文献、一般图书、报刊、音像制品、电子出版物及全省 80 余万中小学生汉藏蒙文教材、大中专教材的总发行任务。

青海省位于“世界屋脊”青藏高原的东部，全省平均海拔在 3500 米左右，面积 72 万平方公里，全省人口 593 万，是一个多民族聚居的省份，生活着藏、回、蒙古、土、撒拉等少数民族，少数民族人口比例高达 46.3%。青海的省情决定了图书发行地域广、人口少、战线长、费用高、条件艰苦的特点，最远的新华书店距离西宁 1300 多公里。就是在这样艰苦的条件下，青海新华全体员工坚守新华书店发行主阵地，始终坚持把社会效益放在首位，做到了立足高原，不忘初心，把党和国家各项方针、政策、文化知识传播到全省各个角落和各族读者心中。通过艰苦努力，经济效益逐步提高，青海新华年销售收入从 2005 年集团成立之初的 0.92 亿元增至 2016 年的 2.51 亿元，为青海省精神文明建设和经济社会发展做出了积极贡献。

坚持正确舆论导向，严格自律诚信经营

多年来，青海省新华发行（集团）有限公司始终坚持新华书店的优良传统，坚持正确的舆论导向，青海新华党委全面认真抓好党建工作，全面贯彻落实党的各项方针、政策，深入学习贯彻习近平总书记系列重要讲话精神，认真领会中宣部刘奇葆部长在纪念新华书店成立八十周年座谈会上的讲话，不断增强“四个意识”，严格遵守国家法律、法规，坚持正确的新闻出版导向，遵守行规行约，做到严格自律，诚信经营，牢固树立

新华书店品牌形象，发挥主渠道引领示范作用，赢得了广大读者的信任和赞誉。

加强基础建设，完善发行主阵地功能

为充分发挥新华书店在出版物发行中的主渠道、主阵地作用，最大限度地满足广大读者的需求，青海新华近年来从战略发展的高度出发，组织实施了三大基础建设。

一是基层网点改造，对急需更新的20多个基层网点投入资金近3000万元进行更新改造，同时保质保量实施好少数民族新闻出版“东风工程”发行网点发行项目。二是于2015年9月，在西宁（国家级）经济技术开发区南川工业园区购地35亩，投资1.23亿元实施总面积达37265平方米的全国藏文图书批销中心及青海省新华发行集团仓储配送中心建设项目，该项目入选青海省“十三五”文化发展规划25个重点项目之一。三是积极推动西宁实体书店“3+1”工程，拟在改造升级后，将西宁市大十字新华书店打造成为本市首家多业态文化综合体，将小桥新华书店升级改造成“城市书房”，将湟光新华书店打造成为西宁市具有新业态经营特色的培训及考试类专业书店，并新建海湖新区新华书店。

用心服务基层，增进民族团结进步

近年来，青海新华进一步加强自身的阵地意识和责任意识，在资金拮据的情况下，投资100多万元，改造藏区书店门市。同时依托青海在藏文图书发行方面的区位优势，全品种代理发行全国各民族文字出版社的藏文图书，年销售藏文图书1000万元以上，为提高民族地区群众的科学文化水平，巩固党的宣传思想阵地，维护民族地区稳定大局做出了积极贡献。

为了满足偏远农牧地区的读者阅读需求，及时为当地的农牧民群众送去新书、好书、实用书，青海新华连续多年认真做好全省4169个行政村及745座藏传佛教寺院书屋的“农（牧）家书屋”“寺庙书屋”的图书配送工作；积极开展“送书下乡”活动，行驶里程达 13.2 万公里，覆盖面积达 60 万平方公里，极大地方便了广大农牧民群众购书。

宁夏回族自治区银川市新华书店有限公司｜前进中的银川市新华书店

银川市新华书店（简称“银川店”），坚持把社会效益放在首位，以宣传党和国家方针政策，弘扬社会主义核心价值观，传播科学技术和文化知识，服务大众阅读为己任，为营造“书香银川·银川书香”付出不懈努力，在社会产生广泛影响，赢得无数读者的信任和向往。

发挥主渠道作用，为“书香银川·银川书香”建设

针对经济下行压力较大、网络书店冲击明显、行业内竞争越发激烈等问题，银川店坚持将社会效益放在首位，坚守发行主阵地，保障银川周边乃至全区图书供应，为广大市民读者提供购书与阅读便利，全力以赴助力“书香银川”建设。依托书店卖场，开展各类活动，营造读书氛围。为丰富广大市民读者文化生活，满足各层次读者的阅读需求，银川市新华书店有限公司积极策划各类读书活动，自 2015 年起，公司策划诸如签售、新书首发、文化竞赛、家庭阅读、读书沙龙、书法交流等年活动 50 余场，进一步推进了“书香银川”建设，开展周期性的助推读书活动。以每年世界读书日为契机，举办“读书月”活动，并为广大市民读者推荐各类优秀图书。服务大局，保障重点发行。新华书店既是文化企业，又担负着党的宣传阵地职责，这是历史赋予新华书店的社会责任。始终把发行好“十八大文件”和“习近平总书记系列重要讲话”等党的重要理论文献作为发行主业中的重中之重，在第一时间保证党和国家大政方针宣传普及，满足银川市及周边地区各单位在党的群众路线教育实践活动、“三严三实”教育实践活动、“两学一做”学习教育等理论学习用书，保障各项学习顺利开展。

注重履行社会责任、加强网点建设

发行网点是新华书店履行社会责任的依托，发展网点本质上就是新华书店对履行社会责任的延伸。几年来主要工作有，一倾力升级改造基层书店。在 2014 年，突破传统卖场经营理念，在银川文化城打造了新型体验式书店——书香苑分店，舒适、优雅的阅读环境使读者可以享受私人书房般的阅读情趣，成为了宁夏境内文化新地标。在 2015 年 4 月，对鼓楼书店进行局部改造，针对鼓楼书店位于商业核心区的特点，新增咖啡、简餐、茶座，打造成为了一个集阅读、购书、休闲、餐饮于一体的多功能书店，此外，延长营业时间至 22：00，成为银川市第一家夜间书店，深受广大读者好评，目前开展活动近 50 余场，成为了公司与广大读者交流活动的主阵地。二全力拓展宁夏图书城项目。2015 年末着力推进银川滨河新区“宁夏银川图书城”项目，滨河新区是银川市未来五年至十年城市发展的重点，将解决银川店购物流配送设施场地与卖场规模不相适应的矛盾，以及更好地发挥发行引领、导向作用，满足宁夏地区及周边省份小型书店图书现采批发的需求。另外，突出文化艺术博览特点，包括书籍出版发行历史展示、获奖精品图书收藏展示、艺术画廊、文化产品展示等多种功能。最后，大胆涉足多元化经营，物流招商，教育培训，包括与高校合作出版乡土教材都是我们希望尝试的项目。三服务公益事业。近 3 年来公司共开展 40 余场“图书进校园”活动，邀请倪萍、六小龄童、敬一丹、郭文斌、蔡骏、杨红樱、沈石溪、梅毅、巫昂等二十几位名家来银讲座；向各类学校、福利院及社会各界捐赠图书 50 余万元 先后捐资 10 余万元帮助贫困学生、孤残儿童；自 2016 年起，公司以党支部为单位，每月至少开展一次志愿者活动，共组织了 20 次，有 254 人次参加；为倡导、引领全民阅读，倡导扶贫济困风尚共建书香银川，积极开展流动售书活动，送书进校园、进部队、进社区、进工厂、进乡镇，年均流动售书近 30 次，深受广大市民、读者好评，为美丽银川做出了积极贡献。

新疆维吾尔自治区喀什地区新华书店｜围绕总目标　唱响主旋律

喀什地区新华书店（简称“喀什店”）在自治区新闻出版广电局党组、自治区新华书店党委的正确领导下，在当地宣传、新闻出版、教育部门的大力支持下，带领全体员工，认真学习贯彻习近平总书记系列重要讲话精神，认真落实自治区新华书店党委和地委重大决策部署，开拓创新，锐意进取，各项工作迈出新步伐，取得新进展。

围绕中心工作，做社会主义精神文明的使者

新华书店是党的宣传部门，担负着传播精神文明的光荣任务，喀什店积极配合党的中心工作，把优秀的图书及时送到人民群众的手中，在全社会营造了浓浓的书香氛围。一是认真做好政治理论读物的发行。喀什店把社会效益放在发行工作的首位，认真做好政治理论读物的征订发行工作，组织人员走出店门，深入到党政机关、工厂企业、部队学校，宣传推荐党的十八大、习近平总书记系列讲话等一系列重大理论辅导读本。二是加大一般书发行力度。喀什店主动出击，大力开展推销服务，送书下乡、赶集摆摊，把科技图书送到农民的家门口，连续两年被评为“全国服务农民、服务基层文化建设先进单位”。三是全力做好中小学生的教材发行工作。多年以来，喀什店一直承担着全地区中小学 80 多万学生教材的发行任务，采取以征订上门、送书上门、结算上门为内容的“三上门”服务，千方百计确保教材配套齐全、发行及时，“课前到书、人手一册”政治任务的顺利完成。

喀什店还十分注重强化班子队伍建设，打造特色企业文化。一是加强班子建设，夯牢事业发展基础。完善并严格执行党委内部的决策程序和议事规则，特别是干部任用、重大财务开支问题一律由班子会议研究讨论决定。二是加强干部队伍建设提升管理水

平。认真组织党员干部深入学习中央、自治区、地区重要会议、文件精神，出版局及自治区新华书店党委的重要工作部署及领导讲话、报告。三是强化服务，促进党风廉政建设。每年店党委与各连锁分店、本店各科室签订了党风廉政目标责任书，确保党风廉政建设责任制落到实处。通过对全体党员学习党风廉政教育知识进行测试，增强全体党员的廉政勤政意识。

加强一般图书发行，提升公共服务能力

喀什店认真落实自治区新华书店党委和总经理室的要求，认真做好重点政治读物和中职学校教材的征订和发行工作，确保年度一般图书任务超额完成。一是加强重点图书的发行。与地区组织部、宣传部、教育局等单位保持密切联系，主动上门服务。二是加强门市管理，深入基层进行市场调研，充实图书品种，确保图书品种丰富。大力开展各种营销方式，先后以"世界读书日"、全民阅读活动为契机，根据当地实际情况，开展了图书优惠展销，春、秋季教辅图书联展、"图书进军营"活动。三是认真完成"东风工程"网点建设任务。五年里，喀什店完成新建、改扩建县级营业网点7个，营业面积增加7000平方米，有效地缓解了当地群众购书难的问题。

喀什店以高度政治自觉贯彻落实自治区新华书店党委、喀什地委各项工作部署。一是认真做好"东风工程""农家书屋""主题教育连环画"等免费赠阅出版物的发行工作。喀什店强化管理，狠抓落实，加大为农村读者群服务力度，深得农村读者好评。"东风工程"实施以来，喀什店把科普知识送到了田间地头，把先进文化带到了牧场毡房，各族群众"看报难、读书难、购书难"的状况得到了较大改善。二是把握大局，树立阵地意识，强化责任意识。喀什店坚持社会效益第一，切实改进工作作风，以门市创星为抓手，以民文发行为重点，以提高一般图书配供、宣传营销能力为着力点，进一步做好一般图书发行工作。

喀什地区新华书店继续贯彻落实习近平总书记的治疆方略，以落实总目标为抓手，

瞄准“推进社会主义文化的大发展和大繁荣”新目标，抓住良好的发展环境和机遇，打造精神家园、盛开文明之花、推进企业健康发展，为搭就“人类进步的阶梯”、建设“西部明珠”“文化强区”做出更大的积极努力。

附录 | 光荣榜：全国新华书店系统先进集体和先进个人表彰名单

2017 年，为表彰先进，弘扬正气，进一步激励新华书店干部职工继承红色文化基因，擦亮新华品牌，光大新华精神，国家新闻出版广电总局决定，授予北京图书大厦有限责任公司等 31 个单位“全国新华书店系统先进集体”荣誉，授予陆建新等 61 名同志“全国新华书店系统先进个人”荣誉。表彰名单如下：

全国新华书店系统先进集体

新华书店成都有限公司

北京图书大厦有限责任公司

天津市武清区新华书店有限公司

河北省保定市新华书店有限责任公司涿州分公司

山西新华书店集团阳泉有限公司盂县分公司

内蒙古鄂尔多斯市新华书店有限公司

辽宁省大连市新华书店有限公司

吉林省新华书店集团长春市有限责任公司

黑龙江省新华图书连锁经营有限公司新华书城

上海新华传媒连锁有限公司新华书店闵行店

江苏省苏州新华书店有限责任公司

浙江海宁市新华书店有限公司

安徽省六安新华书店有限公司

福建新华发行（集团）有限责任公司建阳分公司

江西新华发行集团有限公司瑞金市分公司

山东省青岛新华书店有限责任公司

河南省鄢陵县新华书店有限公司

湖北省新华书店（集团）有限公司

湖南省新华书店有限责任公司岳阳市分公司

广东新华发行集团股份有限公司

广西壮族自治区隆林各族自治县新华书店有限公司

海南凤凰新华出版发行有限责任公司

重庆新华传媒有限公司九龙书城

四川省凉山彝族自治州新华书店

贵州省新华书店有限公司物流公司

云南新华书店集团有限公司

陕西省西安市新华书店

甘肃新华书店飞天传媒股份有限公司张掖市分公司

青海省新华发行（集团）有限公司

宁夏回族自治区银川市新华书店有限公司

新疆维吾尔自治区喀什地区新华书店

全国新华书店系统先进个人

陆建新　新华维邦文化资产管理有限责任公司事业发展部高级主管

韩建胜　北京市新华书店连锁有限责任公司花市新华书店经理

梁志清　北京市怀柔新华书店总经理

王世艳　天津市滨海新区塘沽新华书店经理

李英杰　天津市武清区新华书店有限公司党支部书记、经理

宋学武　河北省廊坊市新华书店有限责任公司三河分公司经理

邢丽红　河北省保定市新华书店有限责任公司徐水分公司经理

刘月明　山西新华书店集团吕梁有限公司副总经理

武秀玲　山西新华书店集团侯马有限公司总经理

刘莲凤　内蒙古包头市新华书店有限公司达茂旗分公司经理

陈建民　内蒙古赤峰市新华书店有限公司阿鲁科尔沁旗分公司营销部主任

王　峤　辽宁省沈阳市新华书店党委书记、总经理

金　辉　辽宁省绥中县新华书店经理

曾昭群　吉林省新华书店集团有限责任公司总经理

褚文强　吉林省新华书店集团梅河口市有限责任公司经理

张　琳　黑龙江省图书音像发行集团副总经理

杨国田　黑龙江省齐齐哈尔市新华书店有限公司总经理

庄　捷　上海新华传媒连锁有限公司松江区店党支部书记、经理

顾祝勤　上海新华传媒连锁有限公司销售中心四部黄浦区新华书店经理助理、部长助理

何志峰　江苏新华发行集团副总经理，常州市新华书店有限责任公司执行董事、总经理

单守耘　江苏省南通市通州新华书店有限责任公司党支部书记、执行董事

陆　皎　浙江省宁波新华书店有限公司董事长、总经理

徐建跃　浙江省舟山市新华书店有限公司党支部书记、总经理

邓　琼　安徽新华传媒股份有限公司总经理助理，淮北新华书店有限公司总经理，宿州新华书店有限公司总经理

余　军　安徽省黄山新华书店歙县分公司王村便民店店长兼教材发行专员

曾　鸣　福建新华发行（集团）有限责任公司晋江分公司经理

陈　璇　福建新华发行（集团）有限责任公司厦门分公司图书发行部副主任兼中山门店店长

徐万明　江西新华发行集团有限公司九江市分公司总经理

郑　凯　江西新华发行集团有限公司宁都县分公司经理

郝　林　山东新华书店集团有限公司寿光分公司中心门市部经理

梁　莅　山东新华书店集团有限公司枣庄分公司总经理

王晓东　河南省新华书店发行集团有限公司中原图书大厦经理

张丽君　河南省遂平县新华书店有限公司党支部书记、经理

陈月月　湖北省新华书店（集团）有限公司随州市分公司随州书城店长

王红卫　湖北省武汉市江夏区新华书店经理

罗　斌　湖南省新华书店有限责任公司浏阳市分公司党支部书记、经理

周亦翔　湖南省新华书店有限责任公司董事、总经理

王志超　广东新华发行集团教育图书有限公司执行董事、总经理

朱荷叶　深圳出版发行集团公司深圳书城新华书业连锁总部有限公司（中心城店）支持中心经理

蒋广明　广西壮族自治区桂林市新华书店有限公司党总支副书记、副总经理，兼恭城瑶族自治县新华书店经理

农定闪　广西壮族自治区天等县新华书店有限公司经理，兼宁明县新华书店有限公司经理

温秋清　海南省乐东新华书店有限公司总经理

杨　坚　海南省三亚新华书店有限公司党支部书记、总经理

温璐霜　重庆新华传媒有限公司采购分公司经理

徐白惠　重庆新华传媒有限公司秀山新华书店清溪场镇直营店负责人

杨晓艳　新华文轩出版传媒股份有限公司德阳购书中心经理

袁　辉　四川省阿坝藏族羌族自治州新华书店图书经营部副主任

胡　伟　贵州省贵阳市新华书店有限公司开阳分公司经理

王　庆　贵州省新华书店有限公司监察审计部主办

马　苓　云南新华书店集团有限公司投资与资产管理部主任

肖　明　云南省曲靖新华书店有限责任公司党总支书记、总经理

侯海峰　陕西省凤翔县新华书店有限责任公司业务股股长

孟庆禄　陕西省商洛市新华书店有限责任公司办公室主任

陈念国　甘肃新华书店飞天传媒股份有限公司定西市分公司业务主管

王成龙　甘肃新华书店飞天传媒股份有限公司甘谷县分公司经理

罗周多登　青海省新华发行集团玉树州有限公司称多分公司经理

王锦慧　青海省新华发行（集团）有限公司董事长

蔡新云　宁夏回族自治区新华书店有限公司党委委员、纪委书记

张凤霞　宁夏回族自治区中卫市新华书店教材主管

张年树　新疆维吾尔自治区新华书店营销中心运输部发行员

帕尔哈提·麦提尼亚孜　新疆维吾尔自治区和田地区新华书店民丰县连锁分店经理

诗情画意

中国古典诗词意蕴与花鸟画意境的契合

李培裕 著

人民出版社

目 录

CONTENTS

绪论

中国古典诗词和花鸟画都是中国传统文化艺术宝库里璀璨的珍贵宝石，他们的艺术传统源远流长。古典诗词和花鸟画是传统艺术的并蒂莲花，都生长于中华民族文化与艺术的沃土之中。这两种艺术形式都具有独特的民族特征、相同的审美特质和哲学思想，都能传达艺术家的个人风格、气质特征与思想感情，因此，这两种艺术形式均有慰藉人们心灵的作用。一幅花鸟画往往与诗词、书画、篆刻等多个元素同时并存，这是花鸟画区别于其他画种的特征，这些不同的绘画因素既丰富了画面的内容，又营造了画面的意境。尤其是在画面上题写诗词，能使画家表达自身的情感，使观者体悟画中的真谏。中国古典诗词与花鸟画相互作用与影响，一直伴随着花鸟画的发展历程。古典花鸟画的一些创意和美感更是源自于古典诗词，甚至直接脱胎于描写花鸟内容的古典诗词。中国古典诗词与花鸟画的艺术特征有其共同之处，就是创作的艺术作品都有形象、有其表达的形式和意境，都是以追求美的“意境”为最高境界。中国古典诗词的意蕴与花鸟画的意境相契合的关系，是中国诗画关系的最美的体现。

在唐宋之前的古典诗词与花鸟画美学理论与创作理论中，诗词与绘画相互关系的论述很少流传下来，诗人王维自题诗词《偶然作》中写道："宿世谬词客，前身应画师"，[①] 他认为自己生来就应该是作画之人，而不是诗人。他主张诗词与绘画是有同一性的。"摩诘之诗即画，摩诘之画即诗，又何必论其中之有无哉。"[②] 这是清代的美学家叶燮的论点，这个观点阐述了王维的诗词与绘画有很多的相通之处。北宋诗人苏轼写道："味摩诘之诗，诗中有画；观摩诘之画，画中有诗"，在这段话中，论述了诗词与绘画创作方式的内在关联，之后，苏轼又提出了"诗画本一律，天工与清新"的著名论断。[③] 这是苏轼关于诗词与绘画关系的独到见解，与此同时，这也是苏轼诗词与绘画中对于美学意境的追求。他的这种艺术见解，成为评论中国诗画水平的一个重要的理论基石。北宋的画家郭熙在《林泉高致》中说："更如前人言：'诗是无形画，画是有形诗'。哲人多谈此言，吾人所师。"[④] 从他这段文字中得出结论，早在此之前就已经出现了阐述诗词与绘画关系的理论。自北宋以后，诗词与绘画互相融合的理论被人们所接受。到了清代初期，美学家叶燮在他的著作《赤霞楼诗集》中提出了这样的观点："故画者，天地无声之诗，诗者，天地无色之画。"[⑤] 在这个理论中，叶燮阐述了诗画相通的理论。除了这些理论之外，古代还有以"有声画""无声诗"

① 肖占鹏：《隋唐五代文艺理论汇编评注》（下），南开大学出版社 2002 年版，第 348 页。

② （清）叶燮：《已畦集》，"四库存目丛书"集部 244 册，齐鲁书社 1997 年版，第 1 页。

③ （宋）苏轼：《苏轼文集仁》，中华书局 1986 年版，第 2209 页。

④ 潘运告主编：《宋人画论》，湖南美术出版社 2000 年版，第 26 页。

⑤ （清）叶燮：《已畦集》，"四库存目丛书"，齐鲁书社 1997 年版，第 85 页。

作为其著作的名称。南宋文人孙绍远还将题画诗汇编成册，将书名定为《声画集》；还有宋代画家杨公远所写的诗词集，也起名为《野趣有声画》；明朝末年的姜绍书编写的绘画历史书籍，也将书名定为《无声诗史》。

欧阳修是宋代著名的政治家、文学家，他也同样持有诗画相融的观点。在《盘车图》欧阳修曾经论述说："古画画意不画形，梅诗咏物无遁形。忘形得意知者寡，不若见诗如见画。"① 这段话论述了诗词意蕴与绘画意境相互契合的本源。明代的文人画家王行在他的著作《半轩集》里写道："诗本有声之画，发缥缋于清音；画乃无声之诗，粟文华于妙楮。"② 这段话是根据诗词与绘画的创作根源来论述的。"士大夫咏情性，写物状，不托之诗，则托之画，故诗中有画，画中有诗，得之心，应之口，可以夺造化，寓高兴也。"③ 这是金代的文学家李俊民的论点，同样阐述了诗画同源的理论。

近现代学者对诗画关系的研究也有很多，如朱光潜先生在 19 世纪 30 年代所写出的《诗论》，对于诗词和绘画意境的异同，持自己独特的见解。朱光潜从中国传统的诗画理论与创作实践出发写道："艺术受媒介的限制，固无可讳言。但艺术最大的成功，往往在征服媒介的困难。"④

美学大师宗白华先生以他对艺术的深刻领悟，论述中国古典诗

① （宋）欧阳修：《欧阳修全集》，中华书局 2001 年版，第 99 页。

② （明）王行：《半轩集仁》，摘自《文渊阁四库全书》，商务印书馆 1986 年版，第 310 页。

③ 阎凤梧：《全辽金文》，山西古籍出版社 2002 年版，第 2522 页。

④ 朱光潜：《诗论》，上海古籍出版社 2001 年版，第 8 页。

词与花鸟画的关联，宗白华写道："诗中有画，而不全是画，画中有诗，而不全是诗。诗画各有表现的可能性范围。"① 他还写道："画与诗仍是有区别的。诗里所咏的光的先后活跃，不能在画面上同时表达出来，画家只能捉住意义最丰满的一刹那，暗示那活动的前因后果，在画面的空间里引进时间感觉，画和诗各有其具体的物质条件，局限着它们的表现力和表现范围，不能相互代替，也不必相互代替，但各自又可以把对方尽量吸纳进自己的艺术形式里来。诗词和花鸟画的完美结合就是'情'和'景'的圆满结合，就是所谓的'艺术意境'"。② 论述中阐述了诗词和绘画是相互补充的，诗词与绘画的融合，开阔了诗词与绘画彼此的艺术蕴意。与此同时，现代文学大师钱锺书先生也写了《中国诗与中国画》一书，对诗词绘画意境审美标准作出了确切的论述，并提出了诗词与绘画的相互关系的界限。宗白华认为诗的表现能力比绘画更加的强大，它不仅仅能表现听觉、嗅觉、触觉，还能表达作者的心理状态，甚至是一些光和色彩，这些内容绘画似乎很难表达。他的理论对诗词与绘画关系的界限方面，有非常巨大的影响。

中国画坛一代宗师朱屺瞻，在《癖斯居画谭》中写道："江南可采莲，莲叶何田田。古辞用'田田'两字来描写荷叶，是何等形象！中国文字妙在象形，诗人妙手拈来，应用于现实景物，是反映现实，亦是新现实的创造。作画何尝不如是！"③ 现代国画大师、

---

① 宗白华：《美学与意境》，人民出版社 1987 年版，第 292 页。
② 宗白华：《美学与意境》，人民出版社 1987 年版，第 294 页。
③ 刘曦林编著：《诗画论》，漓江出版社 1986 年版，第 24 页。

教育家潘天寿先生在《听天阁画谈随笔》中论述道："世人每谓诗为有声之画，画为无声之诗。两者相异而相同。其所不同者，仅在表现之形式与技法耳。故谈诗时，每曰'诗中有画'。谈画时，每曰'画中有诗'。诗画联时，每曰'诗情画意'。否则，殊不足以为诗，殊不足以为画。"① 在这段理论中，潘天寿对诗词绘画的关联作出了自己的论述。

中国从古代到现代，很多的学者及其画家关于古典诗词与花鸟画关系的论述，都是以中国诗画的联袂为基石来进行论述的。中国的国学界对古典诗词与花鸟画的研究一直在延续。这个理论的研究从以下几个方面进行阐述：一是文化史的角度，从中国古典诗词的美学理论角度，以中国美术史为线索，从中国花鸟画的形成及演变、艺术作品以及艺术特色、花鸟画流派的形成几个方面来进行研究；二是立足于美术学，从绘画理论方面来研究的；三是对历代名家名作的汇集研究，近现代很多学者也进行了相关的研究。中国传统美学大师徐复观《中国艺术精神》；现代著名画家及美术理论学家美学家宗白华所写的《美学与意境》；郑午昌所写的《中国画学全史》；中国绘画史论家、美术教育家俞剑华编著的《中国画论类编》；著名美术史论家、画家王伯敏所编著的《中国绘画通史》；著名文学家陈良运所编著的《中国艺术美学》；中国绘画史论家周积寅编著的《中国画论辑要》等，都对诗词与绘画的关系作了相关的论述。但对于花鸟画理论研究还有发展空间，在花鸟画史及画学研

① 刘曦林编著：《诗画论》，漓江出版社 1986 年版，第 23 页。

究上有学者傅京生《中国花鸟画学》等的理论著作。他们的理论对进一步研究花鸟画的艺术理论提供了基础。

中国花鸟画的发展在现代的争议是对花鸟画的不同发展阶段的分界，各位艺术大师都持不同看法。王伯敏在他所著的《中国绘画通史》中，认为花鸟画从原始阶段到魏晋南北朝时期，一直处于初级阶段，而在唐朝之后，花鸟画逐渐形成了自己独特的风格与特征；现代画家孔六庆认为花鸟画的独立成科是在魏晋时期，他认为在当时花鸟画成为独立画种的条件在一定程度上已经具备，并在他的论著《中国画艺术专史·花鸟卷》里作出了论述："一有适宜的社会环境，二有专门的题材作品，三有较高水平的专业画家，四有成熟的画种分科理论，五有理论家对花鸟画家的批评。"① 在现代的理论研究中，持有相似观点的也有很多。例如美术理论家薛永年在他的著作《中国的花鸟画》中写道："魏晋六朝时期，在顾恺之等著名画家笔下，花鸟画终于从人物山水画中独立出来，顾氏的《凫雁水鸟图》便是人们经常提到的一件已佚作品。"②

清代美术理论家方薰在《山静居画论》中写道："高情逸思，画之不足。题之发之。"③ 这种书写在画上的诗词艺术形式被后人称为"题画诗"。在同一件艺术作品中，诗词、书法与绘画通过题画诗完美地结合，增加了绘画的美感和意蕴。

---

① 孔六庆：《中国画艺术专史·花鸟卷》，江西美术出版社 2008 年版，第 447 页。

② 薛永年：《蓦然回首——薛永年美术论评》，广西美术出版社 2000 年版，第 59 页。

③ （清）方薰：《山静居画论》，摘自潘耀昌：《中国历代绘画理论评注：清代卷》（下），湖北美术出版社 2009 年版，第 147 页。

题画诗是从唐代的大诗人杜甫开始成形，这个理论，多数文学艺术家都给予认可，“六朝以来，题画诗绝罕见。盛唐如李白辈，间一为之，拙劣不工。王季友一篇，虽小有致，不能佳也。……杜子美始创为画松、画马、画鹰、画山水诸大篇，搜奇抉奥，笔补造化。……子美创始之功伟矣。”[①]这是清代文学家王士祯《蚕尾集·卷十》中的论点。清代的诗人沈德潜在《奉先刘少府新画山水障歌》中对杜甫的作品有相关的评论：“题画诗开出异境，后人往往宗之。”[②]

20 世纪 70 年代末开始，中国文学、美学、艺术学等学科逐步确立，古典诗词与花鸟画的理论研究也成为美学界所热衷的一个研究领域，并取得了大量的理论研究成果。从 20 世纪 80 年代开始，相关古典诗词与花鸟画的关系研究的文章也有很多，古典诗词与花鸟画的研究领域出现了良好的局面。从相关的理论研究所涉及的内容来分析，具有以下特点。

第一，目前的理论拓宽了中国古典诗词与花鸟画的研究范围。既有对古典诗词与花鸟画共通的思维方式、表现手法的探讨，又有审美内涵等方面的探究。如当代画家、美术理论家伍蠡甫先生在他的著作《试论画中有诗》中阐述说：“就艺术形象、创造性的想象、画中有诗与形象思维、创造性的想象与形象思维、如何为画中之诗而形象思维、画境或画中诗的创立等重要课题”。他在文章中对古典诗词和绘画的关系理论进行了阐述。伍蠡甫有着浓厚的中西方文

① （清）王士祯：《蚕尾集》，“四库存目丛书”，齐鲁书社 1997 年版，第 3163 页。

② （清）沈德潜：《唐诗别裁集》，上海古籍出版社 1979 年版，第 209 页。

艺理论修养，他的美术理论也为世人所折服。现代文学家、画家白祖诗先生在《我国传统诗画的审美情趣》一文中，从诗词与绘画的题材入手，表现“自然”是中国传统诗词与绘画的永远不变的主题，得出“大自然作为诗画的主要审美对象，是一种‘雅’的审美情趣”的结论。

第二，现代理论界提升了对于中国古典诗词与花鸟画的研究深度。在研究“诗中有画，画中有诗”，以及“诗画一律”理论的同时，研究中国画创作的根源，更深层次地论述了理论形成的背景和诗词美学与画学思想。从中国绘画的外在形式上论述“诗中有画”的形成原因，并提出相关的理论依据。艺术理论家郎绍君先生在他的著作《“诗画一律”的内涵与外延——苏轼与中国绘画美学之二》中，阐述了“诗画一律”的起源，他认为这个理论是苏轼本人的艺术追求和艺术思想的精神本源，与他的绘画艺术实践紧密相连，是传统美学在历史发展进程中必然产生和创造出来的，这一理论在学界也非常有借鉴价值。

20 世纪 90 年代末，诗词与绘画的关系研究有了更加深入和更加全面的发展，并且陆续出现了以诗词与绘画关系的研究为主题的专著。例如，美术理论家、版画家曾景初先生的著作《中国诗画》。在书中，他结合诗词及绘画作品的比较，系统地阐述了诗画的关联，并且更深层次地探讨诗词与绘画的相关性，对意境形成作出的分析有一定建树。

美术理论家邓乔彬先生的著作《有声画与无声诗》，他重新审视了诗词及绘画关系，对诗词绘画的描述客体、主体思维、艺术价值作出了细致深入的理论研究，他阐述了诗画在一些方面的区别，他的结论富有创新。不容否认，诗词与绘画关系是非常复杂的，内涵和外延都极为丰富。特别是在中国思想、传统文化的作用之下，各个理论派别之间并没有特别清晰的区别。而对于诗词绘画的相互融合，他对每个时代的作品作出相应的理论分析。

20 世纪 90 年代，学术界还出现了许多诗画关系的研究文章，丰富了古典诗词与绘画领域的艺术理论研究。到了 21 世纪，古典诗词与花鸟画关系的探索研究依然受到学者们的关注，这个学术方面的研究方法、研究观念有了新的拓展和启迪。

中国诗词绘画关系研究，既有着悠长的研究历史又有着崭新的未来。这一研究仿佛是一座座蕴藏无尽的理论宝库，吸引着一代又一代众多的学者竞相发掘。从现在的理论研究状况来看，中国诗词绘画相互融合的艺术形态，在对题画诗、文人画比较关注的前提下，对诗词意蕴与花鸟画意境之间的研究还有待更进一步的补充和完善，对于中国诗词绘画融通关系的形成原因，同样也缺乏更深层次的剖析，中国传统诗词的意蕴与花鸟画意境的关联方面尚有待于从更深层次的历史联系和文化背景中去作更深入的研究和论述。

中国诗画相融合的关系，是中国传统的文化思维方式所决定的。本书分为四个部分阐述了古典诗词意蕴与花鸟画意境的契合以及相关内容：首先通过阐述中国古典诗词的语言表达方式和诗词情感表现的方式以及诗词的意象审美方式，叙述了中国古典诗词的审美意蕴；其次阐述了中国花鸟画的产生、发展、演变的历史进程；

再次阐述了古典诗词与花鸟画的融合关系，通过对具体诗词与花鸟画作品的分析，说明诗画融合的艺术特质；最后通过对绘画作品的分析，论述了古典诗词意蕴和花鸟画意境表达上的融合以及古典诗词和诗词意境契合的审美具体方式。

创新点共有四个方面：第一，通过对中国传统艺术审美的历史文献的考察，论证了中国古典诗词意蕴与花鸟画意境相契合的必然性。第二，通过图像学的方法分析了中国古典诗词意蕴与花鸟画意境之间相契合的美学特征。第三，通过分析中国古典诗词的意蕴和花鸟画的意境，挖掘出二者的异曲同工之处，阐述了二者在审美价值上的契合性。第四，进一步探讨中国古典诗词意蕴与花鸟画意境营造的相通性。

本书从艺术理论联系艺术创作实践的方法来分析古典诗词的艺术创作及诗词与花鸟画的契合关系。在当今时代，科技的发展和进步，古典艺术在社会中的角色问题一直有所争议。全书力求在对古典诗词与花鸟画研究的同时，对现代花鸟画艺术的创作和发展有所启示。试图在前人古典诗词与花鸟画关系研究的基础上作出更加深入和具体的阐述和探讨。从意蕴与意境分析的角度进行理论的梳理和研究，在古典诗词与花鸟画研究理论中有一定的理论价值。

第一，丰富了诗词意蕴与花鸟画意境理论的内容。目前，关于古典诗词方面已经有了非常丰富的研究成果，而中国古典诗词的意蕴与花鸟画意境之间的关系研究尚不够深入和细致。之前学者们的研究成果范围相对比较宽泛，而目前从中国古典诗词意蕴与花鸟画意境营造的角度对于古典诗词与花鸟画的结合研究还并不多见。笔者将侧重于对诗词意蕴与花鸟画意境内涵的阐述和研究。中心思想在于研究和探讨他们之间的艺术特征及其艺术契合的历程。例如对古典诗词的意蕴传达研究从其艺术创作的思想根源、艺术创作的题材、艺术创作的形式和内容等方面进行，丰富和发展了古典诗词与花鸟画关系的理论阐述。

第二，具有重要的现实意义与价值。从20世纪下半叶开始，中国传统的艺术理论也受到了西方现代文艺思潮的影响，经历着前所未有的考验。传统的中国绘画风格被西方绘画不断地影响和改变，一些学者认为中国古典诗词与花鸟画已经不适合当今社会的艺术审美和功能的需要，它与充满了科技的现代社会背景不相适应。笔者力求通过对中国古典诗词意蕴与花鸟画意境的契合的探讨，揭示了古典诗词与花鸟画的文化内涵和艺术魅力，并希望通过这个研究课题，对中国现代花鸟画艺术创作的审美产生积极的影响。

第三，对中国传统文化承传的意义。中国花鸟画区别于西方绘画乃至中国画中的其他画种的标志就是诗画的契合。这种传统的艺术形式以及它本身固有的“诗中有画，画中有诗”的特点是中国诗画的精髓所在。“读一幅画，读题写在这幅画上的诗，即要细致深入地读出它们各自的深层意蕴，品出它们各自的艺术三昧之味，悟出诗人、画家的创作匠心，还应当对照着读，将画幅的绘画美和笔情、墨趣、画境，与题画诗里的诗意美和诗情画意逐一对照，寻绎它们相互融通、渗透、互补的精微处，整体地把握这件艺术品的美学特质”。[①] 这是现代文学家吴启明在他的著作《历代名画诗画对读集》中的论述。在他这段话中，阐明了只有把中国的诗词与绘画紧密地结合在一起，才能对艺术作品有更全面地体味与表现。

概括上述内容，这个理论不管是从历史发展演变的进程中来看，还是从目前的传统艺术理论研究和创作实践的进程中看，更进一步的探讨和研究这一课题是有理论与实际意义的。

---

① 吴启明：《历代名画诗画对读集》，苏州大学出版社 2005 年版，第 1 页。

中国古典诗词审美意蕴阐述

ZHONGGUO GUDIAN SHICI SHENMEI YIYUN CHANSHU

中国传统文化受到了儒、佛、道三家思想的影响，体现在古典诗词中形成了重言志、重德行、重文人精神的审美取向与文化追求。与此同时，古典诗词追求含蓄、自然的审美意蕴。

第一节　诗词情感的表现

一、比类的表达方法

中国古典诗词抒情借助景、物、人等事物来表达作者的情感，正是因为如此，诗词才有了含蓄蕴藉之美。古典诗词中用诗词和一些事物与人在道德情操的某些方面有相似之处，或者将自然中的物象同与之并无联系的伦理道德进行象征比类，即“比德”，用对事物的描写来表现人的高尚精神。战国时期大诗人屈原作品中的“香草美人”，就是以“香草”类比美好的道德情操，以“美人”象征君王，这就是“比德”说的形成与开创。例如唐朝李白的诗词《白鹭鸶》：

白鹭下秋水，孤飞如坠霜。
心闲且未去，独立沙洲傍。[①]

李白在这首诗里描写了白鹭鸶的孤独飞行和独自站立的姿态，不仅仅描绘了鹭鸶的外貌颜色、身体姿态、表情与境遇，在这首诗

① 中华书局编辑部：《全唐诗》第 3 册卷 207，中华书局 2013 年版，第 2167 页。

中，李白使用了“托鹭喻人”的艺术手法，表达了自己孤寂彷徨的心情与自身高尚纯洁的品格，诗中所描写的白鹭鸶，也就是诗人自身的写照，这就是“比类”的方法。

中国古典诗词中还常常借助对自然景观的描述，来表达作者自身的思想和感情。南宋词人李清照的诗词也经常使用这种手法。她在《如梦令·常记溪亭日暮》中写道：

常记溪亭日暮，沉醉不知归路。
兴尽晚回舟，误入藕花深处。
争渡，争渡，惊起一滩鸥鹭。①

李清照在这首词中以她特有的抒情方式，表达了她少女时期的情趣和心境。再如南宋诗人陆游的诗词《卜算子·咏梅》：

驿外断桥边，寂寞开无主。
已是黄昏独自愁，更著风和雨。
无意苦争春，一任群芳妒。
零落成泥碾作尘，只有香如故。②

二、感兴和移情的表达方法

在古代文人的笔下，梅花一直是高洁的象征，有着清幽的品

① 唐圭璋：《全宋词》（上），中州古籍出版社 1996 年版，第 644 页。
② 唐圭璋：《全宋词》，中华书局 1995 年版，第 1586 页。

性。词中的这株梅花生长在荒凉的驿亭外面，断桥旁边，它既得不到人的照顾，也得不到人的欣赏，只能是“寂寞开”“独自愁”，已很凄苦，偏偏又在黄昏时节遇雨，此情何以堪？但是这样的一株梅花却仍然保持着自己的品格：春暖花开的世界，百花怒放，争奇斗艳，而梅花却不在这时与那些花儿苦苦相争；梅花在寒冷的冬季凌寒而发，为大家播报春天的来临，即使凋零飘落，成泥成尘，也依旧保持着清香。战国时期的屈原说，梅花的这种品性充分体现了作者“不吾知其亦已兮，苟余情其信芳”，[①]“虽体解吾犹未变兮，岂余心之可惩”[②]的精神。陆游在这首词中，描写梅花与描写人物、抒发情感通过诗词交织在了一起。自然中的花开花落，是必然的现象，但草木无情，诗词其中暗含着陆游对自身不幸遭遇的描述。说“争春”，是暗喻；“妒”，是拟人。该诗词表现出了作者孤傲高洁的品质，决不与献媚争宠、阿谀奉承之人为伍的高尚品格和不畏谗毁、坚贞自守的铮铮傲骨。

这种类型的诗词摆脱了儒家道德和功利论，诗词的内容注重对自然物象本身的描绘，抒发诗人的思想情感，具有“感兴”和“移情”的特点。清初的文学家廖燕在《意园图序》中写道：“借彼物理，抒我心胸”即是对这种情感表现方法的概括。借物喻人的抒情方式所表现的内容是伦理美、人格美，带有群体性、类型性的特征，侧重于社会功能；同时，感物抒情所表现的则是人情美、人性美，带有个体性、独特性，侧重于个性的美。标志着当时人们的审美意识

① 文怀沙：《屈原离骚今绎》，百花文艺出版社 2005 年版，第 33 页。

② 文怀沙：《屈原离骚今绎》，百花文艺出版社 2005 年版，第 36 页。

已由“比德”阶段走入了“畅神”阶段。如唐代钱起的《石井》：

片霞照仙井，泉底桃花红。
那知幽石下，不与武陵通？①

这首诗是描写由桃花映入井中，石井的描写激起了诗人的情感与联想：有片片朝霞映入石井，井下桃花鲜艳，会不会与武陵桃花源是相通的呢？从钱起的诗词中抒发了诗人对陶渊明所描述的桃花源生活的向往，这也使用了“感兴”和“移情”的抒情手法。

这种诗词的抒情方式还有唐朝末年农民起义领袖黄巢所写的《题菊花》：

飒飒西风满院栽，蕊寒香冷蝶难来。
他年我若为青帝，报与桃花一处开。②

这首诗是唐末黄巢的咏物喻志的一首诗，诗词抒情具有豪壮而刚健的气势，作品风格明快，语言质朴，字里行间洋溢着昂扬的气势。诗词的第一句描写了满院的菊花，在飒飒的西风中开放，诗词蕴含了黄巢对菊花之美的赞赏之情。第二句他将笔锋回转，写到虽然菊花美艳盛开，但是它开放在寒冷的秋天，就难以像春天的鲜花那样吸引蝴蝶的青睐。于是诗人挥笔写道：“他年我若为青帝，报

① 范之麟、吴庚舜：《全唐诗典故词典》，湖北辞书出版社1989年版，第2684页。
② （清）彭定求：《全唐诗》，中州古籍出版社2008年版，第3760页。

与桃花一处开。”黄巢的这首诗词充满着浪漫主义的激情想象，真实地抒发了他对于江山社稷的宏伟抱负。

他的另一首《不第后赋菊》也表达了同样的一种英雄气概：

待到秋来九月八，我花开后百花杀。
冲天香阵透长安，满城尽带黄金甲。①

这首诗第一句中的“待”字，表现了作者热切盼望的是一个乾坤扭转、翻天覆地的日子，作者表达意味深长。同时，这个期盼的日子如同季节变化那样自然，并且指日可待，不是一件虚无缥缈、遥不可及的事情。第二句中的“杀”字，极其富有类比性，将诗人心中的希望愤然纸上。黄巢将菊花含苞怒放的季节与秋天百花凋零的破败作了对比，表现了黄巢对心中农民起义力量战胜统治王朝的辉煌前景的期盼。

第二节　诗词中的语言表达

一、崇尚自然艺术手法

中国传统文化中崇尚自然是一个重要的审美观念，这是受“天人合一”哲学思想的影响。文学家、画家们往往歌颂自然、表现

① （清）彭定求：《全唐诗》，中州古籍出版社 2008 年版，第 3730 页。

自然之美，渴望与自然和谐，他们在自然之中陶冶自己的审美情操，从中展现艺术特质，并通过艺术的创作使自己的思想境界得以升华。《老子》第二十五章目："人法地，地法天，天法道，道法自然。"①"道法自然"已经成为中国人公认的自然宇宙观。受此影响，中国的文学理论家常以自然类比文学，特别是在诗词创作上，主张自然之美。如钟嵘在《诗品序》中提出"至乎吟咏情性，亦何贵于用事？……观古今胜语，多非补假，皆由直寻"②的观点，对当时过于雕琢，用典使事过于繁缛的诗风进行了批评，认为该做法"伸文多拘，伤其真美"。唐代司空图在《二十四诗品》中列"自然"一品："俯拾即是，不取诸邻。俱道适往，著手成春。如逢花开，如瞻岁新。真与不夺，强得易贫。幽人空山，过雨采蘋。"③用诗意的语言描述了诗歌应以"俯拾即是，不取诸邻"的自然之言创造处处如春的艺术境界，对后世文学创作影响深远。也正基于此，李白才认为好的诗歌应该是"清水出芙蓉，天然去雕饰"，陆游才通过自己的创作经验得出了"文章本天成，妙手偶得之"的结论。

对于词的创作，崇尚自然更是一条黄金法则。陆行直在《词旨》中说：

> 古人诗有翻案法，词亦然。词不用雕刻，刻则伤气，务在自然。周清真之典丽，姜白石之骚雅，史梅溪之句法，吴梦窗

① 李存山注译：《老子》，中国古籍出版社 2008 年版，第 79 页。
② 李壮鹰：《中国古代文论》，高等教育出版社 2001 年版，第 187 页。
③ （唐）司空图：《二十四诗品》，中华书局 1985 年版，第 5 页。

之字面。取四家之所短，此翁之要诀。学者所谓刻鹄不成尚类鹜者也，不可与俗人言，可与知者道。[①]

沈祥龙在《论词随笔》中说：

词自然为尚。自然者，不雕琢、不假借、不著色相、不落言诠也。古人名句，如“梅子黄时雨”“云破月来花弄影”，不外自然而已。[②]

词不宜过于设色，亦不过于白描。设色则无骨，白描则无采。如粲女试妆，不假翡翠，而自然浓丽，不洗铅华，而自然淡雅，得之矣。[③]

田同之在《西圃词说》中也对此进行了论述：

宗梅岑曰：词以艳丽为工，但艳丽中须近自然本色方佳。近日词家极盛，其卓然命世者，如百宝流苏，千丝铁网。世人不解，谓其使事太多，相率交诋，此何足怪。盖寻常菽粟者，不知石砝海月为何物耳。[④]

---

① 陆行直：《词旨》，摘自张璋等编纂：《历代词话》（上），大象出版社2002年版，第211页。

② 沈祥龙：《论词随笔》，摘自张璋等编纂：《历代词话》(下)，大象出版社2002年版，第1843页。

③ 沈祥龙：《论词随笔》，摘自张璋等编纂：《历代词话》(下)，大象出版社2002年版，第1843页。

④ 田同之：《西圃词说》，摘自张璋等编纂《历代词话》(下)，大象出版社2002年版，第1233页。

文学家苏轼更是反复表达了他对自然的崇敬，认为“万物自生自成，故天地设位而已”①，又云“是万物之盛衰于四时之间者也，皆其自然，莫或使之”②。他还反复强调“文理自然”“自然之数”以及“天工”“化工”等理论主张。

王国维在《人间词话》第二则说：“有造境，有写境，此理想与写实二派之所由分。二者颇难分别。因大诗人所造之境，必合乎自然，所写之境，亦必邻于理想故也。”③

可见，浑然天成的自然之美是诗词理论家和创作家的共同崇尚。

由于中国的汉字在表意功能上具有相当大的伸缩性与灵活性，因此，在诗词作品中，能够通过汉字的恰当选择与排列组合包孕和体现无穷的意味，扩展和提升其表现力，从而为审美提供了联想和想象的广阔空间，提升了诗词的艺术感染力与美学品位。

受崇尚自然的审美追求的影响，古典诗词的创作者十分重视对诗词语言的提炼，力求使语言呈现出清新自然的风格。陶渊明的诗之所以受到后人的推崇，就是因为其语言真纯朴质，无雕琢痕迹，自然平淡却意味无穷。如《饮酒·其五》：

结庐在人境，而无车马喧。
问君何能尔？心远地自偏。

---

① 中国哲学编辑部：《中国哲学》第九辑，生活·读书·新知三联书店 1983 年版，第 221 页。
② （宋）苏轼：《东坡易传》，上海古籍出版社 1989 年版，第 82 页。
③ 王国维：《人间词话》，山西古籍出版社 2001 年版，第 1 页。

采菊东篱下，悠然见南山。
山气日夕佳，飞鸟相与还。
此中有真意，欲辨已忘言。[①]

陶渊明在诗词里抒发了悠然自得的心情，同时描绘了幽远怡人的美景，在情景交融的意境中，蕴含着事物各得其所、顺其自然的人生哲理。特别是第三句“采菊东篱下，悠然见南山”，成为历代文人所推崇的诗词佳句。

二、比喻和象征的手法

比喻和象征的抒情手法在古典诗词当中也经常使用，这种修辞方式是借助事物的某些外部特征，抒发作者深邃的艺术思想。中国的文学创作有着悠久的历史，有些词语因为反复使用而具有了固定内涵，有些词语在具有本身意义的同时又被创作者赋予了另外的含义，从而形成了语言的多义性。

某些词语因为在诗词创作中被反复使用而具有了公认的象征性。例如“长亭”，古为送别之所，因此提到长亭，便有送别之意。在唐朝诗人李白的诗《菩萨蛮》中写道：

平林漠漠烟如织，寒山一带伤心碧。
暝色入高楼，有人楼上愁。

① 朱自清、吴梅、闻一多：《诗词十六讲》，中国友谊出版公司 2009 年版，第 140 页。

玉阶空伫立，宿鸟归飞急。
何处是归程？长亭更短亭。①

诸如梅、兰、竹、菊、鸿雁、鸳鸯、月、雨、楼等都具有公认的象征意义，从而形成了特有的审美韵味。

第三节　诗词中的意象审美

意象是由意和象构成的诗学范畴，“意”是意念、意义、情思等，“象”就是物象。在《辞海》中是这样对“意象”进行定义的：“是指事物的表象，即由记忆表象或现有知觉形象改造而成的想象性表象。文艺创作过程中审美意象是想象力对实际生活所提供的经验材料进行加工生发，在作者头脑中形成的形象显现。简单地说，意象就是寓‘意’之‘象’，就是用来寄托主观情思的客观物象”。

意象是个十分古老的概念，最初是意与象分开使用的。上古时代，意象是用在占卜和表达人们的哲学思想上，后来随着时间的推移，意象就逐渐融合成一个概念，并广泛被用于文学活动中。人们要表达抽象的“意”，常常借助具体的“象”。意象是中国古代诗歌理论的重要内容，也是中国独特的一个审美范畴，在中国古典诗词中占有十分重要的地位。

① 刘维治：《唐宋词研究》（修订本），辽宁师范大学出版社 2002 年版，第 32 页。

一、立象以尽意

在《周易》的《系词上传》中写道："子曰：书不尽言，言不尽意，然则圣人之意，其不可见乎？圣人立象以尽意。""意象"一词最早就源于这里的"立象以尽意"。在《周易》中的"象"包括八卦象、六十四卦象、阴阳两爻象，另外也指象征卦象意义的事物，如乾卦的卦相是"健"，而天、朝廷、君、父、首、玉、金、寒、冰、大赤、马、木果、龙、衣等，则是象征这一卦象意义的事物。《周易》中的"意"是指卦象及其所表征的事物所包含的意义，如乾、坤、艮、兑、震、巽、坎、离，分别象征天、地、山、泽、雷、风、水、火。简单来说，《周易》中的"立象以尽意"是讲圣人们的道理极其难懂，我们很难用言谈话语表达清晰，所以要通过"立象"去进一步更明确地表达他的感情。

东汉王充的著作《论衡·乱龙》中写道："天子射熊，诸侯射麋，卿大夫射虎豹，士射鹿豕，示服猛也。名布为侯，示射无道诸也。夫画布为熊麋之象，名布为侯，礼贵意象，示义取名也。"[①] 这描述的是天子同诸侯练习射靶子的情景，他在画上画了熊、麋、虎、豹等兽类的形象，让天子诸侯们去射击。天子射画着熊的箭靶子，诸侯射画着麋的箭靶子等，这些画着熊麋之象的布被称为侯，因为画布上的图像，传达了人们的意，同时，射击对象的区别也象征射箭者地位的差异。王充不仅将意象作为一个完整的概念来运

① （清）纪晓岚总撰，林之满主编：《四库全书精华　子部》，中国工人出版社 2002 年版，第 282 页。

用，而且一语道破了意象特征，以象表意，象是意的外化。

魏晋南北朝时期，受言意之辨命题和玄学文化的影响，人们越来越多地关注“意”与“象”之间的深层联系。王弼《周易略例·睨象篇》：

> 夫象者，出意者也。言者，明象者也。尽意莫若象。言生于象，故可寻言以观象；象者，所以存意，得意而忘象。
>
> 犹蹄者所以在兔，得兔而忘蹄；筌者所以在鱼，得鱼而忘筌也。然则，言者象之蹄也；象者，意之筌也。
>
> 象生于意而存象焉，则所存者乃非其象也；言生于象而存言焉，则所存者乃非其言也。然则，忘象者，乃得意者也；忘言者，乃得象者也。得意在忘象，得象在忘言。故立象以尽意，而象可忘也；重画以尽情，而画可忘也。①

王弼从作卦和解卦两个角度来阐述“意”与“象”的关系，从作卦的角度来说，象生于意，意以象尽，意为象的内涵，象为意的外形。从解卦的角度来说，要寻象以观意，得意忘象。语言的表达功能是有限的，有时候它不能很好地传达一些东西，王弼用“立象以尽意”之法，来实现一种超越，超越文字的表象去寻求它所要表达的意。“忘言忘象，体会其所蕴之义，则圣人之意乃可昭然见之。王弼依此方法，将汉易象数之学一举而廓清之，汉代经学转为

---

① 余敦康：《汉宋易学解读》，华夏出版社 2006 年版，第 103 页。

魏晋玄学，其基础由此而奠定。”[①]王弼主要是从言意的角度来阐述“意”“象”的，这一解说推动了后来文学理论中意象说的形成。也是在魏晋南北朝时期，意象开始真正意义上被用在文学上。

在刘勰的《文心雕龙》中，多次使用了意与象的概念，这是我国开始把意象运用在文学上的标志。如《文心雕龙·原道》中“夫玄黄色杂，方圆体分，日月叠璧，以垂丽天之象”[②]；“取象乎《河》、《洛》，问数乎蓍龟”[③]；“幽赞神明，《易》象惟先”[④]。例如刘勰在《文心雕龙·辨骚》中说：“观其骨鲠所树，肌肤所附，虽取熔经意，亦自铸伟辞。”[⑤]这个论述中或用意或用象，还属于意与象单用。而在他的《神思》篇中写道：“积学以储宝，酌理以富才，开阅以穷照，驯致以怿辞。然后使玄解之宰，寻声律而定墨；独照之匠，窥意象而运斤。此盖驭文之首术，谋篇之大端。”[⑥]他在这里所运用的“意象”，是我国传统古典文学中第一次完整地使用“意象”。至此，我国文学理论中“意象”概念正式形成，《文心雕龙》也被称为意象说的集大成者。刘勰这个“意象”不仅是个完整概念，而且在

① 汤用彤：《学术论文集》，中华书局 1983 年版，第 216 页。

② （南北朝）刘勰：《文心雕龙》，引自赵仲邑译注：《文心雕龙译注》，漓江出版社 1982 年版，第 1 页。

③ （南北朝）刘勰：《文心雕龙》，引自赵仲邑译注：《文心雕龙译注》，漓江出版社 1982 年版，第 1 页。

④ （南北朝）刘勰：《文心雕龙》，引自赵仲邑译注：《文心雕龙译注》，漓江出版社 1982 年版，第 1 页。

⑤ （南北朝）刘勰：《文心雕龙》，引自赵仲邑译注：《文心雕龙译注》，漓江出版社 1982 年版，第 17 页。

⑥ （南北朝）刘勰：《文心雕龙》，引自赵仲邑译注：《文心雕龙译注》，漓江出版社 1982 年版，第 132 页。

《周易》等哲学理论的指导下，使意象说形成了一个理论体系，被运用到论述文章的构思谋篇中。

首先，刘勰的意象概念，在阐述如何谋篇运思的整个过程中。他主张“使玄解之宰，寻声律而定墨，独照匠心，窥意象而运斤”[①]，论述了在文学创作中要运用形象思维。艺术家在进行创作时，要“神与物游”，“物沿耳目”，即艺术家的思想、意识活动是根据现实的物象共同实现的。艺术家的意识是抽象的，而物象才是具体的、直观的。因此，当文学家在进行通篇构思的时候，精神和意识是依托于具体物象的，这样能使诗词的意蕴转化为物象，之后再形成所谓的意象。

其次，“诗言志”是我国古代文学理论中作诗的理论指导原则。到了春秋战国时期，《毛诗序》中就有相关论述：“诗者，志之所之也，在心为志，发言为诗。情动于中而形于言，言之不足故嗟叹之，嗟叹之不足故永歌之，永歌之不足，不知手之舞之、足之蹈之也。”[②]这里的阐述说明诗词由抒发情志的简单功能发展到了既能表意又能抒情。但是，这里提出的是直接用语言表意抒情而没有提出需要借助物象的表达。刘勰在《文心雕龙·神思》中提出运思谋篇需要“窥意象而运斤”[③]，提出需要将“言志”提升为既能言志又能抒情与状物，提倡利用“象”来外化情志和意趣，这标志了刘勰在

① （南北朝）刘勰：《文心雕龙》，引自赵仲邑译注：《文心雕龙译注》，漓江出版社1982年版，第132页。

② 仪平策：《中国审美文化史（秦汉魏晋南北朝卷）》，山东画报出版社2000年版，第170页。

③ （南北朝）刘勰：《文心雕龙》，引自赵仲邑译注：《文心雕龙译注》，漓江出版社1982年版，第132页。

诗词理论上将其从直接抒情扩展到间接抒情的层面上，是古典诗词理论一次质的飞跃，因此有着非常重大的意义。

《周易·系辞上传》提出："圣人立象以尽意。"[①] 这里叙述的是先人圣贤意识到了天地之间深奥莫测的道理，希望把这些道理清晰地表达出来，让后世的人们能够理解，进而能了解世间事故的发展和变化。但是这些道理晦涩难懂，用语言很难表达清楚，所以先贤们开始"立象以尽意"，根据创造出的一套卦象来代表了事物的发展规律和变化。"八卦定吉凶，吉凶生大业，是故法象莫大乎天地，变通莫大乎四时，悬象著名莫大乎日月"是古人圣贤立象尽意的思想依据。刘勰在《文心雕龙·原道》中叙述说："人文之元，肇自太极，幽赞神明，《易》象惟先。"[②] 他在《文心雕龙·征圣》中又写道："此博文以该情也，书契断决以象夬，文章昭晰以象离，此明理以立体也。'四象'精义以曲隐，'五例'微辞以婉晦，此隐义以藏用也。"[③] 这些论述都表明了刘勰的意象观是在《周易》的理论体系下完成的。刘勰虽然当时借鉴了《周易》中意象一词的概念解释，但是他并没有就此停顿，他之后又阐述了"独照之匠"的理论。他论述说，在诗词的创作中意象的运用要有自身的风格，应该具有创造性，而且是运筹谋篇的头等大事。由此可以看出，刘勰意象的概念不是意蕴的简单物化，而是把意象的描述放到了文章的整

① 金景芳：《周易·系辞传新编详解》，辽海出版社 1998 年版，第 93 页。

② （南北朝）刘勰：《文心雕龙》，引自赵仲邑译注：《文心雕龙译注》，漓江出版社 1982 年版，第 2 页。

③ （南北朝）刘勰：《文心雕龙》，引自赵仲邑译注：《文心雕龙译注》，漓江出版社 1982 年版，第 5 页。

体构思上，意象的运用对构思作品具有全局性、决定性的作用。

最后，刘勰在《文心雕龙·神思》中从审美的角度阐述了意象的理论。“寂然凝思，思接千载，俏焉动容，视通万里；吟咏之间，吐纳珠玉之声；眉睫之前，卷舒风云之色”①；“登山则情满于山，观海则意溢于海”②。刘勰说明了在诗词创作中匠心独运的意象运用，使意象跨越了直观意象的范畴成为一种艺术意象。在创作中的意象与直观的意象相比，内涵和外延都扩大了很多。但是刘勰对艺术作品中意象的营造及其表现形态没有作出明确的阐释。尽管如此，刘勰的意象理论对我国诗歌艺术发展还是具有非常大的影响力，《文心雕龙》从理论上扩充了中国古典诗词的表现范围，增强了诗词艺术的表现能力，诗词艺术的理论得到了进一步的完善和发展，使中国古典诗词艺术形成了主客一体、意象浑融的独特面貌，在历史上具有重大的理论价值。在我国诗词与绘画理论中的有关“意境”的构成，就是《文心雕龙》中由“意象”理论发展起来的。

唐代中期，意象理论被意境所取代。唐代诗人王昌龄在他的著作《诗格》中阐述道：“诗有三境：一曰物境。欲为山水诗，则张泉云峰之境，极丽绝秀者，神之于心，处身于境，视境于心，莹然掌中，然后用思，了然境像，故得形似。二曰情境。娱乐愁怨，皆张

① （南北朝）刘勰：《文心雕龙》，引自赵仲邑译注：《文心雕龙译注》，漓江出版社 1982 年版，第 132 页。

② （南北朝）刘勰：《文心雕龙》，引自赵仲邑译注：《文心雕龙译注》，漓江出版社 1982 年版，第 132 页。

于意而处于身，然后驰思，深得其思。三曰意境。亦张之于意而思之于心，则得其真矣。”[①]唐代诗人讲究艺术的“比兴”手法。所谓比兴的艺术手法，是指艺术家通过营造出一种物境来寄托自己内心的思想和情志，这种对于精神情思的比拟，常常是通过言此意彼，或者是将意蕴掩盖在物象的背后，形成“隐喻”。这就是比兴手法，比是比喻，兴则既讲象征，又讲隐喻。象外之象，韵外之致、言外之意，很大程度来自比兴手法，“比兴”是意象的表现方法和技巧。

二、中国古典诗词中常见的意象

在中国古典诗词中，“月”是最常见的意象之一。在漫长的历史时期，“月”意象被人们反复使用，在各种不同的意象组合中，呈现出不同的风韵，表达着不同的情思。“月”主要有以下几种约定性的含义。

中国古典诗词中所描述的月亮，经常是表达思乡之情的代名词，是思乡之情物的载体。例如唐朝著名诗人杜甫的《月夜忆舍弟》：“露从今夜白，月是故乡明”[②]、李白的《静夜思》：“举头望明月，低头思故乡”[③]、唐朝诗人王建《十五夜望月寄杜郎中》：“今夜月明人尽望，不知秋思落谁家”[④]、王安石《泊船瓜州》：“春风又绿

① 陈伯海、蒋哲伦：《中国诗学史（隋唐五代卷）》，鹭江出版社2002年版，第144页。

② 邹德金整理：《名家注评全唐诗》，天津古籍出版社2010年版，第398页。

③ 《古诗词名句鉴赏词典》编写组：《古诗词名句鉴赏词典》，内蒙古大学出版社2004年版，第684页。

④ 苏缨、毛晓雯：《唐诗的唯美主义》，甘肃人民美术出版社2009年版，第130页。

江南岸，明月何时照我还”[①]等望月思乡，表明诗人们有家难归特有的伤痛。李益《夜上受降城闻笛》：“回乐烽前沙似雪，受降城外月如霜”，王昌龄《出塞》：“秦时明月汉时关，万里长征人未还”[②]都描述了月亮所代表的思乡之情。诗词中描述的明月还蕴含着作者对时空的永恒的感叹，如李白的《把酒问月》中的诗句：“古人今人若流水，共看明月皆如此”[③]，把诗人对生命和时间的伤感表达出来。

因为月亮有众所周知的特点，有阴晴圆缺的变化，月圆时候，比喻亲人相聚，事情圆满；月缺时大多数比喻亲人分离，事情不如人所愿。宋朝诗人苏轼在《水调歌头》中写道，“人有悲欢离合，月有阴晴圆缺”[④]描写的就是这种感情。南宋诗人吕本中在《采桑子》中写道：“恨君不是江楼月，南北东西，南北东西，只有相随无别离。恨君却似江楼月，暂满还亏，暂满还亏，待得团圆是几时？”[⑤]即借月亮的这两个特点来喻人事。

此外，《诗经·陈风·月出》：“月出皎兮！佼人僚兮！舒窈纠兮！劳心悄兮！月出皓兮！佼人懰兮！舒忧受兮！劳心慅兮！月出皎兮！佼人燎兮！舒夭绍兮！劳心惨兮！”[⑥]宋玉《神女赋》：“其

---

① 周先慎：《古诗文的艺术世界》，北京大学出版社 2007 年版，第 207 页。.

② 颜邦逸、赵雪沛：《文学作品赏析中国古典诗歌》，哈尔滨工程大学出版社 2004 年版，第 140 页。

③ 蒋述卓：《诗词小札》，中国青年出版社 2008 年版，第 79 页。

④ 白静文：《千古绝唱二百句》，甘肃少年儿童出版社 1988 年版，第 11 页。

⑤ 王强模：《历代抒情诗词》，贵州人民出版社 1984 年版，第 372 页。

⑥ 邹文生：《陈楚文化》，辽宁教育出版社 1998 年版，第 152 页。

少进也，皎若明月舒其光。”王维《白石滩》：“清浅白石滩，绿蒲向堪把，家住水东西，浣纱明月下。”[①] 李白《渌水曲》：“渌水明秋月，南湖采白蘋。荷花娇欲语，愁杀荡舟人。”[②] 王维《山居秋暝》：“明月松间照，清泉石上流。竹喧归浣女，莲动下渔舟。”[③] 刘禹锡《八月十五日夜桃源玩月》：“尘中见月心亦闲，况是清秋仙府间。”[④] 这些诗篇中，或把月亮当成美的象征，或用月光创造宁静的境界，寄寓自己淡泊名利，追求自由的情怀。

“柳”与“留”，两个字音相同，诗人们也常常用柳树来暗喻离别。古人在亲人朋友送别的时候，常常赠送柳枝，以表达主人与客人不舍别离的感情。《诗经·小雅·采薇》：“昔我往矣，杨柳依依”，[⑤] 就描述了这样的情思。唐代西安的灞陵桥是离别长安的必经之地，灞陵桥两边杨柳垂映，每每人们阔别亲人，离开这里，灞陵桥就成了亲人们折柳送别的地方。李白在《忆秦娥》中写道：“年年柳色，灞陵伤别”[⑥]，因为有这两句诗词，人们就把“灞桥折柳”作为送别典故的出处。唐朝诗人温庭筠《菩萨蛮》其十一之“杏花含露团香雪，绿杨陌上多别离”[⑦]，北宋词人柳永在《雨霖铃》中的

① 颜邦逸、赵雪沛：《文学作品赏析中国古典诗歌》，哈尔滨工程大学出版社 2004 年版，第 159 页。

② 周沁影、迟乃鹏：《李白诗选》，巴蜀书社 2008 年版，第 14 页。

③ 宋恪震：《唐诗名篇精赏》，中州古籍出版社 1991 年版，第 91 页。

④ （唐）刘禹锡著，陶敏、陶红雨校注：《刘禹锡全集编年校注》（上），岳麓书社 2003 年版，第 82 页。

⑤ 陈节注译：《诗经》，花城出版社 2002 年版，第 221 页。

⑥ 竞鸿、陆力：《全宋词佳句类典》，吉林文史出版社 2013 年版，第 36 页。

⑦ 万文武：《温庭筠辨析》，陕西人民出版社 1992 年版，第 150 页。

诗词名句："今宵酒醒何处，杨柳岸，晓风残月"[①]，也同样用了这个典故来抒发与亲友别离的难舍之情。

"柳"多种于檐前屋后，常作故乡的象征。《古诗十九首·青青河畔草》即有"青青河畔草，郁郁园中柳"[②]的诗句。许浑《咸阳城东楼》"一上高楼万里愁，蒹葭杨柳似汀洲"，抒发了对故乡的无限牵挂。谢灵运《登池上楼》"池塘生春草，园柳变鸣禽"；欧阳修《蝶恋花》"庭院深深深几许？杨柳堆烟，帘幕无重数"；张九龄《折杨柳》"纤纤杨柳枝，持此寄情人。一枝何足贵，怜是故园春"，这些都是以杨柳之态引"故园"之情。

菊花作为傲霜之花，历来是文人墨客所称赞描绘的内容，有人赞美它意志坚强的高贵品格，有人欣赏它清丽高洁的气质。战国时期的大诗人屈原在《离骚》中写道："朝饮木兰之坠露兮，夕餐秋菊之落英。"[③]在这首诗中，诗人用餐花饮露来比喻自身品德的高尚和纯洁。魏晋南北朝时期的陶渊明在《饮酒·其五》中写道："采菊东篱下，悠然见南山"，表达了陶渊明超凡脱俗的隐士风范。唐朝宰相、诗人元稹的《菊花》一诗中写道："秋丛绕舍似陶家，遍绕篱边日渐斜。不是花中偏爱菊，此花开尽更无花"，[④]抒发了作者对坚贞不屈、高贵纯洁品格的赞扬。南宋诗人郑思肖在《寒菊》中的诗句："宁可枝头抱香死，何曾吹落北风中"，南宋诗人范成大

① （北宋）柳永：《柳永集》，三晋出版社 2008 年版，第 47 页。

② 丁放：《历代爱情诗句名篇赏析》，安徽文艺出版社 2000 年版，第 9 页。

③ 文怀沙：《屈原离骚今绎》，百花文艺出版社 2005 年版，第 21 页。

④ 傅承洲、沙文：《花》，江苏古籍出版社 1995 年版，第 40 页。

在《重阳后菊花二首》中的诗句“寂寞东篱湿露华，依前金靥照泥沙。世情儿女无高韵，只看重阳一日花”，都是用菊花寄寓诗人高尚的情操和品质，而诗词中所描绘的菊花成为诗人人格象征意义的写照。

梅花的性格，是不畏严寒，在寒冷的冬天开放，之后春天到来，召唤出百花盛开。在古典诗词中，梅花与菊花同样受到诗人的描绘和赞扬。南宋诗人陈亮称赞《梅花》的诗句：“一朵忽先变，百花皆后香。”诗人把梅花在冬季开放的自然特点，描述成了不怕失败和挫折、敢为天下先的高尚品德，在歌咏梅花的同时，象征自己的精神世界。北宋思想家、政治家王安石所写的《梅花》中：“墙角数枝梅，凌寒独自开。遥知不是雪，为有暗香来”，[①] 表达了梅花纯净洁白的品格。南宋诗人陆游在《咏梅》中的诗句，“无意苦争春，一任群芳妒。零落成泥碾作尘，只有香如故”[②] 两句，用梅花来象征自己不幸的人生遭遇和高尚的道德情操。元朝诗人王冕在诗词《墨梅》中写道：“不要人夸好颜色，只留清气满乾坤”，[③] 借用梅花的冰清玉洁来抒发自己不愿同流合污的美好品质，意味深长。

松树具有不畏严寒的自然特征，因此成为各个时代诗人画家竞相讴歌的对象。东汉时期的诗人刘桢在《赠从弟》一诗中写道：“岂不罹凝寒，松柏有本性。”[④] 他以松树的顽强品格，鼓励堂弟要坚

① 郜锦强：《梅花颂咏梅诗词名句选》，安徽大学出版社 2007 年版，第 7 页。

② 黄谦生、吴学光：《历代咏梅诗词选》，山东大学出版社 1989 年版，第 89 页。

③ 王冕著，张坤选注：《王冕诗选》，浙江文艺出版社 1984 年版，第 146 页。

④ 刘松来：《中国古代文学作品选》（上），中国文联出版社 2006 年版，第 285 页。

贞不屈，在逆境中坚持不屈不挠的高贵品质。唐朝诗人李白的《赠韦侍御黄裳》中的诗句：“愿君学长松，慎勿作桃李！”[①]这两句诗词是李白规劝韦黄裳，要努力学习松树的品格，做一个正直而高尚的人。

此外，落花、流水、杜鹃、鹧鸪、寒蝉、莲花、竹子、梧桐、芳草、羌笛等都是我国古典诗词中常见的意象。

第四节　诗词的意境审美

一、诗词意境的概念

意境是中国古代美学的重要范畴，也是中国古典诗词理论的重要范畴。所谓“意境”，是指抒情艺术作品中呈现出来的情景交融、虚实互映、韵味无穷，活动着本体生命的诗意的空间。它是我国古典诗词、绘画、书法、音乐等不同门类的艺术家们共同追求的艺术境界。人们对它的研究也是由来已久，对意境意蕴的阐释更是见仁见智。

意境就是情景交融，这个概念在我国艺术美学史上有很长的发展过程。这种阐释是中国古代无数文学艺术家总结出来的，以长期的创作经验为基本方法，而这种经验的总结又主要体现在对诗歌和绘画的创作实践。

① 刘忆萱、王玉璋：《李白诗选讲》，辽宁人民出版社 1985 年版，第 250 页。

如果历时性地考察中国古代文论就会发现，在魏晋以前人们还局限在诗仅是主观情志载体的范围内，还没有提升到诗歌创作中主体与客体相互交融的关系上。儒家经典《尚书·虞书·尧典》说到“诗言志”。《荀子·儒效篇》中说：“诗言是其志也”，也论述了诗词的功能。庄子在《庄子·天下篇》中写道：“诗以道志”。董仲舒《春秋繁露》：“《诗》、《书》序其志。”《史记·太史公自序》：“夫《诗》、《书》隐约者，欲遂其志之思也。”魏晋南北朝之后，伴随诗词歌赋的发展，古人在诗歌创作中，深入地认识到了文学创作中主客观的关系。西晋著名文学家陆机在《文赋》中的论述，“诗缘情丽绮靡”，虽然这也说出了诗是抒情而绚丽多彩的，但他从物景与情思交融的角度来谈论诗歌的艺术构思，认为这种构思过程为：“遵四时以叹逝，瞻万物而思纷。悲落叶于劲秋，喜柔条于芳春。心懔懔以怀霜，志眇眇而临云。”刘勰在《文心雕龙·神思篇》也论述说：“故思理为妙，神与物游，神居胸臆，而志气统其关键；物沿耳目，而词令管其枢机。”[①]他在文中所阐述的构思规律的核心在于神与物游，就是艺术家的主观与客观物象的融合。

唐代中期，诗人王昌龄阐述说作诗要“处心于境，视境于心”，他要求作诗的过程是心与物相感会，景与意相融合。王昌龄在《诗格》中还论述道：“夫置意作诗，即须凝心；目击其物，便以心击之，深穿其境。”[②]以后司空图言“思与境偕”（《与王驾评诗书》），

① （南北朝）刘勰：《文心雕龙》，引自赵仲邑译注：《文心雕龙译注》，漓江出版社1982年版，第132页。

② 张少康：《中国历代文论精品》，时代文艺出版社2003年版，第5页。

苏轼讲“境与意会”（《东坡题跋》），王士稹讲“神与境合”（《艺苑卮言》），都阐述到了诗词意境的本质。

“意境”一词的阐释，王昌龄在《诗格》中就已经给出了描述。他说：“诗有三境：一曰物境，欲为山水诗，则张泉石云峰之境极丽艳秀者，神之于心，处心于境，视境于心，莹然掌中，然后用思，了然境象，故得形式。二曰情境，娱乐愁怨皆张于意而处于身，然后驰思，深得其情。三曰意境。亦张之于意而思之于心，则得其真矣。”① 此将意境与物境、情境并举，称之为三境。

近现代著名美学大师王国维深入地探讨意境的意义，他对诗词意境的大力提倡，使得追求意境美成为文学艺术领域的目标。在他的文章中，意境有时候又称境界。王国维在《人间词话》中写道：“然沧浪所谓兴趣，阮亭所谓神韵，犹不过道其面目，不若鄙人拈出‘境界’二字，为探其本也。”② 这里的兴趣，是指艺术家的创作愿望，诗性大发时欢喜激动的感觉。这都是诗人表达主观情绪的方面。王国维理论的全面性，体现在他不仅仅体会到诗人主观情意的一面，同时又体会到了客观物象的一面，他认为只有主观与客观两者的相互融合才能产生意境。王国维在《人间词·乙稿序》中说：“文学之事，其内足以抒己而外足以感人者，意与境二者而已，上焉者意与境浑，其次或以境胜，或以意胜，苟缺其一，不足以言文学。”③ 他在《宋元戏曲考》中，在评论元戏曲时，又对意境这个术

① 王振复：《中国美学重要文本提要》（上），四川人民出版社 2003 年版，第 294 页。

② 王国维：《人间词话》，山西古籍出版社 2010 年版，第 5 页。

③ 王国维著，郑小军注：《人间词·人间词话》，浙江教育出版社 2006 年版，第 7 页。

语作了解说："其文章之妙，亦一言以蔽之，曰：有意境而已矣。何以谓之有意境？曰：写情则沁人心脾，写景则在人耳目，述事则如其口出是也，古诗词之佳者，无不如是。元曲亦然。"①他就前人对于意境的理论更深层次地探讨了意境的含义，建立了一个品评诗词绘画创作的审美标准，丰富了中国传统美学理论。

到了现代，艺术家们、学者们对意境的解说就越来越深入明晰了。著名国画家李可染先生在《漫谈山水画》中论述说："画山水，最重要的就是意境，意境是山水画的灵魂。什么是意境？我认为，意境就是景与情的结合，写景就是写情。山水画不是地理自然环境的说明和解图，不用说，它当然要求包括自然地理的准确性，但更重要的还是表现人对自然的思想感情，见景生情，景与情要结合。"②

美学大师宗白华先生在其《中国艺术意境之诞生》一文更是精辟地阐述说："在一个艺术表现里情和景交融互渗，因而发掘出最深的情，一层比一层更深的情，同时也透入了最深的景，一层比一层更晶莹的景；景中全是情，情具象而为景。因而涌现了一个独特的宇宙，崭新的意象，为人类增加了丰富的想象，替世界开辟了新境……这就是我的所谓'意境'"。③

从以上对各个历史时期"意境"说的考察，得以知道，"意境"这一中国古代诗歌理论范畴，它的构成既离不开主观之情，也离不

① 贺根民：《读懂王国维》，广西人民出版社2014年版，第153页。

② 李可染：《漫谈山水画》，摘自《美术》1959年第5期，第15—16页。

③ 宗白华：《美学与艺术文选》，河南文艺出版社2009年版，第33页。

开客观之景。它产生于主客合一，心物交融。情景水乳交融产生意境，但笔者认为情景相融本身并不是意境，意境是在情景交融的基础上升华出的新的艺术世界。元朝诗人马致远《天净沙·秋思》小令：

枯藤老树昏鸦，小桥流水人家。
古道西风瘦马。
夕阳西下，断肠人在天涯。[①]

词中前四句写景，最后写情，景与情融合无间，于是全篇升华成一片哀愁寂寞、宇宙荒寒、根触无边的诗歌意境。到此，我们或许可以对“意境”的含义作这样的阐释：“意境”是作者的主观情意与客观物景相互交融而形成的艺术图景，是具有广阔的审美空间能够引起读者丰富联想和幻想的艺术世界。中国古代诗歌中尤其看重意境，要求意与境相结合，即诗人的思想感情要与自然景物、人生境遇高度融合。

一般认为，“意境”的正式提出始于王昌龄的《诗格》。王昌龄《诗格》中所言的“物境”“情境”“意境”之“境”其义源于佛家哲学。佛教传入中国并逐渐融入中国文化，尤其到唐宋以后，士大夫自觉地运用佛家理论进行文学创作与批评，使佛教美学理论逐渐系统化。

---

① 隋树森：《元人散曲论丛》，齐鲁书社1986年版，第123页。

“境”是佛教用语，原指人心所感知和达到的境界，缘于心境的“意境”即得自于佛家。王昌龄将“三境’分开，其“物境”是可视的，指自然景物，相当于今天我们所说的“景”，即诗人和画家笔下的自然物境。“情境”指的是充满情感的物境，是艺术家们倾注了情感的“景”，即艺术家所经历和感受的生活和现在所说的“境”基本相同。“意境”是指想象中的场面，就是融入诗人和画家之心灵的“景”。诗词有“三境”的说法，探讨的是诗人在创作过程中应该描绘的景物的真实形象，以及人的情性的自然流露，充分展开想象的作用，做到“张之于意，而思之于心”的审美境界，创作出让人感动的艺术境界。

而关于意境内涵最早进行论述的是唐朝大文学家刘禹锡，他在《董氏武陵集纪》中论述说：“诗者其文章之蕴邪？义得而言丧，故微而难能，境生于象外，故精而寡和。”[①]“境生于象外”是中国画论中关于意境的一个重要的论点。意境是中国传统美学中的一个核心内容，它在艺术创作中同样重要，意境是诗画艺术的灵魂，一直以来被艺术家视为最高的美学追求。中国传统绘画要求形神兼备，不但求其形似，而且求其神似，而且还要在形神兼备、情景交融的基础上追求有“象外之象”的意境美。“意境”离不开“象”，但“意境”又不能完全地等同于“象”，“意境”是超越于画中物象之外的深层次的审美意蕴。刘禹锡所说的“境生于象外”指出意境具有“象”（实）和“境”（虚）两个层次，

① 张少康主编，卢永璘等选注：《中国历代文论精选》，北京大学出版社 2003 年版，第 173 页。

通过“象”去传达“境”，从而充分调动客体的想象，形成一个具有意中之境，“飞动之趣”的艺术空间。如唐朝大诗人杜甫的著名诗词《绝句二首》：

迟日江山丽，春风花草香。
泥融飞燕子，沙暖睡鸳鸯。①

在这首诗中描绘了一些明快、静态的意象，它们组成一种春暖花香、恬静安和的实境；同时创造一种虚境，这虚境中含有诗人情感、心态等的内容。《唐诗鉴赏辞典》中说：“就诗中所含蕴的思想感情而言，反映了诗人经过‘一岁四行役’‘三年饥走荒山道’的奔波流离之后，暂时定居草堂的安适心情，也是诗人对初春时节自然界的一派生机、欣欣向荣的欢悦情怀的表露。”②这里的虚境内容是文字上难以实现的，要在文字背后才能读到。而要见到这些内容，又得以实写的景物为基础，对实境体会越深、越清楚，对虚境的把握也就越容易。

二、诗词意境的类型

司空图在《二十四诗品》中对意境又进行了诗化的描述，他区分了诗歌意境的不同类型。司空图把诗歌风格概括为：“雄浑、冲淡、纤秾、沉着、高古、典雅、洗炼、劲健、绮丽、自然、含蓄、

① （唐）杜甫：《杜甫绝句注释》，江西人民出版社 1982 年版，第 37 页。
② 俞平伯：《唐诗鉴赏辞典》，上海辞书出版社 2004 年版，第 556 页。

豪放、精神、缜密、疏野、清奇、委曲、实境、悲慨、形容、超诣、飘逸、旷达、流动。”[①]《二十四诗品》所列的二十四个品目，雄浑、高古、豪放、劲健、悲慨、造诣、飘逸、旷达、清奇、冲淡、疏野、典雅、绮丽、纤秾个性明确，无疑是十四种风格意境。而剩余十则，是共性的品格，包含在各种风格之中，更接近于创作方法。而且他还论述了诗歌意境的美学本质。如下几品，与花鸟画的意境更为契合。

雄　浑

大用外腓，真体内充。反虚入浑，积健为雄。具备万物，横绝太空。

荒荒油云，寥寥长风。超以象外，得其环中。持之匪强，来之无穷。

典　雅

玉壶买春，赏雨茅屋。坐中佳士，左右修竹。白云初晴，幽鸟相逐。

眠琴绿阴，上有飞瀑。落花无言，人淡如菊。书之岁华，其曰可读。

冲　淡

素处以默，妙机其微。饮之太和，独鹤与飞。犹之惠风，荏苒在衣。

① （唐）司空图：《二十四诗品》，中华书局1985年版，第1—3页。

阅音修篁，美曰载归。遇之匪深，即之愈稀。脱有形似，握手已伟。

绮　丽

神存富贵，始轻黄金。浓尽必枯，浅者屡深。露馀山青，红杏在林。

月明华屋，画桥碧阴。金樽酒满，伴客弹琴。取之自足，良殚美襟。

清　奇

娟娟群松，下有漪流。晴雪满汀，隔溪渔舟。可人如玉，步屧寻幽。

载行载止，空碧悠悠。神出古异，淡不可收。如月之曙，如气之秋。

悲　慨

大风卷水，林木为摧。意苦若死，招憩不来。百岁如流，富贵冷灰。

大道日往，若为雄才？壮士佛剑，浩然弥哀。萧萧落叶，漏雨苍苔。

自　然

俯拾即是，不取诸邻。俱道适往，着手成春。如逢花开，如瞻岁新。

真予不夺，强得易贫。幽入空山，过雨采蘋。薄言情晤，悠悠天钧。

含　蓄

不着一字，尽得风流。语不涉难，已不堪忧。是有真宰，与之沉浮。

如渌满酒，花时反秋。悠悠空尘，忽忽海沤。浅深聚散，万取一收。

第二章

中国花鸟画的产生与发展

ZHONGGUO HUANIAOHUA DE CHANSHENG YU FAZHAN

在传统中国绘画中，按照画面表现内容划分，可以将中国画分为三种画科：花鸟画、人物画和山水画。其中花鸟画一科，顾名思义，最早的形式或者表现的对象就是花与鸟，广义上来讲，也就是表现动植物学中的各种花和鸟在自然环境中的形态。与此同时，描绘花与鸟之间，花鸟与自然之间所形成的和谐的关系、审美情趣等。随着表现题材的不断扩大和艺术家审美视野的不断开拓，花鸟画艺术将其概念的内涵和外延扩大到了自然界中更加广阔的空间。在《中国大百科全书·美术卷》中，花鸟画一词的定义为："花鸟画是以动植物为主要描绘对象的中国画传统画科。又可分为花卉、翎毛、蔬果、草虫、畜兽、鳞介等支科。"①

中国绘画的分科在不同的历史时期都不尽相同，从新石器时期开始，各种动植物形象，特别是动物的形象大量地出现在了岩画、陶器的制作上。随着历史的发展，人类的生活不断充裕满足的同时，产生于劳动的艺术形式最终成为人们的精神追求和享受，寄托着人们对美好生活的期望和向往。于是艺术创作形式从实用与艺术相结合而转化为自觉的、纯粹的艺术形式。并各自形成体系和风格，共同形成花鸟画体系。

中国花鸟画重点在于表现花鸟自然与生命的美，是对生命的赞美和讴歌，更重要的是花鸟以外笔墨之间所传达的外在形式美与内在精神世界的美，以及艺术家所赋予自然花鸟，特别是花草植物的人格精神以及在绘画过程中所抒写的情感和意趣。花鸟画能充分表

① 中国大百科全书美术编辑委员会：《中国大百科全书·美术卷》，中国大百科全书出版社 1991 年版。

达画家的思想感情和精神需求，并能承载丰富而深厚的传统文化内涵，使人产生心理上的共鸣和视觉上的审美感受，充分体现了“天人合一”的自然观。这样的绘画形式的审美表达，主要通过花鸟画艺术是诗、书、画互相融为一体的特点，以及花鸟画意境的营造。

第一节　唐之前的花鸟画概述

一、原始时期花鸟画的起源

中国花鸟画的发展，据史料的考证是从唐代开始独立成科。但是事实上，花鸟画真正的起始时间，历史上很难作出确切的判断。任何文明的产生或文化形态的形成都有一个漫长而复杂的过程。追根究源，追溯到漫长的原始社会时期，中华传统文化中对于大自然的热爱，在原始人类最初的审美体验和审美认识的活动中就存在，花鸟画的萌芽已经慢慢地开始形成和发展。在北宋宣和年间由官方主持编撰的《宣和画谱》中曾经记载道：“河出图，洛出书，而龟龙之画始著见于时，后世乃有虫鸟之作，而龟龙之大体，犹未凿也。逮至有虞，彰施五色而作绘，宗彝以是制象，因之而渐分。至周官教国子以六书，而其三曰象形，则书画之所谓同体者，尚或有存焉。于是将以识魑魅，知神奸，则刻之于钟鼎，将以明礼乐，著法度，则揭之于旂常，而绘事之所尚，其由始也。”①这种对于原始

① 俞剑华：《宣和画谱》，江苏美术出版社 2007 年版，第 1 页。

社会时期，众多文明碎片的描述中，我们或许能找到花鸟最原始的艺术形象。在此之后陆续有了蛇和鸟类的绘画作品。舜帝时代皇帝祭服上有了猛虎与猴子的图案，这些动物的纹样证实了在这一时期逐渐有了花鸟画中动物形象的分类方法。

《宣和画谱·花鸟叙论》中写道："上古采以为官称，圣人取以配象类，或以著为冠冕，或以画于车服，岂无补于世哉。"①传统中国绘画以花和鸟为艺术载体，使绘画通过花鸟的象征性符号，赋予了精神层面的价值和意义。

磨制时期和陶器的出现是新石器的主要标志。人们通过不断实践和探索而形成的彩陶艺术，其"彩绘"的形式应该就是当时条件下的绘画表现形式之一，即绘画最早的形式。陶器上的彩绘纹样，不仅仅只是具有装饰性作用的意义，更重要的是它本身就是造型艺术形式的一种，即"绘画"。因此，绘画艺术的源头可以追溯到彩陶艺术。

陕西姜寨出土的彩陶盆中画着双鱼与蛙纹，在简练的笔触中表现了概括而生动的形象；甘肃秦安出土的有鸟纹、鹿纹、鱼纹彩陶盆；半坡出土的有鱼纹、蛙纹、鹿纹、鸟纹彩陶盆；山西武坪出土的彩陶罐上有蜥蜴纹。目前学术界所承认的我国历史上最早的传统花鸟画的形象是在陶器绘画艺术上集中体现出来的。

仰韶文化中的代表作品，河南临汝阎村出土的《鹳鱼石斧彩陶图》（图 2–1）中"鹳"的形象特征十分突出，坚劲而有力的线条

① 岳仁译注：《宣和画谱·花鸟叙论》，湖南美术出版社 1999 年版，第 310 页。

图 2–1 《鹳鱼石斧彩陶图》（新石器时代）

描绘了用绳缚扎直立木杆石斧和一个长嘴鹳鸟，鹳眼大而圆睁，头向上抬高，健硕的身姿，非常生动。鹳的嘴上衔着一条大鱼，虔诚地面对石斧。这幅图画意味着鹳向石斧奉献供品，祈求氏族的丰收、吉祥和欢乐。画面单纯的色彩和朴素夸张的形象，表现出了远古人们劳动和生活的场景记录。而且在画面中也突出表现了自然物象的神情和姿态，特别是在眼睛的处理上更为突出。因此说它是一幅真实生动、色彩和谐、古拙优美、富有意境的绘画，也常常被人们认为是中国最早的花鸟画作品。早在新石器时代花鸟画萌芽时期，它蕴含着象征、夸张特征及劳动人民的亘美情调。

二、春秋战国时期花鸟画的萌芽

20世纪中期，湖南长沙楚墓出土的战国时期的《龙凤人物图》（图2–2），是我国现存年代最早的衣服帛画，图中用单色线描绘一妇女，侧面向左而立，头后挽有一个垂髻，并系有饰物，长裙束腰，华丽的宽袖与纤细的双手做祈祷状，神态虔敬肃穆。在她的上方，画有一龙一凤，形态富有动势，正向天空飞升。特别是凤鸟昂首阔步，长尾上旋，更加强了画面的气势和动感。一般认为，这是一幅描绘龙凤引导墓室主人灵魂升天的情景，记录了战国楚人的一种丧葬习俗。画中妇人就是墓室主人的形象，在妇人之上画有龙、凤，表示龙凤引道升天。在这幅作品中，已经具有象征符号的龙凤。

图2–2　《龙凤人物图》（战国）

另外一幅帛画是在长沙战国楚墓中出土的《人物御龙图》，画面中龙头高昂，身平伏呈舟形，翘起的尾上立一只鹭，圆目长嘴，顶有翰毛，仰首向天。帛画中还有以单线勾描的鹭和鱼的形象。虽然这些花草和鸟类的艺术形象最初只是作为人物画的背景出现的，但是这些艺术作品中朴素的艺术形象和表达方法都达到了很高的艺术水平。

春秋战国时期，在产生花鸟画形象的同时也产生了相关的理论著作。战国末期的韩非子在《外储说左上》中说："客有为齐王画者，齐王问曰：'画孰最难者？'曰：'犬马最难。''孰易者？'曰：'鬼魅最易。''夫犬马，人所知也，旦暮罄于前，不可类之，故难。鬼魅无形者，不罄于前，故易之也。"[①]韩非子在书中阐述的绘画理论对花鸟画研究有着非常重要的历史意义。

秦汉为统一的专制政权，统治者高度重视艺术的发展，艺术的功用多为宣扬政治思想和专权制度的威严而服务。汉代在意识形态方面，沿袭战国时代的百家争鸣。汉武帝为了维护封建的统治秩序，罢黜百家，独尊儒术，实行专制文化。

美术则以彰功显能为主旨，因而秦汉时期的中国绘画艺术以人物画为主流，花鸟画主要以鸟兽为画面的形象，这些形象普遍地应用于各种器物的装饰和丝织等诸多领域。绘画的独立出现，花鸟画便有了独立发展的空间。在咸阳第三号宫殿遗址壁画中出现的《植物图》的残片上，就有了描绘麦穗、竹、梅等植物的形象。充分说明了绘画题材越来越显出是以现实生活为主体，并且范围越来越广泛。

① （清）王先慎：《韩非子集解》，中华书局2003年版，第270页。

三、魏晋南北朝时期花鸟画的产生

魏晋南北朝时期，在历史上是分裂与变革的时代，政治的黑暗和时局的纷乱，构成了宗教的兴盛，玄学之风的兴起。在人们崇尚精神自由的哲学观的影响之下，艺术围绕佛教而形成的雕塑、壁画大行其道。此时的艺术仍然是以人为中心的造型艺术。花鸟画艺术的发展还是围绕人物展开，多为人物画的背景和环境出现。就绘画而言，人物、山水、花鸟三个画种都有很大的发展和成就，已经发展到了独立成科的前奏。被文人墨客所推崇的四君子等绘画内容和题材是在风景园林中常常见到植物和花草。

古代的画家们在绘画艺术创作中表现出了对诗词艺术的钟情。晋代画家卫协曾经根据《毛诗序》所画的毛诗草木鸟兽图，可以看作是早期的诗意画作品。这个时期这些花鸟画的题材是受士大夫阶级的文人思想的影响，放浪形骸于山林，隐居悠游于自然，与大自然和谐共融的结果，这些创作直接促成了花鸟画的独立发展。了解此时的花鸟画作品，只能是从相关的历史著录之中获得，至今尚无实物资料来证实。因此，此时的花鸟画处于萌芽时期。

第二节　唐、五代花鸟画的形成与发展

一、唐朝时期花鸟画的形成

唐朝时期，国力的强盛与文化的繁荣为花鸟画独立成科提供了

必要的社会条件。唐代的经济、政治、文化已经达到了空前繁荣和高度发展的时期，也是中国传统绘画的重要发展时期。道家思想世俗化，佛教宗派大兴，并进一步与儒家思想融合。禅宗的兴起，成为中国化的佛教，带来了佛教本身的解放。在当时政治观点、哲学思想，特别是当时美学思想的直接影响下，文学、艺术都统一在现实主义的洪流中。尤其到了盛唐时期，诗词、音乐、舞蹈、美术等都空前的繁荣和进步。在绘画方面，虽然文人士大夫阶层并未完全自成一体，但人物、花鸟、山水、鞍马都已经发展成熟，独立成科，大放异彩。其中历史上曾经记载的擅长画花鸟禽兽的画家就有八十多人，其中专门从事花鸟画画家近二十人之多。

唐朝的文人朱景玄在《唐朝名画录》中记载了品评画家的标准为："第一神品：阎立本，写真、人物、鞍马；尉迟乙僧，花鸟；韩幹，鞍马、花竹；薛稷，鹤竹、花鸟。第二妙品上：李昭道，山水、鸟兽；韦无忝，鞍马、异兽、人物、花竹。第三妙品中：程修己，鞍马、花木、草木、鸟兽、竹石；边鸾，花鸟、树木、蜂蝉、雀竹。第四妙品下：殷仲容，花鸟、竹木。第五能品上：韦銮，花鸟。第六能品中：卫宪，花鸟、蝉雀；冷元琇，花鸟。第七能品下：萧悦，竹；梁广，花鸟；董奴子，花鸟；程邈，花鸟。"①

从这段叙述中看出，绘画历史中"花鸟"这一概念，始见于唐朝时期，但是也尚未有特别清晰的概念。在此后许多花鸟画的题材，还没有涵盖于这一时期所谓花鸟画的范畴之中。

① 何明志、潘运告：《唐五代画论》，湖南美术出版社 1997 年版，第 75 页。

工笔花鸟画的艺术形式体现了唐朝花鸟画所取得的成就。此时的画家们重视对事物的写生和观察，折枝花的题材在唐代后期达到成熟，画面形象逼真，能抓住花鸟瞬间变化的生动形象，这种画风对之后的五代时期有很大的影响，表现方法主要是用墨线勾勒、用色彩晕染的重彩画法。

唐朝初期，传统绘画呈现出了繁荣局面，在各类画题材中，都名家辈出，各显纷呈。在花鸟画家中，薛稷以精于画鹤而为人称道。薛稷（649—713 年），字嗣通，蒲州汾阳人。薛稷为人好古博雅，辞章甚美；他擅书法，师承褚遂良，与虞世南、欧阳询、褚遂良并称初唐四大书法家。薛稷精于书画，擅长文学与诗词，被朱景玄在《唐朝名画录》中列为“神品”。他在绘画的实践中创立了“鹤样”范本。杜甫亦赞叹说：“惜哉功名忤，但见书画传。”杜甫在诗词《通泉县署屋壁后薛少保画鹤》中写道：“薛公十一鹤，皆写青田真。画色久欲尽，苍然尤出尘。低昂各有意，磊落如长人。”[①] 在张彦远的《历代名画记》中也记载他画的仙鹤：“屏风六扇鹤样，自翟始也。”[②]

唐朝时期，鞍马绘画已经达到了一个非常高的水平，马是当时人们生活不可或缺的必需品，是人们生活的一部分，自然而然的受到人们的重视和喜爱。马也成为众多画家描绘的对象。曹霸、韩幹、陈闳等名家都以画马著称。曹霸（704—770 年），谯郡（今安徽亳州）人，擅长画马，天宝年间曾画“御马”。同时，他也擅长

① （清）彭定求等：《全唐诗》，中州古籍出版社 2008 年版，第 1067 页。

② （唐）张彦远：《历代名画记全译》，贵州人民出版社 2009 年版，第 485 页。

人物画。北宋的《宣和画谱》记载曹霸画马的作品共有十四件，它们分别为：“《逸骥图》二、《玉花骢图》一、《下槽马图》二、《内廄调马图》一、《老骥图》二、《九马图》三、《牧马图》一、《人马图》一、《羸马图》一。”①唐代大诗人杜甫的诗《丹青引赠曹将军霸》及《韦讽录事宅观曹将军画马图》中，也对曹霸的画艺大加赞赏。

丹青引赠曹将军霸②

将军魏武之子孙，于今为庶为清门。
英雄割据虽已矣，文采风流今尚存。
学书初学卫夫人，但恨无过王右军。
丹青不知老将至，富贵于我如浮云。
开元之中常引见，承恩数上南熏殿。
凌烟功臣少颜色，将军下笔开生面。
良相头上进贤冠，猛将腰间大羽箭。
褒公鄂公毛发动，英姿飒爽来酣战。
先帝御马玉花骢，画工如山貌不同。
是日牵来赤墀下，迥立阊阖生长风。
诏谓将军拂绢素，意匠惨澹经营中。
斯须九重真龙出，一洗万古凡马空。
玉花却在御榻上，榻上庭前屹相向。

① （宋）《宣和画谱》：江苏美术出版社2007年版，第295页。
② （清）彭定求等：《全唐诗》，中州古籍出版社2008年版，第1069页。

至尊含笑催赐金，围人太仆皆惆怅。
弟子韩幹早入室，亦能画马穷殊相。
幹惟画肉不画骨，忍使骅骝气凋丧。
将军画善盖有神，必逢佳士亦写真。
即今漂泊干戈际，屡貌寻常行路人。
途穷反遭俗眼白，世上未有如公贫。
但看古来盛名下，终日坎壈缠其身。

韦讽录事宅观曹将军画马图①
国初已来画鞍马，神妙独数江都王。
将军得名三十载，人间又见真乘黄。

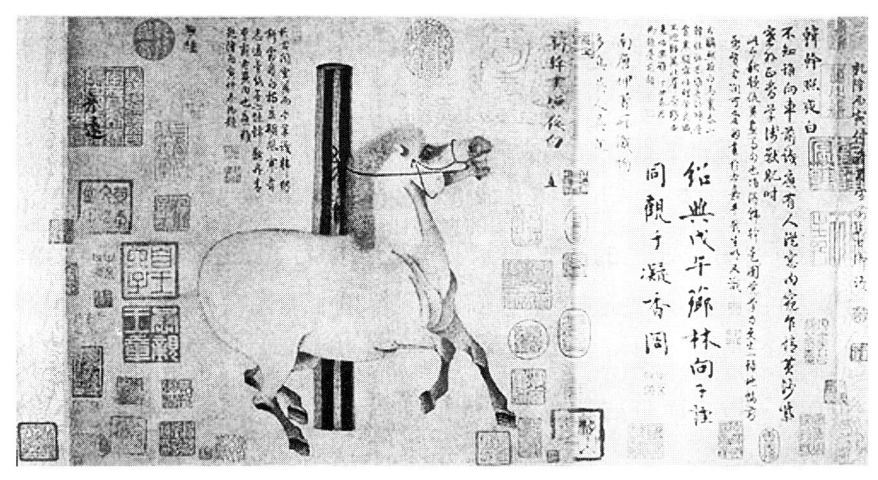

图 2–3 《照夜白图》（唐）韩幹

① 吴钧陶主编：《唐诗三百首》，湖南出版社 1997 年版，第 344 页。

曾貌先帝照夜白，龙池十日飞霹雳。

韩幹（706—783 年），长安（今陕西西安）人，他同样善于画马，师承曹霸，常常重视写生，在写生中记录马的动作和规律，画了许多宫中及王府中的名马神驹，创造了富有盛唐时代气息的画马风格。杜甫言其马图“逸态萧疏，高骧纵姿”。韩幹的作品《照夜白图》（图 2–3）中所描绘的，就是画的唐玄宗李隆基最喜爱的一匹马。韩幹以遒劲的线条与略施渲染的绘画方法，描绘出了宝马良驹的充满生命美感的身姿和形象，后人将韩幹与当时最擅长画牛的戴嵩一起称之为“韩马戴牛”，体现了他们在作品中的非凡成就。

花鸟画在唐朝中期成就斐然。边鸾（762—820 年），京兆（今陕西西安）人，擅长花鸟画。《宣和画谱》中对边鸾的花鸟画已经有了论述：“以丹青驰誉于时，尤长于花鸟，得动植生意”①，“又作折枝花，亦曲尽其妙。至于蜂蝶，亦如之，大抵精于设色，如良工之无斧凿痕耳”②。边鸾独创了折枝花的绘画方法，成为花鸟画最为独特的构图、处理的形式要素。边鸾画的牡丹，董逌在《广川画跋》中评论曰：“边鸾作《牡丹图》，而其下为人畜，小大六七相戏状，妙于得意，世推鸾绝笔而此矣。然花色红淡，若浥露疏风，光色艳发，披多而色洁，燥不失润泽，凝结之则，信设色有异也。”③

① 王群栗点校：《宣和画谱》，浙江人民美术出版社 2012 年版，第 164 页。.

② 王群栗点校：《宣和画谱》，浙江人民美术出版社 2012 年版，第 164 页。.

③ 俞剑华：《隋唐画家史料》，人民美术出版社 2004 年版，第 1021 页。

图 2–4　《斗牛图》（唐）戴嵩

说明边鸾善于花鸟写真，形象生动逼真。张彦远在他的著作《历代名画记》中也曾经说：“边鸾，善画花鸟，精妙之极。至于山花、园蔬，亡不偏写。为右卫长史。花鸟冠于代，而有笔迹。”①从这段论述中可以看出，张彦远认为边鸾的花鸟画代表了当时唐代的最高成就。

戴嵩，与韩幹同时而稍晚，在唐朝是一位以擅长画牛而闻名的画家，张彦远的《历代名画记》中记载道：“戴嵩，韩晋公之镇浙

① （唐）张彦远著，承载译注：《历代名画记全译》，贵州人民出版社 1999 年版，第 537 页。

右，署为巡官。师晋公之画，不善他物，唯善水牛而已。田家、川原亦有意。嵩第峄，亦善水牛。”[①] 在北宋时期的《宣和画谱》中也记载戴嵩画牛师从韩滉，所画的作品生动而自然，富有生活气息。现能存世的作品有《斗牛图》（图 2–4）。此图描绘了两牛相斗的动感场面，风趣新颖。两只斗牛使用水墨渲染的绘画方法，他用焦墨画牛的蹄子、牛角，浓墨画牛的眼睛和皮毛，传神而生动地刻画出斗牛蛮不可挡的英勇气势。所画之斗牛的性格和动态尽显于画面。可以看出戴嵩对牛的观察细致入微。他的作品不拘于常理、作品生趣昂然，与当时的画马名家曹霸、韩幹齐名。唐朝的韦偃，同样也是擅长画马的名家，他用笔遒劲，画风高超。

二、五代时期花鸟画的发展

花鸟画到了五代时期已经有了显著的发展，风格日趋成熟。在西蜀和南唐都相继建立了宫廷翰林图画院。由于艺术中心的多元化，地理环境、社会状况的不同及画家“锦衣”与“布衣”之分，遂使当时的绘画富于鲜明的地域风格和突出的派别特色。逐渐形成了两大花鸟画派系，代表画家西蜀有画院的宫廷画家黄筌、黄居寀父子为代表的“黄体”，南唐有徐熙和徐崇嗣祖孙二人为代表的“徐体”。“黄体”的作品风格讲究用色，具有工笔重彩画的特点；“徐体”的作品风格讲究用墨，多用水墨淡彩的方法。后人使用“黄筌富贵，徐熙野逸”来概括这两种不同的艺术风格。这两大

① （唐）张彦远著，承载译注：《历代名画记全译》，贵州人民出版社 1999 年版，第 545 页。

画派把花鸟画发展推向了新的历史高潮。

五代时期西蜀画院画家黄筌（903—965年），字要叔，成都（今四川）人。黄筌继承唐代花鸟画的传统，作品多是宫廷中的珍禽名花，用极其细腻的线条勾勒，之后以重彩渲染，几乎不见勾勒的墨迹，情态生动自然而逼真。在《宣和画谱》中有对黄筌绘画风格的描述："筌资诸家之善而兼有之，花竹师滕昌佑，鸟雀师刁光，山水师李昇，鹤师薛稷，龙师孙遇……所以筌画兼有众体之妙，故前无古人，后无来者，今筌於画得之。"[①]他的画多取材于宫苑中的珍禽瑞鸟，名花奇石，如"蜀禽""竹鹤""海棠鹦鹉""牡丹竹石"等。在《图画见闻志》中也有这样的记载："黄筌，字要叔，成都人。……善画花竹翎毛……孟蜀后主广政甲辰岁，淮南驰骋，副以六鹤，蜀主遂命筌写六鹤于便坐之殿，因名六鹤殿。……又画四时花鸟于八卦殿，鹰见画雉，连连掣臂，遂命翰林学士欧阳炯作记。又写白兔于缣素，蜀主常悬坐侧。"[②]通过这段描述，可见黄筌作品之风貌。在《梦溪笔谈》中北宋文学家沈括曾经论述道："诸黄画花，妙在赋色，用笔极新细，殆不见墨迹，但以轻色染成，谓之写生。"[③]

黄筌首创"勾勒法"，其画法精致、细腻，色彩艳丽浓重。他重视观察体会自然中花鸟的形态与习性，所画的对象，生动形象，细致工整，色彩典雅。因他长期在宫廷画院作画，绘画风格严谨富

① 王群栗点校：《宣和画谱》，浙江人民美术出版社2012年版，第173页。

② （宋）郭若虚：《图画见闻志》，江苏美术出版社2007年版，第133页。

③ （北宋）沈括：《梦溪笔谈》（十七卷），辽宁教育出版社1997年版，第95页。

图 2–5 《写生珍禽图》（五代）黄筌

丽，符合宫廷统治阶级的审美情趣，后人称他的作品风格为“黄家富贵”。他的传世作品有《写生珍禽图》（图 2–5）。与他同一时期的画家徐熙，画风粗犷，重墨淡彩，笔法清晰。他与黄筌的绘画风格迥异，他们各自富有特点的艺术风格奠定了后世花鸟画中工笔花鸟画风格和写意花鸟画风格的基础。

徐熙，生卒年不详，钟陵（今江苏南京）人。他出身江南名族，一生以高雅自任而不肯出仕。善画花竹、禽鱼、蔬果、草虫。他的作品师承并不明显，主要靠师法自然和观察生活来发挥他的独创精神。他经常漫步游览于田野园圃，所见景物多为汀花野竹、水鸟渊鱼、园蔬药苗。每遇景物，必细心观察，故传写物态，皆富有生动的意趣。在画法上他一反唐以来流行的晕淡赋色，另创一种落墨的表现方法，即先以墨写花卉的枝叶蕊萼，然后傅色。徐熙的绘画风格独特，在当时由于他置身于宫廷画院之外，因而摆脱了院派作风的约束，随自己的意愿画新颖的题材和内容，并用质朴、精谨的手法，创立了水墨渲染的“野逸”风格。《宣和画谱》中记载道：“徐熙，金陵人，世为江南显族。所尚高雅，寓兴闲放，画草木虫鱼，妙夺造化，非世之画工形容所能及也。……且今之画花者，往往以色晕淡而成，独熙落墨以写其枝叶蕊萼，然后傅色，故骨气风神，为古今之绝笔。”[①]刘道醇在其著作《圣朝名画评》里论述道：“熙善画花竹林木、蝉蝶草虫之类，多游园圃，以求情状，虽蔬菜茎苗，亦入图写。意出古人之外，自造於妙。尤能没色，绝有生意。”[②]在《梦溪笔谈》中沈括也曾经记载道：“徐熙以墨笔画之，殊草草，略施丹粉而已。神气迥出，殊有生动之意。”[③]徐熙的画注重“落墨”，用笔不拘泥于精勾细描，而是信笔抒写，略加色彩。他创立的落墨画法，突破了唐以来特别是黄氏父子细笔填色，多表现奇花异草、珍禽异兽的格式，面貌上有所创新，被后人称之为“徐熙野逸”。

“徐黄异体”之说，反映了五代花鸟画发展的风格与面貌。与黄氏父子的绘画风格相比较，徐熙在花鸟画上有独特的造诣。他画的花卉，既有牡丹、玫瑰、芍药、荷莲之类的富贵妍丽的花卉，也有农家园圃以及山野常见的桃花、梨花、竹子、茄荚等与生活息息相关的植物。他运用“落墨为格，杂彩副之”的画法，达到了“学穷造化，意出古今”的地步，形成了“翎毛形骨贵轻秀而天水通色”的潇洒高逸之风，已经与富贵皇家的画法有所不同。

“徐黄异体”“黄筌富贵，徐熙野逸”，是二人艺术风格特点的

① 王群栗点校：《宣和画谱》，浙江人民美术出版社 2012 年版，第 191 页。

② 于安澜：《画品丛书》，河南大学出版社 2009 年版，第 198 页。

③ （宋）沈括：《梦溪笔谈》（第十七卷），辽宁教育出版社 1997 年版，第 95 页。

精辟概括，自此成为画坛佳话、绘史名句。

第三节　宋代花鸟画的繁荣

一、宋代花鸟画的概况

宋代是中国花鸟画发展的高峰时期，如当代画家、美术理论家郑午昌在《中国画学全史》中说：“花鸟，至宋实为最盛之时代，亦可为宋代绘画之中心。”[①]宋代花鸟画也是中国花鸟画发展最为空前的时期，取得了重大的成就。在宋朝初期就成立了翰林图画院，并收录了五代时期众多的画家，院人的职务等也逐渐完备，这个时期花鸟画的成就代表了中国花鸟画发展的最高水平，在中国绘画史上形成了一座难以逾越的高峰。

在《宣和画谱》中记载御府藏画共六千多件，其中花鸟画作品占据三分之一以上，共有两千七百多件作品。南北宋是花鸟画发展的最鼎盛时期。北宋的画史评论家郭若虚在他的著作《图画见闻志》中对隋唐以来花鸟画进行了论古今优劣的评论，高度赞扬了北宋花鸟画的卓然成就。他在文中写道：“若论佛道人物，仕女牛马，则近不及古。若论山水林石，花竹禽鱼，则古不及近。”[②]

宋朝时期，由于朝廷设立宫廷画院，继而兴办画学，比前代都有更大的规模。花鸟画的题材也越来越广泛，专门从事花鸟画的画

① 郑午昌：《中国画学全史》，江苏文艺出版社 2008 年版，第 144 页。

② （宋）郭若虚：《图画见闻志》，江苏美术出版社 2007 年版，第 36 页。

家也日益增多了。仅见于文献记载的就有一百余人。北宋前期，花鸟画延续着五代时期的写实风格，以充满富贵气息的宫廷院体花鸟画的风格为主，与徐熙风格自然朴素、清新野逸的绘画风格并存。在北宋中后期，崔白、吴元瑜等人出现，打破了院体花鸟画一统天下的局面，花鸟画创作呈现出欣欣向荣的景象。北宋末年，宋徽宗赵佶在花鸟画中作出了非常重要的贡献，宫廷绘画出现了新的风貌，成就了“宣和体”的画风。南宋初期，花鸟画延续宫廷画院的风格，画院外花鸟画创作倾向于平淡蕴藉，委婉低沉，含蓄婉约的画风。

南宋时期，院体花鸟画的创作仍然繁荣，但是绘画风格逐渐开始转变，出现了大量小画幅的花鸟画创作，在文人水墨绘画方面的创作不及北宋中期兴盛，王朝闻在中国美术史上将这个时期归纳为衰颓期。在北宋中后期文人画思潮沛然兴起，描绘枯木、竹石、梅兰竹菊等题材受到文人士大夫的喜爱，导致了水墨写意花鸟画在实践和绘画理论上的大力发展，开启了中国花鸟画创作水墨写意花鸟画形式的先河。

二、宋代花鸟画的代表人物及其作品

赵昌（约公元 11 世纪），字昌之，四川广汉人，他工书法、绘画，擅长画花果，多做折枝花，兼草虫。赵昌的没骨花鸟画自成一派，宋朝郭若虚在《图画见闻志》中论述说：“赵昌善画花，每晨朝露下时，绕阑槛谛玩，手中调色彩写之，自号写生赵昌。”① 在

① （宋）郭若虚：《图画见闻志》，江苏美术出版社 2007 年版，第 172 页。

《宣和画谱》中对赵昌也有记载道："善画花果，名重一时。作折枝极有生意，傅色尤造其妙。"[①]北宋郭若虚的《图画见闻志》中也有对赵昌的评价："唯于傅彩旷代无双。"[②]宋朝大文豪苏轼曾经做诗称赞他画的花鸟作品："边莺雀写生，赵昌花传神。"[③]足以证明他作品精湛的艺术修养。他作品其中之一的《写生蛱蝶图》（图 2–6），用勾线设色的方法描绘花鸟草虫，蝴蝶流连在野花丛中，蚂蚱在草叶之下跳跃，整幅作品充满了春光明媚的愉悦和轻柔优美的意境。

图 2–6 《写生蛱蝶图》（北宋）赵昌

宋朝的另一位善于写生的画家是北宋的易元吉（1001—1065年），字庆之，湖南长沙人。他天资颖异，灵机深敏，擅长花鸟画。在《宣和画谱》中记载了他的绘画："游於荆湖间，搜奇访古，名山大川，每遇胜丽佳处，辄留其意，几与猿狖鹿豕同游，故心传目击之妙，一写于毫端间，则是世俗之所不得窥其藩也。又尝于长沙所居之舍后，开圃凿池，间以乱石丛篁，梅菊葭苇，多驯养水禽

① 王群栗点校：《宣和画谱》，浙江人民美术出版社 2012 年版，第 200 页。

② （宋）郭若虚：《图画见闻志》，江苏美术出版社 2007 年版，第 172 页。

③ 李索、高小立：《理趣诗精选》，河北大学出版社 2002 年版，第 307 页。

山兽，以伺其动静游息之态，以资于画笔之思致，故写动植之状，无出其右者。”[①] 易元吉写生是深入自然书写真切的生活感受。为了画獐猿，能够在大自然深处“寓宿山家，动经累月”地观察生活，他的写生全身心浸透荒野山林自然的原味。除了深山生活外，易元吉又在家中营筑写生的环境，达到了“故写动植，无出其右”[②] 的程度。北宋大书法家米芾在他的著作《画史》也曾经论述说：“易元吉，徐熙后一人而已。”[③] 从中可以看出，易元吉深得徐熙绘画精神与绘画表现风格。他的传世作品有《聚猿图》和《猴猫图卷》等。

五代时期，西蜀、南唐皇家画院的设立，院体工笔形态的花鸟画主流通贯于北宋与南宋，宋代是宫廷院体花鸟画在中国绘画史上的全盛时期。在宋朝的三百年间，宫廷画派中的画家们成为花鸟画坛的核心力量，对后世花鸟画的发展有着深远的影响。

宋朝时期，历代的皇帝对宫廷院体花鸟画的发展都非常重视。北宋初期，开国皇帝赵匡胤在登基之初就重用了五代的画家黄筌与黄居宷父子。宫廷中的花鸟画家多由五代而入宋，崇尚的绘画风格依然是徐黄二体，“黄家富贵”的绘画风格在画院中仍然占据了统治的地位。在花鸟画中还以黄家画法为品评作品优劣的标准。据《宣和画谱》记载中写道：“筌、居宷画法，自祖宗以来，图画院为一时之标准，较艺者视黄氏体制为优劣去取。”[④]

---

① 王群栗点校：《宣和画谱》，浙江人民美术出版社 2012 年版，第 203 页。

② 王群栗点校：《宣和画谱》，浙江人民美术出版社 2012 年版，第 203 页。

③ 王伯敏、任道斌：《画学集成》（六朝—元），河北美术出版社 2002 年版，第 405 页。.

④ 王群栗点校：《宣和画谱》，浙江人民美术出版社 2012 年版，第 187 页。

宋代政治崇尚重文治国，社会文化中有安内的倾向。经济实力较强，武力方面较弱的状况，带来社会文化心理内向的特点。在宋词中可以感受那种社会文化的心理特点。苏轼的一句："正溶溶养花天气"（《哨遍·春词》）[①]，黄庭坚的一句："只恐花深里，红露湿人衣"（《水调歌头》）[②]，可以说道出了宋人富足自醉的生活感受。此中善于运用自然花鸟情景来表达内心的情绪，如闲情愁怨的诗句："自在飞花轻似梦，无边丝雨细如愁"（秦观《浣溪沙》）[③]；如凄风苦雨的词句："昨夜雨疏风骤，浓睡不消残酒。试问卷帘人，却道海棠依旧。知否？知否？应是绿肥红瘦"（李清照《如梦令》）[④]；如留恋旧情的"蜻蜓立处过汀花，此情此水共天涯"（毛滂《浣溪沙·泛舟还余英馆》）[⑤]；如深愁无限的"不卷珠帘，人在深深处。残杏枝头花几许，啼痕止恨清明雨"（赵令时《蝶恋花》）[⑥]等，无不将语言美感意蕴转移于自然花鸟情境的美感之中吐露心声。

黄家画风在北宋初年影响很大，甚至改变了一些江南花鸟画家的画风。典型的代表画家有南唐的徐崇嗣。当由五代入北宋以后，他成为宫廷的画院画家。徐崇嗣的花鸟画创造了"没骨法"艺术形态，这是他以祖父徐熙落墨画法为意蕴而创造的一种院体新风格。

---

① （宋）苏洵、苏轼、苏澈：《三苏集·插图本》，万卷出版公司 2008 年版，第 165 页。

② （宋）黄庭坚：《黄庭坚集》，三晋出版社 2008 年版，第 203 页。

③ 姚蓉、王兆鹏选注：《秦观词选》，中华书局 2005 年版，第 114 页。

④ （宋）李清照、辛弃疾著，王步高、刘林辑校汇评：《李清照全集》，珠海出版社 2002 年版，第 4 页。

⑤ （宋）毛滂著，周少雄点校：《毛滂集》，浙江古籍出版社 1994 年版，第 94 页。

⑥ 季灝：《两宋词人小传》，民治出版社 1947 年版，第 24 页。

他在画法上不勾线而“直以色彩图之”更显富贵气，在题材内容上继续了黄筌院体传统的富贵意味，他的画风精细而写实。徐崇嗣的花鸟画被北宋的刘道醇《圣朝名画评》列入“妙品”。他的这种“没骨法”对明、清两代的花鸟画影响很大，在明代被宫廷花鸟画家孙隆等发扬，在清代先为文人画如恽南田等理解发挥，后为宫廷画院接受，随后成为院体花鸟画的一种新的绘画形态。《梦溪笔谈》中记载了徐崇嗣的绘画风格：“更不用笔墨，直以色彩图之，谓之‘没骨图’。”①

北宋中期的崔白（约1004—1088年），字子西，壕梁（今安徽凤阳）人。宋神宗赏识崔白，是变革皇家画风的关键举措。崔白的花鸟画是北宋院体花鸟画的一个新发展。

崔白作品富有动态美，表明了他对于传统的写生已经达到了圆熟的境地。他大幅巨制的富有气魄的代表作有《双喜图》（图2–7）轴。该图画幅雄健大气，其画法勾染工整，风格偏向于黄家。惊兔、叫鹊、竹叶等画法工细严谨，设色明快。坡树、草、叶勾写意境疏朗，体现了工笔细线的院体感觉。一些线条的勾写，如杂树叶子，线条勾描的却非常自由，在体现风卷叶翻的生动形态里，“如虫蚀木”的线条随风摆动而富有灵性。墨笔勾皴的树干和土坡，虽然并不茂盛，却以风动的感觉处理了特定环境中的线条。所画树枝的用笔苍劲与秋风中土坡的墨线侧皴产生对比，一种秋风肃杀的感觉，渲染了画面的意境。

① 潘运告：《宋人画评》，湖南美术出版社1999年版，第80页。

图 2–7 《双喜图》（北宋）崔白

画面主体的野兔惊西风而提心吊胆的心态，在敏感惊望转颈和不由自主提起前爪的动态里，被刻画得惟妙惟肖；画面中野兔后背微弓，是一种能随时逃跑的神情。兔子的画法是以丝毛为主，其焦墨以纤细劲利的丝毛用笔，体现出兔毛的质感。

崔白的画风具有气势和动感，画面生动而有诗意。他对于院体花鸟画的变革，一时在宫廷画院内外很有影响，既影响了当时花鸟画的风格，又对徽宗时期的院体花鸟画有所影响。其变革，是在题材上脱出“黄家富贵”，画法上明显偏向水墨。王安石赞他“莫道今人不如古”。

北宋宋徽宗赵佶（1082—1135 年），河北人，宋神宗之子。宋徽宗成立了翰林书画院即宫廷画院，把北宋院体花鸟画导向了历史最高峰。作为一代皇帝，赵佶的“院体花鸟画”之意义比过去更深。在《宣和画谱·花鸟叙论》中，提出了花鸟画能“粉饰大化，闻名天下”①的政教功用，这体现了赵佶的艺术思想。另外认识自然花鸟也有中国传统哲学的思想基础，如说花鸟是“五行之精，粹于天地之间”②者，所以才“葩华秀茂”③，其形象自古以来为圣人所用。认为花鸟画是对自然花鸟“有以兴起人之意者，率能夺造化而移精神”④的艺术创造活动。

赵佶是一位精于花鸟画的艺术家。他天资聪颖，擅诗词，通音律，爱好古玩，对于书画富于鉴赏力。他精通黄体而发挥其工笔形态，又结合工笔发挥水墨形态，还独创了笔法遒劲的与院体花鸟画勾线笔法结合的“瘦金书”。宋徽宗赵佶在位的二十五年，院体花鸟画长生了以形象的写实性、诗意的含蓄性、法度的严谨性为特点的“宣和体”。

宋徽宗非常注重提高画家的文化综合素质。从画院考试命题开始，就进入以诗词构思绘画的“思致”之道。把一些很美的诗句定为画的命题，如：“蝴蝶梦中家万里，子规枝上月三更”“踏花归去马蹄香”“嫩绿枝头红一点，动人春色不须多”，其他还如“野水无人渡，孤舟尽日横”“乱山藏古寺”“竹锁桥边卖酒家”等，这对画院创作思路及院外的绘画创作无疑具有很大的导向性。

他的传世作品有《锦鸡芙蓉图》、《瑞鹤图》等，其作品《柳

① 王群栗点校：《宣和画谱》，浙江人民美术出版社2012年版，第187页。

② 王群栗点校：《宣和画谱》，浙江人民美术出版社2012年版，第161页。

③ 王群栗点校：《宣和画谱》，浙江人民美术出版社2012年版，第161页。

④ 王群栗点校：《宣和画谱》，浙江人民美术出版社2012年版，第161页。

鸦图》（图 2–8）的用笔醇厚，是异出赵佶其他作品者，该卷纸本，水墨淡设色。画柳笔法抒写平实，老柳树干以毛笔笔触的厚实落笔写之，笔触力透纸背而朴茂韧劲，全图之所以有笔意遒劲的感觉，老柳树干的画法起了决定性的作用，拙厚的用笔也使老鸦的造型拙朴，但是浓黑的翅羽笔路清楚，结构井然。作为衬景的石后野草的蕨类草，亦在拙的基调中画了规整的草形。这幅画是赵佶具有独特风格的水墨工笔画的代表。北宋末年著名的画论家邓椿在他的著作《画继》中评价赵佶的绘画风格："圣鉴周悉，笔墨天成，妙体众形，兼备六法。独于翎毛，尤为注意。多以生漆点睛，隐然豆许，高出纸素，几欲活动，众史莫能也。"[①] 宋徽宗的花鸟画作品兼有工笔设色与工笔水墨的形式，这两种形式是兼容了黄体、徐体和崔白的艺术成就，进一步发展的结果。赵佶的花鸟画艺术达到了前所未有的艺术高度，他的"宣和体"对南宋院体花鸟画有定格性的影响。

图 2–8 《柳鸦图》（宋）赵佶

① （北宋）邓椿：《画继》，人民美术出版社 1964 年版，第 1 页。

图 2–9　《枫鹰雉鸡图》（南宋）李迪

公元 1127 年的“靖康之难”，宋徽宗赵佶成了金人的俘虏。时代的骤变，使南宋院体花鸟画的表现内容产生了急转弯，许多鹰鹞猛禽追捕野雉燕雀的“捉勒”题材，在南宋兴盛了起来。李迪的《枫鹰雉鸡图》（图 2–9）就是代表作之一。

《枫鹰雉鸡图》以花鸟画史上少有的鸿构巨制之磅礴气势震慑观众之心。只见排山倒海般古老粗壮大树上，欲搏的苍鹰紧盯着仓皇逃窜的野雉；苍鹰目光凶狠，眼睛圆睁，神情逼人。其翘尾俯胸引颈转首的动态，力量凝聚在头、爪之间，势在一触即发里。而野雉，逃跑的动作仓皇踉跄，撒腿拼命欲窜于野草乱丛中。画面中苍鹰的造型在沉搏中见雄强之力。强劲身躯扭转脖颈而展开的外形，力度强劲。翅羽似剑斜插当空，尾羽倾出凌空。苍鹰气质雄浑博大，都在淡墨的静心层染中沉积了力度。此图勾线用颤笔，也有别于徽宗“宣和体”那平静韵律的用笔。可以感觉到李迪与时代同呼吸、共命运的艺术家情感在创作中的投入。画中的行笔似呜咽和愤怒的情感表达。其老树干的画法，也是浓墨枯笔的颤勾与皴擦相结合的笔法，产生了焦灼的情感。《枫鹰雉鸡图》以紧跟时代脉搏的构思，创造性的画法，气势恢宏的画幅，以及物象处理的既力度又

图 2–10 《梅竹寒禽图》（南宋）林椿

精妙的表现，可以称之为南宋的代表作品。

林椿（生卒年不详），钱塘（今浙江杭州）人。孝宗淳熙（1174—1189年）时画院待诏。据说林椿“师赵昌，傅色清淡，深得造化之妙”①，喜欢趁风雨之时，走访“临安名园”，细审花鸟在风雨中的姿态，所以他的花鸟画作品善于体现自然之态。林椿的作品中最富有代表性的有《梅竹寒禽图》（图 2–10），此图品相清绝，沁人心脾。其清绝，在于勾线染色的笔致遗留清新。简洁扼要的构图里，老梅枝梢临照尽处，两朵放梅，几点花苞，凝聚一处。老梅旁边出一枝劲秀竹梢，相伴而含蓄。而画竹叶老梅的浓墨细笔，是在沧桑老枝历经冰寒的意志里运行，其力点断续，气脉相连，金错银钩，铁骨含蓄，而清冽感脱出。梅枝干墨作皴如有铿锵声，线条感觉如金属撞击冰凌，清音磬响。与之相酝的迎竹势而栖的蜡嘴鸟，孤鸟凄凉，理羽自怜。其雪意寒禽，来自踏雪探孤芳，不觉冰轮动的诗意。

《果熟来禽图》（图 2–11）是许多林椿署名作品中具有代表性的一件。该图表现果实与枝叶相映的凌空折枝上小鸟昂首翘尾的欢跃情势。构图简洁，主题鲜明。自然之态的生动，除了小鸟外，集中体现在果枝的刻画上。不多的树叶、三四个果子，却塑造了一组折枝苹果的典型。正面的、侧面的、背面的苹果，巧妙地布置在叶前枝后。叶片设色技巧也与前人有所不同，显示出了秋叶的意态之美。

① 夏文彦著，冯武编：《图绘宝鉴》，世界书局 1937 年版，第 62 页。

图 2–11 《果熟来禽图》（南宋）林椿

在南宋院体花鸟画中，马远、马麟父子，是两个风格特殊的画家。他们精于山水人物，同时亦擅长花鸟画。所画山水，笔法尚斧劈之硬，造型尚方棱折角之硬，而构图上更以“马一角”著称，这些气质特点也带进了花鸟画，一起开辟了花鸟画折枝构图新视角。

水墨形式的花鸟画，在五代时期的作品《雪竹图》就有所体现。这种形式花鸟画的特点，是以道家思想为主要作用，以工笔形态为基础而形成的水墨表现。中国传统哲学中的儒家、佛家思想的契合，是对淡泊名利、放逸自然的人生态度的认同。人生态度决定审美，这种超脱的人生态度选择了水墨的艺术作为表现形式。文人与士大夫阶层往往能在儒家与道家思想之间，将艺术性的人生态度寄情言志于水墨画之中。宋朝时期的水墨花鸟画在文人情志中逐渐的强盛了起来。中国传统文人人格精神，推动了花鸟画的水墨形态的发展。

宋神宗时期，苏轼、黄庭坚、米芾等诗人、文学家、书法家、艺术评论家，以心性修养为中坚，树立起了“士人画”的新概念。苏轼认为绘画应该借笔墨抒发自己的“性灵”，反对把绘画作为政教宣传的代用品。苏轼所提倡的文人绘画不应该受到世俗审美品评的束缚，绘画作品应当注重修养，注重写意精神，重视意境的营造，强调画家内心情感的真实表达。

文同（1018—1079 年），字与可，梓州永泰（今四川盐亭县）人，文同善于画竹，有“成竹于胸”之妙。《宣和画谱》记载了文同画竹的艺术风格：“善画墨竹，知名于时。凡于翰墨之间，托物寓兴，则见于水墨之戏。”①

文同的《墨竹图》轴（图 2–12）就是遵从了北宋精细不苟审物的精神，其竹枝竹叶生理结构井然而造型严谨的理性，说明了这个特点。他作画严谨而不拘谨，画风潇洒，所画竹如迎风而动。在文同画墨竹的画面中，能格外地感受苏轼在《又跋汉杰画山二首》中所写：“观士人画，如阅天下马，取其意气所到”② 一语体现的文

① 王群栗点校：《宣和画谱》，浙江人民美术出版社 2012 年版，第 187 页。

② （北宋）苏轼撰，孔凡礼点校：《苏轼文集》（七十卷），中华书局 1986 年版，第 2216 页。

图 2–12 《墨竹图》（北宋）文同

人意气，理性细微地体现在具体画竹枝竹丝的顿、点、挑、写的结构精谨的笔触之中。特别是小竹枝之笔，一气呵成，使全幅笔势坦荡，磊落清拔。郭若虚在《图画见闻志》中记载文同“善画墨竹，富潇洒之姿，逼檀栾之秀，疑风可动，不笋而成者也。”[①]《宣和画谱》则进一步指出其作品“托物寓兴，则见于水墨之戏”。[②]

苏轼（1037—1101 年），字子瞻，号东坡居士，眉山（今属四川）人。苏轼画竹深受文同的影响，他对文同的绘画阐述，道出了士大夫画心性与创作的关系，苏轼的心性之美，受到历史的肯定和后人的赞扬。苏轼一生坎坷，中年因“乌台诗案”被逮捕入狱，后被贬黄州，晚年一再被放逐。苏轼的艺术思想，对当时及后世影响非常大。现存作品《潇湘竹石图》（图 2–13）与《枯木怪石图》（图 2–14），根据画中米芾、刘良佐的题诗，可

① （宋）郭若虚撰，邓白注：《图画见闻志》，四川美术出版社 1986 年版，第 175 页。
② （宋）《宣和画谱》，清 · 汲古阁出版社 2007 年版，第 8 页。

图 2–13　《潇湘竹石图》（宋）苏轼

图 2–14　《枯木怪石图》（宋）苏轼

以推断出是苏轼的作品。

《枯木怪石图》卷纸本，水墨。画面内容形象奇怪，古木的生长盘郁弯曲，怪石的外形像一只蜗牛，其卷曲嶙峋地死死吸住枯木之根，使之生长艰难乃至枯死。此图章法简洁，由于只有怪石、怪树而主题极为鲜明。这就是苏轼抒发胸臆，显现心境的独到的造型语言，充分发挥了不能言而言之的绘画功能。米芾在《画史》阐述

道："子瞻作枯木，枝干蛇屈无端。石效硬亦怪怪奇奇无端，如其胸中盘郁也。"[①]除了《枯木怪石图》的启示外，苏轼文人画观较全面的理论认识一直未被后世所重视，其中诗画一律、形似问题等方面的思想，对于北宋花鸟画的发展有直接的影响和作用。汤垕在《古今画鉴》中评价苏轼的绘画风格："东坡先生文章翰墨照耀千古，复能留心墨戏，作墨竹师与可，枯木奇石，时出新意。"[②]

南宋时期，理学的思想似乎比北宋更加的强烈，水墨花鸟画专尚水墨者，多为文人、士大夫所推崇。水墨花鸟画中以赵伯驹、杨补之、赵孟坚为代表，对后世的花鸟创作有深远的影响。南宋文人画家仰慕北宋的文人画领袖，他们汲取了诗词创作中的艺术风格，用诗词与绘画艺术来反映社会生活和文人精神。

扬无咎（1097—1169 年），字补之，号逃禅老人，江西清江人，南宋画家、词人。他是北宋末年南宋初期著名的画梅专家。他首先创制了用墨线勾勒花瓣的技法来表现疏香淡色的梅花特性。他年轻时曾在有梅树的居处临写梅花。其作品气质清逸，不沾尘俗。扬无咎曾经将自己画的梅花作品送进宫廷，徽宗赵佶看了之后，说他画的是"村梅"，此后他作的梅花，署名"奉敕村梅"。

扬无咎画梅最清绝的作品，是台北故宫博物院藏的《墨梅图》，枯笔淡墨皴擦老梅树干，而梅花只在老树干中段旁出一细杈枝端，画了盛开、半开、花苞、花蕾几个典型的姿态，疏枝冷玉而寒气犹存。

---

① 潘运告编著，熊志庭、刘城淮、金五德译注：《宋人画论》，湖南美术出版社 2000 年版，第 161 页。

② 潘运告编著：《元代书画论》，湖南美术出版社 2002 年版，第 383 页。

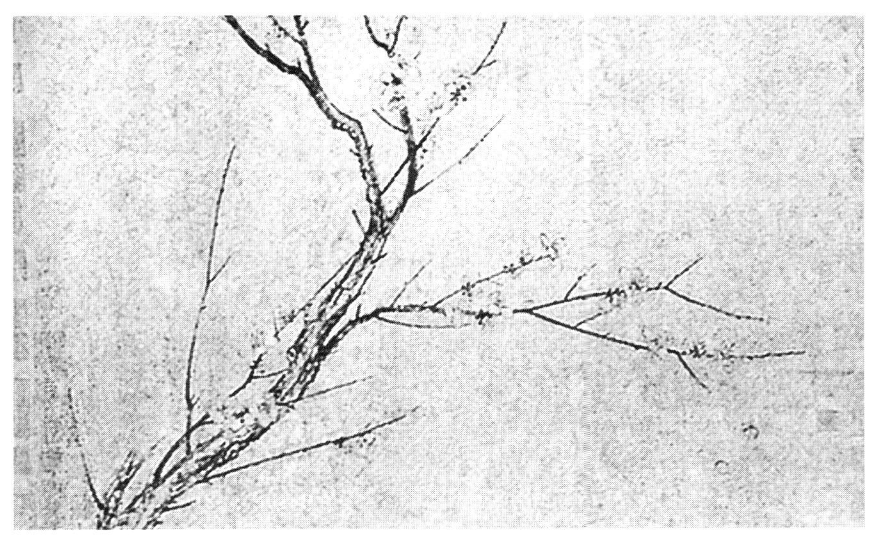

图 2–15 《四梅图》（宋）扬无咎（局部）

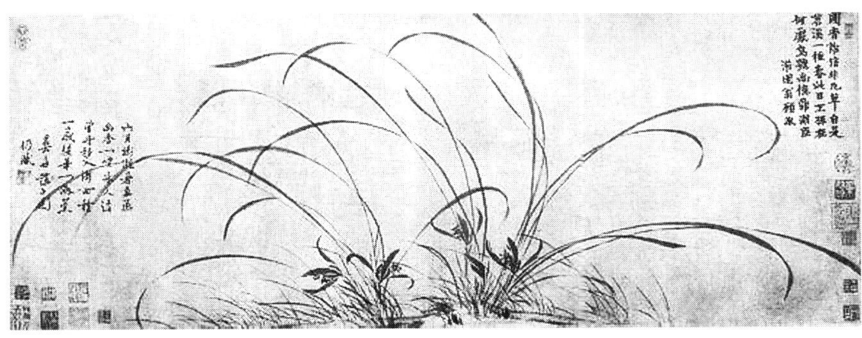

图 2–16 《墨兰图》（宋）赵孟坚

《四梅图》（图 2–15）卷为扬无咎的代表作品，该卷共画含苞、欲放、盛开、将残四段疏梅，正是梅花生长过程的四个阶段。《四梅图》采用横卷的构图形式，分别画出了梅花的迎进、揖让、婀娜、伸展等姿势和情态，把间隔的各独立段连成了一个有机的生命整体。各枝等距定位疏落秀雅而青妍，加之枝式如仰望清朗的荒寒疏影，格外表现出玉骨冰肌的孤绝意境。而由梅枝生理产生的笔理，蕴含了格物之功和境界追求的精神。《四梅图》后又自题《柳

梢青》词四阕，其作品词、书、画俱佳，被合称为“逃禅三绝”。

赵孟坚（1199—1267年），字子固，号彝斋，浙江湖州人，宋太祖十一宗室孙。他的绘画题材，倾向于人格象征而洁身自好的梅、兰、竹、松、水仙。元代美术鉴赏家汤垕在《古今画鉴》中对他的绘画风格评论道：“赵孟坚，子固，墨兰最得其妙。其叶如铁，花茎亦佳。作石用笔轻拂如飞白状，前人无此作也。画梅竹水仙松枝墨戏，皆入妙，图水仙为尤高。”① 赵孟坚的代表作《墨兰图》(图2–16)，画面中的兰花墨清笔逸，秀气动人之处，尽显毛笔提按有度的灵俊气象。兰叶之长，根茎轻出如流风；兰叶之动，叶尖重按如停运。从而获得虚实节奏之韵律，有飘飘出尘的感觉。这是赵孟坚的精神追求，他在图上的题诗更加强了这种感觉，一种清高拔俗的性情迥出其表。对此，得到了很多文人的崇敬。扬无咎还擅长画水仙，《水仙图卷》是其代表作品之一，他的作品审美高雅，使之成为元代墨花墨禽风格的倡导者。

第四节　元代花鸟画的多元化发展

一、元代花鸟画的概况

蒙古汗国建立元朝政府，征服了南宋之后，统一了全国，建立了我国历史上唯一一个统治者是蒙古族的政权。元代的统一促进了

① 潘运告编著：《元代书画论》，湖南美术出版社2002年版，第390页。

各个民族的融合，但是由于种种社会各个阶层之间矛盾激烈复杂。很多文人都处在失意的境况之中，因此，他们也往往以诗词书画来寄托情思。到了元代后期，元仁宗在宫廷中设置了“奎章阁”，专门收藏古玩字画。境况逐渐好转，这个绘画机构存在时间不长，鼎盛时期也仅仅是两三年。在元代异族阶级的统治下，很多的画家都不情愿为统治阶层服务，一些文人在山林之上隐居，用诗词与绘画来抒发对现实的不满。文人在绘画中重视主观意趣与笔墨风格，将诗词与书画在创作中进一步的渗透和融合。水墨花鸟画与四君子题材绘画逐渐兴盛，把宋金以来形成的文人绘画推向新的高潮。

由于社会变革，文人画风格在元代成了画坛的主流。他们将诗词、书画在表现方法和意蕴内涵上相互融合，从而达到绘画艺术内在的变革。在元代，诗人、画家的关系如此密切，是在此之前任何的一个朝代都未曾出现过的。

元代时期的宫廷绘画规模远远不及宋代，元代的绘画风格突破了原有的同一性格局，被突出的个人风格取代。文人的作品强调个性的抒发，除了继承宋代院体花鸟画之外，文人写意花鸟画空前发展，以水墨为表现形式的工笔花鸟画扩大了花鸟画的表现技法。形式上向文人画拉近，花鸟画“题画诗”也逐渐与画面相结合。潘天寿在他的著作《听天阁画谈随笔》中写道：“吾国唐宋以后之绘画，是综合文章、诗词、书法、印章而成者。其三富多彩，亦非西洋画所能比拟。”①

① 刘曦林编著：《诗画论》，漓江出版社 1986 年版，第 29 页。

从现存元代的绘画作品可以看出，在当时花鸟画家所画题材中象征品德高洁的四君子题材增多。四君子题材的代表画家有钱选、王冕、吴镇、龚开等人。清代的方薰写道："画梅自王会稽千花万蕊一法，传习至今。"[①]证实了王冕在画梅技巧上有很多的创造。除此之外，元代的吴太素也擅长画梅，并撰有《松斋梅谱》一书。画兰方面的大家也有很多，清代编撰的《芥子园画传》中也曾经有这样的记载："画墨兰自郑所南、赵彝斋、管仲姬后，相继而起者，代不乏人。"[②]

在这类的题材中，尤其以墨竹最为受到文人士大夫的热爱。朱德润在《送顾定之如京师序》中评论顾安画竹："夫竹之凌云从壑，若君子之志气；竹之劲节直杆，若君子之操心，竹之虚心有容，若君子之谦卑；竹之扶疏潇洒，若君子之清标雅致；是皆定平日意念之所及也。祝定之以儒家者流，游戏弄翰，其朝夕思形之美，至于逼真不已，今则至于临民之际，则其为助也，岂不多哉！"[③]阐述了文人画竹是作为文人士大夫情操的体现，也是对文人画多以四君子为题材的诠释。

二、元代花鸟画的代表人物及其作品

元代文人士大夫的精神转移到了内心的品格，特别能以植物的兰、竹、梅映照出文人内在的品格。自古以来，竹能甘于贫瘠而茂

① 陈高华编著：《元代画家史料汇编》，杭州出版社 2004 年版，第 553 页。

② （清）王概、王蓍、王臬撰：《芥子园画传》，人民美术出版社 1978 年版，第 25 页。

③ 王朝闻主编：《中国美术史·元代卷》，齐鲁书社 2000 年版，第 85 页。

盛，兰能隐于深谷而幽香，梅能偏于边地而清放，这些品格与文人的高尚幽居特别对应。所以在这个内心倾向隐居的时代，文人争相画竹、画兰、画梅，一时蓬蓬勃勃的形势如雨后春笋般兴旺发达。

图 2–17 《八花图》（元）钱选（局部）

图 2–18 《梨花图》（元）钱选

在文人画的发展中，赵孟頫、钱选起到了重要作用，其作品延续了宋人院体花鸟画风格。

钱选（约1235—1299年），字舜举，号玉潭。他的画风幽静雅丽，其中的花鸟画“傅色姿媚”却绝无媚俗，看似南宋“近体”，却迥异于南宋而自成一格。他绘画方面的建树，广及人物、花鸟、山水，其中花鸟画的成就最大，是从南宋富艳转向元代清雅的重要画家。钱选的代表作品有《八花图》（图2–17）和《梨花图》（图2–18）。

图2–19 《鹰桧图》（元）张舜咨

元朝后期绘画的多元化发展以墨笔花鸟画为主要流派。这是在文人画思想的主导下进行的。他们改变了以前的绘画风格，以达到文人所谓的“墨戏”。墨戏注重水墨在画面中的变化，开创了花鸟画的新风格和形式。其中以赵孟頫、张舜咨等为代表，《鹰桧图》（图

2–19）是张舜咨的代表作之一。

赵孟頫（1254—1322年），字子昂，号松雪道人，湖州人，宋太祖十一世孙。他在书法、诗词、绘画、音乐、鉴赏方面都有很高的造诣，尤其以书画为最。他在绘画上功力深厚，是一位富有思想见地的画家，他能融合唐宋绘画之长而自成一家，间擅工整与豪放两种风格，于人物、鞍马、山水、花鸟、竹石无所不能。艺术上追求“不求形似”。并且主张“书画同法”，与张彦远的书画同法、书法用笔一脉相承。他将书法与绘画紧密地结合，加强了艺术表现力，其直接的结果是促成写意花鸟画的发展和文人画表现语言的成熟。赵孟頫于绘画理论中提出了“复古”的主张。赵孟頫提倡文人画的审美情趣，主张继承唐宋绘画的精髓，重视神韵，追求清雅朴素的绘画风格。赵孟頫的艺术主张和艺术成就及其政治地位在当

图 2–20 《花卉图卷》（元）王渊

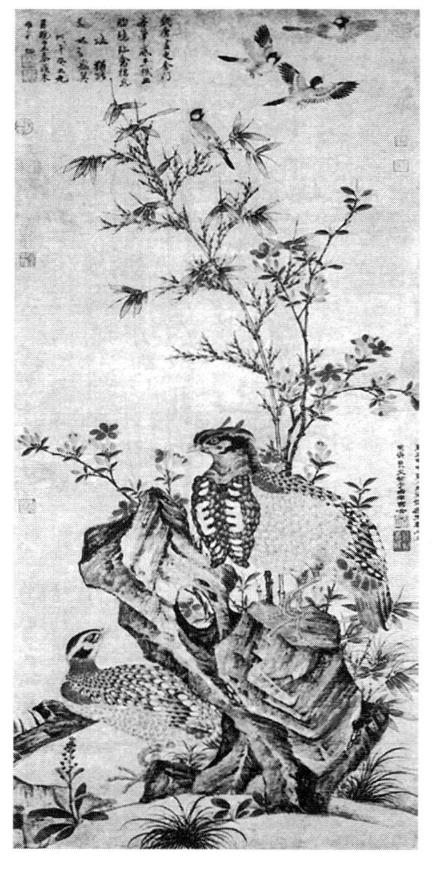
图 2–21 《竹石集禽图》（元）王渊

时影响很大，有众多的追随者，一直影响到明清二代，成为一代宗师和画坛领袖人物。

王渊，字若水，号澹轩，钱塘（今杭州）人。他的花鸟画初师黄筌，擅长水墨花鸟竹石。后期他的花鸟画作品受到赵孟頫的影响，以师古为旨。他的水墨花鸟画精微严谨而又清雅淡逸，显示了院体花鸟画向文人画转变的风格。他善于用水墨白描的画法画花鸟树石，风格独创。作品通过勾勒和水墨晕染区别浓淡相背，造型极其严谨，神态生动，描绘出了“墨分五色”。王渊的绘画风格深受士大夫阶层的欣赏。他的花鸟画作品有《花卉图卷》（图 2–20）、《桃竹春禽图》、《竹石集禽图》（图 2–21）、《花竹禽雀图》等。

王冕（1287—1359 年），字元章，号老林，浙江人。他擅长诗词书画，对梅花和竹子格外喜爱，其中尤善梅花。他对梅花进行自然生理的观察和理解之后，总结出画梅的要诀。他在《梅谱》中阐述了画梅花的方法和道理。总结出画梅花是将其平面化、简略化的一种方法，这样可以去掉许多扰乱视线与思维的细枝末节，取得物象整体的精神面貌和气质。这种观察物体的方法在古代花鸟历史中值得学习和发扬。王冕画梅，“寄心物外，意在笔先”①，“凡画成，必题诗上”，以加深意境，把文人画诗书画印综合性艺术发挥到了极致，画为诗显境，诗为画传意。其画迹有《南林早春图》《照水古梅图》《墨梅图》等。此外，他还著有《竹斋诗集》《梅谱》。

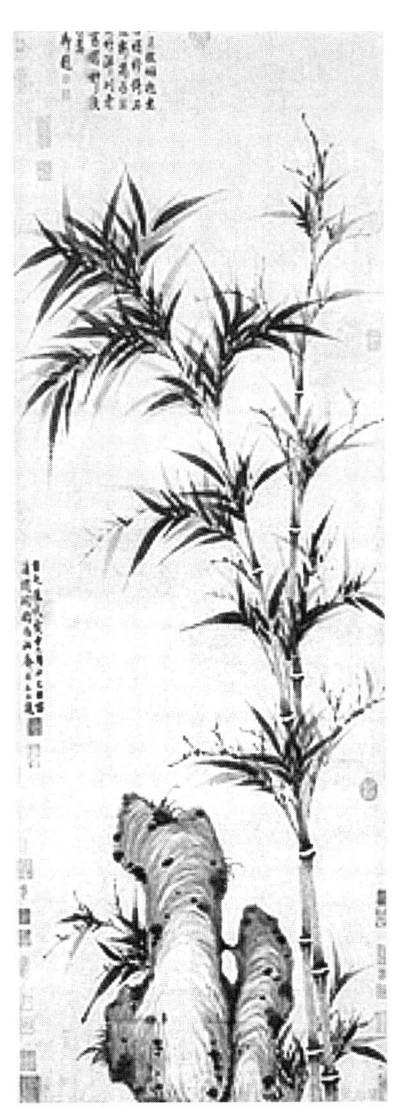

图 2–22　《清閟阁墨竹图轴》（元）柯九思

柯九思（1290—1343 年），字敬仲，号丹秋生，台州仙居人。在诗文、书画，以及鉴别古董、书画评定方面声誉很高。善画竹石，师文同、苏轼二人。以书法写竹自有胜前人之处。代表

① （元）王冕著，寿勤译点校：《梅谱》，摘自《王冕集》，浙江古籍出版社 1999 年版，第 243 页。

作品有《清閟阁墨竹图轴》（图 2–22）等。

元代花鸟画的主流是向文人画方向发展，特征是重水墨，不求形似，以书入画，逸笔用墨，抒发胸臆。其花鸟画的变革，与当时的社会和文化背景密不可分、相互联系。同时，画家的绘画创作心态，使元代的花鸟画题材与表现形式都有了显著的发展，为后世的文人花鸟画的创作奠定了坚实的基础。

第五节　明清花鸟画的纵深发展

一、明清花鸟画的概况

明清时期是花鸟画的纵深发展期，明清绘画的发展沿袭元代，由于社会背景，绘画艺术的发展纷繁复杂，政治造就诸如遗民画家的产生和风格的形成，以及文人画个性的张扬等。明代的统治者开始重视绘画的教育和审美功能，广收画家入朝供职。开国皇帝朱元璋有“隆唐宋”的治国愿望与理想，他对于绘画艺术也有着这样的审美理想。明代承袭宋代的制度，建立了宫廷画院，明初的宫廷绘画复兴唐宋时期的风格气象，洪武初年征召来的宫廷画家画风，就出现了“笔墨可与吴道子、李思训并传”和“山水宗马远”者。

明朝汉族阶级的统治，使得文人士大夫的心境不同于元朝，明朝的花鸟画开始向纵深方向发展。与众多的皇帝一样，明朝皇帝中也有不少能诗善画的高手。宣宗、宪宗、孝宗、武宗都擅长绘画。元朝和唐宋朝一样，皇帝的喜好对宫廷绘画的审美有导向作用，元朝的花鸟画作品呈现出细丽工整的艺术风格。而明代院体画作品内容多以宣扬儒家传统思想为主要内容。

明朝的宫廷花鸟画作品取得了恢宏的成就。边景昭继承和发扬了唐宋的传统工笔画形态。孙隆继承了五代徐崇嗣“没骨法”，发展成为粗笔豪放，灵动抒情的境界，开创了院体粗笔没骨的花鸟画形态。林良的艺术风格开创了院体粗笔水墨的花鸟画形态。吕纪的作品继承和发扬了传统，合众家所长，气势磅礴。宫廷院体花鸟画在明初出现了花鸟画复兴的高潮。

二、明清花鸟画的代表人物及其作品

边景昭（1356—1436年），名文进，字景昭，福建沙县人。明代宫廷画院中花鸟画家。他是继承“黄体”同时又融入新的时代追求的院体工笔花鸟画家。其作品工整清丽，笔法细谨，赋色浓艳，高雅富贵。有“花之妖笑，鸟之飞鸣，叶之蕴藉，不但勾勒有笔，其用笔墨无不合宜”[①]之说。边景昭在永乐年间就因花鸟画的成就获得了“当代边鸾”的赞誉。边景昭的墨线气力十足，变化丰富，精谨细微，柔韧相宜。边景昭所画的花鸟重视形神的刻画。《三友百禽图》（图2–23）是边景昭的代表作之一。这幅画最能体现边景昭的绘画特色，此画描绘了寒冬季节，一百只禽鸟，有飞有翔、有立有起、有跃有跳，或露或藏，或高瞻远瞩，或转首探望，或啄或叫，或自理羽毛，或追逐嬉斗，皆各具姿态，无一重复。在他的画

① 彭桂颖、马乐：《梅与画梅》，人民美术出版社2012年版，第81页。

图 2–23 《三友百禽图》（明）边景昭

里，体现出了南宋画院的花鸟画风格。但边景昭的画风写实精微却又呈现粗放的风格，重启了院体花鸟画风格之美。

吕纪（约 1439—1505 年），字廷振，号乐愚，鄞县（今浙江宁波）人，宫廷画家。清朝唐志契在《绘事微言》中记载，他绘画的风格是介于边景昭的院体工笔花鸟画和林良的院体写意花鸟画之间。他私淑边景昭，远学两宋院体画，除了擅长妍丽沉稳的工笔重彩以外，也能融林良、孙隆之意，作水墨淡色写意，不拘一格，生气奕奕。他的传世作品有《三鹭图》《榴葵绶鸡图》等。

孙隆（生卒年不详），号都痴，毗陵（今江苏常州）人。他的绘画风格自成一家，继承和发展了“没骨法”，在彩笔粗抹中得天趣。对后世院体花鸟画的影响很大，尤其对弘治年间的郭诩有直接的影响。其代表作有《花鸟草虫图》《芙蓉游鹅图》等。

林良（1428—1494年），字以善，南海（今广东南海）人，宫廷画院画。他长于水墨写意，是院体写意画的代表，也是明代水墨写意画派的创始人。他的作品完全以水墨进行表现，以遒劲用笔摄人心魄。他吸收了马远的大斧劈皴，其花鸟绘画题材以鹰、雁、鹤为主体。他的画构图气魄宏大，形象气宇轩昂，用笔刚健奔放，恰好与鹰的气质相合，自得神气。他在花鸟画的发展史上，是举足轻重的重要人物。徐渭曾给予林良的花鸟画很高的评价：“本朝花鸟谁高格？林良者仲吕纪伯。”[①]林良的花鸟画代表作有《苍鹰图》（图2–24）、《双鹰图》等。

图2–24　《苍鹰图》（元）林良

在林良院体写意花鸟画取得成就的同时，传统深厚而经

① 孔六庆：《继往开来　明代院体花鸟画研究》，东南大学出版社2008年版，第228页。

图 2–25 《花下睡鹅图》（明）沈周

济发展的江南，孕育起了温润高雅风格的文人大写意花鸟画。从沈周开始，开启了文人水墨写意花鸟画风，之后出现了文徵明、陈淳等杰出的大写意花鸟画大家。他们一起开创了“吴门画派”。吴派的主要人物都是苏州人，故被称为“吴门画派”。这个画派的特点，就是力追宋元文人画传统而开创新的文人画风。

沈周（1427—1509 年），字启南，号石田，长州（今苏州）人。沈周的绘画艺术体现了明代文人画的美学理

图 2–26 《花果图》（明）沈周（局部）

图 2–27 《花果图》（明）沈周（局部）

念，同时他又是吴门画派画家艺术观和人生观的指导者，因而成为吴门画派的领袖。他是明代杰出的书画家，他出身于书香门第，不应科举，专工书画，画艺精湛，并且画风能博采众长，融会一体。他把元代的文人气息导入了明代的文人写意花鸟画中，表现在学养深厚而人品高洁之中，是实现人品画品统一的艺术审美理想。

沈周的传世代表作品有《庐山高图》《秋林话旧图》等，花鸟画作品有《花下睡鹅图》（图 2–25）、《花果图》（图 2–26、2–27）等。

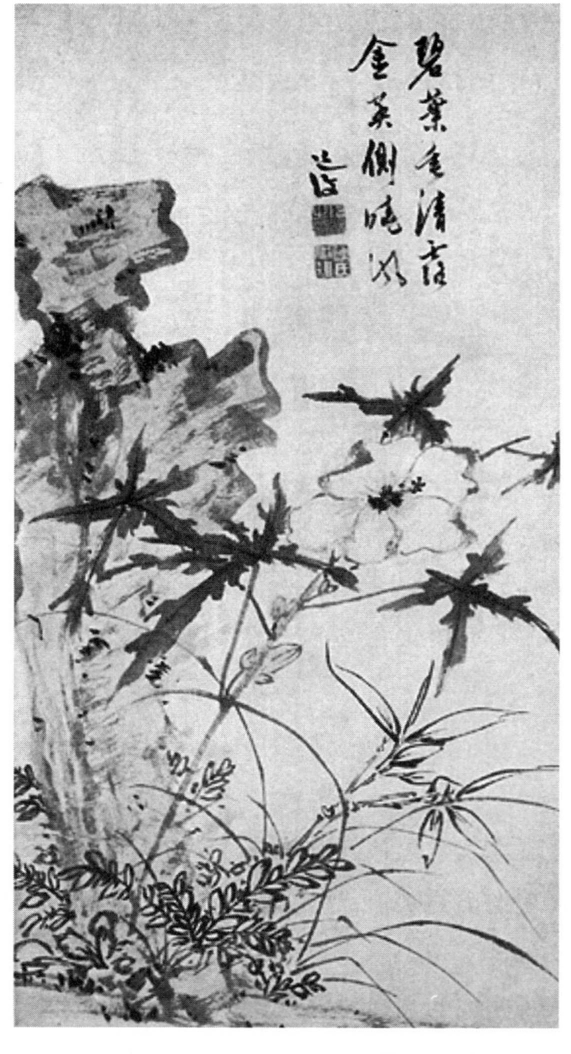
图 2–28 《葵石图》(明)陈淳

沈周是吴门画派的创始人，他把宋元的文人书画气息带入了明代的写意花鸟画之中。吴门画派的画风代表了明代文人花鸟画的美学理念。王世贞《艺苑危言》里写道：“沈启南浅色水墨实出自徐熙，而更简淡，神彩若新。”①沈周的花鸟画作品或用水墨方法、或用设色方法，寥寥数笔，即见生意。在绘画方法上，沈周早年承受家学，兼师杜琼。后来博采众长，出入于宋元各家，主要继承董源、巨然以及元四家黄公望、王蒙，吴

① 潘运告编著:《明代画论》，湖南美术出版社 2002 年版，第 91 页。

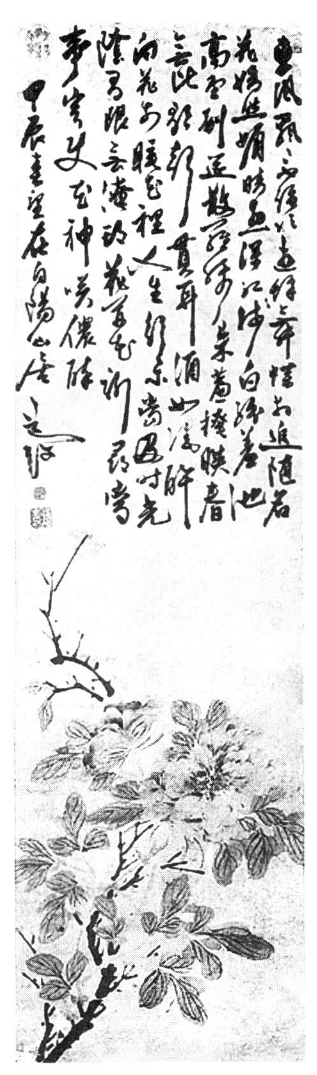
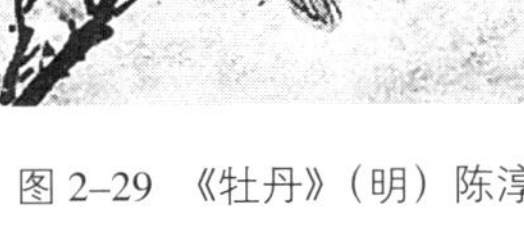

图 2–29　《牡丹》（明）陈淳

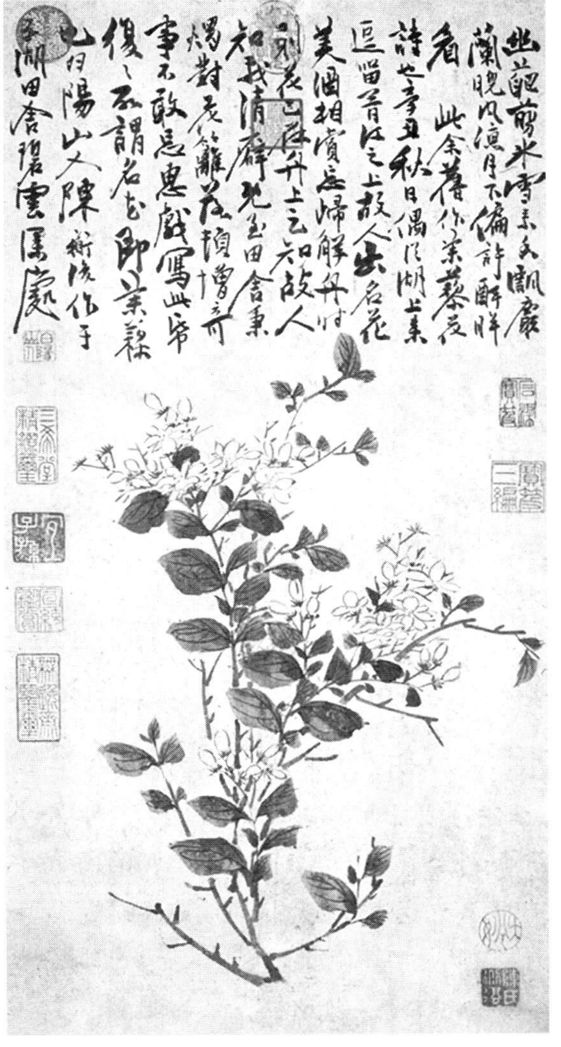

图 2–30　《茉莉》（明）陈淳

镇的水墨浅绛体系。又参以南宋李、刘、马、夏劲健的笔墨，融会贯通，刚柔并用，形成粗笔水墨的新风格，自成一家。其设色作品中，多用墨笔勾线与色彩勾线相互结合。他注重写生，非拘于形似。沈周一生追随者众多，文徵明是他学生中颇有成就的画家，他对陈淳的绘画风格也有着很重要的影响。

陈淳（1482—1544 年），字道复，号白阳山人，长州（今苏州）人。他擅长诗词书法，尤善草篆。陈淳的艺术思想深受沈周的影响，他出自文徵明的门下，为吴派著名的画家。他的大写意花鸟画作品风格，淡墨散逸，造型精当，意境安适，风格质朴，笔墨挥洒自如，其作品以书入画，极具文人气质。他擅画花鸟，兼工山水。陈淳的作品富有强烈的个性之美，是他花鸟画蕴含的内在力量。他的作品有放纵不羁、天真烂漫的风骨。他常常在花鸟画后大书长卷，例如《洛阳春色书画》卷、《花卉图》卷、《芍药图》卷等，都是在不长的一段画后淋漓痛快地狂写其书，笔顺气顺一气呵成。陈淳的传世作品有《葵石图》(图 2–28）、《梧桐窠石图》、《牡丹》(图 2–29）、《茉莉》（图 2–30）等。

继之而起的画家徐渭完成了泼墨大写意花鸟画变革。徐渭是晚明时期中国花鸟画大写意花鸟画的创始者，在画法上独辟蹊径，具有显著的个性和特点，是明末花鸟画大写意画派的先驱。

徐渭（1521—1593 年），字文长，号天池山人，山阴（今浙江绍兴）人。徐渭诗词书画无所不工，徐渭自云：“吾书第一，诗第二，文三，画四。”[①] 徐渭的水墨大写意“纵墨淋漓”风格之形成，与他一生坎坷悲惨的经历，形成独特复杂的性格有关。他开启了大写意花鸟画的新风格，对后世写意花鸟画的影响极大。

徐渭的大泼墨写意花鸟画，抒发“英雄失路，托足无门”的悲愤与历劫不磨的旺盛生命力，他用狂草入画，笔法洒脱，把中国写

① 郎绍君、蔡星仪：《中国书画鉴赏辞典》，中国青年出版社 1988 年版，第 608 页。

意花鸟画推向了书写内心情感的更高境界，成为中国花鸟画发展历史上的里程碑。

徐渭晚年的艺术成就最高，这个时期，他厌倦了与达官贵人的周旋，生活穷困潦倒。他的诗文、绘画、戏曲都抒发了反对当时道学思想的不平等现象。他画水墨牡丹，超陈鹤而又有新意，他在题《水墨牡丹》[①]时候写道：

五十八年贫贱身，何曾妄念洛阳春？
不然岂少胭脂在，富贵花将墨写神。

牡丹本是富贵花，他以水墨写之，足见其不事权贵的心情。其代表作有《杂花卷》，画有梅、梧桐、芭蕉、水仙等花草十余种，纵横恣肆，激情奔逸，元气淋漓，走笔如飞，犹如其狂草章法。

徐渭的作品《竹菊图》（图 2–31），他自题诗曰："身世浑如泊海舟，关门累月不梳头。东篱蝴蝶闲来往，看写黄花过一秋。"[②]说明了徐渭的人生状态和悲凉的心境。他的作品直抒对社会生活的强烈感受，除了内在思想气质所形成的书法笔线，水墨癫狂画法外，还把对社会的黑暗感触放进画面。他的画如自己说"莫把丹青等闲看，无声诗里颂千秋"[③]。他的写意花鸟画作品，将写意花鸟画推进到了一个新的巅峰。

① 王少都、王飞选注：《牡丹诗选注》，白山出版社 2013 年版，第 132 页。
② 彭兴林：《中国经典绘画美学》，山东美术出版社 2011 年版，第 180 页。
③ 彭兴林：《中国经典绘画美学》，山东美术出版社 2011 年版，第 181 页。

图 2–31 《竹菊图》（明）徐渭

清代画坛上的画家大多经历了明清易代，社会各个阶层的矛盾日益加剧，在这种社会背景下，以文人为主体的花鸟画艺术沿袭元代的体制和风格，取得了突出的成就。因政治思想倾向的不同，呈现出了两种不同的风格。部分画家因国破家亡，有的在作品中以泪和墨，抒发内心强烈的思想感情为目的，用花草鸟禽来寄寓哀思，寓情抒怀。他们的绘画风格直接影响了之后的在野派的绘画，而另一部分画家用艺术作品表达传统文人阶层所共有的审美情绪。

康熙到嘉庆年间，这个时期时局稳定，宫

廷绘画发展昌盛，除了传统的花鸟画风格，还出现了与西方绘画相融合的画法。宫廷画家中也邀请有西方画家，如康熙年间的意大利人郎世宁，乾隆年间引进画院的法国人王致诚。他们将西方绘画的方法引入清朝画院，丰富了花鸟画的内容。对西方画法的吸收，使得“中西合璧”的花鸟画新形态产生了。

清朝末年，由于政治和经济的原因，画道势衰。“海上画派”的出现，为当时画坛沉寂的局面注入了新的活力，海上画派的绘画方法远承宋人，近取“扬州画派”。此时的花鸟画艺术在总体衰微趋势下仍然有较强劲的发展。

首开海派风气的是赵之谦（1829—1884 年），字益甫，浙江绍兴人。他的花鸟画早期师承陈淳诸家，后以金石入画。赵之谦擅长书法，他所作的花卉木石，多取古拙的风格，别有意趣，一改流行的柔媚、纤细画风，在色彩上从民间画中汲取营养，设色浓艳，富有创意。这种画风直接影响了后来的吴昌硕，他们都是以书入画的佼佼者，他们共同丰富和发展了中国传统绘画的诗、书、画、印四位一体的艺术特色，对中国画的发展作出了特殊的贡献。他们将传统文人的笔墨情趣变革成为具有时代气息和精神内涵的艺术创造，形成了一股艺术潮流。

第三章

中国古典诗词与花鸟画的融合关系

ZHONGGUO GUDIAN SHICI YU HJANIAOHUA DE RONGHE GUANXI

中国的花鸟画艺术是以大自然中的动植物为绘画题材，画面通过描绘它们的生物特性来体现自然的审美。在绘画作品中或以物言志、以物抒情或以物畅神，从而达到情景交融、物我两忘的境界。花鸟画是集诗、书、画、印于一体的绘画艺术，它的审美特征综合体现出了中国传统文化中的“天人合一”“万物有灵”的中国传统哲学思想和儒释道三家共融的文化艺术内涵。

花鸟画又分为两种不同的表现形态，工笔花鸟画工整细腻，多为设色写实的风格，表现花鸟画主题的自然之美和生命价值，工笔花鸟画注重花鸟的和谐共存关系，带给人们以视觉上的直观享受和对美好自然审美的热爱和向往。写意花鸟画重视表达中的“似与不似之间”和“以形写意，以意畅神”。所谓的畅神过程既是“立万象于胸怀”和“聊以自娱”的过程，又是“澄怀观道”、“迁想妙得”的生发过程。同时，写意花鸟画注重笔墨之间的意趣表达，并在画面中追求用笔与水墨自身的形式美感。中国写意花鸟画是中国画中风格独立的一种形式，它既是花鸟题材自然形态的表现，同时又是画家内心情感的抒发，也是笔墨意趣的玩味。

人类对于自然的审美意识，在原始社会就已经开始萌芽了。打磨石器开始，伴随着人类的劳动和生活，就对自然形象和石器形象有了基本的审美要求，同时也产生了原始朴素的审美意识。在当时的狩猎时代，自然界与之共存的各种飞禽鸟兽便成了人们所欣赏和描绘的对象。这种最早的动植物形象，在现存的岩画、原始壁画中都能发现；当人们发展到了农耕时代，更多的花卉草木自然地进入到了人们的审美范畴，这种原始的绘画形式，在很多原始陶器上都有所体现。虽然这个时期的花鸟题材和形象仅仅是简单的装饰手段，或许也只是生活中的简单记录，但是已经可以称之为原始的花鸟艺术，但还并不能称为花鸟画。从此以来，大自然中的各种动物和植物都成了人们热爱自然和审美的对象。尤其是色彩绚烂的“花”和能翱翔万里的“鸟”最能与人的审美心灵产生强烈的共鸣。自有语言和绘画起，人们就没有停止过对自然花鸟的讴歌和赞美，它代表了人们对美好事物和自由的向往。

我国传统第一部诗歌总集是《诗经》，在开篇《关雎》一文中写道：“关关雎鸠，在河之洲；窈窕淑女，君子好逑。”①文中作者用类比的手法，首先描写了在河洲上嬉戏的一对相视鸣叫的雎鸠，随后转入了所表达的男女之间相互慕恋的爱情。在我国诗词经典《诗经》和《楚辞》中，以花和鸟作为比喻对象的诗词佳句非常丰富，诗词中对花和鸟的描写生动形象，诗词语言朴素而优美，富有极强的艺术感染力。

《诗经》中写道：

《葛覃》：葛之覃兮，施于中谷；维叶萋萋。黄鸟于飞，集于灌木；其鸣喈喈。②

《桃夭》：桃之夭夭，灼灼其华。之子于归，宜其室家。③

《鹊巢》：维鹊有巢，维鸠居之。之子于归，百两御之。④

---

① 陈节注译：《诗经》，花城出版社 2002 年版，第 2 页。

② 陈节注译：《诗经》，花城出版社 2002 年版，第 3 页。

③ 陈节注译：《诗经》，花城出版社 2002 年版，第 8 页。

④ 陈节注译：《诗经》，花城出版社 2002 年版，第 15 页。

《草虫》：喓喓草虫，趯趯阜螽。未见君子，忧心忡忡。[①]

《伐木》：伐木丁丁，鸟鸣嘤嘤。出自幽谷，迁于乔木。嘤其鸣矣，求其友声。相彼鸟矣，犹求友声；矧伊人矣，不求友生；神之听之，终和且平。[②]

《鸳鸯》：鸳鸯于飞，毕之罗之。君子万年，福禄宜之。鸳鸯在梁，戢其左翼。君子万年，宜其遐福。[③]

《鸿雁》：鸿雁于飞，肃肃其羽。子之于征，劬劳于野。爰及矜人，哀此鳏寡。[④]

《鹤鸣》：鹤鸣于九皋，声闻于野。鱼潜在渊，或在于渚。乐彼之园，爰有树檀，其下维萚。他山之石，可以为错。鹤鸣于九皋，声闻于天。鱼在于渚，或潜在渊。乐彼之园，爰有树檀，其下维榖。他山之石，可以攻玉。[⑤]

《苕之华》：苕之华，芸其黄矣。心之忧矣，维其伤矣！苕之华，其叶青青。知我如此，不如无生！[⑥]

《鹑之奔奔》：鹑之奔奔，鹊之彊彊。人之无良，我以为兄。鹊之彊彊，鹑之奔奔。人之无良，我以为君。[⑦]

《采葛》：彼采葛兮，一日不见，如三月兮。彼采萧兮，一

① 陈节注译：《诗经》，花城出版社 2002 年版，第 17 页。

② 陈节注译：《诗经》，花城出版社 2002 年版，第 215 页。

③ 陈节注译：《诗经》，花城出版社 2002 年版，第 336 页。

④ 陈节注译：《诗经》，花城出版社 2002 年版，第 249 页。

⑤ 陈节注译：《诗经》，花城出版社 2002 年版，第 253 页。

⑥ 陈节注译：《诗经》，花城出版社 2002 年版，第 367 页。

⑦ 陈节注译：《诗经》，花城出版社 2002 年版，第 64 页。

日不见，如三秋兮。彼采艾兮，一日不见，如三岁兮。[①]

在古典诗词中诸如此类的对于花和鸟的描述举不胜举，诗歌中用花鸟等动植物形象以比兴开始，体现了当时文学艺术整体的风格特点，以及人们生活状态和思想情感的方方面面，对后来的文学、绘画影响深远。

中国第一位伟大的爱国主义诗人屈原，他写的《楚辞》思想深邃而感情浓郁，构思奇特而辞文瑰丽，《楚辞》的艺术风格体现了艺术作品内容与诗词形式的完美和谐。在《楚辞》中描写的花鸟形象与《诗经》中的风格相似。例如他在《离骚》中写道："扈江离与辟芷兮，纫秋兰以为佩"；[②]"朝搴阰之木兰兮，夕揽洲之宿莽"；[③]"惟草木之零落兮，恐美人之迟暮"；[④]"余既滋兰之九畹兮，又树蕙之百亩。畦留夷与揭车兮，杂杜衡与芳芷"；[⑤]"朝饮木兰之坠露兮，夕餐秋菊之落英"；[⑥]"鸷鸟之不群兮，自前世而固然"；[⑦]"吾令鸩为媒兮，鸩告余以'不好'。雄鸠之鸣逝兮，余犹恶其佻巧"。[⑧]在《少司命》中也写道："秋兰兮麋芜，罗生兮堂下。绿叶兮素华，芳菲菲兮袭予。夫人兮自有兮美子，荪何以兮愁苦？秋兰兮青青，

① 陈节注译：《诗经》，花城出版社 2002 年版，第 98 页。
② 文怀沙：《屈原离骚今绎》，百花文艺出版社 2005 年版，第 8 页。
③ 文怀沙：《屈原离骚今绎》，百花文艺出版社 2005 年版，第 8 页。
④ 文怀沙：《屈原离骚今绎》，百花文艺出版社 2005 年版，第 10 页。
⑤ 文怀沙：《屈原离骚今绎》，百花文艺出版社 2005 年版，第 19 页。
⑥ 文怀沙：《屈原离骚今绎》，百花文艺出版社 2005 年版，第 21 页。
⑦ 文怀沙：《屈原离骚今绎》，百花文艺出版社 2005 年版，第 28 页。
⑧ 文怀沙：《屈原离骚今绎》，百花文艺出版社 2005 年版，第 66 页。

绿叶兮紫茎。满堂兮美人，忽独与余兮目成。[①]

比兴是借客观花鸟引出主观情感的抒发。花鸟与情感间的联系或有或无，不甚明了。唐宋以后的花鸟诗则是借物抒情，或缘物生情，或缘情借物，主客观之间存在着情感的共通共鸣，花鸟成了情感的载体，是情感的内容，不再只是起无由来引入的形式作用。

艺术家通过大自然花鸟来抒发情感，表达情思，在古典诗词歌赋中也经常用到。将自然界中花鸟的自然形态，融进更深层次的思想内涵，成为艺术作品中品格高尚、韵味十足的特征。

随着社会文人学养的不断提升，古典诗词中对花鸟的抒情表达由比兴手法逐渐提升到借物抒情的境界，而以花鸟形象直接写入诗词则更为普遍。唐诗、宋词、元曲都离不开自然界中花鸟的身影，文字中以草木鸟兽、日月山川为理想的化身，塑造出一个个活生生的理想人格化形象。这些花鸟的形象凝聚着人们的审美思想，蕴含着人们的审美精神，从而构成了一幅幅超越形象之外的意象画面，这些古典诗词具有了更高境界的意象画面。例如：

孟浩然《春晓》

春眠不觉晓，处处闻啼鸟。
夜来风雨声，花落知多少。[②]

---

① 王锡荣注释：《楚辞》，吉林文史出版社 1999 年版，第 30 页。

② （唐）孟浩然：《春晓》，摘自邹德金整理：《名家注评全唐诗》，天津古籍出版社 2010 年版，第 105 页。

杜甫《绝句二首》

江碧鸟逾白，山青花欲燃。
今春看又过，何日是归年。[①]

杜甫《春望》

国破山河在，城春草木深。
感时花溅泪，恨别鸟惊心。
烽火连三月，家书抵万金。
白头搔更短，浑欲不胜簪。[②]

杜甫《江畔独步寻花》

黄四娘家花满蹊，
千朵万朵压枝低。
留连戏蝶时时舞，
自在娇莺恰恰啼。[③]

白居易《草堂前新开一池，养鱼种荷，日有幽趣》

淙淙三峡水，浩浩万顷陂。

---

① （唐）杜甫：《绝句二首》，摘自邹德金整理：《名家注评全唐诗》，天津古籍出版社2010年版，第473页。

② （唐）杜甫：《春望》，摘自邹德金整理：《名家注评全唐诗》，天津古籍出版社2010年版，第375页。

③ （唐）杜甫：《江畔独步寻花·其六》，摘自邹德金整理：《名家注评全唐诗》，天津古籍出版社2010年版，第436页。

未如新塘上，微风动涟漪。
小萍加泛泛，初蒲正离离。
红鲤二三寸，白莲八九枝。
绕水欲成径，护堤方插篱。
已被山中客，呼作白家池。①

陆游《秋思》

一生书剑遍天涯，两岁秋风喜在家。
烂醉日倾无算酒，高眠时听属私蛙。
园林夕照明丹柿，篱落初寒蔓碧花。
便拟挂冠君会否，耳根不复耐喧哗。②

张志和《渔父歌》

西塞山前白鹭飞，桃花流水鳜鱼肥。
青箬笠，绿蓑衣，斜风细雨不须归。③

戴叔伦《苏溪亭》

苏溪亭上草漫漫，谁倚东风十二阑？
燕子不归春事晚，一汀烟雨杏花寒。④

① （唐）白居易：《草堂前新开一池养鱼种荷日有幽趣》，彭定求等：《全唐诗》，中州古籍出版社2008年版，第2171页。
② 张春林：《陆游全集上》，北京文史出版社1999年版，第388页。
③ （唐）张志和：《渔父歌》，彭定求等：《全唐诗》，中州古籍出版社2008年版，第1578页。
④ （唐）戴叔伦：《苏溪亭》，彭定求等：《全唐诗》，中州古籍出版社2008年版，第1408页。

崔护《题都城南庄》

去年今日此门中，人面桃花相映红。
人面不知何处去，桃花依旧笑春风。①

徐元杰《湖上》

花开红树乱莺啼，草长平湖白鹭飞。
风日晴和人意好，夕阳箫鼓几船归。②

黄巢《题菊花》

飒飒西风满院栽，蕊寒香冷蝶难来。
他年我若为青帝，报与桃花一处开。③

韦应物《滁州西涧》

独怜幽草涧边生，上有黄鹂深树鸣。
春潮带雨晚来急，野渡无人舟自横。④

徐俯《春游湖》

双飞燕子几时回，夹岸桃花蘸水开。
春雨断桥人不度，小舟撑出柳荫来。⑤

---

① （唐）崔护：《题都城南庄》，彭定求等：《全唐诗》，中州古籍出版社 2008 年版，第 1878 页。

② （宋）徐元杰：《湖上》，摘自《宋诗一百首》，中华书局 1959 年版，第 101 页。

③ （唐）黄巢：《题菊花》，摘自彭定求：《全唐诗》，中州古籍出版社 2008 年版，第 3760 页。

④ （唐）韦应物：《滁州西涧》，摘自彭定求：《全唐诗》，中州古籍出版社 2008 年版，第 922 页。

⑤ 龚祖培编，彭小强绘：《宋词三百首》，天地出版社 2004 年版，第 179 页。

晏殊《破阵子·春景》

燕子来时新社，梨花落后清明。
池上碧苔三四点，叶底黄鹂一两声。
日长飞絮轻。
巧笑东邻女伴，采桑径里逢迎。
疑怪昨宵春梦好，元是今朝斗草赢。
笑从双脸生。①

晏殊《浣溪沙》

一曲新词酒一杯，去年天气旧亭台，
夕阳西下几时回？
无可奈何花落去，似曾相识燕归来。
小园香径独徘徊。②

苏轼《惠崇春江晚景二首》

竹外桃花三两枝，春江水暖鸭先知。
蒌蒿满地芦芽短，正是河豚欲上时。③

杜甫《归雁》

东来万里客，乱定几年归？

---

① 何庆善：《诗情词境堪吟哦　古典诗词学习例说》，安徽大学出版社 2004 年版，第 126 页。

② 上强村民编，李军著：《宋词三百首》，华夏出版社 2000 年版，第 11 页。

③ （宋）苏轼著，刘乃昌选注：《苏轼选集》，齐鲁书社 1980 年版，第 97 页。

肠断江城雁，高高向北飞。①

李华《春行即兴》

宜阳城下草萋萋，涧水东流复向西。

芳树无人花自落，春山一路鸟空鸣。②

李益《春夜闻笛》

寒山吹笛唤春归，迁客相看泪满衣。

洞庭一夜无穷雁，不待天明尽北飞。③

刘敞《雨后回文》

绿水池光冷，青苔砌色寒。

竹深啼鸟乱，庭暗落花残。④

杜荀鹤《春宫怨》

早被婵娟误，欲妆临镜慵。

承恩不在貌，教妾若为容？

风暖鸟声碎，日高花影重。

年年越溪女，相忆采芙蓉。⑤

---

①（清）刘文蔚：《唐诗合选》，广西人民出版社 1986 年版，第 345 页。

②（唐）李华：《春行即兴》，摘自彭定求：《全唐诗》，中州古籍出版社 2008 年版，第 729 页。

③（唐）李益：《春夜闻笛》，摘自彭定求：《全唐诗》，中州古籍出版社 2008 年版，第 1461 页。

④（清）朱梓、冷昌言：《宋元明诗三百首》，华夏出版社 1999 年版，第 237 页。

⑤（唐）杜荀鹤：《春宫怨》，摘自彭定求等：《全唐诗》，中州古籍出版社 2008 年版，第 3558 页。

真山民《道逢过军投宿山寺》

穷途欲焉往，薄暮此相投。

蟋蟀数声雨，芭蕉一寺秋。

乡关来枕畔，时事上眉头。

长叹为僧好，今逢更说愁。①

杨万里《多稼亭前小步》

樱桃抛过隔墙荅，芍药丛抽刺吐芽。

最是蜜蜂无意思，忍将尘脚涴梅花。②

自古以来“花”与“鸟”就在诗、词、歌、赋中结下美满姻缘，声、色、动、静相伴而生，相辅相成。用花鸟寄托情思，用花鸟传递心声，共同构或一个花与鸟的审美境界。翻开唐诗宋词及诸多文学作品，尽是花与鸟的世界、花与鸟的天地，是一幅幅自然生动、传情的花鸟画。

中国有史以来就是以诗情融画意的民族，也许是花鸟诗促成了花鸟画的产生，但是花鸟画是受到花鸟诗的滋养，才形成了枝繁叶茂、百鸟争鸣的繁荣面貌。古典诗词用其简练而概括的语言去深化自然的境界，进而去追求有意境的画面。诗词同样地善于抒发感情并表达多时空的境界；花鸟画则是用笔墨来表现经画家提炼和概括

① 王云五主编，吴之振、吕留良、吴自牧选编：《万有文库第二集七百种宋诗钞》，商务印书馆1935年版，第2669页。

② 高歌：《历代绘画题诗大全》，国际统一出版社1996年版，第211页。

的自然之中的美，花鸟画善于抒发情思和表达超时空的画面。因此诗词所要表现的画面诉诸人们的想象，是由人们联想而产生的画面；花鸟画所描绘的画面诉诸人们的视觉，是由形象而产生的联想。

从花鸟画独立成科的唐代开始，以花鸟为主题的绘画从人物画的背景中脱颖而出，或者从民间的花鸟画艺术中演变而来，从此便开始了花鸟画独立发展的历程。到了宋元时期的文人画勃兴，大批的文人士大夫也热衷于花鸟画的创作，改变了传统的院体花鸟画为物写照的格调，在花鸟画中融入了更多文人的超脱的思想感情，并将诗情融入画意。花鸟画把想象画面通过笔墨变成视觉画面，或者说是用绘画来描述诗的境界，使得花鸟画的格调更加脱俗，境界则更加深远。

宋朝的大文人苏轼在《书朱象先画后》中主张："文以达吾心，画以适吾意"。① 他在品评王维的绘画时说："味摩诘之诗，诗中有画。观摩诘之画，画中有诗"。② 当时的苏轼虽然是针对诗与山水画的审美关系而发出此言的，但是作为宋朝时期高度繁盛的花鸟画，自然而然地受到了苏轼绘画理论的影响。于是"诗是无形画，画是无声诗"的理论，以及"诗是有声画，画是有形诗"的理论，将花鸟画所要表达的思想感情和审美已经由写形达意上升为传情咏志，最终将诗画合二为一，融为一体。诗词诉诸人的听觉和思维想象，画面则诉诸人的视觉和空间想象。诗词的意蕴将人的听觉引向视觉，画的意境将人的视觉引向听觉，两种不同境界互相契合，花鸟画便既有了形象美，又有了精神美的艺术功能。这里的艺术形象

① 李福顺编著：《苏轼与书画文献集》，荣宝斋出版社 2008 年版，第 57 页。

② 李福顺编著：《苏轼与书画文献集》，荣宝斋出版社 2008 年版，第 28 页。

不仅仅是为了形象，写形只是艺术表达的手段，抒情达意才是绘画的目的。因此，在人们眼里自然界中的草木、花鸟、虫鱼都有其自身的个性和特性，都成为画家抒发情思的物象。有花有鸟的世界是画家们的精神家园，也是诗人的理想境界。就像苏轼所云："诗画本一体，天工与清新。"

一方面，花鸟画将通过绘画的表现过程表现大自然花鸟的自然美，通过绘画技法中的笔墨情趣，来抒发画家的生命精神和情感；另一方面花鸟画也表现诗词的境界，并通过题画诗表达画家的情思，最终将诗情画意通过笔墨融合为一体，形成了花鸟画——承载着中华民族传统文化思想和审美情趣的绘画形式。孔衍栻《石村画诀·序·立意》："余作书，每取古人佳句，借其触动，易于落想，然后层层画去"。

第一节　古典诗词与花鸟画形式的融合

古典诗词与花鸟画经过了互相影响与互相借鉴到互相渗透的发展过程，之后到内容与意境上的互相契合和内容上的完美融合。在花鸟画的发展历史上，体现出了这一点。古典诗词与花鸟画在融合过程中呈现出两种基本形态：即诗意花鸟画的形态和花鸟画题画诗的形态。

这两种融合的基本形式，处在不同的发展历史时期，有着不同的发展层面。汉朝以前，是古典诗词与花鸟画最初相互渗透、相互融合的阶段，往往是以诗意画和画赞的形式出现，此时的古典诗词

与绘画相融合的形式多种多样；从魏晋南北朝到了唐代，诗词与绘画逐渐形成了相对稳定的融合状态，以诗词意蕴为主题作画的诗意画与写在画面上的题画诗都逐渐成形；宋朝以后随着绘画的发展，诗词与绘画的关系也逐渐完善；从元朝开始，古典诗词与绘画的融合逐渐达到了相对成熟的阶段，这种诗画的融合往往是以文人画的兴起为标志的。文人花鸟画是在诗意画与题画诗出现的基础上，达到了诗画融合的另一种境界。

一、诗意画

诗意画指的是以诗词内容或诗的意境，或者是诗词中的佳句为创作题材的绘画作品。这种艺术作品所来源的诗词既有其他诗人的佳句，也有画家自己创作的；从更深层面的意义上来看，诗意画指的是富有诗词的意境，或者画面意境富有诗意，这种类型的绘画作品虽然没有诗词文字直接地作为绘画的参照依据，但是画面的笔法与立意，色彩与形象所组成的画面，具有浓郁而清晰的诗情，也就是所谓的“诗中有画”。

从大量现存的文字资料来看，我国自汉朝开始已经出现按照诗词内容和思想内涵而创作的画面。据考究发现，传统中的诗意画就肇始于这样的创作。张彦远的《历代名画记》中记载，汉桓帝时期的刘褒，根据《诗经・大雅》中的《云汉》和《诗经・邶风》中的《北风》诗句，画出了《云汉图》和《北风图》两幅绘画作品。在《云汉》中有“旱既大甚，蕴隆虫虫”和“赫赫炎炎，云我无所”等描述，这些诗句是在描写干旱炎热的夏天的气候特征；而在《北风》中有“北风其凉，雨雪其雱”和“北风其喈，雨雪齐霏”等诗句，是用来描写冬天彻骨寒冷的北风和大雪纷飞的情景。据记载，《云汉图》和《北风图》这两幅画以直观而生动的意境再现了诗词中所富有的意蕴。据张华在《博物志》中的记载汉代画家刘褒，说他：“曾画《云汉图》，人见之觉热，又画《北风图》，人见之觉凉”。[①] 这说明刘褒的艺术作品画出了诗的感情，而且在绘画艺术表现手法上也很精湛，证明他所画《诗经》内容的作品，具有强烈的感染力。因此，张彦远在《历代名画记》中记述古代的绘画作品时，将《云汉图》称为其所列画中的“领袖”，[②] 这幅画开辟了中国传统诗意画历史的先河。

在魏晋南北朝时期，由于玄学的兴盛，按照诗词作画的创作方法逐渐地形成了一种风气，此时出现了很多的诗意画。《诗经》成为这类绘画的首选题材，《诗经》是中国传统中最早的诗词总集，它作为儒家所推崇的《五经》的首位，受到了很多画家的推崇，与此同时，很多画家根据《诗经》描述的内容来作画。其中的卫协和晋明帝司马绍都曾经根据《诗经》里的诗词作画。唐朝的画家裴孝源也在《贞观公私画史》中写道：“《毛诗·北风图》、《毛诗·黍离图》……右五卷卫协画，隋朝官本。”[③] 卫协的绘画作品《北风图》也非常成功，曾经受到顾恺之的高度赞扬，顾恺之在《魏晋胜流画

① 郑午昌：《中国画学全史》，江苏文艺出版社 2008 年版，第 25 页。

② （唐）张彦远：《历代名画记（卷三）述古之秘画珍图》，辽宁教育出版社 2001 年版，第 41 页。

③ 于安澜撰：《画品丛书一》，河南大学出版社 2009 年版，第 4[illegible] 页。

赞》中叙述卫协这幅画："北风诗：亦卫手，巧密于情思，名作。"[①] 在这幅画中对于诗歌思想情感的表达构思巧妙缜密，是一幅难得的"名作"，而且对之大为叹服。司马绍也根据《诗经》的内容画有"《豳诗·七月图》"和"《毛诗图》"。[②] 汉画像砖中也有根据《诗经》的内容所画的《豳风图》（图 3–1）。

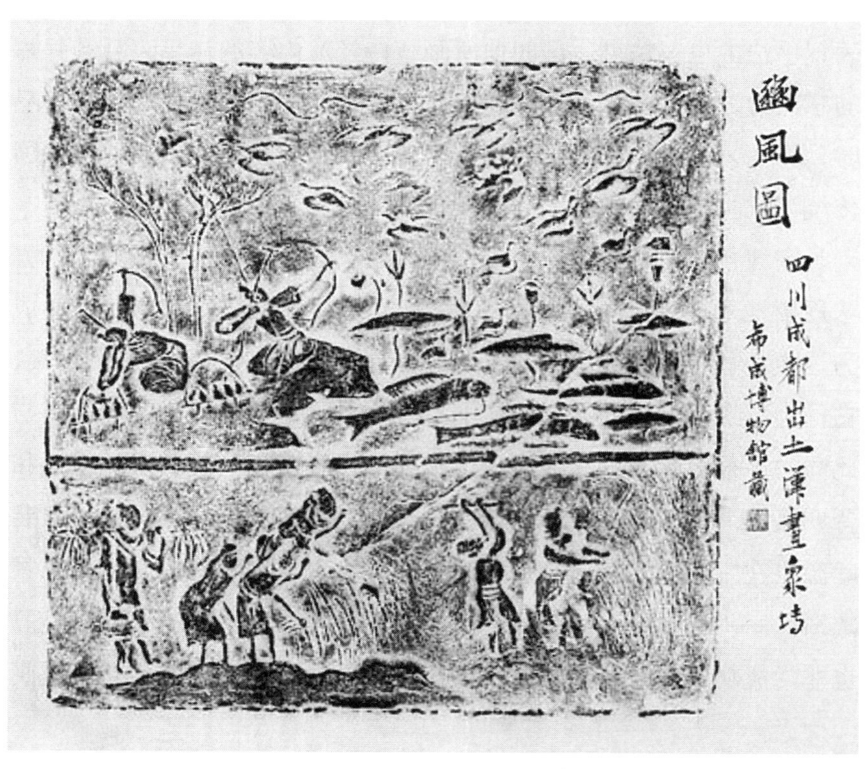

图 3–1 《豳风图》（汉）

① 俞剑华：《中国画论选读》，江苏美术出版社 2007 年版，第 23 页。

② （唐）张彦远：《历代名画记》（卷五），江苏美术出版社 2007 年版，第 48 页。

此外，当时还有大量以其他诗歌为题材的诗意画，例如画家史道硕画有《嵇中散诗图》，戴逵画了《董葳辇诗图》《嵇阮十九首诗图》等诗意画作品[①]。

其中顾恺之所画的诗意画最具代表性，由于他特别喜爱嵇康和曹植所作的诗词，所以常常用他们的诗词作为绘画创作题材，在《顾恺之传》中记载道："恺之每重嵇康四言诗，因为之图。"[②] 顾恺之现存下来的诗意画，其中一幅是根据张华《女史篇》诗词而作的

图 3-2　《洛神赋图》（晋）顾恺之（局部）

① （唐）张彦远：《历代名画记》（卷五），江苏美术出版社 2007 年版，第 48 页。

② 俞剑华：《顾恺之研究资料·晋书·顾恺之传》，人民美术出版社 1962 年版，第 114 页。

《女史箴图》，每幅图画均配有诗词，形象而生动。其中最著名的是顾恺之依据曹植的《洛神赋》所画的《洛神赋图》（图 3–2）。

曹植在《洛神赋》中运用多种修辞手法，描绘了既美且德，举止娴雅，习礼明诗，而且体态、容貌、衣饰、气息远超凡人的洛水女神。他的妙笔生花，展现了洛神优雅而美丽的风姿。

> 其形也，翩若惊鸿，婉若游龙；荣曜秋菊，华茂春松。仿佛兮若轻云之蔽月，飘飖兮若流风之回雪。远而望之，皎若太阳升朝霞。迫而察之，灼若芙蓉出绿波。[①]

曹植用一系列美妙而动人的比喻句、铺排句，描写洛神外貌给人的感受：婀娜多姿，纯洁脱俗，美艳灿烂。顾恺之的《洛神赋图》按照《洛神赋》中所描述的情节展开图画。画面中的洛神形象飘逸，柔美婉丽；画面所描绘的曹植则充满了惆怅的神情。整幅画生动形象地画出了曹植对洛神的痴心眷慕，表达了洛神的超尘出拔、孤高静洁的气质，体现出了曹植诗词《洛神赋》中的意境。这幅诗意画展示了魏晋时期绘画艺术对诗歌意境具象的表现能力，更深层次地体现了诗词与绘画的融合，扩充了绘画的表现题材和内容。

朱景玄在《唐朝名画录》中记载："张志和或号曰烟波子，常渔钓于洞庭湖。初颜鲁公典吴兴，知其高节，从《渔歌》五首赠之。张乃为卷轴，随句赋象，人物、舟船、鸟兽、烟波、风月，皆

① 张梦新：《中国文学》，浙江大学出版社 2004 年版，第 99 页。

依其文，曲尽其妙，为世之雅律，深得其态。”[①]这段论述记载了唐代的画家张志和，曾经根据颜真卿的诗词佳句作画。他依照颜真卿所赠的五首渔歌，将诗词的意境画成可以观看的画面，达到了“曲尽其妙”的艺术效果。

宋朝具有诗词意境的绘画创作受到了宫廷以及上层阶级的逐步重视。宫廷画院录取画家常常以诗词佳句作为考试的题目，例如：“踏花归来马蹄香”“野渡无人舟自横”“竹锁桥边卖酒家”“深山藏古寺”“嫩绿枝头红一点，恼人春色不须多”等，都曾经是宫廷绘画考试的题目。北宋的郭熙在《林泉高致》中说道：“余因暇日，阅晋唐古今诗什，其中佳句有道尽人腹中之事，有装出目前之景，然不因静居燕坐，明窗净几，一炷炉香，万虑消沉，则佳句好意亦看不出，幽情美趣亦想不成，即画之主意，亦岂易！”[②]除此之外，李公麟也曾经画过屈原所作的《九歌》，还有马和之、马远、赵葵等画家也都将诗词中的意蕴进行了绘画的创作。马和之曾经以《诗经》三百篇为绘画题材，创作了《毛诗图》，现存的作品有《唐风图》《豳风图》《鹿鸣之什图》《节南山之什图》《清庙之什图》等。马和之的绘画作品并不仅仅是从诗词文字简单描述，而是借助客观形象直观地体现了诗词佳句中的思想与内容，从而表达了诗词的本意。他的作品构图简洁，生动传神。画面风格清秀娴雅，气质脱俗。

例如马和之在绘画作品《唐风图》中的《蟋蟀》部分，画家画出了《蟋蟀》诗词中“蟋蟀在堂，岁聿其莫”的诗词意蕴。诗中描

① （唐）朱景玄撰，温肇桐注：《唐朝名画录》，四川美术出版社 1985 年版，第 35 页。

② （宋）郭熙、郭思：《林泉高致》，山东画报出版社 2010 年版，第 59 页。

写住所前堂的蟋蟀在鸣叫，这标志了夏天即将要过去，瑟瑟的秋天也即将快要来到，诗词表现了诗人对时光飞逝的赞叹，暗示了残冬已经不远。马和之也根据诗意画了满地落叶的秋天景象，道出了“岁聿其莫”的诗词意蕴，通过描绘一人俯首侧耳在厅堂前倾听蟋蟀鸣秋的动作，表现了画面的诗词意蕴，画与诗的意境完美融合。南宋画家赵葵所画的《杜甫诗意图》，图中画家描绘了一幅江南水乡的画面，画中景色优美，周围幽深寂静的竹林、平静清浅的荷塘、隐约蜿蜒的小路、朦胧清淡的雾霭，整个画面意境深远。这幅画的意境营造是取自杜甫“竹深留客处，荷净纳凉时”①一句诗词的意蕴。

元代的大书法家兼画家赵孟頫、张渥、陈惟允、何澄等也都画有诗意画。其中画家张渥根据屈原所作的《楚辞》中的作品《九歌》里面第十一篇中出现的人物形象，并根据其诗词的意境，采用了白描手法进行描绘。画中所绘的人物都略有衬景，画面构图简练，人物姿态飘逸，形象生动传神。陈惟允所画的《诗意图》，画着一妇女坐着缝制衣衫，一年轻男子背着行李到门外的马车上，门前柳树挺拔、柳丝飘荡，表现了母与子的慈爱之情，生动地表现了孟郊《游子吟》中的诗词意蕴。元代的画家朱叔重常常自己作诗，然后再根据诗词的意蕴创作绘画，明代的鉴赏家朱存理评论他的画作时说：“每赋一诗，得摹写之妙，辄肆力绘之。”②

---

① （唐）杜甫：《陪诸贵公子丈八沟携妓纳凉晚际遇雨》，摘自刘克庄编，孙玉华注：《千家诗》，华夏出版社 1998 年版，第 168 页。

② 何绵山：《中国文学与中国文化》，福建教育出版社 2002 年版，第 209 页。

明代的诗意画创作已经蔚然成风，许多画家、诗人都喜欢依据诗词中优美的意境和诗情作画。例如画家周臣的作品《柴门送客图》中，画面是根据杜甫的《南邻》这首诗的最后一句——“相送柴门月色新”[①]诗意而画。画面描绘了身躯遒劲的古松，枝叶繁茂地掩映着一座柴篱相围的茅屋，屋外皓月当空，静静地挂在树梢上，一艘小船停泊在江岸旁边。在茫茫的夜色之下，屋舍的主人恋恋不舍地送别着客人，画面意境深远。宋旭在他的作品《寒江独钓图》中，描绘了白雪皑皑的万仞山崖，在空旷寂静的江心水面上，飘荡着一叶轻舟，舟上有一老者在俯身垂钓，画面一片清冷的意境。这幅画是取柳宗元《江雪》的诗意所创作的：

千山鸟飞绝，万径人踪灭。
孤舟蓑笠翁，独钓寒江雪。[②]

明朝时期，画坛中不仅仅是逐渐地兴起了依诗作画，而且把所作诗词与诗意画合并成册，融合为一本书。在明代的万历年间开始兴起将一页诗、一页画一起出版，并装订成册。其中编撰时期较早的有《百咏图谱》，是由顾仲芳所作，《诗余画谱》由汪氏所作，之后的《唐诗画谱》由黄凤池所作，还有《唐诗五言画谱》(图3–3）与《草木花诗画谱》等合二为一的画谱书籍形式。[③]

① 邹德金整理：《名家注评全唐诗》，天津古籍出版社 2010 年版，第 428 页。
② （清）徐增著，樊维纲校注：《说唐诗》，中州古籍出版社 1990 年版，第 193 页。
③ 周积寅：《中国画论辑要》，江苏美术出版社 1985 年版，第 539 页。

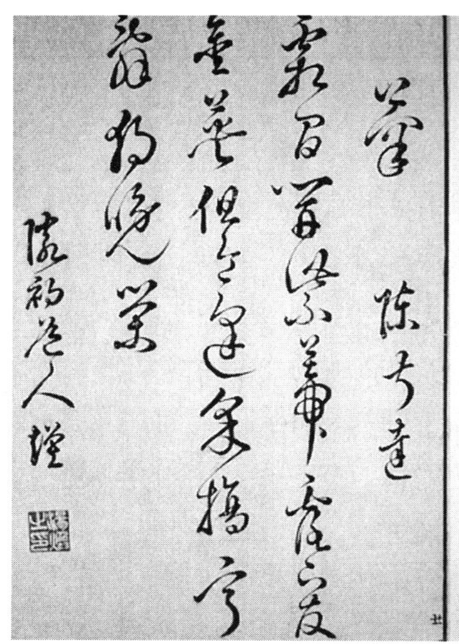
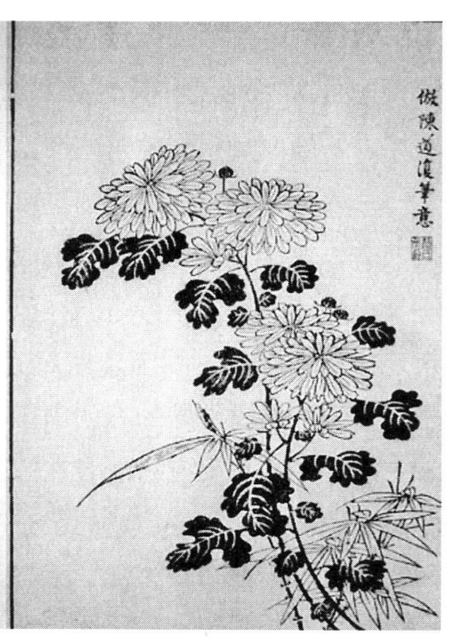

图 3–3 《唐诗五言画谱》(明)

清朝时期画有诗意画的画家也非常多，例如《山雨欲来图》，是画家袁耀根据唐代诗人许浑的作品中“山雨欲来风满楼”[①] 诗句创作而成。在画中画家生动贴切地表现了诗词的意蕴。清朝画家禹之鼎的作品《幽篁坐啸图》(图 3–4)，画面意境清空幽静，描绘了诗人怡然自得、超然独立的神态，表现了画中人物拔逸脱俗的境界。这幅画描绘的就是王维的诗词《竹里馆》中的诗词意蕴。

独坐幽篁里，弹琴复长啸。

① (唐) 许浑:《咸阳城东楼》，摘自霍松林编选:《唐诗精选》，江苏古籍出版社 2002 年版，第 208 页。

图 3–4 《幽篁坐啸图》（清）禹之鼎

深林人不知，明月来相照。①

至明朝后期，画坛又出现了“诗画谱”的书籍形式，这种诗画书籍后来在清朝大为盛行。其中有明代诗画谱的总集《诗画舫》《诗品画谱大观》与《诗书画萃》，还有画家吴山涛的《诗画册》等多种诗意画册。例如吴山涛在他的《诗画册》中的一幅画，左边画的是五株柳树和茅屋柴门，右边是自题诗句。这幅画中的形象和诗词都是歌咏文学家陶渊明，并借此寄托画家吴山涛作为前代移民的感伤情怀。

以古典诗歌为创作题材的诗意画，其内容广泛、形式丰富。从诗意画的来源诗词作品归纳，范围非常广泛。从《诗经》到《楚

① 邹德金整理：《名家注评全唐诗》，天津古籍出版社 2010 年版，第 161 页。

辞》，从魏晋的六朝诗词，再到唐诗与宋词，还有之后的元明清诗词等。在这些能引发画意的诗词佳句中，以春秋时代的《诗经》和唐代诗词居多；诗意画曾经表现的诗词的作者也人数众多。诗意画既是诗词与绘画相交融的一种艺术形态，也是中国画创作的一种绘画形式，它的出现拓宽了绘画的题材，深化了绘画的意境，提高了绘画艺术的表现力。依照诗词的意蕴作画，不是简单地描述诗歌，而是将诗词的意蕴在绘画一书中进行再创造，将诗情融入画意，创造出绘画的意境美。在这种艺术形式下，画家们同时具备很高的文学与艺术修养，在画家对诗词意蕴深刻理解和准确把握的情形之下，将诗情与诗境转化为画面的构思和立意，将诗词意蕴的美融入到绘画意境之美中。

还有那些不是按照某一首诗词或某一句诗而创作的绘画，但是其画面富有诗的意境，就是所谓《宣和画谱》中记载的赵叔傩的绘画："宗室叔傩，善画，多得意於禽鱼，每下笔皆默合诗人句法。或铺张图绘间，景物虽少而意常多，使览者可以因之而遐想。"① 这样的绘画作品，也常常被人们称为是真正意义上的诗意画，这种画是诗与画的艺术家内心世界的交融和统一，也是画家艺术品味的具体体现。

著名的唐朝大诗人王维，他的艺术造诣颇高，其艺术作品能将诗画紧密结合，他的诗就像是一幅画，他的画也像是一首诗。他的绘画作品《江山雪霁图卷》，画面清幽空灵，拔尘超俗，充满了浓浓的诗意。宋代画家李公麟也善于用作诗的方法来作画，在《宣和

① 王群栗点校：《宣和画谱》，浙江人民美术出版社 2012 年版，第 93 页。

画谱》中有记载他的论述："盖深得杜甫作诗体制，而移于画。"① 元代马琬所画的《暮云诗意图》（图 3–5），图中描绘了夕阳映衬下的远山，远处的山峦连绵起伏，山中薄暮茫茫，山上林木深秀，山下村舍掩隐，山边溪水清浅，溪上板桥接岸，此画的意境极富诗意，是画中的诗。

图 3–5 《暮云诗意图》（元）马琬

明代吴伟所画的《灞桥风雪图》（图 3–6），图中描绘了白雪覆盖的山崖，银装素裹，寒气袭人。图中画了一老者，他俯首骑驴在茫茫的

① 王群栗点校：《宣和画谱》，浙江人民美术出版社 2012 年版，第 75 页。

图 3–6 《溺桥风雪图》（明）吴伟

风雪中过桥的场面，整幅画面就像是一首诗。这种诗与画深层融合的诗意画，是深蕴着中国艺术精神的绘画。

到了近现代，陈之佛的工笔花鸟画继承民族优良传统，博采东西方艺术之长，汲取丰富的自然生活，融写意与装饰手法于工笔之中，建立了清新隽逸、典雅华丽的艺术风格，他的作品《春江水暖图》（图 3–7），依照苏轼诗句的意境，画面宁静、雅洁、清幽的情调，博得了后人极高的赞誉。

二、题画诗

古典诗词与花鸟画既有各自不同的特点又有着相似的艺术功

能，它们各自拥有不同的艺术特点，这决定了诗、画有相互配合的必要性和可能性。宋代的吴龙翰在《〈野趣有声画〉序》中写道："画难画之景，以诗凑成；吟难吟之诗，以补画足。"[①] 他认为诗画可以互相弥补不足。于是题画诗这种诗词与绘画相融合的艺术形式便应运而生。

图 3–7　《春江水暖图》陈之佛

题画诗在中国传统艺术中有着悠久的历史，追溯中国传统题画诗的根源，可以早到战国时期的大诗人屈原。东汉著名的文学家王逸在他的著作《楚辞 · 天问序》中有记载曰："屈原放逐，忧心愁悴，彷徨山泽，经历陵陆，嗟号昊旻，仰天叹息。见楚有先王之庙及公

① 周桂峰：《题画诗说》，漓江出版社 1993 年版，第 1 页。

卿祠堂，图画天地山川神灵，琦玮僪佹，及古贤圣怪物行事。周流罢倦，休息其下，仰见图画，因书其壁，呵而问之。”[①]这段文字记载了春秋战国时期的楚国大夫屈原被流放之后，来到了楚国先王之庙和公卿祠堂，当屈原看到墙壁上描绘着天地与神灵以及古代圣贤的时候，他触景生情，写下了《天问》这首传世名诗。在屈原《天问》中描写：“白蜺婴茀，胡为此堂？[②]”从此诗句上也可以得到历史的验证。更重要的是，战国时代已有为画题诗之风，称为“图诗”，“图诗”在性质上属于画赞。[③]

东西汉时期，画赞在古代圣王及贤臣等多种人物肖像的画面上题字，来说明画的内容。在此之后，汉代的画像石刻中也出现了说明的文字。这些出于画面某些功能的题记，是题画诗的起源。画赞的出现建立在赞体基础上。赞体由西汉时期创造，至汉明帝时开始产生画赞。“汉明帝画宫图五十卷，第一起庖牺五十杂画赞。汉明帝雅好画图，别立画官，诏博洽之士班固、贾逵辈取诸经史事，命尚方画工图画，谓之画赞。”[④]这些画赞为后来的题画诗的产生提供了形式、内容及题材上的思维模式，它为题画诗的产生做好了准备。东汉时期的蔡邕能诗善画，书法也非常好，汉灵帝“诏（蔡）邕画赤泉侯五代将相于省，兼命为赞及书。邕书、画及赞皆擅名于代，时称三美”。[⑤]《历代名画记》中这个记载，记叙了当时蔡邕奉

---

① （东汉）王逸：《楚辞章句补注》，吉林人民出版社 2005 年版，第 86 页。

② 姜亮夫：《名家品诗坊　楚辞》，上海辞书出版社 2004 年版，第 100 页。

③ 戴丽珠：《诗与画之研究》，学海出版社 1993 年版，第 41 页。

④ （唐）张彦远：《历代名画记》，辽宁教育出版社 2001 年版，第 43 页。

⑤ （唐）张彦远：《历代名画记》，辽宁教育出版社 2001 年版，第 45 页。

命为画题写画赞，这在当时为诗词走入画面奠定了由书法作为媒介的基调。

魏晋南北朝时期，题画诗的形式还只是面扇、屏风的咏画之作。唐代是中国历史上诗词发展最灿烂的时期，同时也是题画诗的成熟时期。这时期的题画诗创作发展非常普遍，有很多的诗人为画作题诗，而且题画诗数量也非常可观，“从《全唐诗》看，上起李白，下至五代的荆浩，有七十多位诗人作题画诗一百三十余首。”[①] 这个数字随着题画诗研究的不断深入，还有增长的趋势。更为重要的是，这些题画诗同其他诗歌作品一样，具有高旷的格调和美的意境，在唐朝的题画诗中，以李白、杜甫为杰出代表。李白、杜甫凭借他们非凡的诗词艺术才华和绘画艺术敏锐的感悟力，写了很多题画诗。为确立题画诗的形式起到了举足轻重的作用。

在杜甫的各类题画诗中，所表现的内容是多方面的，除了赞美画家及其画技之外，花鸟类的题画诗常常借画发挥，抒发自己的思想和情怀。敢于直面现实，针砭世事，是杜甫题画诗的重要内容，也是这位忧国忧民诗人同前代题画诗人最大的不同之处。他善于揭示画中之物本不具有的内涵，抒发浓重的忧患意识和积极的用世精神，他早年写的《画鹰》：

素练风霜起，苍鹰画作殊。
㧐身思狡兔，侧目似愁胡。

① 赵苏娜：《故宫博物院藏历代绘画题诗存》，山西教育出版社 1999 年版，第 6 页。

绦镟光堪摘，轩楹势可呼。

何当击凡鸟，毛血洒平芜！①

此诗由赞画鹰转写活鹰，突破画面的时空限制，塑造了一只威猛的真鹰形象，从而书写了诗人疾恶如仇的品格。全诗形象鲜明，意境深远，层层推进，一气呵成。透过字词，可以感受到诗人激情涌动、壮志充盈的胸怀，以及对现实中十位误国者的痛恨。

南北宋时期的诗词与绘画的互融关系，已近成熟的局面。北宋初期诗词基本上延续了唐朝的文学艺术风格。在宋仁宗庆历时期，由于政局的动荡和社会矛盾的加深，文人墨客们对社会现实更加的关心和体味。一些文人士大夫倡导对诗词艺术展开革新运动。北宋的大文学家苏轼，以他卓越的诗词才华，拓展了诗词的思想内容、扩大了诗词的创作题材范围和诗词艺术的表现手法。在苏轼等人的带动下，逐步地形成了婉约与豪放两大古典诗词流派。南宋时期，随着社会以及民族矛盾的激化，陆续地出现了很多爱国主义的文人，在他们的诗词艺术作品中反映了当时的社会矛盾和历史面貌。

近代著名国画家、美学家郑午昌先生在《中国画学全史》中论述了诗词文学对绘画的影响。尤其是对于花鸟画创作中对人的精神世界的表达，与古典诗词的表达内容一致。它们并不仅仅限于对自然界中花和鸟本身的艺术表现，而是像诗词那样寄托着画家的情感。文人画家将诗词题于画面，使中国的花鸟画艺术变为诗书画印

① 齐豫生:《杜甫诗集》，北方妇女儿童出版社 2006 年版，第 3 页。

相结合的富有民族特征的综合性艺术，体现出了中国绘画的特点。宋代的题画诗与绘画文学化是浑然不分的。

北宋画家郭熙曾经在《林泉高致》中论述说："更如古人言：'诗是无形画，画是有形诗。'"[①] 这段话是郭熙对诗词与绘画相互关系的叙述，也标志着诗词与绘画的结合从理论上逐渐成熟。宋朝时期花鸟画题画诗的蓬勃发展，与苏轼、文同所提倡的诗画一律的文人画艺术观的影响密不可分。

宋代的题画诗创作的诗人与画家的群体中，文同是一位重要的题画诗人，在中国题画诗发展史上，如果说王维是中国最早的著名诗人兼画家，那么文同则是最早的著名画家兼诗人。文同的绘画成就很高，他擅长花鸟、山水，尤精画竹。其诗词风格质朴，多有画意。钱锺书评价说："他在诗中描摹天然风景，常跟绘画联系起来，为中国的写景文学添了一种手法。"[②] 他还曾经写道："文同的这种手法，跟当时画家向杜甫、王维等人的诗句里去找绘画题材和布局的试探，都表示诗和画这两门艺术在北宋前期更密切地结合起来了。"[③]

文同的题画诗中蕴藏着浓郁的情愫，或同情，或讽喻，都有很强的感染力量，如他的《邓隐老木寒牛》：

苍岸棱层草芊绵，巨木半死生枯烟。

---

① 潘运告：《宋人画评》，湖南美术出版社 2000 年版，第 27 页。

② 刘继才：《中国题画诗发展史》，辽宁人民出版社 2010 年版，第 160 页。

③ 刘继才：《中国题画诗发展史》，辽宁人民出版社 2010 年版，第 160 页。

羸牛日晚已噍草，稚子天寒犹打钱。[①]

诗中描写的画面一半是草丛生，一边是木半死。在这样衰飒的背景之下，一头羸牛在寒风中嚼草。诗人虽然没有旁白，但是读罢怜悯之心便油然而生。犹如《崔白败荷折苇寒鹭》：

疏苇雨中老，乱荷霜外凋。
多情惟白鸟，常此伴萧条。[②]

宋朝大画家米芾，也属于以苏轼为核心的创作群体中的一员。在宋代，如果说苏轼主要是以文学成就享誉世代的题画名家，那么米芾则是以书画成就名扬后世的题画诗人。

米芾（1051—1107 年），字元章，号海岳外史、襄阳漫士，山西太原人，后迁居湖北襄阳，世称“米襄阳”。他工诗文，擅书画，精鉴赏，喜收藏。其书法与蔡襄、苏轼、黄庭坚合称为“宋四家”。著书有《书史》《画史》等，有《宝晋英光集》传世。他的题画诗代表作是《题巨然海野图》：

江郊海野坡陁阔，林远烟疏淡天末。
杆分蓁町暮潮发，星列渔乡夜梁活。
关荆大图矜秀拔，取巧施工不真绝。

---

① （宋）文同著，胡问涛、罗琴校注：《文同全集编年校注》，巴蜀书社 1999 年版，第 605 页。
② （宋）文同著，何增鸾、刘泰焰选注：《文同诗选》，四川文艺出版社 1985 年版，第 179 页。

意全万象无不括，维摩老笔巨然夺。
桥防忽觉来人物，接罨肯更图牛羁。
渊渟浪沃开龙阙，汩入滏翻下鲸映。
楠盘疑是少陵宅，芦深恐有詹何客。
黄尘蔽天归兴结，时向虚斋一开涤。[①]

这首七言古诗描绘的是巨然画中的海野景况。前四句将无声画变为有声诗，接下来四句是赞画。米芾既写出了赏画的观感，又抒发了心灵的感受，而且融情于景，情景交融。

苏轼（1037—1101年），字子瞻，号东坡居士，眉山（今四川）人，他是北宋著名的文学家、书画家，“唐宋八大家”之一。与其父亲苏洵、其弟苏辙并有文名，后人称为“三苏”。苏轼是继欧阳修之后的文坛领袖，他的文学与诗词的创作代表了北宋时期的最高成就。他是一位极有才华和远大政治抱负的学者。苏轼在开启融诗、书、画于一体新时代中获首功，是毋庸置疑的。苏轼还以他的理论与实践，奠定了题画诗作为一种独立的艺术形式在中国诗歌史和绘画史上的地位。历史上，唯有苏轼诗、书、画三绝。尤其是他以一个文学家的独特眼光审视绘画艺术，以自己的创作实践将绘画文学化，更是功不可没。此外，他拓展了题画诗的表现领域，丰富了其艺术内涵，深化其意境，使其更加多姿多彩。苏轼以画笔为诗笔，求变生新，从内容到形式，都有其鲜明的特点。苏轼描述韩

① 刘继才：《中国题画诗发展史》，辽宁人民出版社2010年版，第161页。

幹画马的诗词《韩幹马十四匹》：

二马并驱攒八蹄，二马宛颈骏尾齐。
一马任前双举后，一马却避长鸣嘶。
老髯奚官骑且顾，前身作马通马语。
后有八匹饮且行，微流赴吻若有声。
前者既济出林鹤，后者欲涉鹤俯啄。
最后一匹马中龙，不嘶不动尾摇风。
韩生画马真是马，苏子作诗如见画。
世无伯乐亦无韩，此诗此画谁当看？①

苏轼在这首题画诗中描写物象形似而逼真，出于真情，写出真物。苏轼在题画诗中阐释画理时，常常以形象的比喻加以说明。其《赵昌寒菊》中写道：

轻肌弱骨散幽葩，真是青裙两髻丫。
便有佳人配黄菊，应缘霜后苦无花。②

苏轼在《徐熙杏花》这首题画诗中，寓画理于抒情，仅仅用四句诗便形象、生动地表述出来，既令人惊叹其容量之大，又让人感受到其感慨之深。其诗为：

---

① （宋）苏轼著，张志烈、张晓蕾选注：《苏轼选集》，人民文学出版社2002年版，第48页。
② 刘继才：《中国题画诗发展史》，辽宁人民出版社2010年版，第168页。

江左风流王谢家，
尽携书画到天涯。
却因梅雨丹青暗，
洗出徐熙落墨花。①

图 3–8 《听琴图》（宋）赵佶

赵佶对绘画的贡献，不止于他对亲自作画的倡导作用，还主要是表现在对宋代画院的重视和建设上。特别是画院中的考试题目，多为古诗名句，这不仅仅为以诗入画，画写诗意提供了制度的保证，而且由于画家参与之多，所涉及题材之广泛，也使诗画之间的融合达到了新的境界。这无疑对题画诗的发展产生了深远的影响。赵佶不仅仅是画家，也是著名的书法家，他是瘦金体，至今真迹流传很多，并且多有题画诗。他在诗词方面也

① 刘继才：《中国题画诗发展史》，辽宁人民出版社 2010 年版，第 169 页。

有较好的修养，因此，可以誉为诗、书、画三绝。

赵佶对中国题画诗的独特贡献还在于他的几幅画卷上保留了现存较早的诗与画共存的题画诗，如《听琴图》（图 3–8）、《蜡梅山禽图》（图 3–9）、《芙蓉锦鸡图》（图 3–10）等。在现存的花鸟画作品中，画家自己结合画面需要，将诗词题在画面上，从艺术的表现手法上将诗与画融合在一起的，始于宋徽宗赵佶的花鸟画艺术。

图 3–9 《蜡梅山禽图》（宋）赵佶

赵佶代表作之一《蜡梅山禽图》（图 3–9），此图画的是一株蜡梅，在蜡梅的枝头几点梅花楚楚动人，似乎有阵阵清香袭来。在蜡梅枝头上，两只山雀相互依偎，将意境引向画外。绘画方法工整细丽，技法精湛。蜡梅枝干用墨笔勾勒，然后水墨渲染。蜡梅花运用勾线填色法画成，疏朗而有致。在画面中赵佶题诗一首：

山禽矜逸态，梅粉

弄轻柔。

已有丹青约，千秋指白头。[①]

诗中的“山禽”，即为“白头翁”，前两句写画中的鸟与梅花，后两句以白头翁推想开去，突出了画面优美的意境。这是隐括阮籍《咏怀》中“丹青著明誓，永世不相忘”之诗意，“丹青”是绘画常用的颜色，其不易泯灭。这里的“丹青约”是用以喻友情或爱情之坚贞。此诗虽然没有蜡梅抗御严寒的一般比德意义，而是语义双关，以白头鸟暗指白头老翁，涵蕴深巧，意味悠长。

赵佶另一幅工笔花鸟画代表作《芙蓉锦鸡图》（图 3–10），画面造型精湛，设色妍丽。在画面的主要位画了一株木芙蓉，在芙蓉的枝头有一只回眸的锦鸡。景物的布局主次分明，疏密得当。鲜艳妩媚的芙蓉花，清新婀娜的菊花，翩翩飞舞的蝴蝶，都刻画得生动传神，惟妙惟肖。在画面的右上方有赵佶题画诗：

秋劲拒霜盛，峨冠锦羽鸡。

已知全五德，安逸胜凫鹥。[②]

此幅作品是通过描绘斑斓美丽的锦鸡，颂扬了儒家五种伦理品德：文、武、勇、仁、信。画面中传达出雍容富贵皇家气派，诗人借以隐喻国家太平，社稷永保。

① 刘继才：《中国题画诗发展史》，辽宁人民出版社 2010 年版，第 184 页。

② 刘继才：《中国题画诗发展史》，辽宁人民出版社 2010 年版，第 184 页。

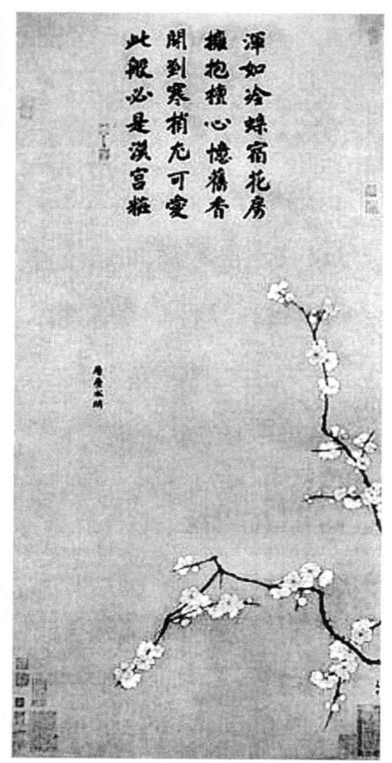

图 3–10 《芙蓉锦鸡图》（宋）赵佶 图 3–11 《层叠冰绡图》（南宋）马麟

南宋宁宗皇帝的杨皇后在画家马麟的花鸟画作品《层叠冰绡图》（图 3–11）上题诗：

浑如冷蝶宿花房，拥抱檀心忆旧香；
开到寒梢尤可爱，此般必是汉宫妆。①

① 张震：《故宫书画馆》第 3 编，紫禁城出版社 2009 年版，第 44 页。

此图是马麟花鸟画的存世名作。画面中描绘了两枝绿尊梅花，一枝俯首一枝仰望，梅花姿态婀娜，高贵典雅，为南宋时期典型的“院体”宫梅的绘画代表作。

陆游的题画诗除了抒写忠君爱国之诚外，也会于一草一木中寄情，如他的《题薄荷扇二首》之一：

薄荷花开蝶翅翻，风枝露叶弄秋妍。
自怜不及狸奴黠，烂醉篱边不用钱。①

这首诗是为扇面上的薄荷花而题，似信笔写来，毫不着意，但是最后两句显然是借薄荷之口，抒发自己的感慨，其中既有他对自己贫困生活的爱怜，又有政治上的失意和苦闷，有着丰富的意蕴。

题画诗艺术到了元代，出现了空前发展的局面。题画诗的数量超越了唐宋，达到了历史的顶峰。元帝国的建立随着蒙古国的铁骑踏入中原，实施了镇压的政治策略。大部分文人志士不满元朝的血腥统治，过着清贫自守、遁迹山林的隐逸生活，可以使他们有时间创作题画诗。宋元时期绘画艺术的发展，也为题画诗的写作提供了大量的题材。元代时期的文人画大兴，出现了一大批以诗文名世兼善绘画者。诗与画的结合，在元代已经非常紧密。在元朝异族的政治统治下，使得题画诗成为文人抒情言志的艺术方式。

在一些描写花鸟景物的题画诗词中，也往往会流露出文人志士

① 张春林:《陆游全集》(下)，中国文史出版社 1999 年版，第 1157 页。

内心的感慨，如元代张翥的《冯秀才伯学以丹青小景山水求题》：

沙禽毛羽新，来往采桑津。
野水碧於草，桃花红照人。
徘徊远山暮，窈窕江南春。
芳思不可极，悠然怀钓纶。①

在元朝诗词文人的妙笔之下，山水含笑，花鸟有情，有一种超脱而清新的自然美。如下思义的《溪山春雨图》：

野人结屋临溪上，溪上白云生叠嶂。
城中车马自纷纭，朝听樵歌暮渔唱。
云林叆叇春日低，小桥流水行人稀。
桃花落尽春何处，风雨满山啼竹鸡。②

元代的王冕是中国题画诗史上不多见的以题画梅诗闻名于世的诗人和画家，他著有《竹斋集》，其中三分之一以上为题画诗。王冕在举进士不第以后，遂决意仕进。他似乎已经看破红尘，但是内心还是不能平静。他的《题墨梅图》（图 3–12）：

朔风吹寒冰作垒，梅花枝上春如海。

---

① （清）陈邦彦：《康熙御定历代题画诗》（上），北京古籍出版社 1996 年版，第 82 页。

② 李儒光：《画中诗中国题画名诗鉴赏》，岳麓书社 1995 年版，第 130 页。

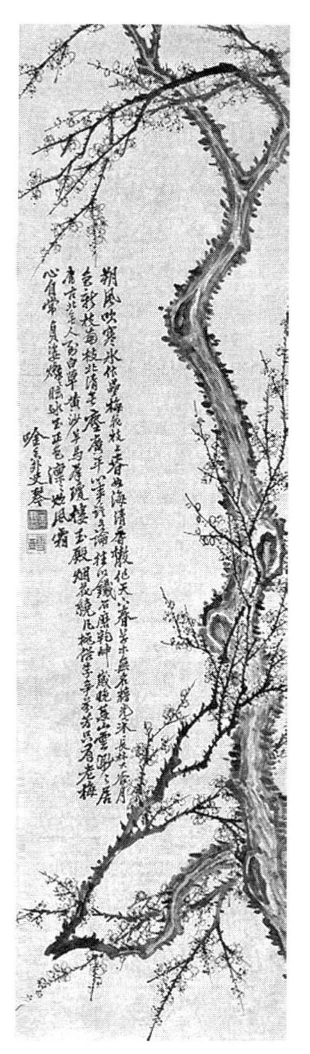

图 3–12 《题墨梅图》（元）王冕

清香散作天下春，草木无名藉光彩。

长林大谷月色新，枝南枝北清无尘。

广平心事谁与论，徒以铁石磨乾坤。

岁晚燕山云渺渺，居庸古北无人到。

白草黄沙羊马群，琼楼玉殿烟花绕。

凡桃俗李争芬芳，只有老梅心自常。

贞姿灿灿眩冰玉，正色凛凛欺霜雪。

转身西泠隔烟雾，欲问逋仙杳无所。

夜深湖上酒船归，长啸一声双鹤舞。①

这首诗热情地歌颂了朔风中的寒梅，它面对争芳斗艳的繁花，心静如水。诗

① 刘继才：《中国题画诗发展史》，辽宁人民出版社 2010 年版，第 294 页。

人以老梅自况，其磊落的胸襟，清澈无尘。如果说此诗的寓意较为含蓄的话，那么另一首《墨梅》则直抒胸臆：

> 吾家洗砚池头树，朵朵花开淡墨痕。
> 不要人夸好颜色，只留清气满乾坤。[①]

《墨梅图》（图 3–13）以重墨描绘枝干，以淡墨染花蕾。枝干长而挺秀，梅花或初绽，或含苞，清风徐来，似有香气充盈其间。题画诗将画境加以提升。诗人在冰清玉洁的墨梅身上寄寓了他不与统治者同流合污的高尚品格。

明代文学以其多样的形式、多视角、多侧面地反映现实，产生了大量思想性与艺术性相结合的作品，形成了中国文学史上的一个

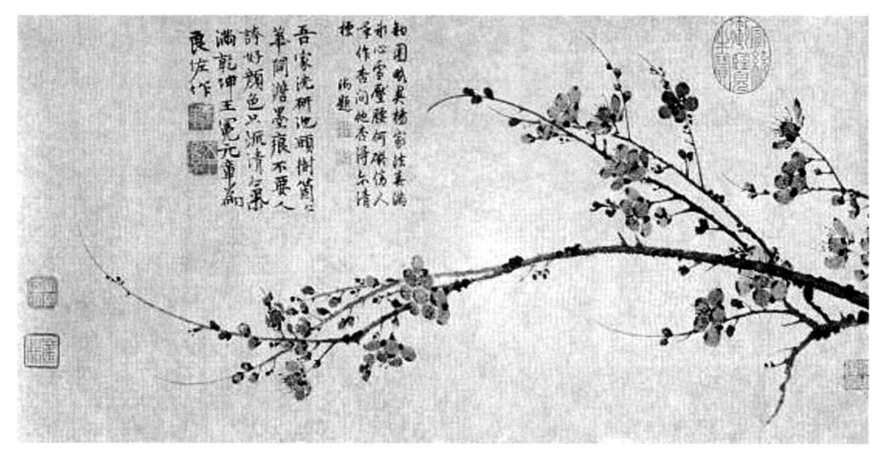

图 3–13 《墨梅图》（元）王冕

① 刘继才：《中国题画诗发展史》，辽宁人民出版社 2010 年版，第 294 页。

新的高峰。文学发展到了明代，传统诗词开始衰微，但是题画诗词，因受绘画、书法艺术的影响，却有了很大的发展，取得了令人瞩目的成就。明代题画诗的数量十分可观，超过了唐朝和宋朝。

沈周（1427—1509 年），字启南，号石田，晚号白石翁，长州（今江苏苏州）人。他是明代杰出的画家和诗人。其诗词学习白居易、苏轼、陆游，风格清新雄健，轻松舒朗，多有情趣。沈周由于既是画家，又是书法家和诗人，所以尤其喜欢在画上题诗，他的字体与画笔十分和谐，将题画诗艺术推到了一个新的高峰。

沈周的题画诗大多表现自己悠然自得的心态和对山林生活的热爱之情。他很少直抒胸怀，往往通过画面意境或者自然景观来描写，衬托自己的心态，如《有竹居山横幅》：

小桥溪路有新泥，半日无人到水西。
残酒欲醒茶未熟，一帘春雨竹鸡啼。①

此诗既似写画中之境，又似写自然之景，路有“新泥”而“无人”，是实写静。而春雨潇潇，竹鸡正啼，则是以动写静。这清幽的环境，反映出诗人平和、闲适的心态，表现出作品中所特有的清旷美。

他的《雏鸡图》（图 3–14）描绘雏鸡神态毕肖，自然可爱，其诗为：

① 刘继才：《中国题画诗发展史》，辽宁人民出版社 2010 年版，第 355 页。

图 3–14 《雏鸡图》（明）沈周

茸茸毛色半含黄，何独啾啾去母傍。
白日千年万年事，待渠催晓日应长。[①]

此画中沈周只画了一只雏鸡，纯用水墨晕染勾点而成。画中的诗句不仅仅描绘出了雏鸡栩栩如生的形象，而且还传出其稚嫩鸣叫的画外音，将无声画变成有声诗。特别可贵的是，诗人将其人性化，寄托了画家的美好愿望，体现出了沈周追求画面的生意，注重

① 刘继才：《中国题画诗发展史》，辽宁人民出版社 2010 年版，第 354 页。

画面情趣的创作风格。

唐寅（1470—1523年），字伯虎，号六如居士，吴县（今江苏苏州）人。唐寅是旷世奇才，以画名世，但是他的诗词在艺术上也达到了很高的境地，特别是题画诗尤为著名，寓情于景，命意不俗，想象奇特，感情奔放，形成了独特的艺术风格，在他的全部诗词创作中占有重要的地位。他的题画诗或雄浑奔放，笔势奔腾；或清新明丽，自然流畅；或任意挥洒，自抒胸臆；或工笔描绘，色彩斑斓；或平易浅近，通俗明快；或不畏俗流，独辟蹊径。总之，他的艺术风格常常是随着写作时的感情不同、题材有别而不断变化生新。

唐寅作题画诗，将画面的意境衬托出来，其中《题画九首》其一：

秋老芙蓉一夜霜，月光潋滟荡湖光。
渔翁稳坐船头睡，梦入鲛宫白渺茫。①

这首写秋景的诗具有洒脱无尘的审美意象，诗中描写有动有静，以动衬静。似梦似幻的场景中写出了不可名状的缥缈意境。他的另外一首《题败荷脊令图》：

飞唤行摇类急难，野田寒露欲成团。
莫言四海皆兄弟，骨肉而今冷眼看。②

① 刘继才：《中国题画诗发展史》，辽宁人民出版社2010年版，第337页。
② 刘继才：《中国题画诗发展史》，辽宁人民出版社2010年版，第375页。

图 3–15 《雨竹小鸟图》（明）唐寅

这是一首自题画诗，画面的景物很简单，只有败荷、脊令和野田寒露。但是诗人通过这些景物所要寄寓的思想却极为深厚。诗人就是画家，对色彩的表达极为敏感，这在唐寅的题画诗中体现得很鲜明，如《题周东村画》：

鲤鱼风急系轻舟，两岸寒山宿雨收。

一抹斜阳归雁尽，白蘋红蓼野塘秋。①

唐寅的诗词用笔如画，从色调和光线的变化来勾画自然景物，创造出色彩鲜明的意境美。一抹斜阳送走高天飞雁，霞光闪闪，秋天的荷塘里点缀着白蘋与红蓼，这一红一白，冷暖相间。这

① 刘继才：《中国题画诗发展史》，辽宁人民出版社 2010 年版，第 376 页。

样的描写不仅仅增强了画面的色彩美，而且准确地描绘出了黄昏时节的深秋景象。唐寅的题画诗往往将对画面的品赏与自己的生活体验结合起来，观察细致，描写入微，给人以强烈的真实感，如他在《雨竹小鸟图》（图 3–15）中的题诗：

竹中小雨细如麻，静听围炉弄火丫。

春社乍过蚕攒叶，夜潮初落蟹爬沙。

这幅画的构图极为简约，用浓墨画出竹竿一枝自左向右上方斜插，细枝披拂于周围，枝头竹叶疏密有致。画面中的竹子，只有一枝向上，其他各枝均向右下倒垂，竹叶下沉，表现细雨中的竹枝、竹叶的积水。断梢的竹枝上站立一只小鸟，腹部羽毛呈蓬松状。另一

图 3–16 《墨梅图》（明）唐寅

只小鸟倒挂在枝头，形态生动。画幅留有大片空白，让人们去想象那细雨空濛的境界。题画诗中运用了比喻的手法，既贴切又形象，题诗与绘画相配，有声有色，相得益彰。

唐寅的另外一幅《墨梅图》（图 3–16）上面题有一首诗：

黄金布地梵王家，白玉成林腊后花。
对酒不妨还弄墨，一枝清影写横斜。①

徐渭（1521—1593 年），字文长，号天池山人、青藤道士，浙江山阴（今浙江绍兴）人。徐渭不仅是明清大写意画派的开山大师，也是一位多方面的艺术奇才。他还是明代杂剧创作中影响最大的剧作家。他在早年胸怀大志，但是一生坎坷，所以在他的题画诗中常常抒发怀才不遇的感慨，如《题葡萄图》：

半生落魄已成翁，独立书斋啸晚风。
笔底明珠无处卖，闲抛闲掷野藤中。②

《题葡萄图》是徐渭水墨大写意花卉的代表作之一。画面上，藤条错落，枝叶纷披，果实晶莹。笔墨酣畅，有飞舞之势，显示出一种为他所独有的随笔挥洒、豁达奔放的气度。然而他的恢宏胸襟却和他的处境形成了鲜明的对照，他“半生落魄”，渐成老翁，只能独

① 刘继才：《中国题画诗发展史》，辽宁人民出版社 2010 年版，第 380 页。
② 刘继才：《中国题画诗发展史》，辽宁人民出版社 2010 年版，第 376 页。

图 3–17 《五月莲花图》（明）徐渭

立书斋，仰天长啸。画家笔下的晶莹欲滴的墨葡萄，好似他超人才华凝结而成，有谁来赏识呢？万般无奈，只好把它们抛掷在野藤之中，诗人的满腔愤懑尽在不言中。当时的封建制度虽然压制人才，但是并不能束缚徐渭的思想和抱负，他在《题画竹》中写道：

> 嫩篆捎空碧，高枝梗太清。
> 总看奔逸势，犹带早雷惊。①

此诗起笔即豪气冲天，表现了诗人的凌云之志。诗中夸张地写小竹生机勃勃，其势奔逸，如在惊雷中迅猛生长，直指碧空，其气势不可阻挡。对嫩竹长势的描写，表达了诗人

① 刘继才：《中国题画诗发展史》，辽宁人民出版社 2010 年版，第 376 页。

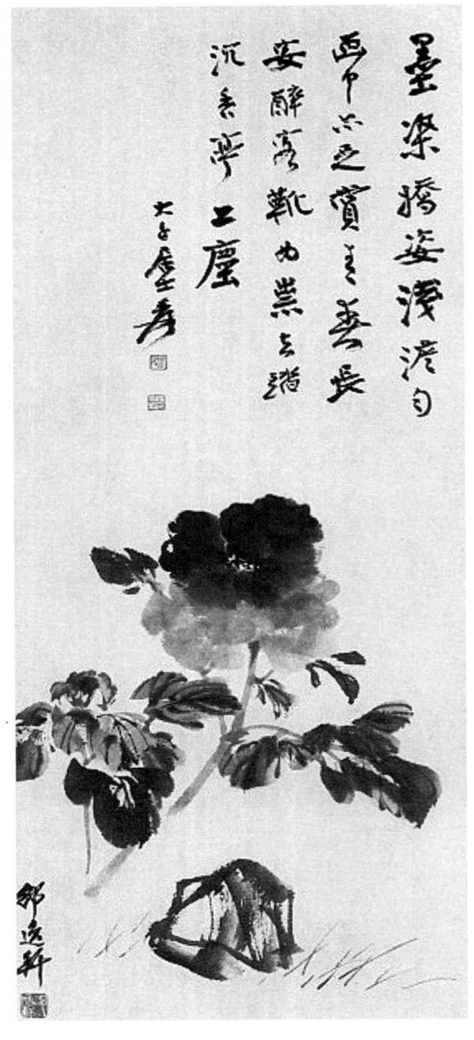

图 3–18 《墨牡丹图》（明）徐渭

想干一番轰轰烈烈大事的雄心和抱负，这是诗人的自我写照。徐渭有些题画诗看似委婉，并无锋芒，但是却内含不平之气，如《五月莲花图》（图 3–17）：

五月莲花塞浦头，长竿尺柄插中流。

纵令遮得西施面，遮得歌声渡叶不？①

诗人绵里藏针，在描绘娇美的花卉中，也能透出几分逼人的豪气。自然徐渭的题画诗中也不乏清雅恬淡之作，但是总体来说，徐渭的题画诗更具含蓄性和深刻性。他在《墨牡丹图》（图 3–18）中写道：

① 刘继才：《中国题画诗发展史》，辽宁人民出版社 2010 年版，第 382 页。

图 3–19 《墨梅图》（明）徐渭

墨染娇姿浅淡匀，画中亦足赏青春。
长安醉客靴为祟，去踏沉香亭上尘。①

这首诗通过咏墨牡丹，抒发了对封建统治阶级的蔑视和不与其合作的态度，但是用笔却极为曲折。徐渭在题画诗中对画理、画技的诗意阐述，见解独到，观点鲜明，对绘画史的贡献也很大。他在其《墨梅图》（图 3–19）中写道：

从来不见梅花谱，信手拈来自有神。
不信但看千万树，东风吹著便成春。②

① 刘继才：《中国题画诗发展史》，辽宁人民出版社 2010 年版，第 382 页。

② 薄松年：《中国绘画史》，上海人民美术出版社 2013 年版，第 320 页。

图 3–20 《孔雀图轴》（清）朱耷

这首诗表明他对因袭古人、囿于成法的“复古派”的激切反对，也道出了其大写意绘画的诗意解说。此诗不仅阐释了徐渭大写意绘画的创新原则，而且作者坚信其艺术理想必将转化为美好的艺术成果。

清朝是中国封建社会最后一个王朝。由于多种复杂的政治、经济等原因的促成，清代的各种艺术，无论是文学类的诗词、小说、戏剧，还是艺术类的绘画、书法、音乐等都得到了不同程度的发展，其中相当多的领域，出现了空前繁荣的局面，尤其是题画诗词创作达到了辉煌的顶峰。

朱耷（1626—1705年），本名统𨨗，江西南昌人。

祖父和父亲都是画家。明亡后，他削发为僧，后做道士，号八大山人。他擅长水墨花卉禽鸟，也写山水，其水墨技法，对后来的写意影响很大，为清初四大画僧之首。他的一生对明朝覆没之痛，隐之于心。八大山人也是著名的题画诗人，书法也很精妙，所以他的画，有的画得内容简洁，以诗补之。有了题画诗，画意就更为充足。他在《孔雀图轴》（图 3–20）中写道：

孔雀名花雨竹屏，竹梢强半墨生成。
如何了得论三耳，恰是逢春坐二更。①

朱耷的题画诗

图 3–21　《题古梅图》（清）朱耷

① 石理俊：《中国古今题画诗词全璧》，商务印书馆国际有限公司 2007 年版，第 554 页。

图 3–22 《题梅竹图》（清）石涛

的特征主要有三点：一是诗画紧密结合，画为诗的张本，诗写画中意。二是无论他的题画诗是什么题材，都充满了忧愤和对故国的怀念。三是朱耷的题画诗所采用的表现手法不免曲折，甚而隐晦，这与他坎坷的人生经历和艺术思想密不可分。如他的《题古梅图》（图 3–21）：

得本还时未也非，曾无地瘦与天肥。

梅花画里思思肖，和尚如何如采薇。

石涛（1642—1718 年），俗姓朱，名若极，广西全州人。明宗室靖江王朱守谦的后裔。石涛年幼其父被杀之后，逃亡后出家，法名原济。号清湘老人、苦瓜和尚。石涛是清代著名的题画诗人，民国年间曾经有一位艺术家说，石涛是杜甫后第一人。研究石涛的美学家朱良志说："我虽不敢附和此论，但也不敢隐匿他的诗给我带来的满足，他的杜鹃式的故国呼唤，他的凄迷恻悱的潇湘精神，穿过百年清冷历史，撞击着我的心灵。"[①]石涛的题画诗充满了不可实现的叹惋，明知不可而奋力回旋。他有一种难以释怀的故国之情，透出缠绵凄冷的楚韵。他的《题梅竹图》（图 3–22）便委婉地表现了自己的家国情思：

古花如见古遗民，谁遣花枝照古人。
阅尽六朝无粉饰，支离残腊露天真。
便从雪去还传信，纔是春来即幻身。
我欲将诗对明月，恐于清夜辄伤神。
前朝剩物根如铁，苔藓神明结老苍。
铁佛有花真佛面，宝城无树对城隍。
山隈风冷天难问，桥外波寒鸟一翔。
搔首流连邗上路，生涯于此见微茫。
雾宿霜沾一两梢，前村冻滑点溪桥。
横塘雪水潜天碧，高阜春云迈地遥。
人事尽时花事好，他生未识此生饶。
看他白昼浑无碍，不使清新坐寂寥。
折得春风一两枝，独行溪口夕阳时。
杖藜倒影偏宜瘦，齿屐拖泥不觉罢。

① 朱良志：《石涛研究》，北京大学出版社 2005 年版，第 1 页。

花到芳开应自赏，人当老去问谁知。
得闲且曰浮生理，吾汝悠悠任所之。
扶云立水撑岩壑，出色如非此世春。
干老枝枯水玉屑，花桥色艳丽银皴。
几疑绝塞逢才子，忽讶泥涂见洛神。
竟日抽思难尽写，天教是物闘诗人。
老夫幽兴不得已，探尽梅花欲忘归。
诗句何妨任苦瘦，梅花未必太麄肥。
娟娟萼绿云中断，缓缓兰香月下微。
一笑此生浑不解，点睛飞去世间稀。
老夫旧有寒香癖，坐雪枯吟耐岁终。
白到销魂疑是梦，月来欹枕静如空。
挥毫落纸从天下，把酒狂歌出世中。
老大精神非不惜，眼前作达意无穷。
都把先天托后天，色中古澹醉中玄。
潭深冻合雪千尺，涧阔寒生云半川。
自落自开尘迹扫，乍晴乍雨性情传。
孤芳岂是寻常物，何逊当时直放颠。①

石涛自题《竹林莲沼》：

① 石理俊：《中国古今题画诗词全璧》，商务印书馆国际有限公司2007年版，第316页。

墨团团里黑团团，墨黑丛中花叶宽；

试看笔从烟里过，波澜转处不须完。[①]

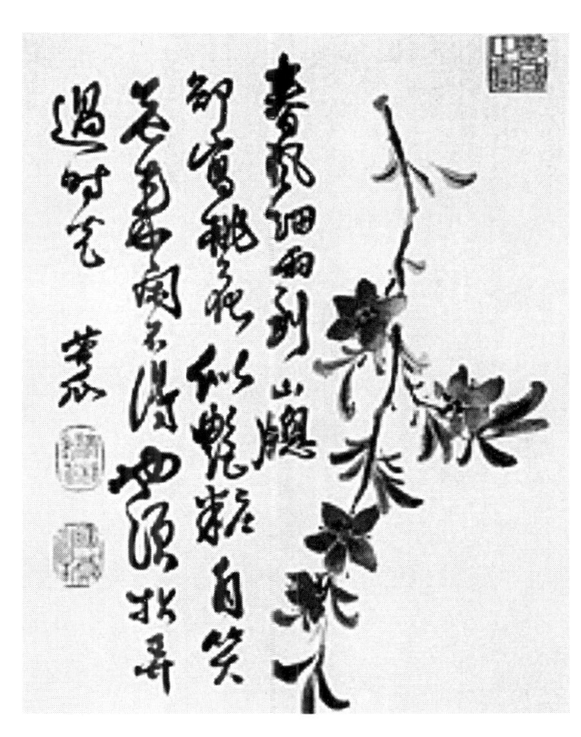

图 3–23　《桃花图》（清）石涛

石涛曾经画《桃花图》（图 3–23），图中描画桃花一枝，在画上自题诗一首，抒发了自己年龄已老，闲来无事，拈弄花草来虚度晚年。

春风细雨到山窗，却写桃花似艳妆。

自笑老来闲不得，也须拈弄过时光。[②]

郑燮（1693—1765 年），字克柔，号板桥、板桥居士，扬州人。郑燮是清代著名画家，专长画兰、竹、石，也偶尔写梅花及其

① （清）汪绎辰：《大涤子题画跋诗》，上海人民美术出版社 1987 年版，第 59 页。

② 吴企明：《题画绝句的写作与欣赏》，苏州大学出版社 2003 年版，第 284 页。

图 3–24 《衙斋竹图》（清）郑燮

他。其画法有独特的风格。他也是著名的书法家，以画法入笔，折中行书和草书之间，自称“六分半书”。郑燮的题画诗内容较为丰富，较前人所反映的社会生活更为广泛，也更为深刻。他常常在诗中指点江山，嬉笑怒骂，爱憎分明，视民如子。在古代题画诗人中，他是一位不多见的为人民疾苦而奔走呼号的热血诗人。郑燮的代表作《衙斋竹图》（图 3–24）中，他自题一首名诗《潍县署中画竹呈年伯包大中丞括》中写道：

衙斋卧听萧萧竹，疑是民间疾苦声。

些小吾曹州县吏，一枝一叶总关情。①

① （清）郑板桥著，赵慧文析：《郑板桥诗词选析》，广东人民出版社 1989 年版，第 262 页。

郑燮的题画诗具有广阔的审美意境，他善于运用传统比兴手法，在竹、兰、石等类题画诗中取其高洁、正直、坚贞的寓意，拓展了这类题材的审美空间，使审美意象进一步扩大，将强烈的思想感情融入诗中。如《题竹石》：

咬定青山不放松，立根原在破岩中。

千磨万击还坚劲，任尔东西南北风。①

图 3–25 《墨兰图》（清）郑燮

在这首诗中诗人将石头和竹子直接拟

① （清）郑板桥著，赵慧文析：《郑板桥诗词选析》，广东人民出版社 1989 年版，第 266 页。

人化，赋予任道坚韧不拔的精神。郑燮诗画配合之完美，不仅表现在形式上，而且表现在内容上。他的绘画虽然“发越太尽”，但是有时所画的一竹一石，并不能尽其意，于是便以诗来传达画中的感情，如《墨兰图》（图 3–25）：

> 素心兰与赤心兰，总把芳心与客看。
> 岂是春风能酿得，曾是霜雪十分寒。①

诗画的互补，是题画诗与花鸟画相辅相成的一般特点，但是由于郑燮的题诗多是自题画诗，又兼善于借画寓意，所以诗传画外情，便成为他题画诗的突出特点。

中国题画诗的最佳艺术形式，除了要求诗、书、画三绝之外，还要达到三种境界：一是题诗与画境要相互配合，并且既要有浓郁的诗情，也要有深远的意境，而不是简单的文字说明；二是题诗的位置与画面的景物要配合得当，达到浑然一体的境界；三是题诗采用的书体，即书写的文字笔画与绘画的线条，既要有各自的个性特点，又要和谐一致，构成完美的统一体。题画诗的形式，将古典诗词的意蕴与花鸟画的意境完美地结合在一起。

① 刘继才：《中国题画诗发展史》，辽宁人民出版社 2010 年版，第 475 页。

第二节　古典诗词与花鸟画内容的融合

一、古典诗词与花鸟画哲学思想的融合

在中国传统文化中，美学与哲学无法分离。中国古典诗词的审美、中国花鸟画的发展过程、中国绘画的理论体系的构成又与中国哲学的发展及取向密切关联，不可分离。从中国传统的哲学思想入手，是研究中国古典诗词意蕴与中国花鸟画意境审美的根基。

中国传统哲学分为儒、释、道三大哲学流派，尽管这三大流派在其观点和意识上有一些不同，但在探求如何达到完善的道德境界成为直观和情感体验的对象时，这种道德的境界就成为审美的对象。中国传统的诗词美学与传统中国画学理论把追求的最高的精神与道德的境界、人格理想的审美境界融为一体，正是中国艺术受中国哲学体系的固有特征对它影响的结果。

古典诗词与花鸟画共同追求的最高道德与审美境界，就是所谓的“天人合一”的审美境界。人类社会从自然中开始，人与自然之间建立了一种永远无法分离的相互依托的关联。自然界是人类存在的依托，由于人类的存在而自然界同时获得了它的意义和价值。

在中国文化中，人和自然之间一直被看成是一个不可分离的、水乳交融的有机整体。在中国人的理解中自然宇宙并不是人之外的单独认识客体，人们的观念与精神只有在自然那里才可能找到强有力的依托，人的生命只有和自然融合才能取得永恒。在中国的传统

文化中，自然与人类的物质生活紧密联系，并且还与人们的精神世界与道德人格关系紧密。因为如此，从古代中国哲学中就把人与自然的无限永恒合二为一，将这种境界看作是最高的审美与道德境界，这就是“天人合一”的境界。中国的封建社会经历了两千多年，这种社会中的文人知识分子无论是出仕的，还是在那条狭窄而又坎坷的出仕之途中被抛弃的，无疑都将承受一种心理上的忧惧和苦痛，很多人由于个人意志与政治抱负不能与社会现实相结合，是不得已也好，还是出于一种人生追求也好，他们往往通过对宇宙人生的哲学反思和通过对物欲和情欲的摆脱，追求心理上的暂时平衡，以求得自我心灵的宽释。无疑，“天人合一”的传统哲学为从充满漩涡和苦痛的现实中摆脱出来，提供了一个通往投身大化，驰目骋思，在物我为一、人神同化的境界中冰释万虑，净化感情，平衡心理的途径。

孔子所倡导的儒家思想所追求的“仁”，常常被认为是道德精神的一种境界，但从实质意义上讲，“仁”之中的含义有它形而上层面的意义。从这个层面上来说，“仁”的精神本质与宇宙精神是等同的。孔夫子的“仁知之乐”的思想与孟子的“养气”说和庄子的“心斋”“坐忘”等理论有着许多共同之处，这种哲学观点在历史发展中交融与互补，就是中国文化与艺术特质的根本原因。

魏晋六朝玄学的形成，成为中国文化史上一段特殊繁荣时期。六朝的文人学士不肯专儒而以博涉为贵，这和两汉时期“罢黜百家，独尊儒术”的文化局面大相径庭。尤其在老庄、浮屠之学兴起的情况下，体悟存在与天人之际的“道”，成为文人志士的兴趣所在。他们注重心性的自我修养，将隐逸超脱与清谈玄理成为一种风尚。

老子是由先秦时代著名的哲学家、道家学派的创始人，他在其哲学理论中提出了“道”。他在其著作《老子》中的第一章首句，就提出了“道”的理论，他论述说：“道可道，非常道；名可名，非常名。无，名天地之始；有，名万物之母……。”[①] 道是世界万物的本源，是先天地而生的独立于整个自然界之外而又永恒不变的精神世界。在老子理论中，道既能产生万物又能管驭万物，天地之中的万物都由道而生。

《老子》在理论阐述说：“故道大，天大，地大，人亦大……，人法地，地法天，天法道，道法自然。”[②] 他还在《老子》中说：“万物莫不遵道而贵德。道之遵，德之贵，夫莫之命而常自然。”[③] 老子在他的理论著作中推崇“自然”，就在于“自然”之性。老子所谓的“道法自然”，也就是实质上的道性自然与道体自然。而且老子的道法自然的哲学思想影响到了庄子。同样为道家思想的代表人物的庄子，他以“天籁”来比喻自然中的“道”。“天籁”中的“天”，是“自然”的另一种表述。“天籁”是指世界万物都是从自然而自生，无目的而且无主宰。这样的一个自然而然的发展就称之为“道”。从这种观点出发，以自然之美为核心的美学思想从此发展，逐渐地成为中国花鸟画的精神与审美的共同追求。

庄子以“道”的蕴意向人们表述：整个宇宙生命本来是完美和

---

① （春秋）李耳：《老子》，中国华侨出版社 2002 年版，第 1 页。

② （春秋）李耳：《老子》，中国华侨出版社 2002 年版，第 57 页。

③ （春秋）李耳：《老子》，中国华侨出版社 2002 年版，第 107 页。

谐的，而这种美的和谐又是自然而然形成的。正是因为其自然天成，也才是最接近宇宙生命的本真。所以，庄子从道出发标举自然之美为美的最高境界。

自然之美的含义应当包括两个方面：一是指整个世界中的天地与万物的自然界之美；二是指审美追求中的自然朴素与率真天成的艺术风格。在庄子的哲学理论体系中，这两种自然之美都是以“道法自然”的哲学思想为基础的，在总体的思想又取得了相对的统一。对于艺术的审美，庄子的理论同样是以自然无华为审美的最高境界。他在《庄子·山木》中论述：“既雕既琢，复归于朴”①，这个观点验证了他的审美境界。他并不是反对人为的艺术加工，但是这种加工的目的仍是要达到返璞归真的自然境界，这是人与自然高度统一的境界，当然，这也是达到了“道”的境界。

中国哲学流派中佛教思想，特别是佛教之中的禅宗思想对于中国画艺术也有深远的影响。禅宗是在印度禅学的基础之上产生的，之后它又与中国的老庄思想、魏晋玄学精神相融合，进而形成了既有清晰的世界观，又有与世界观相统一的认识方法和解脱方法的宗教流派。禅宗的世界观就是所谓的“梵我合一”。在禅宗思想中的世界万物都是我心幻化，我心即佛，佛即我心。禅宗讲究坐禅来彻悟佛法真谛，来达到“梵我合一”的艺术境界。在禅修思想中无论是渐修还是顿悟，其最终的目的都是发掘人的本心，而本心就是人本来就有的佛性。中国禅宗有“以心传心”认识世界的具体方法。

① 方勇译注：《庄子》，中华书局2010年版，第323页。

禅宗里的本心人人皆有，其目的都是要达到“梵我合一”的精神境界，这就是万象混一，归于本心。

唐朝时期僧神秀与僧惠能从禅宗分裂为南北宗，唐中后期，由惠能所创立的南禅宗，因为他不坐禅、不苦行、不念经、不念佛，采用一种“顿悟”的方式，只要顿悟本心，便可以“逢缘对镜，见色闻声，举足下足，开眼合眼，悉得明宗，与道相应”。[①]这投合了处在唐政府经济由盛转衰时期士大夫文人的心意。它与老庄自然无为，退隐适意的生活情趣取得了一致。他们向往的境界就是怡乐山水之趣而无拘无束，悠然自得。在南禅宗的形成过程中，早期佛教恪守清规戒律、苦苦自守的生活方式已经让位于自然适意的生活方式；随遇而安、顺应自然、恬淡安逸的生活情趣成为他们的生活标志。在对佛教经律的态度上，也由研读和偶像崇拜，转变为直观体验、直觉把握、简洁明快的顿悟和自心觉察式的自我解脱。

自东晋以来文人士大夫在老庄哲学和玄学的影响下，就十分推崇那种自然适意与无拘无束的生活方式，他们在艺术中追求轻松自由的精神状态，找寻一种淡泊空灵的理想状态。这种人生哲学与禅宗尤其是南禅宗的结合，把佛教“内心澄净”与老庄的“自然适意”融合为一体，这就牢牢地确立了中国封建社会中文人士大夫以自然、适意、清净、淡泊为特征的人生哲学和生活情趣。那么代表着中国画主流的文人画，实质上也成为这种人生哲学和生活情趣的真实反映。自然世界对于画家和诗人来说，既是外在的物象，又是

① 葛兆光：《禅宗与中国文化》，里仁书局 1987 年版，第 33 页。

画家精神的幻化。自然既是他们解脱内心痛苦的寄托，又是他们内心感情表露的对象。一方面艺术家可以借助外在物象寄托自我的精神，又在自我的意识中涵盖了外在的具体物象。画家和诗人们所追求的是一种心灵的虚静与澄净，也是自我的陶冶与解脱，追求的是一种“物我两忘”的最高艺术境界。

艺术是哲学的一种体现形式，艺术的表现形式是一个国家和民族的共同文化心理的具体外化对象。任何艺术现象的内容中，都联系着母体文化艺术的血脉。在此氛围熏陶之下成长起来的艺术家，不论是古代的还是现代的，不管是出仕的还是入仕的，他们都不可能超越出传统哲学这一母体的影响。从另一角度来看，艺术家的创作如果能够体现自身母体文化的核心内涵，他的艺术也就越有永恒的价值。在古典诗词和花鸟画的创作中，都共同体现了这一内容。

二、古典诗词与花鸟画比兴手法的融合

中国古典诗词是高度凝练的语言艺术，诗人往往将周围世界的事物与自我的情感联系起来进行艺术创作，它有着深厚的文化内涵。而中国早期的美术作品，从造型、花纹到图案也都具有某种象征性和文化意义。在中国古典诗词中，文人运用“赋、比、兴”的手法来表达情感，这是中国古代文人中庸文化性格的一种体现。

比兴概念的提出，最早见于《周礼·春官》：“大师……教六诗：曰风，曰赋，曰比，曰兴，曰雅，曰颂。”[①]之后，历代学者都

① 崔记维校点：《周礼》，辽宁教育出版社 2000 年版，第 51 页。

作了阐释。梁刘勰在《文心雕龙·比兴》中写道："故比者，附也；兴者，起也。附理者，切类以指事，起情者，依微以拟议。起情故兴体以立，附理故比例以生。比则蓄愤以斥言，兴则环譬以托讽。盖随时之义不一，故诗人之志有二也。"[1]从这个解释中可以完美归纳出比兴手法的特点：借助物象寄寓情感，达到委婉冲淡的表达效果。

古典诗词和花鸟画中所画所咏的内容并不是完全地意在花与鸟的形象，而是运用花鸟来抒发感情，表现其审美的意象。我国历史上的第一位诗人屈原，在他的诗作《离骚》中，以花鸟寓人，多处使用了比兴的手法，对楚王倾诉了他的忠贞和幽怨。

惟草木之零落兮，恐美人之迟暮。
朝饮木兰之坠露兮，夕餐秋菊之落英。
鸷鸟之不群兮，自前世而固然。[2]

在屈原的诗中借"香草"与"美人"为喻，表达了自己的高洁情操和坚贞的品格。

我国最早的诗歌集《诗经》，其创作内容丰富，表达以含蓄著称。比兴意象的创造是《诗经》文学最高的艺术成就之一。

《诗经·卫风·硕人》中的一段诗句："手如柔荑，肤如凝脂。

① （南北朝）刘勰：《文心雕龙》，中华书局 1985 年版，第 50 页。

② 文怀沙著，王耳主编：《屈原离骚今释》，上海文艺联合出版社 1954 年版，第 10、21 页。

领如蝤蛴，齿如瓠犀，螓首蛾眉。巧笑倩兮，美目盼兮。”[①]这首诗词赞美女人的音容笑貌，将庄姜[②]的女性之美描写得栩栩如生，仿佛展现给人们一幅生动逼真的画面。

三国时期的曹植，后期屡受迫害，境况颇为凄凉，他的许多诗作都抒写了他壮志难酬的悲苦怨恨，而这些诗也多采用比兴手法。如他著名的诗词《七步诗》：

煮豆持作羹，漉豉以为汁。
萁向釜下然，豆在釜中泣。
本是同根生，相煎何太急。[③]

在这首诗词中的“豆萁”与“兄弟”的词义完全不同，但他们都有了“同根生”相同的语言形式和结构，曹植在诗词中将他们进行了类比。曹植的另一首《野田黄雀行》也是使用了比兴的手法：

高树多悲风，海水扬其波。
利剑不在掌，结友何须多？
不见篱间雀，见鹞自投罗？
罗家见雀喜，少年见雀悲。

---

① 郑建伟译注：《诗经》，新疆人民出版社2002年版，第72页。

② 郑建伟译注：《诗经》，新疆人民出版社2002年版，第72页。

③ 上海辞书出版社文学鉴赏辞典编撰中心编：《三曹诗文鉴赏辞典》，上海辞书出版社2013年版，第119页。

拔剑捎罗网，黄雀得飞飞。
飞飞摩苍天，来下谢少年。[①]

诗中借用比兴手法写出诗人身处的险恶环境，以黄雀渴望挣脱罗网的心情来表现诗人渴望自由的迫切愿望。

北宋的大文豪苏轼在诗词《水龙吟·次韵章质夫杨花词》中写道：

似花还似非花，也无人惜从教坠。
抛家傍路，思量却是，无情有思。
萦损柔肠，困酣娇眼，欲开还闭。
梦随风万里，寻郎去处，又还被莺呼起。
不恨此花飞尽，恨西园、落红难缀。
晓来雨过，遗踪何在？一池萍碎。
春色三分，二分尘土，一分流水。
细看来，不是杨花，点点是离人泪。[②]

苏轼在诗中第一句写上了“似花还似非花”几个字，表明了他这首诗词的用意，是内心中有所托兴的。他借用薄命的杨花，一任狂风飘荡，毫无怜悯之情的。但是这轻盈弱质的杨花，好像也能理

① 上海辞书出版社文学鉴赏辞典编撰中心编：《三曹诗文鉴赏辞典》，上海辞书出版社2013年版，第70页。

② （宋）沙灵娜：《宋词三百首全译》，贵州人民出版社2008年版，第107页。

解人世间的种种悲欢，他不以自身的微薄而湮埋尘土，虽然人们将它抛弃路旁，但是它仍然留恋春光，不愿骤然飘然而去。诗中的迷离惝恍的优美意境，就是使用了比兴的修辞手法。诗人使用了空灵的笔墨，表达出了诗情与画意。

宋朝词人的诗词用比兴手法描写词人心情意趣，诗词的意境朦胧而淡约，并且在诗词的深层次里融入了词人的理想与追求，表达了词人超脱的心志。贺铸在诗词《平阳兴·踏莎行》中写道：

凉叶辞风，流云卷雨，寥寥夜色沈钟鼓。
谁调清管度新声？有人高卧平阳坞。
草暖沧州，潮平别浦，双凫乘雁方容与。
深藏华屋锁雕笼，此生乍可输鹦鹉？[①]

在这首词中词人将心事深深的隐藏，只有在诗词的结尾句中将自己的人生与鹦鹉相互比拟，才使人感受到诗人内心的痛苦与怨恨。同时也将诗词中客观景物联系到了一起。诗词到了最后的结尾部分，人们才能体会到前文叙述中蕴含着的浓郁的感情。诗词中的风雨、清管与凫雁都衬托了主人公悲苦的感情。

同样使用比兴的艺术修辞手法的还有陆游，他在《卜算子·咏梅》中借物抒情，感怀自己的身世，他在诗中写道：

---

① 孔凡礼等：《全宋词评注》（第 2 卷），学苑出版社 2011 年版，第 340 页。

驿外断桥边，寂寞开无主。
已是黄昏独自愁，更著风和雨。
无意苦争春，一任群芳妒。
零落成泥碾作尘，只有香如故。①

宋朝词人姜夔的咏梅绝唱《暗香》，同样地运用了比兴的艺术手法：

旧时月色，算几番照我，梅边吹笛？
唤起玉人，不管清寒与攀摘。
何逊而今渐老，都忘却、春风词笔。
但怪得、竹外疏花，香冷入瑶席。
江国，正寂寂。
叹寄与路遥，夜雪初积。
翠尊易泣，红萼无言耿相忆。
长记曾携手处，千树压、西湖寒碧。
又片片吹尽也，几时见得？②

至于《疏影》一阕，姜夔也将自己的情感运用比兴的手法抒发出来：

① 夏承焘：《唐宋词欣赏》，百花文艺出版社1980年版，第72页。
② 董谦生、吴学光：《历代咏梅诗词选》，山东大学出版社2007年版，第112页。

苔枝缀玉，有翠禽小小，枝上同宿。
客里相逢，篱角黄昏，无言自倚修竹。
昭君不惯胡沙远，但暗忆、江南江北。
想佩环、月夜归来，化作此花幽独。
犹记深宫旧事，那人正睡里，飞近蛾绿。
莫似春风，不管盈盈，早与安排金屋。
还教一片随波去，又却怨、玉龙哀曲。
等恁时、重觅幽香，已入小窗横幅。①

在这两首词中，词人以咏梅为线索，将诗词中的写景与叙事融合为一体，用梅花的颜色、声音与动态作渲染与描摹，为梅花创作出了精彩的传神写照。

南宋词人辛弃疾在他的诗词《汉宫春·立春日》中也运用了比兴的艺术手法：

春已归来，看美人头上，袅袅春幡。
无端风雨，未肯收尽余寒。
年时燕子，料今宵、梦到西园。
浑未办、黄柑荐酒，更传青韭堆盘。
却笑东风从此，便薰梅染柳，更没些闲。
闲时又来镜里，转变朱颜。

① 刘逸生：《宋词小札》，中国青年出版社 2011 年版，第 279 页。

清愁不断，问何人、会解连环。

生怕见、花开花落，朝来塞雁先还。[①]

在词中，辛弃疾忧国忧民的情感贯穿其中。古典诗词中以自然物象来对应人格的意象表达的比兴手法，对后世花鸟画的意象表达有共融的作用。古典诗词花鸟画的创作者们以诗画言志抒情，而以言之不尽之意，成为古典诗词和花鸟画内容的重要部分。

三、古典诗词与花鸟画文人抒情手法的融合

文人画家是通过绘画的抒写来表达自己的思想情感，它具有直接的、强烈的、私立的、即时的特性。作为花鸟画艺术，这些特性比山水、人物则表现得更为突出、强烈。同时，这些特性也决定了花鸟画，特别是写意花鸟画的抒情性特点。所以民间的花鸟艺术重在象征寓意，花鸟画特别是文人写意花鸟画则重在抒情达意。

对自然的敬畏是人类最朴素、最原始的心理特征，对自然美的认同则是人类共同的审美心理。因此表现自然之美是人类艺术之中最为普通的、也是最为基本的表现方式。人类对自然美的认识和欣赏经历了一个漫长的历史过程。自然美产生于自然的人化。中国花鸟画艺术的形成，开始常常是为了表现花鸟世界的自然之美，而让美好的自然形象定格，能永恒于画面的视觉体验，同时给人以审美的联想和艺术的享受。花鸟画既能装饰人们的生活居所，又能充实

① 曹济平：《唐宋风情词选》，江苏古籍出版社 1991 年版，第 93 页。

心灵，是人们对于花鸟画初级的审美要求。

唐代花鸟画家冯绍正，善画花鸟，尤善鹰和鸡，能“尽其形态，嘴跟脚爪毛彩俱好”；他的代表作品是《画鸡图》（图 3–26）。边鸾花鸟画名冠一时，色彩鲜明，浓艳如生，能“穷羽毛之变态，夺花卉之芳妍”。可见花鸟画之始重在形似，以逼真生动为主旨，即善于“写真”是也。边鸾的代表作品有《鹌鹑图》（图 3–27）等。

花鸟画除了能将自然形象艺术的形存以外，还能表现人们的感情和精神等无形的精神世界。花鸟画这种深层次的艺术描绘越来越成为绘画最本质的核心内容。这种内容蕴藏于作品的背后，间接

图 3–26 《画鸡图》（唐）冯绍正

图 3–27 《鹡鸰图》（唐）边鸾

地表现出来，往往欣赏者需要通过想象与联想，从中解读出作品中重要的精神内涵。

唐代画家张躁提出："外师造化，中得心源。"[①]宋代苏轼在《书鄢陵王主薄所画折枝二首》中写道："论画以形似，见与儿童邻；赋诗必此诗，定非知诗人。诗画本一律，天工与清新；边鸾雀写生，赵昌花传神。"[②]苏轼作品往往是借画而抒发胸中意气，具有深邃的思想性。他在《风翔八观·王维吴道子画》一诗中写道："吴生虽妙绝，犹以画工论。摩诘得之于象外……"[③]更为直白地指出绘画创作的追求目标应是"得之于象外"。

花鸟画自文人与士大夫阶级的不断加入，它以物比德、借物抒情的功能日趋地突出了。文人画家们将诗词文学融入了花鸟画的题材、形象以及笔墨之间。苏东坡论王维之诗画时道出了经典之句：

---

① 夏征农、陈至立：《大辞海·美术卷》，上海辞书出版社 2012 年版，第 37 页。

② 于民：《中国美学史资料选编》，复旦大学出版社 2008 年版，第 284 页。

③ 王朝闻：《美术史论》1983 年第 1 期总第 7 辑，第 62 页。

"味摩诘之诗，诗中有画；观摩诘之画，画中有诗。"[①] 艺术家们在创作中将古典诗词融入花鸟画，是花鸟画的品质提升的关键之处，从此以来，花鸟画对绘画境界的追求被升华为精神空间的艺术层面。黄山谷在《跋东坡论画》上说，"子瞻论画语甚妙"，画应"得之笔墨之外"。[②] 于是文人画家便把画画当作诗余之后的遣兴，闲暇之余的"墨戏"，并把画家的"人品"提高到了最高的地位，他的理论强调文人画的高尚气质，反对以院画为主的只重"形似""格法"的创作倾向。

元代画家倪瓒，在《题自画墨竹》中云："以中每爱余画竹。余之竹聊以写胸中逸气耳，岂复较其似与非，叶之繁与疏，枝之斜与直哉？或涂抹久之，他人视以为麻为芦，仆亦不能强辩为竹，真没奈览者何！但不知以中视为何物耳。"[③] 又于《答张仲藻书》中云："仆之所谓画者，不过逸笔草草，不求形似，聊以自娱耳。"[④] 他的这段话成为文人画家绘画心态的生动写照，绘画作品则是创作主体胸怀即"逸气"的表达。绘画的目的不在于表现具体的客观物象和其真实感，而在于是否表达出了胸中的逸气。表现胸中逸气是根本，是目的，是整个创作过程的关键。图形状物只不过是一种手段，作品也不过是胸中逸气的表征而已："写胸中逸气"明确地将主体心境、情感和思想的表现提到了首位。

---

① 苏轼著，张志烈、张晓蕾选注：《苏轼选集》，人民文学出版社 2002 年版，第 358 页。

② （宋）黄庭坚著，屠友祥校注：《山谷题跋》，上海远东出版社 1999 年版，第 76 页。

③ 倪瓒：《题自画墨竹》，转引自叶朗：《中国美术史大纲》，上海人民出版社 1999 年版，第 294 页。

④ 姜澄清：《中国绘画精神体系》，贵州大学出版社 2013 年版，第 124 页。

“逸笔草草，不求形似”是与“逸气”相适应的表现方法，是“逸气”的抒发，是笔墨的传导过程和形式。要写出那“据于儒，依于道，逃于禅”的人生体验，写出那精神上的真正解脱和萧散，非“不求形似”的“逸笔”莫属也。而“聊以自娱”则强调了创作的态度和目的并非为画而画，更非为名利而画，而是为“写胸中逸气”，表达自己的思想情感，在“逸笔草草”间获得一种宣泄的快感，达到“澄怀观道”“淡泊逍遥”“物我两忘”的精神境界。

文人画不求形似，抒胸中逸气，为写意画提供了理论与实践的支持。情感、逸气的抒发唯有“不求形似”“逸笔草草”的笔墨书写方可得以淋漓尽致，一吐为快。因此在倡导文人画思想内涵的同时，也确定了写意作为外在形式的主要特征。欧阳修曾说过：“古画画意不画形，梅诗吟物无隐情，忘形得意知者寡，不若见诗如见画。”其“画意不画形”的主张，将“画意”作为绘画的追求，画意是目的，画形是手段。此中的意思指画外之意，即同“逸气”耳。绘画内在的“意”与外在“逸笔草草，不求形似”所体现出来的“意”，二“意”合一，确之了文入画的基本表现形式就是“写意”，即“写意画”。

因此，文人的精神世界、人品才情与性格所好，在冥冥之中注定了要与花鸟画艺术结缘。在画面中的各种花与鸟的艺术形象，最终将成为文人画家寄托情感的主要艺术载体，从而形成了独特的花鸟画艺术样式。

源于“天人合一”“万物有灵”的自然观和自然物性特征，文人画家“以物言志”“借物抒情”的主体对象被梅、兰、竹、菊等

几种较为突出的典型形象和审美内涵的花卉、植物所固化，形成稳定的、公认的品格代表，在不断的咏颂与抒写中形成“人为物化，物为人化，物我同一”的花鸟画审美境界。梅、兰、竹、菊被誉为“四君子”，一时成为花鸟画家最主要的表现对象和学习花鸟画最先进行笔墨练习的对象。

1. 梅

梅花是我国的名花，属于冬季花卉，它不畏严寒，傲雪怒放，为百花之首，有“万花敢向雪中出，一树独先天下春”的英雄气概。王冕的佳句道出了梅花的高贵品质：“冰雪林中著此身，不同桃李混芳尘。忽然一夜清香发，散作乾坤万里春”。梅花的盛开代表了严寒的逝去，标志着万物的复苏以及春天的到来。梅花是春天的使者，梅枝奇崛而刚健，梅花清香而素雅，它所特有的气质为历代文人名仕所赞颂。除此之外，梅花也是中华民族坚强勇敢、刚毅奋进性格的象征。历代的文人，多喜咏梅花，自古以来，梅花特别受诗人、画家的喜爱。探梅、寻梅、赏梅、咏梅、品梅、画梅皆成雅事，成了他们精神生活中的一部分，将梅花人格化，并与自己的生命融为一体。陆游在《梅花绝句》中写道：“闻道梅花坼晓风，雪堆遍满四山中。何方可化身千亿？一树梅前一放翁。”[①]他们痴迷于梅花的程度，被人们传为佳话。

历朝画梅，代代有名家。宋代杨补之画梅早已成熟，代表作品《四梅图》（图 3–28）。至元代王冕是最为全面与杰出的画家。人们

① （宋）陆游：《陆游集》，三晋出版社 2008 年版，第 102 页。

图 3–28 《四梅图》（宋）杨补之

赞美画家、诗人王冕“画如其人，人如其画”，说他“人与梅花一样清”。王冕的题画诗：

> 吾家洗砚池头树，朵朵花开淡墨痕。
> 不要人夸好颜色，只留清气满乾坤。①

王冕诗、书、画融为一体，他咏赞梅的诗、颂扬梅的画、题梅的书法，从而产生无限的感染力，被人们誉为“梅仙”。

王冕的梅花十分注重整体的概括，干枝如蛟龙戏海，梅枝如长剑短戟，富有动势和力度，梅花一簇簇地很集中。他有一种超强的处理技术，十分概括、简洁，令今人也感慨万分。清代金冬心、罗两峰的梅花已融入了金石味，清瘦韧劲，富有文人的雅致和高傲之趣。至清代赵之谦用隶书、金石法画梅，粗线浓墨，画出了前人所

① 陈周：《诗境与诗心》，武汉大学出版社 2012 年版，第 116 页。

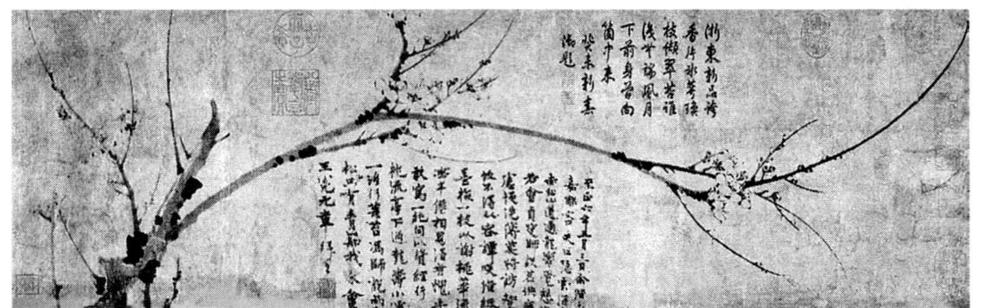

图 3–29 《墨梅图》（元）王冕

没有的粗犷梅花。吴昌硕更是以篆籀笔法入画，梅花在他手中画得滚瓜烂熟，朴厚劲健，如同写草书、古篆。其结构恣肆大气，豪情满怀。一幅幅梅花奇态百出，出人意料，让观者感叹和惊讶，他是大写意法画梅的祖师，影响深远巨大。他的代表作品有《墨梅图》（图 3–29）。

2. 兰

兰，性情高洁典雅，藏于深山，繁于幽谷。为我国十大名花之一。它碧叶修长、花姿婀娜、幽香袭人、品格高尚。兰花有“王者之香”美誉历来被推崇为“空谷佳人”“花中君子”，寓意“美好”“高洁”“淳朴”“贤德”“俊美”令人神往。骚人墨客，竞相称颂。屈原《九歌》誉其：“秋兰兮青青，绿叶兮紫茎。满堂兮美人，忽独与余兮目成。”[①]以兰喻美人，既代表了自己坚贞不屈的个性，也是对理想中高尚有德之士“君子之风”的美称。所以数千年来，在我国人民心目中，兰花的坚贞不屈，淡雅宜人一直被视为民族高尚

① 文怀沙：《屈原九歌今绎》，百花文艺出版社 2005 年版，第 56 页。

情操的象征。历代不少画家以兰为题，抒写情怀，寄托情思。

画兰始于何时，传说有唐朝殷仲宏，或曰宋苏轼，均无据可考。唯有南宋扬无咎，是画史中记载较早之人；其外甥汤正仲，得其遗法，成为当时画兰名士；赵孟頫亦取法于扬无咎，笔致细劲挺秀。赵孟頫评论说："所作墨花，于纷披侧塞中而就条理，亦一难也"。[①] 可见当时他们一脉相承已形成了画兰的初始阶段。

到了元代，代表人物郑思肖，为前朝遗民，宋亡后隐居苏州，坐卧必朝南，自号所南，以示不忘宋室。所画墨兰根不着土，以示国土沦亡，寄托亡国之痛。倪瓒为郑思肖的画题诗道："秋风兰蕙化为茅，南国凄凉气已消，只有所南心不改，泪泉和墨写离骚"。[②] 赞颂他的爱国精神，并通过画兰表达所流露出来的情感。同时出现的如女画家管仲姬，世称"管夫人"，赵孟頫之妻，善画墨兰，笔意清秀，自成一派，在闺秀之中影响极大，代表作品《兰竹图》（图 3–30）。

赵雍继承其父赵孟頫，其画丰腴洒脱，备受世人推崇；僧人普明，号雪窗，有人题诗赞曰："吴僧戏墨点生绡，袅袅幽花欲动摇；梦断楚江烟雨外，秋风滦水暮潇潇。"[③] 一时就有了"家家恕斋字，户户雪窗兰"之说。《芥子园画谱》云："文人寄兴，则放逸之气见于笔端；闺透传神，则幽闲之姿浮于纸上。"[④] 画兰分为两派大约由此开始。代表作品《著色兰竹图》（图 3–31）。

① 蒋文光：《中国历代名画鉴赏》（上），金盾出版社 2004 年版，第 820 页。

② 刘继才：《中国题画诗发展史》，辽宁人民出版社 2010 年版，第 213 页。

③ 李亚：《怎样画兰》，江苏美术出版社 1996 年版，第 2 页。

④ 李亚：《怎样画兰》，江苏美术出版社 1996 年版，第 2 页。

明代画家一般都能画几笔兰花。文徵明所画墨兰，笔墨苍润秀美；徐渭用笔放纵，水墨淋漓，创出了大写意的绘画风格。

清代郑板桥终生画兰竹，慷慨啸傲，素负盛名，代表作品《兰花图》（图 3–32）。八大山人偶尔为之却笔简意繁，耐人寻味；石

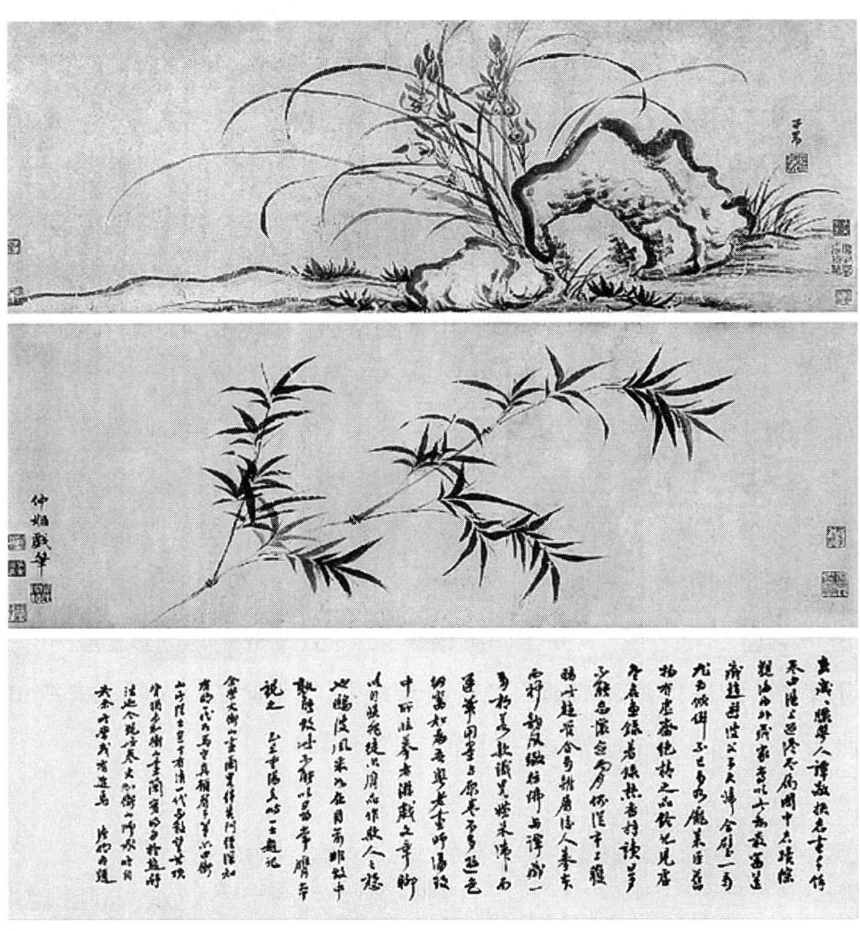

图 3–30 《兰竹图》（元）管仲姬

图 3–31 《著色兰竹图》（元）赵雍

涛任意纵姿，淋漓酣畅；李方膺笔转意折，野韵横生；吴昌硕老辣浑厚豪放，各呈其态；骆绮兰，字佩香，能诗善画，尤爱画兰，笔情超脱，格调婉约，是位多才多艺的女画家。

两宋尚在依形写生的开始阶段，元代已有随风飘动之感。到了明代，文徵明略有洒脱意，却修长柔杂。概言之，宋元明画兰尚类草。直到徐渭的《墨兰图》开始由繁取简，朱耷则笔简意繁达到了极致。所以清代的画家所画兰花，已经随心所欲，任意纵横，笔情墨趣，简要概括，已臻成熟。郑板桥说："石涛画兰不似兰，盖其化也；板桥画兰酷似兰，犹未化也。盖将以吾之似，学古人之不似，嘻，难言矣。"[①] 他还说："写兰宜省，写石宜冷，画家妙法，笔底还狠"[②]。前者说明将自然中植物兰，化为具有笔情墨趣的艺术兰，不是那么容易的事。后者说明，若欲

① 周积寅:《郑板桥书画艺术》，天津人民美术出版社 1982 年版，第 18 页。

② 周积寅:《郑板桥书画艺术》，天津人民美术出版社 1982 年版，第 32 页。

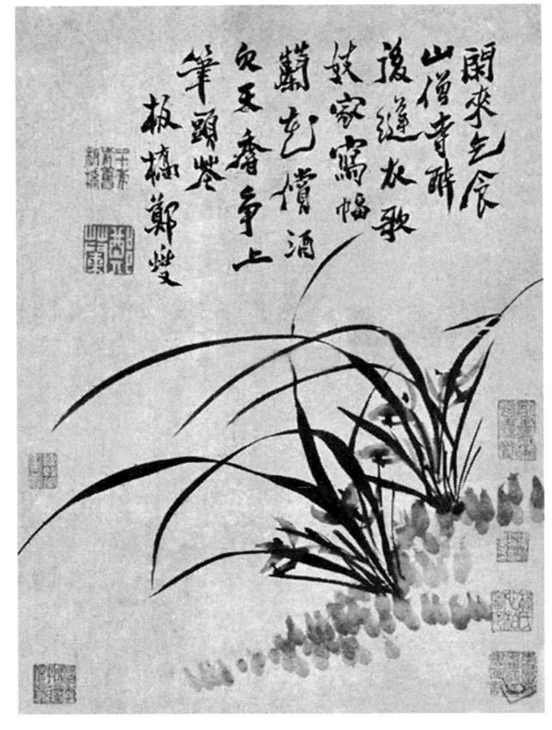

图 3–32 《兰花图》（清）郑板桥

“化”，必欲“省”。这就总结了数千年来画兰艺术的秘诀。总之，画兰由宋元明的严谨绢秀柔弱之风，发展到清代气势雄健苍劲豪放之格。兰早已不是其本身了，而是画家的精神和生命价值体现。

古人云：“一世兰，半世竹”，“既曰画竹画兰之不易，亦曰为人处事宜似兰”。

3. 竹

《中国古代史》中记载：“昔皇帝令伶伦作为律。伶伦自大夏之西，乃之阮隃之阴，取竹于嶰溪之谷，以生孔窍厚均者，断两节间，其长三寸九分，而吹之，以为黄钟之宫，吹曰舍少。次制十二筒，以之阮隃之下，听凤凰之鸣，以别十二律”。[①] 皇帝使人至昆仑山谷取竹为管，制乐器以协调六律。自此，竹便被赋予了人的精神需求，为人所用。

① 夏曾佑：《中国古代史》，吉林人民出版社 2013 年版，第 16 页。

竹的品种丰富，分布广泛，自古就是人们生产与生活的重要组成部分。在漫漫的历史长河中人们与竹结成了较为亲密的联系，演变成反映人们审美思维的重要载体。最早人们是用“比兴”手法借物起兴，抒发感情。《诗经·国风·淇奥》中唱道：“瞻彼淇奥，绿竹猗猗”；“瞻彼淇澳，绿竹青青”；“瞻彼淇澳，绿竹如箦”。[①]

东晋王徽之爱竹，曾寄居他人空宅，广种竹树，对竹啸咏，还指竹曰：“何可一日无此君！”苏轼曾亦云：“可使食无肉，不可居无竹；无肉令人瘦，无竹令人俗。”说明中国古代的文人对竹有着特别的感情。

在“比兴”的作用下，历代文人以其“观物取象”“借物言志”，给自然物象赋予了特殊的意义。诗人白居易是一位难得的赏竹大家，对竹有其独到的见解。其《养竹记》云：“竹似贤，何哉？竹本固，固以树德，君子见其本，则思善建不拔者；竹性直，直以立身，君子见其性，则思中立不倚者；竹心空，空心体道，君子见其心，则思应用虚受者；竹节贞，贞以立志，君子见其节，则思砥砺名行夷险一致者。”[②]

竹何以与文人、画家结下不解之缘？在物我相融的体验过程中，人们日渐体味出竹之本性和人格品性独妙的契合点。由此竹之本性得以关照人之本心，人之情感融注于竹之本体，文人的审美意识将竹从客观的物质功利引入了主观精神享受境界。

自古人们的文化生活与竹有着不可分割的直接联系。用竹干制

① 陈节注译：《诗经》，花城出版社 2002 年版，第 74 页。

② 崔承运、刘衍主编：《中国散文鉴赏文库·古代卷》，百花文艺出版社 2001 年版，第 673 页。

作毛笔，用竹简记载文史，加上生活中用竹制作各种器具，人们自然而然地与竹产生感情，并逐渐上升到更深的精神需求。竹的视觉形象使然。竹的形象与其他植物不一样，最大的特点是其形象的统一性。竹子几乎一模一样，无多大变化。另外，竹子生长之地绝无他物可容身立足。因此容易形成比较单一而又整体的环境，得秩序井然之感，而生宁静安详之意，正合文人、画家所追求的心境，可助人思考，蕴润文思，涵养情怀。这一点多为世人所忽视，其本质是从视觉到心灵的反应和深化。元代画竹名家李衎在《竹品·竹品谱》中云："竹之为物，非草非木，不乱不杂，虽出处不同，盖皆一致。散生者有长幼之序；丛生者有父子之亲。密而不繁，疏而不陋……"①以竹的形态特征来隐含儒家教义和宋代理学思想，浸染着"比德"的道学气。

"竹林七贤"（嵇康、阮籍、山涛、向秀、刘伶、王戎、阮咸）生逢乱世，纵有天大的本事亦无法施展。他们常聚于今河南辉县、修武一带的竹林之中，肆意酣畅，外表极尽潇洒风流，超脱世外。骨子里却强烈地执着人生，内心潜藏深埋着感伤、悲痛、恐惧、爱恋、焦虑，欲求解脱而不能，逆来顺受而不适应。"竹林七贤"的艺术作品继承了建安文学的艺术精神，但由于当时严酷的政治背景，导致他们的作品不能直抒胸臆，所以只能采用比兴、象征等艺术手法，隐晦曲折地表达自身的情感世界，"弃经典而尚老庄，蔑礼法而崇放达"。也只有竹林这块清净之地，才是他们临时的去处

① 祁志祥：《中国美学通史》（第二卷），人民出版社2008年版，第186页。

和思考人生价值的理想境地。与阮籍一样，陶渊明所采取的是一种退避，归耕田园，追寻梦中理想的桃花源，是一种全身心的隐退和避让。在魏晋时代陶潜和阮籍分别创造了两种截然相反的艺术格调，陶潜的风格是超然度外，与世无争，平淡冲和；阮籍的风格是忧愤激昂，慷慨任气，心存理想。但不管怎样，他们都需要清净的环境来安放那颗不能直抒胸臆的心。

人们爱竹是爱其物性所反映的品格特征，这是世人所共识的理由。竹的品格代表人的品格，坚劲、有节、虚心、清雅、傲雪，是人的精神的物化象征，是物的人化后的意蕴。人们对竹的精神上的诉求，不外乎此三者。种竹、爱竹、咏竹、歌竹、画竹则自然而然矣。

唐代画竹已为独立题材，开始出现专门画竹的名家如萧悦。他工于画竹，一色而有雅趣；他很珍重自己的艺术，有人求他一竿一枝，求了一年还未求得。有一次，他却画了十五竿竹，送给诗人白居易，来感谢他的厚意。白居易也赞叹他的绘画艺术，写了一首《画竹歌》："植物之中竹难写，古今虽画无似者，萧郎下笔独逼真，丹青以来惟一人。人画竹身肥臃肿，萧画茎瘦节节竦，人画竹梢死羸垂，萧画枝活叶叶动。不根而生从意生，不笋而成由笔成……"①这后面两句是以诗的形式讲出画竹艺术中立意、命笔的根本法则，可以说是中国画竹论的萌芽。这真是"高山流水遇知音"也。

五代北宋间，画竹一科逐渐发展。后蜀黄筌常以墨染竹，李宗

① 郑午昌：《中国画学全史》，吉林人民出版社 2013 年版，第 1[illegible]9 页。

谔见其墨竹图，大加叹赏，作《黄筌墨竹赞》，他在序上说：“画设色花竹的人，连一芯一叶都须着色，黄筌却如此，而以墨染，看去好像有些儿寂寞，却写出生意，表现了‘清姿瘦节，秋色野兴’，于是设色反为多余之事了。”①南唐较多画竹名家。徐熙曾用浓墨粗笔画竹的根、竿、节、叶，略用青绿二色点拂栉比，而竹梢有“萧然拂云之气”。丁谦初学萧悦画竹，后来改为对竹写生，当时称第一。他有一幅竹图，描绘竹生崖上，竹叶倒垂，根瘦，节缩，有凋瘁状，而笔法快利，乃是给病竹写貌；李衎画竹，不在小处求巧，而落笔便有生意，作折竹、风竹，表现竹的色态美。他所作雪竹，带荒寒之意，更于竹间点缀禽鸟，或聚集成群，或独自一个，亦都有畏寒之意；后主李煜善书，以战掣的笔势画竹。北宋诗人黄庭坚题记李煜画竹，认为其特征是由根到梢，都勾勒，名曰：“铁钩锁”。

北宋更多画竹名家。文同尤为杰出，他任洋州太守，曾在篔簹谷中筑披云亭，从亭里观赏竹林，画竹的艺术更进一步。他在画面上综合表现竹、木、石，特别发展了墨竹一科；他的墨竹特点是善画成林竹；善画折技竹；首创竹叶的处理，以墨深为叶面，墨淡为叶背。更重要的是，他总结了画竹的基本原则“必先得成竹于胸中。”②苏轼并用诗的语言诠释这个原则：“与可画竹时，见竹不见人”③；“其身与竹化，无穷出清新”④。宋郭若虚兼评文同所画的墨竹

① 伍蠡甫：《中国画论研究》，北京大学出版社1983年版，第70页。
② 朱立元：《艺术美学辞典》，上海辞书出版社2012年版，第614页。
③ 朱立元：《艺术美学辞典》，上海辞书出版社2012年版，第614页。
④ 朱立元：《艺术美学辞典》，上海辞书出版社2012年版，第615页。

和古木："善画墨竹，富潇洒之姿，逼檀栾之秀，疑风可动，不笋而成者也。"[①]米芾还指出，画竹叶"墨深为面、淡为背，自与可始也，作成林竹甚精。"[②]文同画竹实为抒写胸中逸气，"意有所不适，而无所遣之，故发乎墨竹"。[③]

文同的外孙张嗣昌得同传授，每画竹必先醉酒，然后落笔。他的作品不可强求，有人强求便大骂而走，其性格如竹之坚劲也。文同的弟子程堂喜画凤尾竹，既表现出竹梢重量和竹身的回旋，还把竹叶的正反两面，画得十分清楚。他虽师文同，却没有忘了自然。他到四川峨眉山，看见菩萨仃，枝上结花，"茸密如裘"，便在中峰乾明寺僧堂的壁上，画其形，俨然如生。他又在象耳山见苦竹、紫竹以及风中、雪中的竹，一一写真。他在成都笮桥观音院画竹，题云："无姓无名逼夜来，院僧根问苦相猜。携灯笑指屏间竹，记得当年手自栽。"[④]

苏轼画竹师文同，他曾阐述文同教他画竹之理，如果"节节而为之，叶叶而累之，岂复有竹乎？"[⑤]并指出"画竹必先得成竹于胸"[⑥]，"执笔熟视，乃见其所欲画者，急起从之，振笔直遂，以追所见，如兔起鹘落，少纵即逝矣"[⑦]。苏轼虽谈画竹理论，但是他实践起

---

① 李希凡：《中华艺术通史·五代两宋辽西夏金卷》（下编），北京师范大学出版社2006年版，第236页。

② 李福顺：《中国美术史　下卷》，辽宁美术出版社2000年版，第130页。

③ （宋）郭若虚：《图画见闻志》，人民美术出版社2003年版，第64页。

④ 邓乔彬：《邓乔彬学术文集第十卷　宋画与画论》，安徽师范大学出版社2013年版，第188页。

⑤ 李一冰：《苏东坡传》（上），江苏文艺出版社2013年版，第184页。

⑥ 杜文远、常士功：《中国随笔小品鉴赏辞典》，山西人民出版社1996年版，第119页。

⑦ 汤麟：《中国历代绘画理论评注·元代卷》，湖北美术出版社2009年版，第96页。

来，却有很大距离，感到自己是“内外不一，心手不相应”①。因而他又说，“凡有见于中而操之不熟者”②，是“不学之过也”③。他虽自知学力不够，还是兴到即画，有时甚至一笔上去，中间并不分节，米芾问他这是怎么一回事，他回答道：“竹生时，何尝逐节生？”④

苏轼的兄弟苏辙虽不能画竹，却能谈出画竹的理论，其《墨竹赋》云：墨竹画家既须“朝与竹乎为游，暮与竹乎为朋，饮食乎竹间，偃息乎竹阴”⑤，这样来“观竹之变”，更须体会到“竹之所以为竹”，特别喜悦竹的“苍然于既寒之后，凛乎无可怜之姿”⑥。于是就感到非画不可，也就是“忽乎忘笔之在手，与纸之在前，勃然而兴，而修竹森然”⑦了。

元代画竹名家则有赵孟頫、倪瓒、吴镇、柯九思、管仲姬、李衎等。倪瓒在给张以中所绘《疏竹图》题云：“以中每爱余画竹。余之竹聊以写胸中逸气耳，岂复较其似与非，叶之繁与疏，枝之斜与直哉？或涂抹久之，他人视以为麻为芦，仆亦不能强辩为竹，真没奈览者何！但不知以中视为何物耳？”⑧其画竹强调的是抒写过程中的情感抒发，是以形写神、以物写意，以形抒情、以物言志的过程，又岂在乎似与不似哉！柯九思强调画竹与书法相通：“写竹

① 杜文远、常士功：《中国随笔小品鉴赏辞典》，山西人民出版社 1996 年版，第 119 页。
② 杜文远、常士功：《中国随笔小品鉴赏辞典》，山西人民出版社 1996 年版，第 119 页。
③ 杜文远、常士功：《中国随笔小品鉴赏辞典》，山西人民出版社 1996 年版，第 119 页。
④ 李一冰：《苏东坡传》（上），江苏文艺出版社 2013 年版，第 246 页。
⑤ 李志敏：《唐宋八大家名篇鉴赏》（卷 4），福建美术出版社 2013 年版，第 587 页。
⑥ 李志敏：《唐宋八大家名篇鉴赏》（卷 4），福建美术出版社 2013 年版，第 587 页。
⑦ 李志敏：《唐宋八大家名篇鉴赏》（卷 4），福建美术出版社 2013 年版，第 587 页。
⑧ 赵荣纪：《中国传统绘画学》，山西教育出版社 2013 年版，第 92 页。

干用篆法，枝用草书法，写叶用八分法，或用鲁公撇笔法，木石用折钗股、屋漏痕之遗意。”[①]一是赋予物象书法的形式美感，二是便于利用书法的“写”来抒发情感。“凡踢枝当用行书为之”[②]。后人评画竹：“得其神于运笔之表，求其似于有迹之余。”[③]做到了形神兼备。李衎画竹，“始学王澹游（曼庆），后学文湖州，著色师李颇，驰誉当世”[④]。李衎《竹谱》云：“予性淡泊，独草木臭味，未能忘情。”[⑤]画花鸟画一定是要注入自己的真实情感，方能得画外之意也。他的代表作品有《双钩竹图》（图 3–33）。

此外，高克恭也兼画竹，尝谓“子昂（赵孟頫）写竹神而不似，仲宾（李衎）写竹似而不神”，意思是自己形、神两得矣。

元代以竹子为题材的传世作品有：管仲姬的《水竹图》（图 3–34）、《竹石图》（图 3–35）。

明代墨竹画，首推宋克、王绂、夏昶三家。宋克兼擅草书，所画多半是细竹，寸岗尺堑，布置稠密，而又带雨含烟，使观者意远。王绂画山水竹石，须兴到落笔。夏昶骄画墨竹，偃卧、挺立、浓淡、烟姿、雨色等都合一定的矩度，是一位讲求法则的画家。作品流传国外，当时有这样的歌谣：“夏卿一个竹，西凉一锭金”。夏昶的代表作品有《夏玉秋声图》（图 3–36）。

清代则以郑燮最为著名。他综合草、隶、行，作“六分半书”，

---

① 叶朗：《中国美学通史・宋金元卷》，江苏人民出版社 2014 年版，第 235 页。

② 谈晟广：《画人画诠》，河北教育出版社 2009 年版，第 91 页。

③ 伍蠡甫：《中国画论研究》，北京大学出版社 1983 年版，第 75 页。

④ 谈晟广：《画人画诠》，河北教育出版社 2009 年版，第 91 页。

⑤ 潘运告：《中国历代画论选 》上册，湖南美术出版社 2007 年版，第 675 页。

图 3–33 《双钩竹图》（元）李衎 图 3-34 《水竹图》（元）管仲姬

并以之入画。他的作品以奇峭取胜。他题画时有同情人民疾苦的话，如“凡吾画兰画竹画石，用以慰天下之劳人，非以供天下之安享人也”①；“衙斋卧听萧萧竹，疑是民间疾苦声。些小吾曹州县

① 伍蠡甫：《中国画论研究》，北京大学出版社 1983 年版，第 77 页。

吏，一枝一叶总关情”[①]。板桥认为“盖竹之体，瘦劲孤高，枝枝傲雪，节节干霄，有似乎君子豪气凌云，不为俗屈”[②]。所以郑板桥在他的诗词《竹石图》（图 3–37）中写道：

> 咬定青山不放松，立根原在破岩中。
>
> 千磨万击还坚劲，任尔东西南北风。[③]

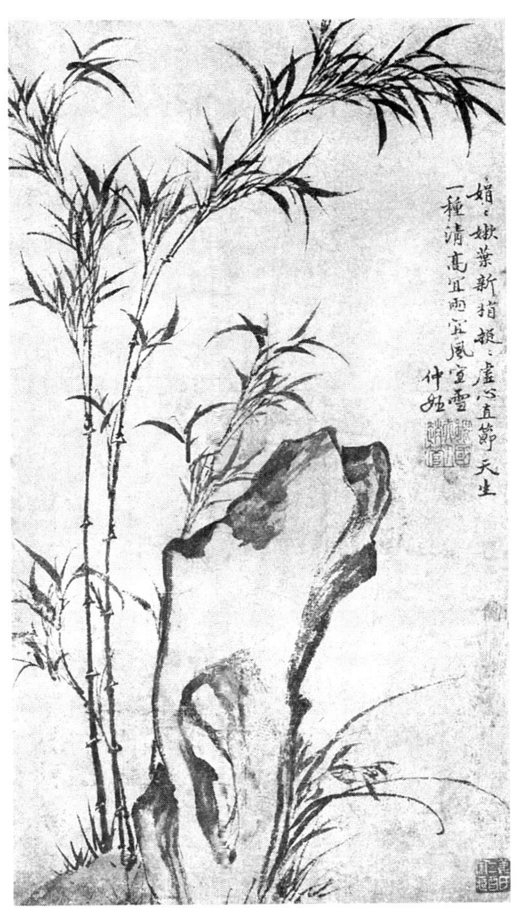

图 3–35　《竹石图》（元）管仲姬

在这首诗中郑板桥把竹子坚贞不屈的精神品质描写得淋漓尽致，把抒情拓延到文人自我精神之外，赋予花鸟画更新、更高的境界。

---

① 许渊冲、许明译：《宋元明清诗选》，五洲传播出版社 2012 年版，第 263 页。

② 周积寅：《郑板桥书画艺术》，天津人民美术出版社 1982 年版，第 15 页。

③ 康振盛：《历代哲理诗选》，海峡文艺出版社 1986 年版，第 192 页。

图 3–36 《夏玉秋声图》（明）夏昶

南朝刘孝先诗云："竹生荒野外，捎云耸百寻。无人赏高节，徒自抱贞心。耻染湘妃泪，羞入上宫琴。谁能制长笛，当为吐龙吟。"[①] 竹笛似乎有了神秘的色彩，与东汉马融《长笛赋》中所写："龙鸣水中不见己，截竹吹之声相似。"[②] 异曲同工。刘孝先《咏竹》诗云："谁能制长笛，当为吐龙吟。"[③] 宋朝陈与义的诗句："杏花疏影里，吹笛到天明。"[④] 妙哉！

竹子坚韧挺拔，正直顽强，不怕狂风暴雨，傲霜斗雪；能顶住地面压力，卓然向上；它没有绚丽缤纷的色彩，气质文静清雅，朴实无华。它人格高洁、逸然不群的品格，为历来文人墨客、丹青画手乐以歌咏描绘

① 闻世震：《历代名家竹诗新注》（上），辽宁人民出版社 2010 年版，第 25 页。
② 李鸿昌：《古代诗文名篇选注》，中国社会出版社 2008 年版，第 262 页。
③ 黄永武：《中国诗学　思想篇》，新世界出版社 2012 年版，第 9 页。
④ 傅德岷、卢晋：《诗词名句鉴赏辞典》，长江出版社 2008 年版，第 288 页。

的对象。

竹，竿直劲坚，喻人率直；竹竿有节，示意高风亮节；竹竿中空，诫人谦虚。此三点正是中国知识分子引以为自豪的美德。

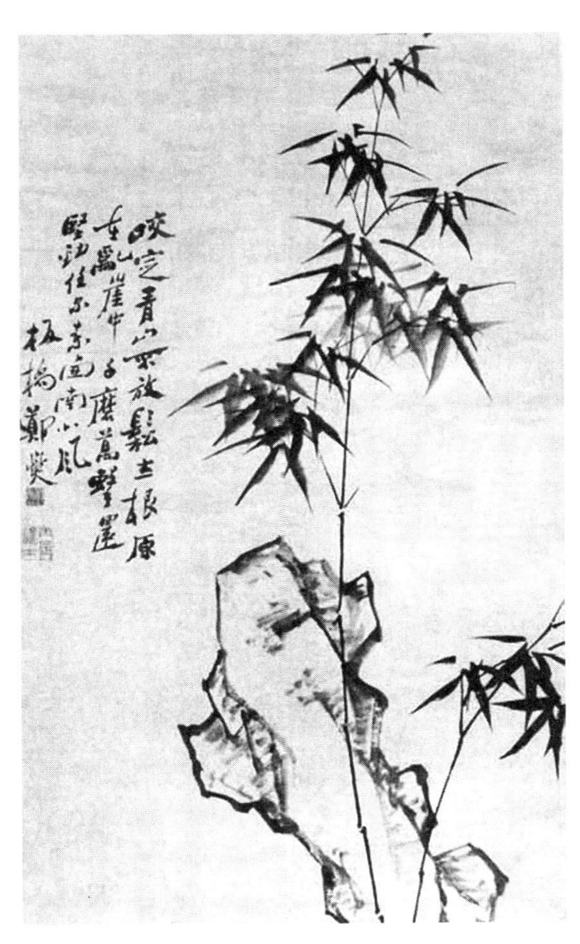

图 3–37 《竹石图》（清）郑燮

此外，画竹是写意画家练笔力、腕力，掌握用笔的中锋、侧锋、饱墨、枯墨、飞白以及线条的粗、细、劲、直等特质的最佳方法。写竹要虚实结合，一气呵成，快速之间完成笔墨的多重对比关系，不得拖泥带水。因而可以练就画家挥笔直写的胆气。其竿、枝、叶的画法极似书法笔法，与“八法”相通，与篆籀、楷隶、行草一致。画竹得法，其他花卉便可顺势而就矣。

4. 菊

中国是菊花的故乡，在三千多年前人们就已经开始栽种了。因

其花开于晚秋和具有浓香，故有“晚艳”“冷香”之雅称。正如元稹诗云：“不是花中偏爱菊，此花开尽更无花。”[①]秋天的菊花颜色缤纷，有的菊花风韵多姿，有的雍容端庄，有的幽静含情，有的热烈奔放，各种菊花品种不同，各具诗情与画意，所以往往被古代的文人比喻为高洁不屈的“花中君子”，象征傲骨之气节。苏轼：“菊残犹有傲霜枝”。[②]菊花不像其他花卉，凋残时稍遇风吹雨打即纷纷飘落，化作尘与埃，变成泥与土，或随波逐流，身不由己，不知所终。正如郑思肖诗云：“花开不并百花丛，独立疏篱趣未穷。宁可抱香枝头死，何曾吹落北风中。”[③]

中国人偏爱菊花，从宋朝开始都城里每年都有观赏菊花的盛会。在古代的神话传说中，菊花也被赋予了吉祥和长寿的含义。中国历代文人墨客都有吟咏菊花的作品，它已经成为文人墨客人格和气节的写照，而且被赋予了象征的意义。有关菊花的诗词，中国第一位大诗人屈原早在春秋时期就已经开始了对它的赞颂：“朝饮木兰之坠露兮，夕餐秋菊之落英”。[④]这位自称“举世皆浊我独清，世人皆醉我独醒，是以见放”[⑤]的爱国诗人，表达自己高贵的爱国情操和坚贞高尚的品质，吟出了旷世杰作《离骚》。在这里，菊花象征着诗人高洁的品质。

陶渊明吟诵菊花的诗句：“结庐在人境，而无车马喧。……采

---

① 王昶：《诗词雅韵古典诗词名句赏读》，北京出版社 2004 年版，第 173 页。

② 王昶：《诗词雅韵古典诗词名句赏读》，北京出版社 2004 年版，第 261 页。

③ 陈长喜：《中国历代词曲赏读》下册，天津古籍出版社 2007 年版，第 733 页。

④ 文怀沙：《屈原离骚今绎》，百花文艺出版社 2005 年版，第 21 页。

⑤ 梁知：《国学通鉴》，安徽人民出版社 2000 年版，第 173 页。

菊东篱下，悠然见南山。山气日夕佳，飞鸟相与远。此中有真意，欲辨已忘言。”[①] 此诗描述了陶渊明在篱下悠然采菊的情景。他以田园诗人的姿态，赋予菊花超脱的精神与品格，从此菊花便有了灵性。陶渊明诗中的菊花与周敦颐之荷花同出尘嚣。菊花便成了品质高雅的隐逸形象，寄托了古时文人们不与世俗同流合污而息隐林泉、洁身自好的精神品质，多少有点出世的消极态度。

唐末农民起义军领袖黄巢一改菊花隐逸者形象，他直面世俗，潇洒激昂，写出《题菊花》：

飒飒西风满院栽，蕊寒香冷蝶难来。
他年我若为青帝，报与桃花一处开。[②]

黄巢又写了以菊花为题材的诗《不第后赋菊》：

待到秋来九月八，我花开后百花杀。
冲天香阵透长安，满城尽带黄金甲。[③]

黄巢在诗中明显带有寓意，他将菊花不畏秋风严霜，一花独放的精神品质，被赋予成为民请命、替天行道的顽强斗志。

建安文学的杰出代表曹植，在其脍炙人口的名篇《洛神赋》

① 陶渊明：《陶渊明集》，三晋出版社 2008 年版，第 85 页。
② 刘国建：《唐诗》，中州古籍出版社 2009 年版，第 93 页。
③ 张燕瑾：《唐诗选析》，天津人民美术出版社 1979 年版，第 396 页。

中，有这样的句子，“其形也，翩若惊鸿，宛若游龙，荣曜秋菊，华茂春松。”[①] 用菊花比喻裙裾飘飘、飘然飞舞的洛神的容光鲜丽，写尽了洛神的风度和气质。此后，菊花又成了品质高洁的女子形象的比拟。

宋朝女词人李清照笔下菊花又成了寄托情思的对象。她在词中描写的菊花，有的是形容思念远方丈夫，顾影自怜，她在《醉

图 3–38 《五色菊花图》（明）恽寿平

① 韦渊：《千古绝唱洛神赋》，重庆出版社 2012 年版，第 17 页。

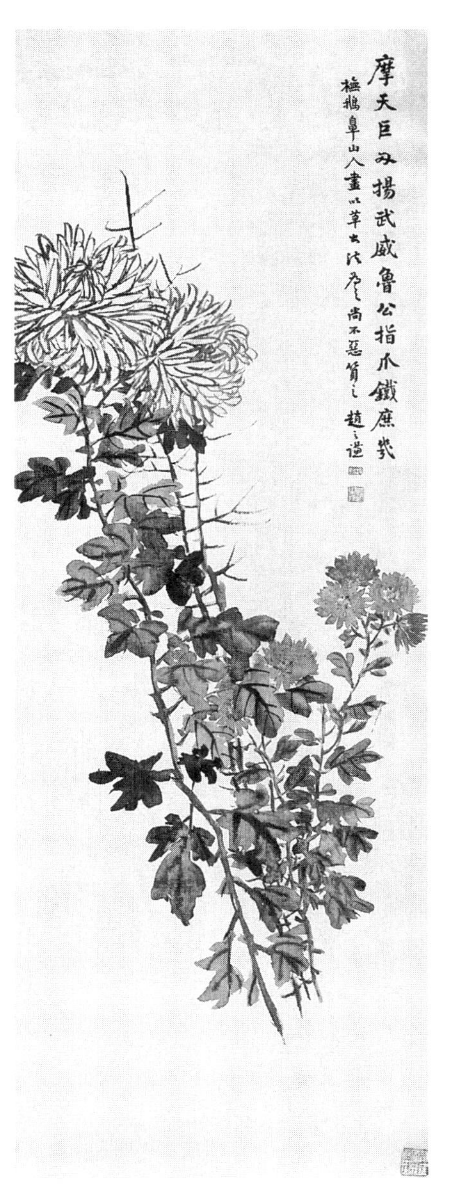

图 3–39 《菊花图》（清）赵之谦

图 3–40 《菊石图》（清）李方膺

图 3–41 《菊石图》（清）蒋廷锡

图 3–42 《还来旧菊花》（清）虚谷

花阴》中写道："莫道不消魂，帘卷西风，人比黄花瘦"。[①] 李清

① （宋）李清照：《醉花阴》，摘自《最美的宋词》，北京大学出版社 2013 年版，第 89 页。

照在《声声慢》词中描写的菊花，是哀叹个人命运，抒发国破家亡的悲痛："满地黄花堆积，憔悴损，如今有谁堪摘？"[①]于是"人比黄花"成了伤感的代名词，被人们反复咏诵以消解心中的忧愁。于是便有"菊花如幽人，梅花如烈士"[②]"人淡如菊"的诸多说法。

中国历代画家，也特别钟情于画菊，以菊花为题材者甚众。盖与诗人一样，独爱菊花的精神品质，或是受诗词等文学思想的影

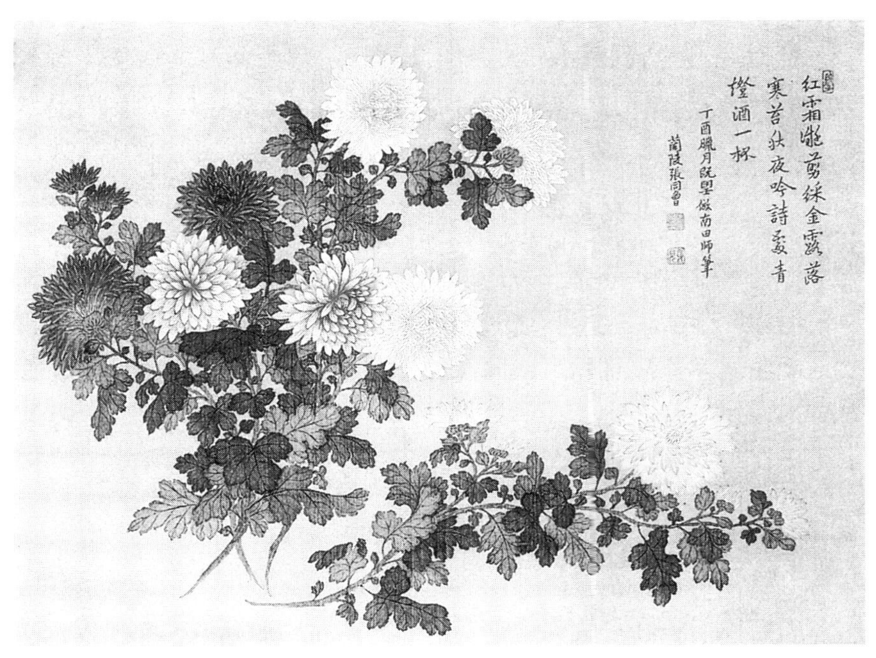

图 3–43　《菊花图》（清）张同曾

① （宋）李清照：《声声慢》，摘自《李清照集》，中华书局 1962 年版，第 42 页。

② 雷寅威、雷日钏著：《中国历代百花诗选》，广西人民出版社 2008 年版，第 798 页。

响，将诗情融入画意。菊与梅、兰、竹一道合称“四君子”，成为历代文人画家的精神写照和艺术追求。同样，菊花也是花鸟画中永恒的主题，历代都涌现出许多传世的作品。其中，以明末清初的恽寿平的《五色菊花图》（图 3–38）、清代赵之谦的《菊花图》（图 3–39）、李方膺的《菊石图》（图 3–40）、蒋廷锡的《菊石图》（图 3–41）、虚谷的《还来旧菊花》（图 3–42）、张同曾的《菊花图》（图 3–43）最具有代表性。

5. 牡丹

牡丹花开色泽艳丽、雍容华贵、姹紫嫣红、富丽端庄，素有“花中之王”的美誉。唐代诗人刘禹锡的诗词《赏牡丹》赞誉曰：

> 庭前芍药妖无格，池上芙蕖净少情，
> 惟有牡丹真国色，花开时节动京城。[①]

晚唐文学家皮日休写诗词《牡丹》：

> 落尽残红始吐芳，佳名唤作百花王，
> 竞夸天下无双艳，独占人间第一香。[②]

唐宗以后，牡丹成为吉祥幸福、繁荣昌盛的象征，并得以世代延续下来。

① 赵雪沛：《文学作品赏析 · 中国古典诗歌》，哈尔滨工程大学出版社 2004 年版，第 248 页。
② 马成志：《牡丹芍药题画诗》，天津杨柳青画社 2008 年版，第 13 页。

宋代以来，牡丹就一直被人们称为“富贵花”。北宋理学家周敦颐在《爱莲说》中写道：“自李唐以来，世人盛爱牡丹。……‘牡丹’，花之富贵者也”。[①] 因此，牡丹常常与富贵联系在一起。明朝的画家徐渭在题墨牡丹诗中写道：“五十八年贫贱耳，何曾妄念洛阳春？不然岂少胭脂在，富贵花将墨写神。”[②] 在历代诗词作品与花鸟画中，牡丹以它独特的气质，表达出“富贵”的精神寓意。

牡丹，富丽堂皇，天生娇艳美丽，从气质上给人以富贵之感。因此，凡画者均爱画牡丹，一是表现其自然的外在美；二是表现其吉祥富贵的内在气质。另外，众多的画家、诗人常借牡丹抒发人生际遇之中所感叹的生命短暂、青春易逝、红颜薄命、思乡怀古等情感。工笔花鸟画较为写实，故多表现其自然之美和吉祥富贵的象征意义，并在民间花鸟艺术中生根发芽，广泛运用，呈现积极向上的精神意义。平和、稳定，具有普遍的大众审美指向；而写意花鸟画则多是借花抒情，抒发画家“多愁善感”的消极情绪，是即时的、激情的，具有个性化的审美特征。

除牡丹的精神寓意外，写意花鸟画家也多借牡丹表现笔墨意趣，追求笔墨间的形式美感，重在绘画的本体意义。但较普遍的表达方式是画面追求绘画的本体意义，或将情意隐含于笔墨形式之中，而多用题款的形式通过书法用诗句来表达较为具体的情感

① （宋）周敦颐：《爱莲说》，摘自王照水编选：《唐宋散文精选》，江苏古籍出版社 2002 年版，第 129 页。

② 王少都、王飞选：《牡丹诗选注》，白山出版社 2013 年版，第 132 页。

图 3–44 《并蒂牡丹图》（明）唐寅

特征，诗情画意，书画并用，互为补充。

自然的花美化人们的生活，深化人们的精神；而画家所描绘的花则是人们精神生活的反映，同样美化人们的生活。从自然属性上升到精神品格，这就是花的境界。历来牡丹就是画家们争相描绘的对象，各个朝代都有以牡丹为题材的花鸟画作品。

明代的唐寅画有《并蒂牡丹图》（图 3–44）：

最是好花多并蒂，每常飚带织

同心。

画堂红烛清明近，一刻春宵值万金。

清代马逸的《国色天香图》（图 3–45）和郎世宁《仙萼长春之牡丹》（图 3–46）具有代表性。

6. 荷

荷花，又名莲花、水芙蓉。荷花清秀艳丽，花香远溢，碧叶翠盖，十分高雅。因此，荷花是圣洁的代表，是佛教神圣洁净的象征，是真善美的化身，是吉祥丰盛的预兆。

荷花芳香素雅，其出自污泥而不染的品格为世人称颂。早

图 3–45　《国色天香图》（清）马逸

图 3–46 《仙萼长春之牡丹》（清）郎世宁

在《诗经》中就有“山有扶苏，隰有荷花”① 的赞颂了；曹植在诗中

① 周振甫译注：《诗经译注》，中华书局 2013 年版，第 118 页。

云："览百卉之英茂，无斯华之独灵"，[①] 描述了荷花是百花之王；李白的诗句："清水出芙蓉，天然去雕饰"，[②] 称赞了荷花清雅质朴的自然美。

杨万里在《晓出净慈寺送林子方》一诗中描绘了一幅生动优美的画面：

毕竟西湖六月中，风光不与四时同。
接天莲叶无穷碧，映日荷花别样红。[③]

他的另一首诗《小池》中写道：

泉眼无声惜细流，树荫照水爱晴柔。
小荷才露尖尖角，早有蜻蜓立上头。[④]

这两首诗词描写了荷花的美丽和轻柔，引喻出了美好的意境和遐想。晚唐诗人李商隐在《宿骆氏亭寄怀崔雍崔衮》一诗中写出了咏荷的千古绝唱：

竹坞无尘水槛清，相思迢递隔重城。

① （东汉）曹植：《曹植集校注》，人民文学出版社 1984 年版，第 179 页。
② 王昶：《古典诗词曲名句鉴赏》，山西经济出版社 2012 年版，第 62 页。
③ 杨万里：《杨万里集》，三晋出版社 2008 年版，第 67 页。
④ 杨万里：《杨万里集》，三晋出版社 2008 年版，第 21 页。

秋阴不散霜飞晚，留得枯荷听雨声。①

晚唐诗人皮日休的《咏白莲》：

腻于琼粉白于脂，京兆夫人未画眉。
静婉舞偷将动处，西施嚬效半开时。
通宵带露妆难洗，尽日凌波步不移。
愿作水仙无别意，年年图与此花期。
细嗅深看暗断肠，从今无意爱红芳。
折来只合琼为客，把种应须玉甃塘。
向日但疑酥滴水，含风浑讶雪生香。
吴王台下开多少，遥似西施上素妆。②

诗人将朵朵晶莹剔透的白莲，比喻成为美丽的西施姑娘。而风流才子唐伯虎的《咏莲花》的诗句：

凌波仙子斗新妆，七窍虚心吐异香。
何事花神多薄幸，故将颜色恼人肠。③

还有唐寅另一首赞咏莲花的诗句《荷花仙子》：

---

① 武略：《中国古典诗词精品赏读李商隐》，五洲传播出版社 2005 年版，第 15 页。
② 雷寅威、雷日钏编选：《中国历代百花诗选》，广西人民出版社 2008 年版，第 617 页。
③ 陈伉、曹惠民主编：《江南四大才子全书》（第 4 卷），中国言实出版社 2007 年版，第 362 页。

一卷真经幻作胎，人间肉眼误相猜。

不教轻踏莲花去，谁识仙娥玩世来？[①]

诗人将荷花比喻为凌波仙子，树立了一种素妆淡雅，亭亭玉立，超世脱俗的美人形象。

关于荷花的审美境界，表述最为独到的是周敦颐的名篇《爱莲说》:“水陆草木之花，可爱者甚蕃。晋陶渊明独爱菊。自李唐以来，世人盛爱牡丹。予独爱莲之出淤泥而不染，濯清涟而不妖，中通外直，不蔓不枝，香远益清，亭亭净植，可远观而不可亵玩焉。予谓菊，花之隐逸者也；牡丹，花之富贵者也；莲，花之君子者也。噫！菊之爱，陶后鲜有闻。莲之爱，同予者何人？牡丹之爱，宜乎众矣！”[②]将荷花的审美提高到至高无上的境界，注入更多的人格精神，成了清白高雅的象征，得到文人们的普遍认同，并以此来约束自己的行为规范。品性高洁的文人雅士，心中都有一朵洁白的莲花，静静绽放……

在众多的花卉中，荷花最具有禅或道的意义。荷花与莲蓬的自然形式美感所体现出来的不可言状的意味，让人生出崇高的敬意，一种至高无上的无私的大爱。而此时多称之为“莲花”，似乎也只有叫“莲花”才符合其禅的境界，这种语言上的微妙差异，极有意味而又让人费解。

莲花从泥泞的水中冉冉而出，先是含苞未放，而后结出异样的

① 陈伉、曹惠民主编:《江南四大才子全书》(第4卷)，中国言实出版社2007年版，第358页。

② 蒋凡:《古典散文今译与评析》，上海教育出版社2003年版，第84页。

莲蓬。秋冬之际，则是满塘残荷，极像人的生命轨迹。于是，释家的禅味便在花房、莲蓬和残荷之中释放，多少人试图去体味、参透其中的玄机，悟得其中所蕴含的人生真谛，获得觉悟的人生理想和价值，回归本真的自我。

传说莲花在释迦牟尼诞生时便显示出超现实的作用，呈现出一种神圣的意象境界。莲花便在佛教之中有了特别的作用，具有了“圣洁”的象征意义。佛祖的“拈花一笑”于是也便有了更为深刻的审美内涵，甚至我们相信那一定是一朵洁白怒放的莲花。它既是自然生命的象征，又是芸芸众生纯洁精神的载体，似乎沟通着玄妙深奥的宇宙与人们内心情致微妙的世界。

在画家和诗人眼里，“接天莲叶无穷碧，映日荷花别样红”①是一种美的境界；“秋阴不散霜飞晚，留得枯荷听雨声”②、“莫叹萧疏秋已暮，尚有残荷散清幽”③则是一种更高境界的美。在画家的笔下，风荷、月荷、肥荷、瘦荷、舞荷、醉荷、残荷、墨荷、禅荷……墨彩纷呈、超凡脱俗、风情万种、千姿百态。荷花一生的形态似乎都很完美，一生的生命历程都是高境界。

荷花也因此成为画家乐此不疲的绘画题材，与梅、兰、竹、菊、牡丹一样，被反复描绘，颇为常见。一方面是因为荷花的精神象征所体现出来的人格寓意；另一方面是荷花的物理特性提供的适合花鸟画特别是写意花鸟画所要表现的形式美感，即点、线、面的

① 杨万里：《杨万里集》，三晋出版社 2008 年版，第 67 页。

② 武略：《中国古典诗词精品赏读李商隐》，五洲传播出版社 2005 年版，第 15 页。

③ 刘祥：《通州作家群》，中国文联出版社 2002 年版，第 71 页。

综合表达。可以说荷花是点、线、面、色结合得最为恰当的花卉之一，画家能充分运用其形式要素尽情抒发情感，营造境界，一吐胸中块垒，以求淋漓之畅快。其中以宋代吴炳的《出水芙蓉图》（图3–47）、《枯荷鹡鸰图》（图 3–48）、清代恽寿平的《荷花芦草图》（图 3–49）、石涛《浦上生绿烟》（图 3–50）具有代表性。

图 3–47　《出水芙蓉图》（南宋）吴炳

在石涛的《浦上生绿烟》的画幅中，画家描绘了清风拂过的河塘景色，荷塘上水波涟漪，阔大的荷叶与荷花也随风轻轻摇动。荷塘的水面没有完全用空白的虚境表现，而是用湿笔淡墨富于动感的笔势略加点染，表现水波荡漾。此画上有画家自题诗，描绘荷叶田田，荷花盛开的荷塘风景。

图 3–48 《枯荷鹡鸰图》（宋）佚名

浦上生绿烟，
波底荡红云。
匆摇双桂楫，
犹恐湿湘裙。
相约採莲来，
艇子打两桨。
惊起白鹭鸶，
飞入横塘港。
十五出採莲，
十八闺中住。
寄谢诸女郎，
早夜慎霜露。
湖南莲歌起，
湖北莲歌歇。
欲知断肠处，
人去满湖月。
亦作採莲人，
乘舟向若耶。
谁知荡桨意，
不是为莲花。
五月採莲花，
六月打莲叶。
七月摘莲子，

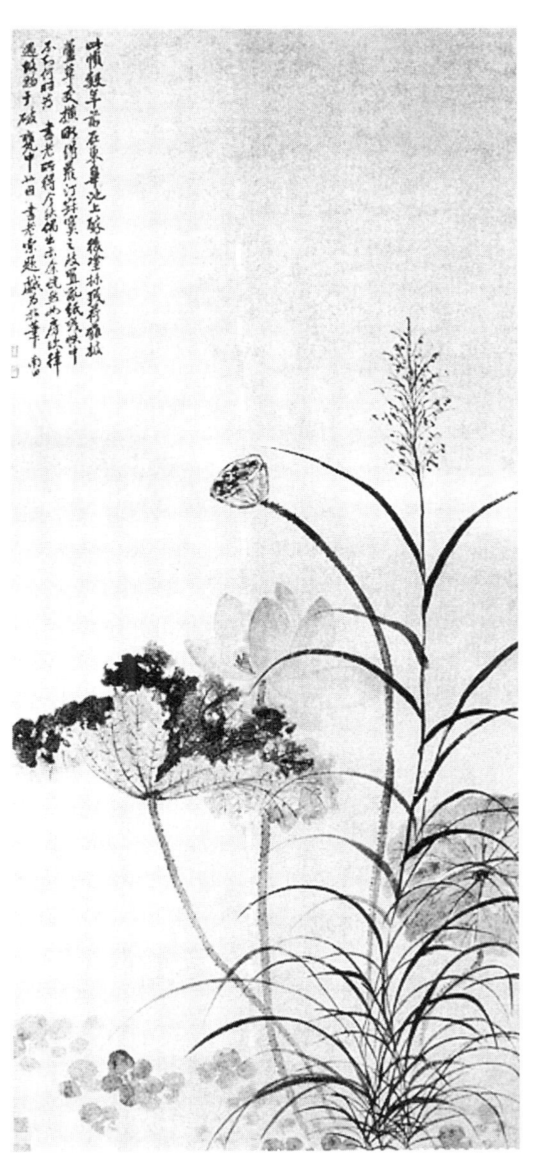

图 3–49 《荷花芦草图》（清）恽寿平

图 3–50 《浦上生绿烟》（清）石涛

八月断藕节。

有何好颜色，敢比荷花鲜。
折花回顾侬，毋乃错相怜。
手把莲花枝，欲赠无相识。
由来珍赏意，不在好颜色。
断藕愁牵丝，折莲愁刺手。
借问同舟人，中有华萍否？
门前有莲塘，採採日不绝。
时见渡头人，波中弄明月。[1]

① 杨成寅：《石涛画学本义》，浙江人民美术出版社 1996 年版，第 415 页。

第四章

古典诗词意蕴与花鸟画意境的契合

GUDIAN SHICI YIYUN YU I UANIAOHUA YIJING DE QIHE

中国近现代美学大师宗白华先生在《艺境·中国艺术意境之诞生》中说："诗和画各有它的具体的物质条件，局限着它的表现力和表现范围，不能相代，也不必相代。但各自又可以把对方尽量吸进自己的艺术形式里来。"[①]这段话论述了诗画意境的相融性。中国花鸟画的表现内容可以借鉴诗词艺术的表现形式来完成，正是这样，"以诗入画"，古典诗词意蕴与花鸟画艺术意境相契合的表达永远是绘画审美的完美追求。

在宗白华的论著《艺境·中国艺术意境之诞生》中，他写道："艺术家以心灵映射万象，代山川而立言，他所表现的是主观的生命的情调与客观的自然景象交融互渗，成就一个鸢飞鱼跃，活泼玲珑，渊然而深的灵境；这灵境就是构成艺术之为艺术的'意境'"。[②]

诗词艺术中的"意蕴"以及绘画艺术中"意境"一词的范畴，是艺术评论界以及欣赏者对诗词以及绘画艺术的审美标准。这种标准不仅仅强调了艺术的形式和内容，而且突出地强调了诗词和绘画形式与表现手法背后的意蕴；强调了重形似，更重神似的艺术风格。南朝的刘义庆在《世说新语·巧艺篇》中记载了顾恺之画人的时候，历经很多年都不画人物的眼睛。因为"四体妍蚩，本无关于妙处；传神写照，正在阿睹中"。[③]如果一幅绘画作品徒有外在的形式美，而没有内在的精神意味，那就难免匠气，也不能称其为佳作。古典的艺术理论在品评作品的时候注重作品中是否获得丰富的

① 宗白华：《艺境·中国艺术意境之诞生》，北京大学出版社 1999 年版，第 160 页。

② 宗白华：《艺境·中国艺术意境之诞生》，北京大学出版社 1999 年版，第 151 页。

③ （南朝宋）刘义庆：《世说新语》，浙江古籍出版社 1986 年版，第 305 页。

精神内涵，清末美学大师王国维拈出“意境”为古典美学的评论作出了总结。从此以后，意境逐渐在中国艺术中推广开来，成为品评艺术作品审美重要的衡量标准。

美学大师朱光潜也阐述了艺术作品中的意境概念，他写道：“创造和欣赏都是要见出一种意境，造出一种形象，都要根据想象与情感”，朱光潜用姜夔的一句诗词来举例子：“数峰清苦，商略黄昏雨”，他主张作者应当：“先须从自然中见出这种意境，然后拿这九个字把它翻译出来”。[①] 他还说：“诗的境界是理想境界，是从时间与空间中执着一微点而加以永恒化与普遍化，它可以在无数心灵中继续复现，虽复现而却不落于陈腐，因为它能够在每个欣赏者的当时当境的特殊性格与情趣中吸取新鲜生命。诗的境界在刹那中见终古，在微尘中显大千，在有限中寓无限”。[②]

文学家与艺术家一样，首先必须是一名审美者，同时也是一名创造者，创作的主体如果不能进入审美状态，就不能产生创作审美的活动。每个艺术家都有不同天赋和不同的生活环境，只有用审美的眼光去看待世界万物时，才能进入审美的境界，因此才能产生创作的欲望和冲动。

王国维在论述意境的功能时说：“言气质，言神韵，不如言境界。有境界，本也；气质、神韵，末也，有境界而二者随之矣。”[③]

---

① 郝铭鉴：《朱光潜美学文集》（第一卷），上海文艺出版社 1982 年版，第 496 页。

② 朱光潜：《诗论》，摘自《朱光潜美学文集》，上海文艺出版社 1982 年版，第 50 页。

③ 王国维：《王国维散文》，上海科学技术文献出版社 2013 年版，第 123 页。

他在论著《人间词话》中写道："词以境界为最上。有境界，则自成高格，自有名句。五代、北宋之词所以独绝者在此。"[①]

唐朝边塞诗人王昌龄在中国古典诗词学中最早提出了"意象"的概念。他在《诗格》中写道："诗有三格。一曰生思：久用精思，未契意象，力疲智竭，放安神思，心偶照境，率然而生。二曰感思：寻味前言，吟讽古制，感而生思。三曰取思：搜求于象，心入于境，神会于物，因心而得。"[②]王昌龄这段话论述了艺术作品中意象的特征，在创作中"意"与"象"还没有达到完全融合的初始阶段，只有与"神思"的相遇。诗人王昌龄所阐述的意象是指作者的思维与情感通过具体物象的表达方式，与现在所谓的"意象"概念相似。他的论述强调了"心"在艺术创造思维中的重要性。论述了"意"与"象"契合过程的思维状态。

王昌龄在《诗格》还阐述了所谓"意境"的概念："诗有三境。一曰物境：欲为山水诗，则张泉石云峰之境，极丽绝秀者，神之于心，处身于境，视境于心，莹然掌中，然后用思，了然境象，故得形似。二曰情境：娱乐愁怨，皆张于意而处于身，然后驰思，深得其精。三曰意境：亦张之于意，而思之于心，则得其真矣。"[③]这里的三境指的是诗词文章中的各个层次的构成形式，"物境"指诗词文章中相关的人物、事物、景物的第一层面；"情境"是指诗词文章中创作主体的创作感情动机的层面；"意境"指诗词文章中蕴含

① 王国维：《王国维散文》，上海科学技术文献出版社2013年版，第109页。

② 王德明：《中国古代诗歌句法理论的发展》，广西师范大学出版社2002年版，第156页。

③ 王德明：《中国古代诗歌句法理论的发展》，广西师范大学出版社2002年版，第156页。

的最深层次的精神审美主旨。

意境是诗词文学与绘画艺术中非常重要的传统美学的概念，它是指艺术家生命精神与自然物象相互交融和渗透而形成的艺术灵魂。中国的绘画理论中的意境这一美学概念比诗词的理论晚了一些。由于唐代以前红果绘画的主要内容是人物画，所以在绘画理论中有关形神的论述占画论的主导。唐代以后，花鸟画独立成为一科，这种绘画形式得到了空前的发展。虽然在中国传统美学理论中意境最开始是运用在古典诗词创作中，在此之后，在绘画艺术创作中同样追求画面的意境，意境成为品评艺术作品的审美标准。中国古典诗词的意蕴与花鸟画的意境在审美品评的同时开始逐步走向契合。

第一节　意境构造的相融性

一、古典诗词的意境构造

中国古典诗词中意蕴构成的主要方法是通过寓情于景或者寓情于物的艺术抒情方法。花鸟画的创作中意境的营造方法主要是通过“立意”和“造境”来实现的。花鸟画通过对自然意象的组合，虚和实互相衬托的结合，创作出艺术的空间来营造画面的意境，使意境更加广博深远。清朝美学家笪重光说：“虚实相生，无画处皆成妙境。”①

① 袁振保：《中华民族的思维方式》，光明日报出版社 2013 年版，第 290 页。

王维在他的诗词《山中》写道："荆溪白石出，天寒红叶稀。山路元无雨，空翠湿人衣。"①宋代的文人苏轼曾把王维这首诗赞誉为"诗中有画"的典范之作，说道："此摩诘之诗，所谓诗中有画者"。《山中》的诗句是王维描写的游览风景时的一幅画面：一条曲折蜿蜒的山间小路，沿着潺潺的溪水向前伸展，随着溪水慢慢地变浅，分成了一条条涓涓的细流，周围环境清幽，古树葱茏，怪石嶙峋，山石在溪流中慢慢地显露出来。散落在小路两边的红色的树叶也逐渐变得稀少了。抬头眺望，山中虽然是寒冷的深秋，但是这里的景色还是那样的郁郁葱葱，整个都被这青翠欲滴的感觉包围了，给人以小雨湿衣的清凉感觉，这深秋画面太美了！在他的这首诗句中，浮现出了一幅环境清幽，色彩感受强烈，使人心旷神怡的美景。在王维的这首诗中，诗情浓浓，画意盎然。王维的绘画作品虽然鲜有流传，但记载中后人对他的绘画艺术作出了高度的评价。元代的画学家汤垕在《画鉴》中说："王右丞维，工人物、山水，笔意清润。……。盖其胸次潇洒，意之所至，落笔便于庸史不同。"②这段论述，道出了王维绘画的意境所在。明代文人董其昌在《画禅室随笔》中说："南则王摩诘始用植淡，一变勾斫之法。……要之摩诘所谓'云峰石迹'，迥出天机，笔意纵横，参乎造化者……"③阐明了王维绘画的方法，这就是所谓的"诗中有画"。

---

① 邹德金整理：《名家注评全唐诗》，天津古籍出版社 2010 年版，第 112 页。

② 汤垕著，马采注释：《画鉴》，人民美术出版社 1959 年版，第 [illegible] 页。

③ 敏泽：《中国美术思想史》（下卷），湖南教育出版社 2005 年版，第 371 页。

二、花鸟画的意境构造

“画中有诗”要求画家作画时要用诗人般的心灵来营造画面，要用诗人般的审美意趣来表达意境。这不仅仅是在诗词佳句里面找寻绘画的题材和内容，而是要用诗人般的心灵来感受自然，用诗人般的目光来观察物体，用诗人般艺术的审美去领悟世界，用诗人般的艺术创作手法来画画。把古典诗词艺术的意蕴与绘画艺术的意境形态完美地结合在一起，才能真正地做到由诗入画。诗词和绘画的水乳交融，就是即使绘画作品中没有题画诗，也能拥有诗境般的优美意境。诗画相融的形式就是人们所共识的“有形诗”或“无声诗”，诗画相融，并不是指中国画中有诗句参与构图，而是指花鸟画从构思以及章法、从形象到色彩的诗化，以及充满诗情的优美意境。“以诗入画”的意境构造方法体现出了诗画之间相互作用的关系。诗词与绘画的彼此渗透与融合，以及绘画对诗词意蕴的营造方式的借鉴，体现出了中国传统绘画的独特面貌，即艺术作品中主客体之间的融合与统一。传统的花鸟画是在高度写实的基础上注重画面的诗意表现，才取得了如此辉煌的成就，通过以诗入画而达到更高层次审美，花鸟画是诗画融合的典范。

在前文提到过的宋代画家赵昌的作品《写生蛱蝶图》中，画面描绘的是秋天野外的风景，从画面的构图来看，上半部分都是空白，只有三只彩蝶在翩翩飞舞，给人以秋高气爽的感觉。画面的左下方描绘了野菊花、荆棘、草、霜叶，各个景物之间的安排疏密得当、错落有致。从颜色的安排上来看，整体画面色彩缤纷绚烂，线条柔韧飘逸。整幅作品生动逼真，洋溢着生机盎然的景趣。画面以蝴蝶与霜叶这些自然美景中的生命，营造出宁静、清澈而幽远的审美意境，画面给人以田园诗歌般的审美体验，体现了中国传统画中有诗、诗画相融的审美意趣。从这幅作品中可以看出，宋代宫廷画院不仅追求的是物体形象的优美以及色彩的华丽，他们更加注重的是画家主观感受的表现。古典诗词与花鸟画的结合在此时已经上升到了一个新的高度和层面，这就是诗词和绘画在思想和精神上的融合，这样的融合使画面具有了更深层次的内涵。这样的融合形式将诗词绘画真正地相互契合在一起，这标志着宋代院体画诗词意蕴化的完成。而在形式上把诗词与绘画完美结合起来的是宋徽宗赵佶。他的作品《芙蓉锦鸡图》，该图设色艳丽，绘面题材内容华丽，构图别出新意，而且生趣盎然。画面由此达到了形神兼备、富有意蕴的境界。诗词成为画面的一个部分，从而保持了两者在艺术形式上的统一，所以诗画一体成为古典诗词与花鸟画相融合的构图形式。

第二节　意境审美的相融性

唐朝美学大师司空图在他的美学著作《二十四诗品》中，把诗词风格归纳为：雄浑、冲淡、纤秾、沉着、高古、典雅、洗练、劲健、绮丽、自然、含蓄、豪放、精神、缜密、疏野、清奇、委曲、实境、悲慨、形容、超诣、飘逸、旷达与流动，共二十四品。北宋大文学家苏轼，曾对司空图的诗文、文学理论和《二十四诗品》

作了高度评价："唐末司空图崎岖兵乱之间，而诗文高雅，犹有承平之遗风，其论诗曰：'梅止于酸，盐止于咸，饮食不可无盐、梅，而其美常在咸酸之外。'盖自列其诗之有得于文字之表者二十四韵，恨当时不识其妙，予三复其言而悲之。"①

这里所说的"二十四韵"，就是《二十四诗品》。这部书不是一般的诗论、诗话，而是重要的美学理论著作。它对宋以后的艺术思潮、艺术创作和艺术流派，产生了不可忽视的影响。例如司空图主张文学创作要婉转自然，"生气远出，不着死灰"②，"遇之自天，泠然希音"，③"若其天放，如是得之"④。到了宋代，这种文学思想得到了继承和发展。苏轼崇尚"文理自然，姿态横生"，陆游在《何君墓表》中也说道："大抵诗欲工，而工亦非诗之极也。锻炼之久，乃失本旨，斫削之甚，反伤正气。……"⑤这些论述，不难看出受到了司空图文学理论的影响。而传统绘画艺术，也随着美学理论的发展而延伸。花鸟画的意境也以此为参照和依托，在画面意境营造的同时，融合诗词的审美意蕴。

---

① （宋）苏轼：《书黄子思诗集后》，摘自牛宝彤《三苏文选》，四川人民出版社1983年版，第123页。

② （唐）司空图：《二十四诗品》，摘自杜黎均：《二十四诗品译注评析》，北京出版社1988年版，第125页。

③ （唐）司空图：《二十四诗品》，摘自杜黎均：《二十四诗品译注评析》，北京出版社1988年版，第151页。

④ （唐）司空图：《二十四诗品》，摘自杜黎均：《二十四诗品译注评析》，北京出版社1988年版，第135页。

⑤ 钱忠联、马亚中：《陆游全集校注》10，浙江教育出版社2011年版，第428页。

一、雄浑

雄　浑

大用外腓，真体内充。返虚入浑，积健为雄。具备万物，横绝太空。

荒荒油云，寥寥长风。超以象外，得其环中。持之匪强，来之无穷。[①]

在中国古典诗词意蕴中的雄浑的意境，将其运用到绘画当中，是雄和浑两种元素建构而成。唐朝美学家司空图将雄浑描述为："返虚入浑，积健为雄。"[②]他阐述的所谓雄者，是威武而宏强、强劲而刚毅；所谓浑者，是浑厚而博大、空旷而整体。这里雄浑的意境是这样阐述的：华美的表达涌现在外，真切的内容充实于中。返回虚静，才能达到浑然之境，蓄积正气，笔力始可显出豪雄。雄浑的意境有包罗万物的气势，高高横贯浩渺的太空。像苍茫滚动的飞云，如浩荡翻腾的长风。超越生活的表面描绘，掌握艺术作品的核心内容。追求雄浑，不可勉强拼凑，自然得来，就会意味无穷。雄浑既可以描绘具体的自然物象，同时也可以表现主观情志与气势和精神的概念。

① （唐）司空图：《二十四诗品》，摘自杜黎均《二十四诗品译注评析》，北京出版社1988年版，第61页。

② （唐）司空图：《二十四诗品》，摘自杜黎均《二十四诗品译注评析》，北京出版社1988年版，第61页。

在雄浑释义开头的四句，重在提出雄浑意境的作品形式和内容的要求。形式宜作到浓重的描写，内容应具有真切的思想情感。既要立足于虚静，对生活有确切的认识，又要对精神加强磨炼，积蓄正直矫健之气。第二组的四句，将“雄浑”这个静的概念，刻画为“横绝太空”“荒荒油云”“寥寥长风”等动的形象。将空泛的词语，赋予了视觉形态和听觉形态。第三组是概念性说理。其中“超以象外，得其环中”，是司空图的名言，对后世的审美理论影响很大。

在中国古典美学理论中，所谓浑就是浑沌与混茫的境界。中国古代的哲学思想把世界生成前的状态描述成为混茫一片。而老子在他的理论中把“道”称为世界万物的本源，依照老子在《道德经》的叙述，这个世界的本源就是混然的、整体的存在。例如在沙漠景观中的“大漠风尘日色昏，红旗半卷出辕门”①的景象，这种风沙弥漫、遮天蔽日的苍茫就代表了雄浑中的“浑”。浑是苍茫无迹的景象，使人有若隐若现的神秘感，也让人有深邃莫测的空灵感。这种“浑”的虚幻在花鸟画的表现方法中，可以概括为笔墨中的“浊”和“虚”。绘画艺术在“浊”中蕴藏着一股浑厚的生命力，在“虚”里蕴藏着无穷尽的意蕴。许多诗人笔下的形象如江河、山林、明月、云海像暴风般飞驰的战马，都被赋予了作者浓烈灼热的感情，都营造出了雄浑的意蕴。

近代画家吴昌硕（1844—1927年），浙江湖州人，晚清时期画家兼书法家。中国近现代绘画艺术发展的领军人物，“诗、书、画、

① （唐）王昌龄：《从军行》，摘自田宝琴、陆坚等编：《诗词曲赋名作鉴赏大辞典·诗歌卷》，北岳文艺出版社1989年版，第44页。

印”四绝的一代宗师。他与任伯年、蒲华、虚谷一起被称为“清末海派四大家”。吴昌硕的艺术，富有开创精神，他擅长大写意水墨花鸟，他的作品擅长以书法入画，将书法、篆刻的行笔与章法融入他的花鸟画中，形成了富有金石味的豪放风格。吴昌硕所画的写意花鸟画《墨荷》（图 4–1），以篆笔书写，狂草入画，他所画的花卉木石，笔力敦厚老辣、纵横恣肆，气势磅礴，意境雄浑。

近代画家潘天寿（1897—1971 年），浙江宁海人。他所画的作品《老鹫》气势雄壮、磅礴隽永，有雄浑的意境。在这幅画中他描绘了一块气势雄伟的怪石，占据了将近二分之一的画幅，这一大块怪石用虚白的绘画方法，只用墨笔勾勒出了险峻外轮廓。在这个怪

图 4–1 《墨荷》吴昌硕

石上画了一只苍莽的秃鹫，这只秃鹫由焦墨点簇而成，漆黑黑、乌压压的一片。画面中的老鹫颔首凝神，似乎积蓄了一种不可遏制的力量，有将要展翅奋起，搏击万里的姿势，体现了雄浑的刚毅美。

二、典雅

典　雅

玉壶买春，赏雨茆屋。坐中佳士，左右修竹。白云初晴，幽鸟相逐。

眠琴绿阴，上有飞瀑。落花无言，人淡如菊。书之岁华，其曰可读。①

典雅字面的释义为：用玉壶载酒游春，在茅屋赏雨自娱。在左右座中的朋友有高贵而典雅的名仕，在身旁有修长而翠绿的竹子。初晴的天气白云飘动，在深谷里的鸟儿互相追逐。在绿茵下倚琴静卧，看山顶的瀑布和飞珠。花瓣轻轻地坠落，静静地洒在地面上。幽人恬淡，宛如秋菊。这样的胜境表达出来，写入书中，将来会值得欣赏品读。

典雅是中国最古老的艺术风格之一。古典美学理论从孔子开始起就强调艺术的社会作用和美育作用。对于具体的艺术创作，要求庄重、纯正，有思想意义。孔子说："《诗》三百，一言以蔽之，曰：

① （唐）司空图：《二十四诗品》，摘自杜黎均：《二十四诗品译注评析》，北京出版社 1988 年版，第 90 页。

思无邪。”①“乐而不淫，哀而不伤。”②“温柔敦厚，《诗》教也。”③这都是主张艺术作品的内容要典雅。

典雅的艺术风格是指诗词有经典的依据与文词雅训的具体内容。“典”是指古代的诗书典籍，而在汉朝之后，“典”指的常常是儒家的经典著作。它常常是指在艺术思想与内容形式上的尊经崇典。“雅”本身就有“正”的意思，古代文论术语中有“雅正”。作为文学风格用的“典雅”概念，主要指艺术作品思想艺术上的正派庄重。传统文化中常把合乎正统规范的东西，称之为“雅”。“典”和“雅”在本质上是统一的，有“典”则“雅”。“典雅”是一种柔性的美，它代表了清风皓月的端庄、暗香疏影的高洁。

典雅作为绘画的意境有两种内涵：首先是庄重，这是指合乎典范的高贵而优美的意境，它是一种哀乐合度情感表现。典雅的情感不是率真而外露的表达，也不是含蓄隐晦的抒情。典雅的意境既不是“感时花溅泪，恨别鸟惊心”④中所描绘的激动而强烈；又不是“细雨湿流光，芳草年年与恨长”⑤中所描述的幽怨与哀伤。典雅是“叶上初阳干宿雨，水面清圆，一一风荷举”⑥中落落大方的雍容气派。

---

① （春秋）孔子：《论语·为政》，摘自鲍建竹：《论语》，当代世界出版社2007年版，第25页。

② （春秋）孔子：《论语·八佾》，摘自鲍建竹：《论语》，当代世界出版社2007年版，第62页。

③ 陈戍国：《礼记校注》，岳麓书社2004年版，第385页。

④ （唐）杜甫：《春望》，引自佐海峰注析：《古诗词选释》，辽宁人民出版社1981年版，第23页。

⑤ 冯延己：《南乡子》，引自王国维著，李梦生评释：《人间词话》，汉语大词典出版社2004年版，第62页。

⑥ 周邦彦：《苏幕遮》，引自赵雪沛：《文学作品赏析中国古典诗歌》，哈尔滨工程大学出版社2004年版，第359页。

图 4–2 《牡丹图》（宋）佚名

花鸟画在宋朝已经达到了花鸟绘画历史的巅峰。“黄筌富贵”与“徐熙野逸”的绘画风格都得到了全面的发展，在造型优美、设色富丽雅致的基础上进一步讲求神韵、法度，最终于穷工极妍中达到清幽的格调和典雅的意境。典雅的意境蕴含了高雅圣洁的静态美。《牡丹图》（图 4–2）代表了这种典雅的审美意境。

近代花鸟画大家于非闇（1888—1959 年），山东蓬莱人，久居北京。他精通画花木禽鱼，从宋人的墨线勾勒，雕青嵌绿，富丽绚烂。于非闇擅长瘦金体。他作于1941年的工笔花鸟画作品《荷花》（图4–3），当时的北京城已经沦陷，他在其作品中题诗道：“故都荷花向以六郎庄为胜，近则谐趣园独丰腆娇艳，静心斋独清瘦皎洁。言故都花木者所宜知也，合二者写此并记”。[①] 此画所表达的意蕴已经非常的清楚，画面表现当中隐藏着浓浓的悲怆情感，然而在艺术表达上却平和委婉，意境典雅。画家将自己悲痛的情感安置于适度

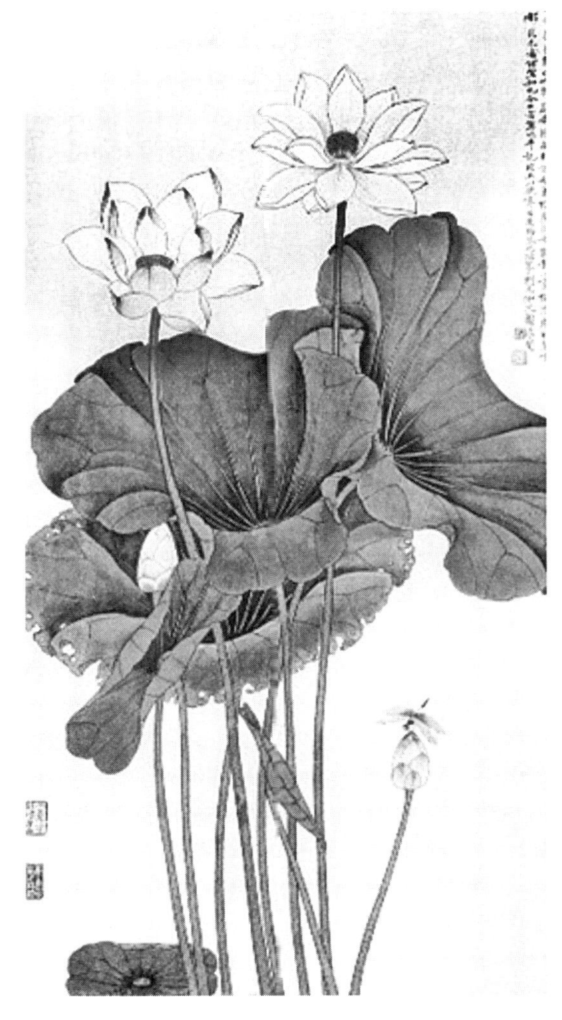

图4–3　《荷花》于非闇

① 于非闇：《荷花》，题跋引自贾德江主编：《中国现代花鸟画全集》，河北教育出版社2002年版，第63页。

的诗意形象中，具有“怨而不怒，哀而不伤”的意蕴。

典雅出自文人匠心，讲究精美的样式，表现方式的大方而含蓄。花鸟画中的典雅的意境讲求：“苔枝缀玉，有翠禽小小，枝上同宿。”[①]这种优美的艺术画面和艺术造型；追求：“二十四桥仍在，波心荡，冷月无声。”[②]这种空灵的艺术之境去表现：“恨春去不与人期，弄夜色，空馀满地梨花雪。”[③]这种雅致的色彩从而表达画家们内心典雅的情感和胸怀。李泽厚在《美的历程》中写道：“在对这些远为有限的对象的细节忠实描绘里，表达出某种较为确定的诗趣、情调、思绪、感受。……谁能不在画前荡漾出各种轻柔优美的愉快感受呢？”[④]

三、冲淡

冲　淡

素处以默，妙机其微。饮之太和，独鹤与飞。犹之惠风，荏苒在衣。

阅音修篁，美曰载归。遇之匪深，即之愈稀。脱有形似，握手已违。[⑤]

冲淡的字面释义为：艺术创作者平时应当保持沉静的思考，就

① 姜夔：《疏影》，引自沙灵娜译注：《宋词三百首全译》，贵州人民出版社2008年版，第388页。
② 姜夔：《扬州慢》，引自沙灵娜译注：《宋词三百首全译》，贵州人民出版社2008年版，第379页。
③ 周邦彦：《浪淘沙慢》，引自《李长之文集》第5卷，河北教育出版社2006年版，第322页。
④ 李泽厚：《美的历程》，天津社会科学院出版社2002年版，第221页。
⑤ （唐）司空图：《二十四诗品》，摘自杜黎均：《二十四诗品译注评析》，北京出版社1988年版，第68页。

能体会到冲淡的微妙。诗词佳句包含着自然的气势，像伴随着幽独的白鹤一起高飞。这境界像和煦的春风，轻轻抚摸着你的素衣。又好像清风吹拂修长的翠竹，轻柔的声音呼唤你荣归故里。偶然达到平淡与宁静的状态并不困难，勉强追求，就会很少如意。作品如果一直停留在表面形似的描写上，就会脱离冲淡的意境。

宋朝诗人陆游在《嘉定巳巳立秋得膈上疾近寒露乃小愈》一诗中说："小诗闲淡如秋水，"[①] 冲淡的意境表现在绘画内容方面常以幽远宁静、清新淡雅的境界，展示出安然、祥和、恬静的美感。只有艺术家经过了沉静的思考，在内心中达到真正平心静气的境界。在花鸟画中恬静而淡雅的景物描写，常以田园风光为主。自然中那些绵延而险峻的崇山峻岭、波澜壮阔的大江大海，以及飞瀑流沙这些动人心魄的大自然风光与恬静的意境并不相同；而雕梁画栋的华丽装饰，金碧辉煌的飞檐游廊，人工巧饰的园林亭院也与这种恬静而平淡的意境相背。那些在低矮的屋檐下垂挂的瓜蒌，错落的院子里奔跑嬉闹的雏鸡，夏日茂密树枝上叽喳的麻雀，都是平淡意境中的题材。在这种恬静平淡的意境之中让人同样感到对生活的依恋和缠绵。"倚杖柴门外，临风听暮蝉"，[②] 这就是一幅幅清静、温馨的水墨画，在漫不经心之中，获得无限优美的感觉。

冲淡意境的精神本源就是在于艺术家淡泊高远的人生境界。艺术家的内心世界仿佛经受了生活激流的常年冲洗，性情中的棱角都

① 王新龙著：《陆游文集》1，中国戏曲出版社 2009 年版，第 227 页。

② （唐）王维：《辋川闲居赠裴秀才迪》，彭定求等：《全唐诗》，中州古籍出版社 2008 年版，第 585 页。

图 4–4 《故乡的月》刘新华

已经消失殆尽，到达了人生的清静无为、乐观自然、平心静气的境界。这种境界往往是用以一种平心静气的眼光去观察世界，无论外界发生多大波澜，内心总保持着平衡的状态。

画家内心中冲淡恬静的情志才能创作出恬逸的境界。这种画面境界常常要求绘画的语言简朴、自然。而矫揉造作的表现风格常常会打破恬静与平淡之美，华丽烦琐的风格也与平淡表里相背。所以意境恬静的作品，是贴近生活流露出的自然、真切的语言风格，让人感觉亲切而温暖。素朴无华的语言风格看似平凡，但这是画家本身艺术格调的体现，显示出“清水出芙蓉，天然去雕饰”① 的自然本色，是艺术家情感的自然表达。

① （唐）李白：《经乱离后天恩流夜郎忆旧游书怀赠江夏韦太守良宰》，摘自邹德金整理：《名家注评全唐诗》，天津古籍出版社 2010 年版，第 257 页。

图 4–5 《细雨无声》刘新华

在花鸟画中恬美平淡的意境在某种程度上可以表现为画面的古拙朴素，拙朴的语言表达是一种外表的拙美，它以拙为美，以朴养灵，即苏轼所谓“外枯而中膏，似淡而实美”[①]。这种感觉清新淡雅，优美自然，不露人工雕琢的痕迹，使人不觉其巧，只觉其妙。这种意境发掘出的，是画家恬淡清新的艺术底蕴。冲淡的意境是溪边浣纱的西子，可贵的是一种本色的美、素朴的美、生活的美。

现代花鸟画家刘新华（1952— ），河北人，师从田世光，曾东渡日本留学。他的工笔花鸟画作品，每一幅都倾注着画家的精神寄托，都是画家心灵的独白。刘先生的作品注重线条的表现能力，擅长色彩的表达。在他的作品《故乡的月》（图 4–4）中，通过白描的枝叶，抛开了艳丽色彩的渲染，保持墨线天然的本色，在平淡

① （宋）苏轼：《东坡诗话 · 评韩柳诗》，引自王大鹏等编选：《中国历代诗话选》，岳麓书社 1985 年版，第 205 页。

的意境中追求完美的表达。他的作品，通过画面平淡意境的渲染，表达了对故乡的思念，对家乡明月的眷恋，凸显出淡雅静逸的情怀，将平淡的场景描绘的充满生命的灵动感，令观者为之动容。他的作品《细雨无声》（图 4–5），通过描绘细雨中墙边朴素无华的牵牛花，表现了恬静平淡之中的意境美。

四、绮丽

绮　丽

神存富贵，始轻黄金。浓尽必枯，浅者屡深。雾余水畔，红杏在林。

月明华屋，画桥碧阴。金樽酒满，伴客弹琴。取之自足，良殚美襟。①

绮丽字面释义为：精神世界的丰富，才能够轻视贵重的黄金。辞藻过分浓艳，文思必定枯涩，清淡朴素的描写，诗词的意蕴反而会更加深远，清晨的薄雾消散在水边，红杏点染了茂密的树林。月光照耀着华美的楼榭，绿荫隐约地浮现在瑰丽的桥影旁边。金杯斟满美酒，陪同好友弹琴。这样的素材取之不尽，畅情抒写自己的胸襟。

绮丽是一种多彩而绚丽，语言风格华美的意境。司空图解《二十四诗品》时论述说：“富贵华美，出于天然，不是以堆金积玉

① （唐）司空图：《二十四诗品》，摘自杜黎均：《二十四诗品译注评析》，北京出版社 1988 年版，第 104 页。

为工，如春入园林，百卉向荣，自有生意。”[1]诗词与花鸟画中的绮丽意境与平淡恬静相反，它表现出的是一生五彩斑斓与富丽华美的格调。“绮”在古代是用来形容有华丽图案的丝织品，“丽”用来表达美好的物象。绮丽则是华美艳丽类型风格的总称。作为艺术的风格，是指那些用艳丽华美的文辞表现精巧内容的作品。它是汉代以来就有的艺术风格之一。司空图论绮丽，更多地注重在作品的内容方面，指的是作品的内容，“神存富贵，始轻黄金”这里运用了比喻性说理：精神丰富的人，才能不珍惜黄金；情志饱满的作品，才不贪求华丽的文辞，此处强调的是内容。

司空图把“绮丽”描绘成为一种这样的风格，即华美的艺术形式融合着高洁的情致。“取之自足，良殚美襟”这个结语，曲折地点出了这种“绮丽”意境的独特生命力。艺术家创造这样的意境，就可能作到源深水茂，取之不尽，畅抒情怀。吸言思想感情在形成绮丽风格中的作用，是司空图立论的核心。

在诗词意境中，颇多称得上是司空图式的绮丽作品。张若虚的《春江花月夜》，王维的《洛阳女儿行》，韦应物的《听莺曲》，白居易的《红线毯》，李商隐的《骄儿诗》，可谓大篇的绮丽意境的代表。小篇则更多，如杜甫的：“迟日江山丽，春风花草香。泥融飞燕子，沙暖睡鸳鸯。”[2]刘禹锡的《浪淘沙》：“濯锦江边两岸花，春风吹浪正淘沙。女郎剪下鸳鸯锦，将向中流匹

① （唐）司空图：《二十四诗品》，摘自杜黎均：《二十四诗品译注评析》，北京出版社1988年版，第108页。

② （唐）杜甫：《绝句二首》，摘自彭定求等：《全唐诗》，中州古籍出版社2008年版，第1138页。

晚霞。”[①] 这些诗词都营造出了华美的意境。

绮丽表现在花鸟画艺术作品中使其画面色彩绚烂多姿。美学大师司空图在其《二十四诗品》中阐述说：“雾余水畔，红杏在林，月明华屋，画桥碧阴”。[②] 同时，画家们常常巧妙地运用色彩的对比来表达画面的色彩美。他们将各种色彩之间相互衬托，使画面色彩更加鲜明靓丽。这种意境的营造往往运用色彩学上的“补色原理”，显示出作品色彩绚烂的艺术美感，营造出绮丽的意境。画面中色彩不但可以使人赏心悦目，而且不同的色调还能够传情达意，表现画家内心世界的复杂情感。不同的色调，传达出艺术家内心不同的情感世界。北宋诗人宋祁的名句“红杏枝头春意闹”[③] 中的“闹”字，使画面中的意象丰富了许多，这里的红字对于衬托春意盎然也起了至关重要的作用。李白的《菩萨蛮》中的“寒山一带伤心碧”[④] 的诗句里，碧色对于表达画面意境的寒意作用也很大。花鸟画作品中所描绘的色彩不仅是自然景物的颜色，而是画家自身的情感色彩，他们将自己的情感融入到画面色彩之中，营造出绮丽的意境。

花鸟画中绮丽的意境在呈现出各种丰富色彩的同时，还增添了光的感觉。画面中阳光的照耀，空气的流动，可以使静态的美转变

---

① 彭定求：《全唐诗》，中州古籍出版社 2008 年版，第 1863 页。

② （唐）司空图：《二十四诗品》，摘自杜黎均：《二十四诗品译注评析》，北京出版社 1988 年版，第 104 页。

③ （宋）宋祁：《玉楼春》，引自丁子予、汪楠编：《中国历代诗词名句鉴赏大辞典》，时事出版社 2012 年版，第 105 页。

④ 俞平伯：《唐宋词选释》，人民文学出版社 2005 年版，第 8 页。

成为动态的美，使画面充满了灿烂的美感。正是这种光感与色感的融合，才能使色彩更加生动感人。在传统花鸟画与诗词的题材中，描绘晨曦和夕阳是最令人心驰神往的内容。南宋诗人杨万里的“映日荷花别样红”[①]，让人感觉到连空气也新鲜而留有馨香的，这样的描绘给人以绮丽的视觉感受。

在现代画家刘新华的工笔重彩花鸟画中，色彩是至关重要的情

图 4–6 《秋实》刘新华

① （宋）杨万里:《晓出净慈寺送林子方》，引自田宝琴、陆坚等编:《诗词曲赋名作鉴赏大辞典》，北岳文艺出版社 1989 年版，第 115 页。

图 4–7 《阳光》刘新华

感媒介。他旅日多年，研习日本绘画中的天然矿物颜料的用法。在刘新华的重彩花鸟画作品中，一直注重色彩的处理和运用，他在把握了强大的色彩处理技巧的基础上，根据自己的感受驾驭色彩，将自己的情感融入到画面当中。他的色彩绮丽而优美，呈现出了丰富多彩的厚重感和材质美，他融汇了色彩与西方绘画和东方意境的神韵，将光感融入画面，丰富了色彩语言的运用，突出了色彩冷暖对比，细腻地表现了画面中色彩的层次和空间，浪漫地使用了互补的色彩，营造出色彩绚烂、生机盎然的意境。在《秋实》（图 4–6）与《阳光》（图 4–7）两幅作品中，刘新华使用了互补色调，用绚丽多姿的颜色描绘出了阳光下妩媚的画面，营造出了绮丽的意境。

五、清奇

清　奇

娟娟群松，下有漪流。晴雪满汀，隔溪渔舟。可人如玉，步屟寻幽。

载瞻载止，空碧悠悠。神出古异，澹不可收。如月之曙，如气之秋。①

清奇的字面释义为：在苍翠秀美的松林中间，出现着漾起波纹的溪流。天气初晴，小雪覆盖着沙滩，在河的对岸，停泊着一叶渔舟。俊逸的人好像白玉般高洁，迈开脚步寻访幽静的美景，他在又行又止，仰望悠悠的蓝天。神采显得多么的高雅和奇特，风度恬淡使人难以描绘。像黎明前的月色那样明净，又像初秋的天气那样

① （唐）司空图：《二十四诗品》，摘自杜黎均《二十四诗品译注评析》，北京出版社 1988 年版，第 140 页。

清秀。

从清奇的论述上来理解，它是从意象的角度来阐述的，松林泉流，微雪满洲，渔船掩映，一派寂静而空旷意境。感觉清空虚无的意境应该是在广阔而宁静的湖面上或者是在深邃无垠的夜空里，在皎洁月色的陪衬下，渲染出了清远空灵的意境，这种清空的感受感染了观者的心灵。清是指意，论述的是高洁的志向，是画面中淡雅的意趣，是画面俊秀飘逸的格调；空则是指境，论述的是境界的空旷虚无中的疏朗，气韵流淌中的生动。画面中的清与空相互融合，构成了一种寥廓澄净的清空意境。

司空图《二十四诗品》中“清奇”就对应出了花鸟画中的“清空”意境的营造。他在清奇中所阐述的：“载瞻载止，空碧悠悠”①与“如月之曙，如气之秋”②的描述与清空的意境相契合。

清空意境中的艺术家应该具有“表里俱澄澈”③与“肝胆皆冰雪”④般的宽广胸襟，还要有“稳泛沧浪”⑤、“扣舷独啸”⑥的高尚情

① （唐）司空图：《二十四诗品·清奇》，引自王大鹏等编选：《中国历代诗话选》，岳麓书社1985年版，第97页。

② （唐）司空图：《二十四诗品·清奇》，引自王大鹏等编选：《中国历代诗话选》，岳麓书社1985年版，第97页。

③ 张孝祥：《念奴娇·过洞庭》，引自梁海明注析：《宋词三百首》，书海出版社2001年版，第130页。

④ 张孝祥：《念奴娇·过洞庭》，引自梁海明注析：《宋词三百首》，书海出版社2001年版，第130页。

⑤ 张孝祥：《念奴娇·过洞庭》，引自梁海明注析：《宋词三百首》，书海出版社2001年版，第130页。

⑥ 张孝祥：《念奴娇·过洞庭》，引自梁海明注析：《宋词三百首》，书海出版社2001年版，第130页。

怀。再有艺术家“落落欲往，矫矫不群”[①]的超脱世俗的精神。美学大师叶朗曾经写道：“文学艺术的高下，决定于作品的格；格的高下，决定于作者的心；心的清浊、深浅、广狭，决定于其人的学，尤决定于其人自许自期的立身之地”[②]。艺术家只有具备了超脱凡俗的心胸，其艺术作品才能清冷优雅，空碧淡远。清空的意境往往又具有静、虚、隐的艺术特质。现代画家刘新华的作品《乡愁》（图 4–8）通过描绘残血枯荷，展现了这种清空淡远的意境美。

图 4–8　《乡愁》刘新华

① （唐）司空图：《二十四诗品 · 飘逸》，引自王大鹏等编选：《中国历代诗话选》（一），岳麓书社 1985 年版，第 99 页。

② 叶朗：《现代美学体系》，北京大学出版社 1999 年版，第 138 页。

"静故了群动，空故纳万境。"①静旖与空灵，经常是相互联系，只有静逸，才能更加显示出画面空阔静寂的意境。这种静逸，不仅仅是在画面中的静寂，更为重要的是画家内心脱俗的气质和超凡无争志向。美学大师陈传席先生说："诗要孤，画要静，宁静以致远，才能得到高雅之意；若于尘嚣缰锁、凡俗纷扰中只能得到躁气和表相之物，一切高雅之意皆不可期至，这是无疑的。"②当艺术家内心充满了激情是很难达到清空境界的。这种超逸的心情像有灵气的浇灌和涌动。美学大师宗白华阐述说："它所启示的境界是静的，因为顺着自然法则运行的宇宙是虽动而静的，与自然精神合一的人生也是虽动而静的。它所描写的对象，山川、人物、花鸟、虫鱼，都充满着生命的动——气韵生动。但因为自然是顺法则的（老、庄所谓道），画家是默契自然的，所以画幅中潜存着一层深深的静寂。"③

中国艺术的审美之中，虚与实是两种常见的表现形式。这种虚实相生的艺术手法，扩展到很多门类的艺术创作之中。在传统戏剧艺术中，武生在舞台上高扬的马鞭，代表了两军交战中的千军万马的虚幻场面；中国传统园林设计艺术中，艺术家通过使用借景与漏窗，引入了"堂开淑气侵人，门引春流到泽"④的自然景色；在诗

① 陈传席：《中国绘画美学史》，人民美术出版社 1998 年版，第 531—532 页。

② 陈传席：《陈传席文集》，河南美术出版社 2001 年版，第 919 页。

③ 宗折华：《介绍两本关于中国画学的书并论中国的绘画》，摘自宗白华：《美学漫话》，长江文艺出版社 2008 年版，第 129 页。

④ （明）计成原著，陈植注释：《园冶注释》，中国建筑工业出版社 1988 年版，第 243 页。

词艺术创作中讲求“此时无声胜有声”的描述，[①]在传统绘画中追求“无画处皆成妙境”的表达。[②]中国传统艺术中的这种虚境，恰恰是自然与人相处的灵犀的碰撞，气息流转的精神空间。美学大师宗白华先生曾经说道：“中国人感到这宇宙的深处是无形无色的虚空，而这虚空却是万物的源泉，万动的根本，生生不已的创造力。”[③]

虚，是通过水墨交融的虚实处理手法来表达画面中清空的意境。齐白石所画的墨虾的背景是大片虚空，这些虚空不是真正的空洞无物，墨虾中的空白把观者引入虚无漂缈的画境深处，连虾也仿佛流连于清奇的空间之中。现代著名女画家周思聪所画的《荷》（图 4–9），她在生命弥留之际所画的荷塘虚朦静逸，给

图 4–9　《荷》周思聪

① 白居易：《琵琶行》，引自梁海明注析：《唐诗三百首》，书海出版社 2001 年版，第 67 页。

② 笪重光：《画筌》，转引自朱良志：《中国艺术论十讲：曲院风荷》，安徽教育出版社 2003 年版，第 150 页。

③ 宗白华：《介绍两本关于中国画学的书并论中国的绘画》，摘自宗白华：《美学漫话》，长江文艺出版社 2008 年版，第 129 页。

人留下一片空灵流动的想象空间，意境飘逸超脱。这水雾弥漫画面，就是画家精神世界展现，完美展现了这种朦胧虚空的意境美。

六、悲慨

悲　慨

大风卷水，林木为催。适苦欲死，招憩不来。百岁如流，富贵冷灰。

大道日丧，若为雄才？壮士佛剑，浩然弥哀。萧萧落叶，漏雨苍苔。①

悲慨意境的字面释义为：大风卷起狂澜，树木均被破坏。精神的痛苦让人难以忍受，召唤的亲朋好友也没有到来。百年的岁月像流水那样飞逝而去，富贵与权位都化作了跌落的尘埃。这如今世道的沦丧，谁才是今天的雄才？壮士拔剑自叹，抒发满腔的悲哀。无奈树叶萧萧落下，且听得残雨滴打这苍苔。

悲慨的阐述有着深沉的寓意，真切的感怀，充盈的激情，铿锵的节奏，组成了悲慨的扣人心弦的力量。在二十四诗品中，它是写最动情、最有气势的篇章。这里的论述，隐喻着司空图本人对唐末社会黑暗的愤懑和对明天世事的感伤。全篇布局有序，层层递入，首尾用景映衬，中部以情贯通，集中表述了社会倒退，世风沉沦乃

① （唐）司空图：《二十四诗品》，摘自杜黎均：《二十四诗品译注评析》，北京出版社1988年版，第156页。

悲慨之源。这种悲慨蕴含着时代的哀愁，国事的哀伤，世风的哀叹。艺术将具有深切社会意义的浩然之哀与个人生活不幸之哀，进行缜密的融合，就能创作出成功的悲慨的作品来。悲慨的诗品对应绘画艺术就是狂逸的绘画风格，悲慨与狂逸相契合，共同营造出令人动容的艺术作品。

图 4–10　《墨葡萄图轴》（明）徐渭

狂逸是传统花鸟画中的一种绘画风格。这种绘画的风格是画面的气势磅礴而情感的豪放奔涌。这种意境特征主要取决于画家的任情自适，放浪不羁思想和情志，用绘画的形式进行内心悲愤的发泄和自我的解脱。这些画家常常

怀有崇高理想，当遭遇生活的磨难或者挫折的时候，情绪悲痛激愤，狂逸的画者更注重于精神的自由，追求个性的解放。

画者的思想情感在悲慨之作中占有重要的地位，这是作品的核心，也是绘画的主体、画面的灵魂。当面对徐渭、朱耷的绘画作品时，从中读出了他们孤独寂寞、愤慨幽怨的内心世界，感受到他们倾诉无门的痛苦和无助。无论这种悲慨的情绪是发自于为国为民的思想，还是出自于画家自我愿望的实现，都能体现出画面中精神世界的宣泄感，给人以思想的共鸣。

花鸟画中常常采用物虚情实的方法表达悲慨的情绪，即使描写了物体，其意象也是经过画家的艺术渲染，充满了浓郁的感情色彩，成为“人化的自然”。

明代著名画家、文学家徐渭（1521—1593 年），浙江绍兴人，字文长，号青藤老人。徐渭的《墨葡萄图轴》（图 4–10）中所描绘的景物，已经分辨不出哪里是葡萄的枝，哪里是葡萄的叶，哪里是葡萄的果，画面中所看到的，全部是伤感的墨迹斑斑。郑板桥品论他绘画的诗句：“横涂竖抹千千幅，墨点无多泪点多！”[①] 也表达了这种情感。在这幅画中，由画家的精神迷茫感所掀起的感情波涛，滂沱如注。经历生命中的痛苦所生发的情感浪花，波涛汹涌。徐渭因早年经受了生活的世态炎凉，晚年又是遭遇了颠沛流离的生活窘迫。他的人生，是杜甫的诗句“万里悲秋常作客，百年多病独登台”[②] 的真实体现。饱经沧桑的人生历程，泪雨交加的悲苦情感，当

① 郭廉夫：《花鸟画史话》，江苏美术出版社 2001 年版，第 139 页。

② （唐）杜甫：《登高》，引自梁海明注析：《唐诗三百首》，书海出版社 2001 年版，第 159 页。

徐渭经历了人生的磨难与艰辛之后，有了凝练而厚重的情思，慷慨而俊逸的抒发，深沉而厚重的画面和抑郁而悲慨的意境，从而创造出一种画面的大美。只有饮过人生凄苦的酒浆，才有可能创作出如此悲慨、苍凉的画面。

悲慨者感情就像司空图所描述的“御风蓬叶，泛波无垠。”①他们的精神世界常常是非常丰富和激昂，作品的取材也常常带有个人情感的自然意象，例如残荷败柳、枯藤汀花，他们才华卓越，能够在这些寻常题材里生发出无限的新意。画面构思奇特，不拘一格，体现出了画家卓越的画面控制能力。悲慨的作品即使是画一些所谓的瑞鸟繁花的通俗题材，也表现得与世俗格格不入。

徐渭的《杂花图卷》（图 4–11）就是一幅跨越时空的大写意扛鼎之作。这幅作品是徐渭创作于万历年间，是他狂草入画的典范之作。在十余米长的画幅中，画家以淋漓酣畅的焦墨、泼墨、积墨等

图 4-11　《杂花图卷》（明）徐渭（局部）

① （唐）司空图：《二十四诗品》，摘自杜黎均：《二十四诗品译注评析》，北京出版社 1988 年版，第 172 页。

多种技法将不同季节与不同地域生长的花草植物集于一图，分别画了牡丹、石榴、荷花、梧桐、菊花、南瓜、扁豆、紫薇、紫藤、芭蕉、梅、兰、竹等共计十三种花卉和蔬果，体现出画家卓越的艺术天才和激烈狂放的情感，开创了花鸟画狂逸悲慨意境的先河。

画家们激情饱满而思维活跃，画面中使用奔放而洒脱的笔墨语言来表达这种情感，意境既气魄宏大，又富有夸张和想象。《杂花图卷·墨牡丹》（图 4–12）就以酣畅淋漓、一泻千里的笔墨形式出现。其用笔劲疾，所向披靡。大泼墨的艺术手法，如狂草般的滂沱倾倒，整幅画面中似有激昂的音乐流动其间，使人有精神上强烈的共鸣。

图 4–12 《杂花图卷·墨牡丹》（明）徐渭

这种悲慨狂逸画面，往往是画家通过绘画艺术来表达狂放不羁的情感和豁达超脱的性情。他们不媚俗套，毅然勇敢地突破绘画的常理常规，追求一种自由灵活的表现手法。画面具有鲜明的个性，充满了爱憎分明的态度和思想，通过画面中的花鸟鱼虫的描绘，将自身的悲慨情感寄寓在画面之中，来表达画家的人生理想与艺术追求。正是因为这样，他们的艺术作品才表现出超凡而独特的审美个性。

明末清初画家朱耷(1626—1705年)，江西南昌人，中国画一代宗师，号八大山人，明宁王朱权后裔。他常常把自己的名字“八大山人”四字连缀起来，仿佛像“哭之”“笑之”的字样，以寄托他苦笑皆非的

图 4–13 《荷石水禽图》（清）朱耷

痛苦心情。他坎坷的人生经历使他具有了高傲倔强的性格特征，这种孤独冷漠的性格与他粗犷豪放的艺术创作相融合，构成了其独特的花鸟画艺术风格。这种大写意的艺术风格对后来的写意花鸟画影响巨大。他创作的花鸟画作品画面造型独特、形象夸张，内容中融进了画家孤独忧愤的情感和思想。这种花鸟画风格将人物画的“传神写照，正在阿堵中”[①] 的手法融合在一起，使用到花鸟画的创作中，用拟人化的艺术手法，表示了“冷眼逼人”“白眼向天”的感情寓意。这种情感的表达显示出他对统治阶层的痛恨和孤高冷傲的个性。他的代表作品《荷石水禽图》(图 4–13)，在他的绘画作品中的艺术形象就是朱耷内心情感的寄托和象征，表现出性格上的顽强不屈和感伤的情怀。

悲慨的画面构成虽然看似随意和不拘，但其艺术作品往往以简胜繁，自然朴实，有如天成，整个画面往往只有几笔，留下大面积空白。这些作品都将中国古典诗词美学之意蕴与花鸟画的意境相契合，从古典诗词的表现手法与艺术特色中探寻花鸟画创作的艺术手法，在两种不同艺术形式的共性中，实现从“诗境”到“画境”的审美转换。

七、自然

自　然

俯拾即是，不取诸邻。俱道适往，着手成春。如逢花开，

① （东晋）顾恺之：《论画人物》，引自潘运告编著：《汉魏六朝书画论》，湖南美术出版社 1999 年版，第 270 页。

如瞻岁新。

真与不夺，强得易贫。幽人空山，过雨采蘋。薄言情悟，悠悠天钧。[①]

自然的意境释义为：在生活中处处能够发现美，不需要挖空心思处处追寻，顺应情理的创作，就能够着手成春。作品自然如花儿开放，又好像四季的岁月更新。生活得来的领悟不能被人夺取，勉强搜取素材就会陷入窘困。高雅的人身居空山，雨过以后采集野果。这一切都是多么的真切和自然，就如同天体慢慢地运行，周而复始。

美学大师宗白华在《美学散步》中写道："'自然'是美的，这是事实。诸君若不相信，只要走出书室，仰看那檐头金黄色的秋叶在光波中颤动；或是来到池边柳树下俯看那白云青天在水波中荡漾，包管你有一种说不出的快感。这种感觉就叫作'美'。"[②] 如果能将心灵投入到大自然之中浸染，跟随着大自然的律动，欣赏自然中的五彩缤纷的万象生机，排除了尘世间繁庸琐物的影响，获得精神世界的陶冶和满足。当艺术家拥有了这样游历自然的审美经验，不仅仅领略了大自然的鸟语花香与清风明月，而且获得了大自然带来的审美的精神愉悦。

中国人自古对自然美的感悟很深。在中国古典诗词里面，对大自然的描绘可谓源远流长，早在《诗经》里就有描写桃花的

① 杜黎均：《二十四诗品译注评析》，北京出版社1988年版，第109页。

② 宗白华：《美学散步》，上海人民出版社2008年版，第269页。

鲜艳、叙述杨柳的风貌、形容风雪状况的描绘，这些阐述简朴自然，贴切而优美；在屈原的《楚辞》中也有“嫋嫋兮秋风，洞庭波兮木叶下”①的诗句将自然中的秋风和水波描绘的生动而贴切。诗人谢灵运也常常描绘自然中的湖光山色，其中的“野旷沙岸净，天高秋月明”②与“池塘生春草，园柳变鸣禽”③和“明月照积雪，朔风劲且哀”④常常为后人传诵，成为清新而隽秀的名篇佳句。但是文学家钱锺书《管锥篇》写道：“余观谢诗取材于风物天然，而不风格自然；字句矫揉，多见斧凿痕，未灭针线迹，非至巧若不雕琢、能工若不用功者”。⑤似乎这种论点也有一些道理。谢灵运的诗作中往往语言描述细致，但自然物象并没有真正的鲜活，莱辛曾经说：“只摹仿现象中的自然，丝毫没有注意体现在我们情感和心灵力量中的自然”。⑥

因此，古典诗词中的“自然美”也有两个因素：首先是诗词艺术描述了自然界的物象之美；其次是诗词艺术在表现上运用自然的手法。花鸟画与诗词对自然的审美相呼应，它的自然审美也有两方面的含义：一是自然的艺术构思是艺术家对自然景物情感的触动，

① 黄显凤注释：《楚辞》，华夏出版社 1998 年版，第 57 页。

② （南北朝）谢灵运：《初云郡》，摘自俞樟华、盖翠杰选评：《池塘春草》，岳麓书社 2002 年版，第 45 页。

③ （南北朝）谢灵运：《登池上楼》，引自俞樟华、盖翠华选评：《池塘春草》，岳麓书社 2002 年版，第 26 页。

④ （南北朝）谢灵运：《岁暮》，摘自俞樟华、盖翠华选评：《池塘春草》，岳麓书社 2002 年版，第 57 页。

⑤ 白振奎：《陶渊明谢灵运诗歌比较研究》，上海辞书出版社 2006 年版，第 4 页。

⑥ ［德］莱辛：《汉堡剧评》，引自《西方文论选》上卷，上海译文出版社 1979 年版，第 433 页。

艺术形象中自然流露出来的表达。二是这种艺术构思力求主客体的统一、心物的感兴。并且，逐渐由相互外在的感兴交会，发展到相互内在融契渗透、体会妙有。

诗情和画意都蕴含在无限广博的自然界之中，“风声、水声、松声、潮声，都是诗歌的乐谱。花草的精神，水月的颜色，都是诗意、诗境的范本”。[①] 对于感觉细致的画家来说，往往会迸发出灵感的火花。当主观的情感与自然审美相吻合时，艺术创作的灵感就会喷涌而出。这种发自内心的思路，是画家纯真而质朴天性的流露，也是真实情感的自然表达。

图 4–14 《晨光》郭味蕖

① 宗白华:《美学散步》，上海人民出版社 1981 年版，第 289 页。

图 4–15 《双鸡图》高剑父

当代花鸟画大师郭味蕖（1908—1971 年），山东潍坊人。他得以黄宾虹指导，擅长花鸟，他的作品兼工带写，画风清新明快，颇具生动自然之美。他的作品《晨光》（图 4–14）中的剑麻，就仿佛生长在日常身边的院落，任自花谢花开，表达了画家性情的隐逸清高，体现了画家对于自然审美的概括和理想。

中国近现代画家高剑父（1879—1951 年），广东番禺人，岭南画派的创始人之一。他的

图 4–16 《豆荚蜻蜓图》（宋）佚名

作品《双鸡图》（图 4–15）中的两只乌鸡，好像是在农家院落中的瓜架下，草丛里小憩，正惊奇地盯着突然闯入的不速之客。画面充满了清新自然，浑然天成的自然意境。

郭味蕖和高剑父的这两幅天然浑成的画作，一方面塑造的形象凝固为一个画面，自然天成；另一方面又体现了心灵的向往，是画家情志与大自然景物之间的契合。画面的构思意味着画家精心的创造，丝毫没有流露斧凿的印记，这种超然的功力体现出画家卓绝的艺术创造能力。清代文学家刘熙载在他的论著《艺概》里阐述说：

“书当造乎自然。蔡中郎但谓书肇于自然，此立天定人，尚未及乎由人复天也”。① 他的这段论述中就提到自然到人工，然后人工再到自然的艺术创作规律。

刘熙载的“肇于自然”指的是艺术创作应该源于自然；而“造乎自然”是指艺术家在作品中所创造的审美意象形式，这种审美意

图 4–17 《碧桃图》（宋）佚名

① 王大亨、欧阳恒忠签注：《刘熙载书概签注》，广西师范大学出版社 1990 年版，第 320 页。

象也应该自然生动，浑然天成。但是第二个自然是经过艺术创造后向更高层次回归。这个论述表明，自然的艺术并不是没有艺术加工的天然状态，更加重要的是这种艺术加工必须恰到好处，并不流露过分修饰的痕迹，这种艺术的加工也是自然的审美境界的必经之路。

宋朝的工笔花鸟画《豆荚蜻蜓图》（图 4–16）和《碧桃图》（图 4–17）中的自然之中的景物，丝毫没有刻意雕琢的痕迹。这样作品能使人感觉到灵气袭人的神韵。

八、含蓄

含　蓄

不着一字，尽得风流。语不涉己，若不堪忧。是有真宰，与之沉浮。

如渌满酒，花时返秋。悠悠空尘，忽忽海沤。浅深聚散，万取一收。①

含蓄意境的释义为：不用文字明确的表达，就能显示生活的美妙。文辞虽然没有讲到苦难的情状，读时却使人十分的哀伤。事物存在着实在的情理，作品和它一起沉浮和呼吸。含蓄，就像漉酒时的酒汁渗漏不尽，又如同花开时遇到的漫天霜气。空中的沙尘游荡不定，海里的泡沫飘荡涌流。万物不断变化聚散，艺术需要博采精受。

① （唐）司空图：《二十四诗品》，摘自杜黎均：《二十四诗品译注评析》，北京出版社 1988 年版，第 115 页。

在《二十四诗品》中，含蓄的描述是司空图写得最富激情、最有文采的专章之一。含蓄是中国人的一种行为准则，也是一种审美标准与习惯，这与儒家思想推崇“乐而不淫，哀而不伤”的中庸道德与美学观念相符合。这种审美观使中国人对艺术作品鉴赏要求委婉含蓄，不能平铺直叙。宋代画学家郭熙云：“山欲高，尽出之则不高，烟霞锁其腰，则高矣。水欲远，尽出之则不远，掩映断其派，则远矣”。[①] 他在《林泉高致》中的这段论述，阐明了这样的道理：显而易见的山峦，宽敞倾泻的江河，固然有大气磅礴之美，但并不使人遐想，云雾缭绕的山峰，蜿蜒波动的水色，却能让人迷恋。

含蓄是婉约的美，它有一种朦胧的神秘感，使人能产生好奇心。所以叶燮在论述诗词的意境时说：“诗之至处，妙在含蓄无垠，思致微渺，其寄托在可言不可言之间，其指归在可解不可解之会，言在此而意在彼。”[②]

含蓄的表达是一种艺术创作的方法，明代的戏剧家王骥德认为，艺术作品贵在“不即不离，是相非相……令人仿佛中如灯镜传影，了然目中，却摸捉不得，方是妙手。”[③] 在艺术表现形式中将艺术家的思想内涵不直接说明，而是用隐约的词语来婉转地表达，或是把它隐含在艺术形象之中让观者去品味。也就是说，真正的含蓄美是余韵悠悠中的曲尽情景之妙。因此，艺术家就应当有以隐约见通透的精深造诣。

① （宋）郭熙、郭思：《林泉高致》，山东画报出版社 2010 年版，第 56 页。

② 张少康：《中国文学理论批评史资料选注》，北京大学出版社 2013 年版，第 309 页。

③ （明）王骥德：《王骥德曲律·论咏物》，湖南人民出版社 1983 年版，第 144 页。

南朝梁代的刘勰在《文心雕龙》中把含蓄的手法阐述为“隐”。他在《隐秀》一文中论述说：“隐也者，文外之重旨也；秀也者，篇中之独拔者也。隐以复意为工，秀以卓绝为巧。斯乃旧章之懿绩，才情之嘉会也。夫隐之为体，义主文外。”[①]司空图在《二十四诗品》中则把“含蓄”阐述为：“不著一字，尽得风流”[②]。这些理论所强调的都是：艺术作品中真正要表达的意蕴没有直截了当地说明白，而作品的精神实质却表现得恰如其分，或者使人沉思于深邃的意蕴中，忽视了表现方式，即所谓的皎然在《重意例》中所写：“览而

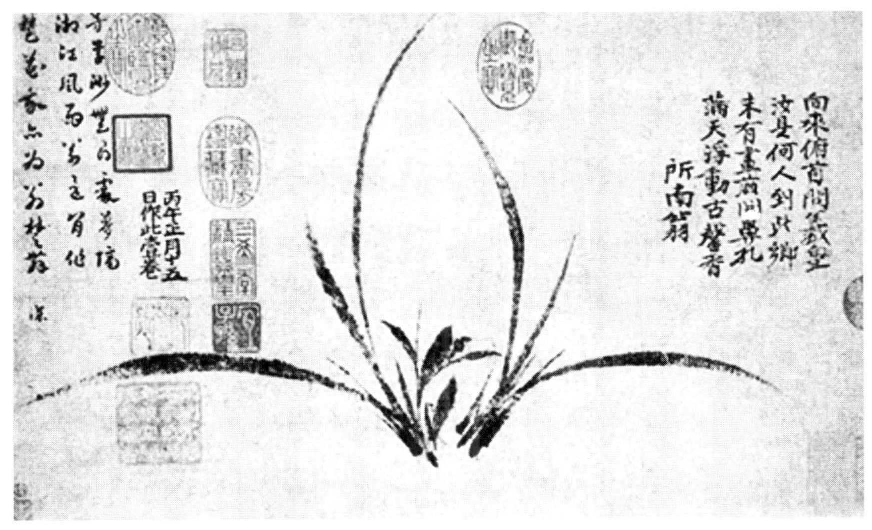

图 4–18 《墨兰图》（南宋）郑思肖

① （南北朝）刘勰：《文心雕龙·隐秀》，引自赵仲邑译注：《文心雕龙译注》，漓江出版社 1982 年版，第 334 页。

② （唐）司空图：《二十四诗品·含蓄》，引自王大鹏等编：《中国历代诗话选》，岳麓书社 1985 年版，第 96 页。

察之，但见情性，不睹文字，盖诗道之极也。”①

中国古典诗词中含蓄的表现方法非常多见。唐朝诗人杜牧诗词中的名句：“一骑红尘妃子笑，无人知是荔枝来。”②诗中的内容主题是严肃而深刻，但是从诗词的字面上却没有直接地流露出来。当后人了解这段历史以后，就能从字面的意义中得到其中所要表达的意蕴。花鸟画的表达手法中也常常使用这样的形式。

宋末画家兼诗人郑思肖（1241—1381 年），福建连江人，擅长画墨兰。元军南侵时，他曾经向朝廷献上抵御之策，未被采纳，后

图 4–19 《墨梅图》（元）王冕

① 皎然：《诗义 · 重义例》，引自王大鹏等编选：《中国历代诗话选》，岳麓书社 1985 年版，第 53 页。

② 杜牧：《过华清宫》，摘自彭定求等：《全唐诗》，中州古籍出版社 2008 年版，第 2695 页。

图 4–20 《墨竹图》（清）郑板桥

客居吴下，寄食报国寺。他的代表作品《墨兰图》（图 4–18）所画的墨兰花萧叶疏而不画根土，表示宋朝土地已经被掠夺，含蓄地表达了画家的亡国之痛。

元朝著名画家兼诗人王冕（1287—1359 年），字元章，号煮食山农。他以画梅花著称，被人称为“画梅圣手”。王冕的诗词多是同情人民苦难、谴责豪门权贵、轻视功名利禄、描写田园隐逸生活之作。他性格孤傲，鄙视权贵。他画的梅花密枝繁，行草健劲，生意盎然。他创作的《墨梅图》卷（图 4–19），用水墨的形式表现了几枝梅花，形态卓然，刚毅不俗。“疏花个个团冰玉，羌笛吹他不下来”①

① （元）王冕：《南枝春早图轴》，引自赵苏娜编：《故宫博物院藏万代绘画题诗存》，山西教育出版社 1998 年版，第 45 页。

是王冕画梅花的深刻寓意。他表达了对国土沦丧的痛心，也是对统治阶级的不满，借梅花含蓄地表达内心的思想情怀。

清代书画家郑板桥（1693—1765 年），江苏兴化人，长居扬州。他善于画花卉木石，尤其擅长兰竹。他所画的《墨竹图》（图 4–20），清秀劲挺，苍劲奔放，寄寓了他高洁、正直、坚贞的精神与品格，具有含蓄的艺术手法。

总之，当花鸟画有感而发，使用掩映有致的表现手法的时候，才成就了花鸟画的含蓄美。

结论

意境，是中国古典文艺理论的重要核心内容，也是中国抒情艺术中特有的精神产物，是花鸟画艺术审美所追求的极致目标。存在于同一个大自然，艺术家们常常能通过艺术创作，呈现出优美而有趣味的境界。诗词的意蕴不是简单的平铺直叙，而是具有审美的层次和结构，审美的意蕴往往只可以意会而不能言传，这就意味着艺术创作中意蕴与意境创造中所需要的才华和能力。因此，艺术家们创造了意境，我们就有必要了解和掌握营造意境的规律。“诗中有画，画中有诗”“诗画一律”“诗画合一”，这是中国传统艺术中特有的诗词与绘画的关系，而具有寓兴和比类创作手法的花鸟画和诗画一体的文人花鸟画，体现了中国绘画的民族特色。花鸟画之所以构成这种独特的艺术形式，是由于中国传统诗画植根于民族艺术的文化土壤。中国古典诗词与花鸟画的融合虽然有着先天的因素——诗画同源，如诗词中文字与花鸟画的视觉同一性，笔、墨、纸和书法的中介等，以及诗画同质的后天效果，如社会功能、审美追求等，但这些都是诗画融合的表层因素，其精神核心是中华民族的哲学与文化思想。

中华民族的哲学与文化思想是诗画融合的深层次的根本原因。

对精神生命本体“道”的体悟、天人合一的境界，构成了中华民族艺术的生命精神。传统艺术的文化观，使时间艺术的诗词和空间艺术的花鸟画、使抒情的诗词和写景的画自然而然地走向契合。儒道禅三家的哲学思想为诗词艺术和花鸟画艺术的精神构架，而善于绘画和书写的文人，则在形式上和内容上把诗的意蕴与画的意境完全联结到了一起。

中国古典诗画关系经过了诗意画、画外题诗、画上题诗的融合的过程，才最后形成了古典诗词与花鸟画相互契合的面貌。中国古典诗词与花鸟画无论就形式而言，还是就内涵而言，都蕴含着深刻丰富的民族文化精神和独特的艺术精神。花鸟画的创作有着它自身必须遵循的艺术规范，它给我们带来了这样的启示：中国花鸟画绝不是诗词与绘画在形式上简单的结合，它是意蕴与意境的统一，一种内在精神的契合。花鸟画所体现出来的中国艺术的精神，是生机盎然的生命精神。这种艺术精神是中国艺术传统的根本，是中国艺术绵延几千年、勃勃生机的原因所在。

总之，古典诗词与花鸟画是我国传统艺术花园中的并蒂莲花，蕴含了画家和诗人的两重主观情感。通过对古典诗词意蕴与花鸟画意境相互契合的研究之后，得到一些启示，诗人是运用文字的描述来抒发生活情感，画家是运用花鸟形象来抒发生活情感。当我们展开画卷，融入到古人的花鸟世界中去，打动观者的是那真善美的艺术形象，我们通过诗词的意蕴和画面的意境聆听到他们的心声，为现代的艺术创作提供精神的支撑和寄托。通过我们对中华传统艺术的发掘和研究，一定会光耀民族传统优秀文化艺术长廊！

参考文献

1.（汉）韩婴:《韩诗外传》，商务印书馆 1936 年版。

2.（三国魏）王弼:《周易略例》，商务印书馆 1986 年版。

3.（晋）陆机:《陆机集》，中华书局 1982 年版。

4.（北周）庚信:《庚子山集》，中华书局 1980 年版。

5.（南朝）宗炳:《画山水序》，人民美术出版社 1985 年版。

6.（唐）刘禹锡:《刘禹锡集》，中华书局 1990 年版。

7.（唐）白居易:《白居易集》，中华书局 1999 年版。

8.（唐）张彦远:《历代名画记》，江苏美术出版社 2007 年版。

9.（宋）任渊、史容、史季温注:《黄庭坚诗集注》，中华书局 2003 年版。

10.（宋）欧阳修:《欧阳修全集》，中华书局 2001 年版。

11.（宋）沈作喆:《寓简》，摘自《文渊阁四库全书》864 册，台湾商务印书馆 1986 年版。

12.（宋）苏轼:《苏轼文集》，中华书局 1986 年版。

13.（宋）郭若虚:《图画见闻志》，江苏美术出版社 2007 年版。

14.（宋）邓椿:《画继》，摘自《文渊阁四库全书》，商务印书馆 1986 年版。

15.（宋）罗大经：《鹤林玉露》，中华书局 1983 年版。

16.（宋）董逌：《广川画跋》，摘自《文渊阁四库全书》813 册，商务印书馆 1986 年版。

17.（宋）王安石：《临川先生文集》，中华书局 1959 年版。

18.（宋）陈应行：《吟窗杂录》，中华书局 1997 年版。

19.（宋）黄伯思：《宋本东观余论》，中华书局 1988 年版。

20.（宋）朱熹：《朱熹诗集传》，中华书局 1958 年版。

21.（宋）洪兴祖：《楚辞补注》，中华书局 1983 年版。

22.（宋）朱熹：《四书章句集注》，中华书局 1989 年版。

23.（宋）米芾：《画史》，上海人民美术出版社 1982 年版。

24.（宋）苏轼：《东坡题跋》，人民美术出版社 2008 年版。

25（南北朝）刘勰著，祖保泉解说：《文心雕龙解说》，安徽教育出版社 1993 年版。

26.（元）李衎：《竹谱详录》，山东画报出版社 2006 年版。

27.（清）叶燮：《原诗》，人民文学出版社 1979 年版。

28.（清）王先慎：《韩非子集解》，中华书局 2003 年版。

29. 徐复观：《中国艺术精神》，华东师范大学出版社 2001 年版。

30. 冯晓：《中西艺术的文化精神》，上海书画出版社 1993 年版。

31. 伍蠡甫：《西方文论选》，上海译文出版社 1979 年版。

32. 朱光潜：《西方美学史》，人民文学出版社 1979 年版。

33.［德］黑格尔：《美学》，商务印书馆 1981 年版。

34. 李泽厚：《美的历程》，文物出版社 1981 年版。

35. 叶朗:《中国美学史大纲》，上海人民出版社 1985 年版。

36. 葛兆光:《中国思想史》，复旦大学出版社 2001 年版。

37. 罗宗强:《魏晋南北朝文学思想史》，中华书局 1999 年版。

38. 葛兆光:《禅宗与中国文化》，上海人民出版社 1986 年版。

39. 钱锺书:《七缀集》，上海古籍出版社 1985 年版。

40. 钱锺书:《谈艺录》，中华书局 1984 年版。

41. 宗白华:《美学散步》，上海人民出版社 1981 年版。

42. 袁行霈:《中国诗歌艺术研究》，北京大学出版社 1999 年版。

43. 朱光潜:《诗论》，上海古籍出版社 2001 年版。

44. 袁枚:《随园诗话》，人民文学出版社 1982 年版。

45. 朱自清:《诗言志辨》，北京古籍出版社 1956 年重印本。

46. 李浩:《唐诗的美学阐释》，安徽大学出版社 2000 年版。

47. 王国维:《人间词话》，汉语大词典出版社 2004 年版。

48. 朱良志:《美的历程》，天津社会科学院出版社 2002 年版。

49. 袁行霈:《中国诗学通论》，安徽教育出版社 1994 年版。

50. 叶维廉:《中国诗学》，生活·读书·新知三联书店 1992 年版。

51. 王伯敏:《中国绘画通史》，生活·读书·新知三联书店 2000 年版。

52. 傅抱石:《中国绘画变迁史纲》，上海古籍出版社 1998 年版。

53. 李来源、林木:《中国古代画论发展史实》，上海人民美术出版社 1997 年版。

54. 周积寅:《中国画论辑要》，江苏美术出版社 1985 年版。

55. 杨身源、张弘听:《西方画论辑要》，江苏美术出版社 1990

年版。

56. 潘运告:《汉魏六朝书画论》，湖南美术出版社 1997 年版。

57. 周积寅、史金城:《中国历代题画诗选注》，西泠印社 1985 年版。

58. 陈邦彦:《历代题画诗》(康熙御定上下卷)，北京古籍出版社 1999 年版。

59. 洪王溟:《历代题画诗选注》，上海书画出版社 1983 年版。

60. 周裕锴:《中国禅宗与诗歌》，上海人民出版社 1992 年版。

61. 邓乔彬:《有声画与无声诗》，上海社会科学院出版社 1993 年版。

62. 陈华昌:《唐代诗与画的相关性研究》，陕西人民美术出版社 1993 年版。

63. 曾景初:《中国诗画》，国际文化出版公司 1989 年版。

64. 戴丽珠:《诗与画之研究》，学海出版社印行 1993 年版。

65. 徐书城:《中国画之美》，中国社会科学出版社 1989 年版。

66. 钟跃英:《气韵论》，上海人民美术出版社 2000 年版。

67. 樊波:《中国书画美学史纲》，吉林美术出版社 1998 年版。

68. 陈传席:《中国绘画美学史》，人民美术出版社 2000 年版。

69. 曾祖荫:《中国古代美学范畴》，华中理工大学出版社 1986 年版。

70. 诸葛志:《中国原创性美学》，上海古籍出版社 2000 年版。

71. 陈振镰:《空间诗学导论》，上海文艺出版社 1989 年版。

72. 赵永纪:《诗论：审美感悟与理性把握的融合》，广西师范大学出版社 1999 年版。

73. 李泽厚:《美学三书》，天津社会科学院出版社 2003 年版。

74. 聂鸿音:《中国文字概略》，语文出版社 1998 年版。

75. 陈兆复、邢琏:《原始艺术史》，上海人民出版社 1998 年版。

76. 杨乃乔:《悖立与整合》，文化艺术出版社 1998 年版。

77. 高里阳:《中国传统思维方式研究》，山东大学出版社 1994 年版。

后　记

一直以来，中国古典诗词和中国古典绘画就深深地吸引着我。而通过文字留存的永恒瞬间和画面凝固的笔墨来揭示它们的生命历程，也是我多年的夙愿。因此，我将中国绘画创作以及理论研究作为我毕生的爱好和钟情的事业。

2012 年，我有幸到天津大学攻读博士学位。读博期间，恰恰也跨越了我教书生涯的 20 个年头。在此期间，我不仅完成了自己希望完成的学业，更是对多年绘画实践和画学理论以及教书体会的整理。恰逢多位书画界前辈的指点和推荐，我将博士论文交予人民出版社出版，我除了感到非常的欣慰和高兴，更是满足和鼓舞。我先后增补、修订文字，重新调整照片、图像，终成目前这样的篇幅，一桩心事化为完美的结局。

值此全书出版之际，有很多很多的感激之情需要表达。在这个过程之中，艰辛自不必言说，有很多的师长、朋友、同事的指导和鼎力相助让我终生难忘。

首先感谢天津大学我的导师刘新华先生的倾力指教，他的教诲对于我的绘画实践和理论都有很大的影响。学习的过程也得益于天津大学的杨顺和老师和朝鸿老师的教诲和点拨，犹记得聆听两位老师的讲课，自己常带着诸多问题和困惑向老师求教，老师不厌其烦悉心教导让我心存感激。对马鑫老师在我博士学习期间的多次帮助和指导，在此表示衷心的感谢！

衷心感谢清华大学的陈池瑜教授对我论文中艺术美学方面悉心教诲；南开大学的陈聿东教授对书稿格局的指导；北京师范大学的王学松教授在中国古典文学方面的指导；北京师范大学的王贵胜教授在绘画理论方面的指导。这些美学和国学教授对我的指导使我对中国古典诗词和绘画美学的博大精深更有体会，感谢他们的无私教诲！

感谢人民出版社张立编辑的悉心帮助，有了她的细致负责的编辑工作，使得本书顺利出版。

夏日炎炎，感谢为此书付出了辛苦工作的同仁。

在此期间，父母的督促和哥哥姐姐的鼓励更成为一种无形的动力让我前行，朋友和同事的帮助使我一次又一次战胜了疲惫和压力，我的爱人和儿子一如既往的支持让我感动……

这一切美好的记忆，都将伴随此书的出版得以留存。唯愿在人民出版社的支持下，将中国古典诗词和花鸟画的美带给您，一起来感受中国传统文化的绚烂色彩。

李培裕

2015 年 5 月

责任编辑：张　立
装帧设计：林芝玉
责任校对：陈艳华

图书在版编目（CIP）数据

诗情画意：中国古典诗词意蕴与花鸟画意境的契合 / 李培裕 著．—北京：人民出版社，2015.8
ISBN 978－7－01－015180－9

I. ①诗…　II. ①李…　III. ①古典诗歌－诗词研究－中国②花鸟画－绘画研究－中国　IV. ① I207.2 ② J212.052

中国版本图书馆 CIP 数据核字（2015）第 197413 号

诗情画意
SHIQING HUAYI
——中国古典诗词意蕴与花鸟画意境的契合

李培裕　著

人民出版社 出版发行
（100706　北京市东城区隆福寺街 99 号）

北京汇林印务有限公司印刷　新华书店经销
2015 年 8 月第 1 版　2015 年 8 月北京第 1 次印刷
开本：710 毫米 ×1000 毫米 1/16　印张：18
字数：240 千字

ISBN 978－7－01－015180－9　定价：48.00 元

邮购地址 100706　北京市东城区隆福寺街 99 号
人民东方图书销售中心　电话（010）65250042　65289539